Marcel Erlinghagen · Karsten Hank (Hrsg.)

Produktives Altern und informelle Arbeit
in modernen Gesellschaften

Alter(n) und Gesellschaft
Band 16

Herausgegeben von

Gertrud M. Backes
Wolfgang Clemens

Marcel Erlinghagen
Karsten Hank (Hrsg.)

Produktives Altern und informelle Arbeit in modernen Gesellschaften

Theoretische Perspektiven
und empirische Befunde

VS VERLAG FÜR SOZIALWISSENSCHAFTEN

Bibliografische Information Der Deutschen Nationalbibliothek
Die Deutsche Nationalbibliothek verzeichnet diese Publikation in der
Deutschen Nationalbibliografie; detaillierte bibliografische Daten sind im Internet über
<http://dnb.d-nb.de> abrufbar.

1. Auflage 2008

Alle Rechte vorbehalten
© VS Verlag für Sozialwissenschaften | GWV Fachverlage GmbH, Wiesbaden 2008

Lektorat: Monika Mülhausen / Tanja Köhler

Der VS Verlag für Sozialwissenschaften ist ein Unternehmen von Springer Science+Business Media.
www.vs-verlag.de

Das Werk einschließlich aller seiner Teile ist urheberrechtlich geschützt. Jede Verwertung außerhalb der engen Grenzen des Urheberrechtsgesetzes ist ohne Zustimmung des Verlags unzulässig und strafbar. Das gilt insbesondere für Vervielfältigungen, Übersetzungen, Mikroverfilmungen und die Einspeicherung und Verarbeitung in elektronischen Systemen.

Die Wiedergabe von Gebrauchsnamen, Handelsnamen, Warenbezeichnungen usw. in diesem Werk berechtigt auch ohne besondere Kennzeichnung nicht zu der Annahme, dass solche Namen im Sinne der Warenzeichen- und Markenschutz-Gesetzgebung als frei zu betrachten wären und daher von jedermann benutzt werden dürften.

Umschlaggestaltung: KünkelLopka Medienentwicklung, Heidelberg
Druck und buchbinderische Verarbeitung: Krips b.v., Meppel
Gedruckt auf säurefreiem und chlorfrei gebleichtem Papier
Printed in the Netherlands

ISBN 978-3-531-15801-3

Inhalt

Vorwort 7

Karsten Hank & Marcel Erlinghagen
Produktives Altern und informelle Arbeit 9

TEIL I: INTERNATIONALE PERSPEKTIVEN AUF INFORMELLE ARBEIT VON ÄLTEREN

Karsten Hank & Stephanie Stuck
Ehrenamt, Netzwerkhilfe und Pflege in Europa 27

Morten Wahrendorf & Johannes Siegrist
Soziale Produktivität und Wohlbefinden im höheren Lebensalter 51

Francis G. Caro
Produktives Altern und ehrenamtliches Engagement in den USA 75

TEIL II: INFORMELLE ARBEIT VON ÄLTEREN IN DEUTSCHLAND

Marcel Erlinghagen
Ehrenamtliche Arbeit und informelle Hilfe nach dem Renteneintritt 93

Thomas Gensicke
Gemeinschaftsaktivität und freiwilliges Engagement älterer Menschen ... 119

Harald Künemund & Jürgen Schupp
Konjunkturen des Ehrenamts – Diskurse und Empirie 145

Melanie Eichler & Birgit Pfau-Effinger
Pflegetätigkeit von Frauen in der nachberuflichen Phase 165

Teil III: Aktivierung des produktiven Potenzials Älterer in lokaler Perspektive

Renate Breithecker
Potenziale bürgerschaftlichen Engagements für die Kommune 191

Silke Brauers
Potenziale der Älteren in Kommunen nutzen 215

Christian Fischbach & Tobias Veer
Bürgerschaftliches Engagement in der Altenhilfe 235

Teil IV: Grenzen des Potenzials informeller Arbeit im Alter

Kirsten Aner & Peter Hammerschmidt
Zivilgesellschaftlich produktiv altern 259

Gertrud M. Backes & Jacqueline Höltge
Überlegungen zur Bedeutung ehrenamtlichen Engagements im Alter 277

Verzeichnis der Autorinnen und Autoren 301

Vorwort

Ausgangspunkt für das vorliegende Buch bildete ein nur sechs Seiten umfassender Beitrag zum Thema ‚Volunteer Work', den die Herausgeber Anfang 2005 für einen Sammelband mit ersten Ergebnissen auf Basis des *Survey of Health, Ageing and Retirement in Europe* (SHARE) verfasst hatten. Die gute Zusammenarbeit und das nunmehr geweckte Interesse am ‚produktiven Altern' führten zu dem Entschluss, bei der *Fritz Thyssen Stiftung* ein zweijähriges Projekt über ‚Informelle Arbeit von Älteren in Deutschland und Europa' zu beantragen. Das Projekt wurde Ende 2005 bewilligt und damit das (finanzielle) Fundament für die weitere Zusammenarbeit der Herausgeber gelegt. Daher gilt an dieser Stelle unser erster, großer Dank der Fritz Thyssen Stiftung für die Förderung unserer Arbeit.

Aus dem Projektzusammenhang heraus entwickelte sich der Wunsch nach einem intensiveren Austausch mit gleichgesinnten Kollegen und Kolleginnen. Der 33. Kongress der Deutschen Gesellschaft für Soziologie, der 2006 in Kassel stattfand, schien hierfür ein besonders geeignetes Forum zu sein. Daher gilt unser Dank, zweitens, den Organisatoren des Kongresses für die Zulassung der *Ad-hoc Gruppe ‚Informelle Arbeit im alternden Europa'*, deren ausgearbeiteten Beiträge einen Kern der hier gesammelten Aufsätze bilden.

Weitere wertvolle Anregungen erhielten die Herausgeber als Mitarbeiter bzw. Juniormitglied der Arbeitsgruppe ‚*Chancen und Probleme einer alternden Gesellschaft*', die von der Deutschen Akademie der Naturforscher Leopoldina in Kooperation mit acatech getragen und von der Jacobs Stiftung gefördert wird. Unser besonderer Dank gilt hier, *drittens*, Jürgen Kocka, als Sprecher der Arbeitsgruppe, sowie Axel Börsch-Supan und Gert G. Wagner.

Schließlich möchten wir uns, *viertens*, bei Gertrud Backes und Wolfgang Clemens für die Möglichkeit bedanken, den vorliegenden Sammelband an so prominenter Stelle in der von ihnen verantworteten Reihe ‚Alter(n) und Gesellschaft' zu publizieren.

Bochum und Mannheim, im Oktober 2007

Marcel Erlinghagen & Karsten Hank

Produktives Altern und informelle Arbeit
Stand der Forschung und Perspektiven

Karsten Hank & Marcel Erlinghagen

1 Hintergrund

Der demografische Strukturwandel moderner Gesellschaften lässt sich besonders deutlich in Europa beobachten (z.b. Grundy 1996; Billari/Kohler 2004). Als Folge dauerhaft niedriger Geburtenziffern und einer stetig steigenden Lebenserwartung findet ein gesellschaftlicher Alterungsprozess statt, dessen Konsequenzen Staat und Wirtschaft ebenso wie Familie und Individuum vor erhebliche Herausforderungen stellen. Entsprechend steht der demografische Wandel mit Schlagworten wie ‚Vergreist die Republik?' oder ‚Sterben die Deutschen aus?' in einer Reihe mit anderen gesellschaftlichen Krisendebatten des ausgehenden 20. und beginnenden 21. Jahrhunderts, wie jenen über das ‚Ende der Arbeitsgesellschaft' oder die ‚Klimakatastrophe'.

Zur Bewältigung dieser und anderer kollektiver Herausforderungen wird häufig die Stärkung des bürgerschaftlichen oder zivilgesellschaftlichen Engagements als quasi Allheilmittel gefordert (vgl. kritisch hierzu Backes 2006; Erlinghagen 2001). Im Zusammenhang mit dem demografischen Wandel bzw. dem Prozess der Bevölkerungsalterung spiegelt sich die Forderung nach einer Stärkung unbezahlter, freiwilliger und gemeinnütziger Aktivitäten – vor allem im neuen Leitbild des ‚produktiven Alterns' wider, das die positiven Aspekte einer Beteiligung Älterer an produktiven Tätigkeiten auch jenseits der Erwerbstätigkeit betont (z.B. Morrow-Howell et al. 2001).[1]

Hintergrund dieser Entwicklung ist, dass durch den Anstieg der ‚aktiven Lebenserwartung' (Klein/Unger 2002) sowie der massiven vorzeitigen Ausgliederung älterer Arbeitnehmer und Arbeitnehmerinnen aus dem Erwerbsleben (z.B. Brugiavini et al. 2005) sich vielfältige neue Perspektiven und Anforderungen für die Lebensgestaltung im Alter ergeben. Konnten Ältere früher nach dem Ausscheiden aus dem Erwerbsleben häufig nur noch wenige Lebensjahre erwarten, schließen sich heute neue, langjährige biographische Phasen an, die bislang

---

1 In den USA wird unter dem Stichwort ‚productive aging' schon seit mehr als 20 Jahren über die produktiven Beiträge von Senioren diskutiert (vgl. z. B. Butler & Gleason 1985), während dies in Deutschland ein noch eher neues Phänomen ist (vgl. jedoch Kohli & Künemund 1996).

als Massenphänomen unbekannt waren (z.B. Baltes/Smith 2003). Die Verlängerung der Ruhestandphase und der verbleibenden gesunden Lebenszeit stellt für die ‚Neuen Alten' eine Herausforderung dar, die in vielerlei Hinsicht positiv bewertet werden kann. Nie waren die Spielräume für die individuelle Entwicklung und Entfaltung älterer Menschen größer als heute. Allerdings ist auch zu berücksichtigen, dass innerhalb der verlängerten Phase des Ruhestandes auch neue Verpflichtungen, etwa im Bereich der Pflege (z.b. Künemund 2000), auftreten können. Die in den letzten Jahren wieder verstärkt geführte Debatte um intergenerative Gerechtigkeit betont darüber hinaus die Verantwortung der Senioren für eine nachhaltige Gesellschaftsentwicklung. Angesichts eines sich verschlechternden Verhältnisses zwischen Beitragszahlern und Rentenempfängern oder aber der von zukünftige Generationen zu tragenden, im wesentlichen aber von früheren Generationen verursachten Schuldenlast der öffentlichen Haushalte scheinen sich so auch die gesellschaftlichen Erwartungen an Senioren gewandelt zu haben. Vor diesem Hintergrund überrascht es nicht, dass in den vergangenen Jahren informelle Tätigkeiten – wie etwa Netzwerkhilfe für Nachbarn, Freunde und Verwandte aber auch ehrenamtliche Arbeit – als eine Möglichkeit diskutiert worden sind, wie ältere Menschen produktiv mit ihren neu gewonnenen Freiheiten (und neuen Verpflichtungen) umgehen können (z.B. Künemund 2006; Schroeter/Zängl 2006).

Die Frage nach Umfang, Art und Potentialen informeller Arbeit im Alter ist nicht nur aus sozialwissenschaftlicher Forschungsperspektive interessant, sondern ist vor allem für die Ausgestaltung und Orientierung praktischer Politik relevant. In der Debatte um die Folgen des demografischen Wandels darf nicht allein die zunehmende ‚Alterslast' thematisiert werden, sondern es muss auch das Potential informeller Arbeit von Älteren in seinen Möglichkeiten *und* Grenzen ausgelotet werden. Aus unserer Sicht ist es dabei hilfreich, zum einen zunächst eine Konkretisierung des Begriffs „informelle Arbeit" vorzunehmen. Zum anderen ist zu betonen, dass eine Beurteilung des produktiven Potentials Älterer nur bei einer systematischen Erfassung der unterschiedlichen Determinanten informeller Arbeit gelingen kann. Bei näherer Betrachtung wird so deutlich, dass dieses Potential das Produkt aus der individuellen Verfügbarkeit von Ressourcen, dem individuellen Lebensverlauf sowie dem institutionellen und kulturellen Kontext, in dem die Akteure eingebettet sind, ist. Somit ist es Aufgabe dieser Einleitung zunächst den Begriff der ‚informellen Arbeit' näher zu beleuchten (Abschnitt 2), um anschließend in Abschnitt 3 die Bedeutung des Dreiklangs ‚*Ressourcen – Lebensverlauf – Kontext*' im Hinblick auf die Ausübung informeller Tätigkeiten Älterer zu thematisieren und dabei jeweils einige offene Forschungsfragen zu formulieren. In Abschnitt 4 werden die Potentiale aber auch die Grenzen des ‚produktiven Alterns' diskutiert. Es folgt eine kurze zusammenfassende Übersicht über die einzelnen Beiträge des vorliegenden Bandes (Abschnitt 5), die die Verortung der einzelnen Kapitel im äußerst heterogenen Forschungsfeld zum Thema ‚produktives Altern' möglich machen soll. Die Einleitung schließt mit einem Resümee (Abschnitt 6).

2 Zur Definition informeller produktiver Tätigkeiten

Bei der Beantwortung der Frage, welche Tätigkeiten überhaupt als produktiv zu bezeichnen und somit als ‚Arbeit' zu verstehen sind, sollte das Dritt-Personen-Kriterium herangezogen werden: Tätigkeiten sind dann produktiv, wenn die Leistungen prinzipiell auch von Dritten gegen Bezahlung erbracht werden könnten, also grundsätzlich marktfähig sind (Hawrylyshyn 1977; einen Überblick über Definitionen ‚produktiven Alterns' gibt Caro in diesem Band). Die Gültigkeit des Dritt-Personen-Kriteriums unterscheidet Arbeit von Konsum, der sich dadurch auszeichnet, dass kein anderer für den Konsumenten den Konsum eines bestimmten Gutes übernehmen kann.

In einem weiteren Schritt lässt sich dann eine Unterscheidung zwischen formeller und informeller Arbeit treffen (vgl. Teichert 1993; Erlinghagen 2000). In Abgrenzung zur formellen Erwerbsarbeit versteht man unter informeller Arbeit produktive Tätigkeiten für die (a) kein Lohn gezahlt wird und/oder (b) für die keine Steuern oder Sozialversicherungsbeiträge entrichtet werden und die somit in der Regel auch in keiner offiziellen Statistik auftauchen.[2] Darüber hinaus lassen sich verschiedene Sphären der informellen Produktion unterschieden (z.B. Gershuny 1979), wobei wir im vorliegenden Zusammenhang auf die Gemeinschafts- und die Haushaltsproduktion fokussieren. Der ursprüngliche Begriff der ‚Haushaltsproduktion' sollte dabei allerdings weiter gefasst werden um die ‚Familienproduktion' einzuschließen. Familiäre Beziehungen spielen aufgrund räumlicher Nähe zwischen den Familienmitgliedern (insbesondere unterschiedlicher Generationen) eine wichtige Rolle bei informellen Unterstützungsleistungen, etwa bei der Betreuung von Enkelkindern (vgl. Hank 2007; Hank/Buber 2007).

Die von Gershuny (1979) inspirierte und modifizierte Unterscheidung von Familienproduktion und Gemeinschaftsproduktion erweist sich jedoch als nicht ausreichend. Ein weiterer wesentlicher Aspekt ist die Frage, ob die informelle Arbeit in Anbindung an eine Organisation *außerhalb privater Haushalte* bzw. außerhalb der Familie erfolgt. Bei diesen Organisationen handelt es sich in der

---

2 Hier ist zu betonen, dass im weiteren Verlauf illegale Aktivitäten wie etwa Schwarzarbeit ausdrücklich nicht gemeint sind, wenn von ‚informeller Arbeit' gesprochen wird.

Regel um Vereine, Verbände oder aber gemeinnützige Unternehmen. Ist solch eine Organisationsanbindung gegeben, ist von Ehrenämtern die Rede. Fehlt die haushaltsexterne organisatorische Anbindung ist entweder von Eigenarbeit oder aber von Nachbarschaftshilfe zu sprechen (vgl. Erlinghagen 2000, 2002).

Aus theoretischer Sicht ist eine solche zweidimensionale Differenzierung informeller Arbeit hinsichtlich ihrer Organisationsanbindung und hinsichtlich der Verbindungen zwischen Produzent und Konsument der informellen Produktion sinnvoll. Jedoch zeigt ein Blick in die internationale Forschungsliteratur, dass zum einen bei empirischen Analysen bislang – wenn überhaupt – informelle Arbeit größtenteils anhand der Organisationsanbindung unterschieden worden ist. Zum anderen haben sich einzelne Aufsätze nur selten mit freundschaftlichen oder nachbarschaftlichen Hilfeleistungen jenseits familiärer Bindungen und jenseits einer organisatorischen Anbindung beschäftigt (z.b. Diewald 1993; Litwin 1998; Himes/Reidy 2000). Dieser Mangel an empirischen Arbeiten ist ganz wesentlich dadurch begründet, dass bei der Erfassung informeller Arbeit in Umfragen meist nicht eindeutig zwischen Unterstützungsarbeiten für Familienmitglieder auf der einen Seite, sowie Nachbarn und Freunden auf der anderen Seite unterschieden wird.

Eine ebenfalls bedeutsame, meist jedoch nicht sauber vorgenommene Unterscheidung ist jene zwischen ‚Inhalten' und ‚Formen' informeller Arbeit (vgl. Erlinghagen 2002). Die Form, in der informelle Arbeit geleistet wird, z.b. als ehrenamtliche Tätigkeit in einer gemeinnüzigen Organisation, ist nicht a priori durch den Inhalt dieser Arbeit – z.b. Säuberung des örtlichen Parks von Müll – determiniert (und umgekehrt). Es lässt sich allerdings empirisch eine starke Korrelation zwischen bestimmten Formen und Inhalten informeller Arbeit beobachten, was dazu führt, dass etwa im Fall der informellen Pflege Inhalt (Unterstützung eines Pflegebedürftigen) und Form (Eigenarbeit, z. T. Netzwerkhilfe) oft gleichgesetzt bzw. konzeptuell nicht klar getrennt werden. Dies wird besonders problematisch, wenn Formen (z.B. Ehrenamt) mit Inhalten (z.B. Pflege) verglichen werden (z.B. Burr et al. 2005), und potenziert sich bei internationalen Studien, da anzunehmen ist, dass sich z.b. ehrenamtlich erbrachte Leistungen inhaltlich von Land zu Land unterscheiden. So sind sportliche Aktivitäten in Deutschland insbesondere durch Vereine und die dort vor allem ehrenamtlich tätigen Personen bestimmt, während z. B. in den USA viel stärker kommerzielle oder aber schulische bzw. universitäre Sportangebote mit den entsprechenden Akteuren das Bild beherrschen. Gleichzeitig fokussiert sich ehrenamtliches Engagement in den USA sicherlich stärker auf caritative Aktivitäten, die in den ausgebauten Wohlfahrtsstaaten Europas stärker durch professionelle (semi-)staatliche Akteure übernommen werden (Salamon/Sokolowski 2003). Wichtige Forschungsfragen sind daher, wie die individuelle Ressourcenausstattung, der

Lebensverlauf sowie die institutionellen Rahmenbedingungen dazu führen, dass gewisse Dienste vermehrt über bestimmte Tätigkeitsformen (z. B. in Form von Netzwerkhilfe) erbracht werden – und warum die zu beobachtenden Muster mit ihrem spezifischen Verhältnis von erwerbswirtschaftlicher und informeller Produktion nicht in jedem Land die gleichen sind (vgl. hierzu etwa die Debatte um innerfamiliäre vs. außerhäusliche Pflege in Europa; z.B. Motel-Klingebiel et al. 2005).

3 Determinanten informeller Arbeit: Ressourcen – Lebensverlauf – Kontext

In der internationalen Forschung scheint unstrittig, dass vor allem die individuelle Ausstattung mit Ressourcen von entscheidender Bedeutung für die Ausübung produktiver Tätigkeiten ist (vgl. für einen Überblick Tang 2006, Wilson/Musick 1997). So stellen z.b. Warburton et al (2001: 588) stellvertretend für eine Vielzahl von Untersuchungen mit Bezug auf ältere Freiwillige fest, diese seien „more likely than nonvolunteers to have a higher socioeconomic status, to be married, to have a religious affiliation, to be in paid work, to evaluate their health highly, to have larger social networks, and to have a past history of volunteering".

Neben der jeweils aktuellen Ressourcenausstattung mit Human- und Sozialkapital kommt dem Lebensverlauf eine herausragende Bedeutung zu. Dabei ist zwischen langfristig wirkenden Sozialisationserfahrungen oder ganze Geburtskohorten prägenden kollektiven Erfahrungen (z.B. Janoski/Wilson 1995; Rotolo/Wilson 2004), und der Wirkung singulärer biographischer Ereignisse im Lebensverlauf (z.B. Rotolo 2000) zu unterscheiden. Anders als im Bereich des Zusammenhangs zwischen informeller Arbeit und Ressourcen sind hier wesentliche Forschungsfragen noch nicht eindeutig geklärt. So ist z.b. bislang offen, ob der in vielen Ländern in den vergangenen Jahren zu beobachtende Anstieg der Beteiligung Älterer an informeller Arbeit tatsächlich ein Effekt z.B. des besseren Gesundheitszustandes der Senioren ist. Denn hinter diesem Phänomen könnten sich auch Kohorteneffekte verbergen. So ist denkbar, dass der wachsende Anteil gemeinnützig tätiger Senioren ein Effekt des Alterns von Generationen mit erhöhtem sozialem Verantwortungsbewusstsein ist (Goss 1999; Rotolo/Wilson 2004). Jenseits der unklaren Bedeutung von kollektiven Sozialisationserfahrungen ist gerade in Bezug auf das ‚produktive Alter(n)' auf die Bedeutung des Übergangs in den Ruhestand für die Beteiligung an informeller Arbeit als noch wenig bearbeitetes Forschungsfeld hinzuweisen (vgl. jedoch Erlinghagen in diesem Band; Mutchler et al. 2003).

Neben den Untersuchungen, die die Bedeutung individueller Ressourcen und des Lebensverlaufs im Blick haben, weist ein weiterer Strang der Forschungsliteratur auf teilweise erhebliche Länderunterschiede im Ausmaß informeller produktiver Tätigkeiten – unter Älteren wie in der Bevölkerung insgesamt – hin (z.B. Erlinghagen/Hank 2006; Stuck 2006; siehe auch Teil I dieses Bandes). Dies ist insofern wenig überraschend, als etwa Anheier und Salamon (1999: 43) mit Bezug auf das Ehrenamt feststellen, dass „as a cultural and economic phenomenon, volunteering is part of the way societies are organized, how they allocate social responsibilities, and how much engagement and participation they expect from citizens." Auch im Zusammenhang mit pflegerischen Tätigkeiten ist wiederholt darauf hingewiesen worden, dass Umfang und Intensität privaten Engagements nur dann verstanden werden können, wenn der institutionelle (wohlfahrtsstaatliche) Kontext, in dem dieses stattfindet, angemessen berücksichtigt wird (z.B. Daatland/Lowenstein 2005; Motel-Klingebiel et al. 2005).

Unterschiedliche Autoren haben in der Vergangenheit eine Reihe von Typologien vorgeschlagen, um die internationalen Unterschiede hinsichtlich der individuellen Beteiligung an informeller Arbeit kategorisietren und schließlich auch erklären zu können (vgl. Smith/Shen 2002; Curtis et al. 2001; Schofer / Fourcarde-Gourinchas 2001). Beispielhaft sei hier insbesondere auf Salamon und Anheier (1998) hingewiesen, die in Anlehnung an die Typologie der Wohlfahrtsstaatsregime von Esping-Andersen (1990) und auf Grundlage des von ihnen entwickelten ‚Social Origins'-Ansatzes verschiedene Regime-Typen zur Charakterisierung von *Non-Profit Sektoren* identifizieren (vgl. auch Anheier/Salamon 1999). Um Niveauunterschiede ehrenamtlichen Engagements zwischen einzelnen Ländern erklären zu können, reicht jedoch eine einfache Typologie alleine nicht aus. Zusätzlich sollten die unterschiedlichen Funktionen berücksichtigt werden, mit denen Ehrenämter belegt sein können. Salamon/Sokolowski (2003) stellen fest, dass ehrenamtliches Engagement tendenziell in jenen Ländern stärker verbreitet ist, in denen dem Ehrenamt primär eine ‚expressive' Funktion zugeschrieben wird, wie z.b. in Schweden, den Niederlanden, aber auch in Deutschland. Dort werden ehrenamtliche Tätigkeiten insbesondere im Kultur- oder Freizeitbereich ausgeübt. Eine geringere Beteiligung an Ehrenämtern kann hingegen dort beobachtet werden, wo deren Dienstleistungsfunktion, etwa im sozialen Bereich, im Vordergrund steht. Dies trifft u. a. auf Italien oder Spanien zu.

Allen genannten Arbeiten gemeinsam ist nicht nur die Annahme, dass institutionelle Rahmenbedingungen – unabhängig von deren genauer Definition – eine wesentliche Rolle für die Bedeutung informeller Arbeit in einer Gesellschaft spielen. Bislang bleibt auch weitgehend offen, welche konkreten Kontextmerkmale es sind, die dazu führen, dass sich Individuen in verschiedenen Bereichen informeller Arbeit engagieren – oder eben nicht produktiv tätig sind. Gleichzeitig konzentrieren sich die zitierten Analysen und Konzeptionen in erster Linie auf Ehrenämter. Ehrenamtliche Tätigkeiten sind jedoch eine spezielle Form informeller Arbeit, da sie stärker als familiäre Unterstützungsleistungen oder Netzwerkhilfe in institutionalisierter Form, d.h. im Rahmen einer Organisation, erbracht werden. Daher ist zu fragen, inwieweit bestehende Regimetypologien ergänzt werden müssen (z.b. durch eine stärkere Berücksichtigung der Gender-Dimension), um der Multidimensionalität informeller Arbeit in international vergleichenden Studien durch einen organisierte und nicht-organisierte Tätigkeiten integrierenden Ansatz gerecht zu werden (vgl. hierzu auch Hank/Stuck in diesem Band).

4 Potentiale und Grenzen produktiven Alterns

Da die heutigen Ruheständler in der Regel gesünder und besser gebildet sind, also über mehr Ressourcen verfügen, und früher aus dem Erwerbsleben ausscheiden als vorhergehende Generationen, wird in ihnen ein großes Potential für informelle produktive Tätigkeiten gesehen. Dieses tatsächlich zu realisieren ist jedoch nicht voraussetzungslos und es muss auch kritisch hinterfragt werden, inwieweit die in die ‚Neuen Alten' gesetzten Erwartungen gerechtfertigt bzw. angemessen sind (vgl. hierzu jüngst kritisch Erlinghagen, 2007, sowie Teil IV dieses Bandes). So ist z.B. zu fragen, inwieweit es den Menschen gelingen wird, ‚erfolgreich', d.h. gesund und sozial integriert, zu altern, und in welchem Umfang angemessene Tätigkeitsfelder bzw. Beschäftigungsmöglichkeiten, vor allem auf kommunaler Ebene (vgl. Teil III dieses Bandes), geschaffen werden können. Gleichzeitig sind negative Gesundheitseffekte überzogener Produktivitätserfahrungen ebenso bei der kritischen Bewertung des Leitbildes des „produktiven Alterns" zu berücksichtigen wie denkbare negative Effekte für den ersten Arbeitsmarkt (vgl. dazu insbesondere Erlinghagen 2007).
  Während international vergleichende Untersuchungen (z.B. Erlinghagen/Hank 2006, sowie Teil I dieses Bandes) einerseits auf bislang ungenutzte Potentiale verweisen, zeigen sie doch andererseits auch, dass selbst in jenen Ländern, die gemeinhin als Vorbilder für bürgerschaftliches Engagement gelten (z.B. USA, Niederlande), die Mehrheit der Menschen sich *nicht* freiwillig engagiert. Tabelle 1 zeigt aus diesem Grund exemplarisch die Anteile der ehrenamtlich aktiven Bevölkerung insgesamt bzw. der aktiven Älteren in 20 europäischen Ländern und den USA.

	Anteil insgesamt		Anteil 50+
Norwegen	37,9 %	Norwegen	36,9 %
Schweden	34,6 %	Niederlande	33,2 %
Niederlande	30,3 %	Schweden	33,0 %
Dänemark	27,7 %	Dänemark	27,3 %
Deutschland	24,3 %	Großbritannien	26,2 %
Belgien	23,2 %	Deutschland	24,9 %
Großbritannien	23,2 %	USA	24,8 %
USA	22,6 %	Belgien	20,4 %
Slowenien	19,4 %	Frankreich	17,2 %
Frankreich	19,3 %	**Durchschnitt**	**17,1 %**
Durchschnitt	**17,4 %**	Slowenien	16,3 %
Irland	15,4 %	Irland	16,2 %
Luxemburg	15,3 %	Luxemburg	15,6 %
Österreich	14,2 %	Österreich	14,4 %
Finnland	12,4 %	Finnland	12,7 %
Ungarn	9,2 %	Ungarn	7,5 %
Island	7,8 %	Portugal	6,5 %
Spanien	6,7 %	Island	6,3 %
Griechenland	6,5 %	Griechenland	5,8 %
Portugal	6,0 %	Polen	5,2 %
Polen	5,6 %	Spanien	4,9 %
Italien	4,7 %	Italien	4,5 %

Tabelle 1: Anteile der ehrenamtlich aktiven Bevölkerung insgesamt bzw. im Alter von 50 Jahren und älter
Quelle: Erlinghagen (2007) auf Basis des European Social Survey 2002/2003 & US Citizenship Involvement, Democracy Survey 2005

Tabelle 1 macht deutlich, dass selbst in den Ländern mit besonders hohem Engament älterer Bürger maximal ein Drittel der Bevölkerung ehrenamtlich aktiv ist. Auch wenn es gelänge, die Beteiligung älterer Menschen an z. B. ehrenamtlicher Arbeit deutlich zu steigern, scheint somit eine Beteiligungsrate von mehr als 40 Prozent kaum ernsthaft zu erwarten. Die sich hierin widerspiegelnden Grenzen müssen in der Debatte um die Potentiale produktiven Alterns berücksichtigt werden, insbesondere dann, wenn wohlfahrtsstaatliche Leistungen zurückgefahren und durch – dann möglicherweise nur noch bedingt freiwilliges – bürgerschaftliches Engagement substituiert werden sollen (vgl. Erlinghagen 2007; Martinson/Minkler 2006).

5 Die Beiträge des vorliegenden Bandes im Überblick

Der vorliegende Band gliedert sich in vier Teile. Teil I, dessen Fokus auf ‚*Internationalen Perspektiven informeller Arbeit von Älteren'* liegt, beginnt mit einem Beitrag von *Karsten Hank* und *Stephanie Stuck*, die auf Basis von Daten des ‚Survey of Health, Ageing and Retirement in Europe' (SHARE) der Frage nach dem wechselseitigen Verhältnis verschiedener Dimensionen produktiven Alterns in Europa nachspüren. Die empirischen Befunde belegen nicht nur die Bedeutung institutioneller Gelegenheitsstrukturen für das Engagement Älterer in den Bereichen Ehrenamt, Netzwerkhilfe und Pflege, sondern liefern zudem deutliche Hinweise auf eine von spezifischen Tätigkeiten unabhängige, allgemeine Handlungsmotivation, die jenseits der im statistischen Modell berücksichtigten individuellen Ressourcen für die Entscheidung über die Ausübung produktiver Tätigkeiten im Alter relevant sein könnte.

Morten Wahrendorf und *Johannes Siegrist* untersuchen – ebenfalls auf Basis der SHARE-Daten – den Zusammenhang von sozialer Produktivität und Wohlbefinden im höheren Lebensalter, wobei der Rolle von nicht-materieller Belohnung in Form von Anerkennung besondere Aufmerksamkeit geschenkt wird. Die Autoren zeigen, dass ehrenamtliches Engagement und informelle Hilfe insbesondere in der nachberuflichen Phase im Allgemeinen mit höherem Wohlbefinden einhergehen, dass aber – wie vor allem das Beispiel Pflege zeigt – dieser positive Zusammenhang nur dann auftritt, wenn eine angemessene Anerkennung des Geleisteten erfolgt. Diese Befunde unterstreichen die Bedeutung des Prinzips der Reziprozität in zwischenmenschlichen Beziehungen.

Einen Überblick über den Forschungs- und Diskussionsstand zum ‚produktiven Altern' in den USA liefert *Frank Caro*. Der Beitrag weist auf die große Bandbreite theoretischer Konzeptionen produktiven Alterns hin und diskutiert am Beispiel des Ehrenamtes eine Vielzahl von Initiativen zur Förderung des Engagements älterer Menschen in den Vereinigten Staaten, insbesondere auf kommunaler Ebene. Der insgesamt positiven Bilanz der letzten Jahrzehnte stellt Caro auch kritische Stimmen gegenüber, die darauf aufmerksam machen, dass die berechtigte Forderung nach der Schaffung von mehr Beteiligungsmöglichkeiten für Ältere nicht dazu führen dürfe, ältere Menschen unter Leistungsdruck zu setzen.

Mit *Marcel Erlinghagens* Untersuchung über ehrenamtlich Arbeit und informelle Hilfe nach dem Renteneintritt beginnt Teil II dieses Bandes, in dessen Mittelpunkt die ‚*Informelle Arbeit von Älteren in Deutschland*' steht. Auf Basis von Längsschnittdaten des Sozio-oekonomischen Panels (SOEP) analysiert Erlinghagen den Einfluss des Renteneintritts auf die Beteiligung an ehrenamtlicher Arbeit und informeller Hilfe unter Berücksichtigung früherer Erfahrungen mit informellen Tätigkeiten im Lebensverlauf. Dabei wird deutlich, dass die Rolle des Renteneintritts für die Aktivierung und die kontinuierliche Ausübung produktiver Tätigkeiten im Alter bislang häufig überschätzt wurde, während die eigentlich herausragende Bedeutung – neben individuellen Ressourcen wie Bildung und Gesundheit – vielmehr dem ‚frühen' Engagement im Lebensverlauf zukommt.

Ergebnisse des Freiwilligensurveys zu Gemeinschaftsaktivität und freiwilligem Engagement älterer Menschen in Deutschland stellt *Thomas Gensicke* vor. Die Datenbasis erlaubt nicht nur, ein differenziertes Bild der Veränderungen zwischen den Jahren 1999 und 2004 zu zeichnen, sondern ermöglicht darüber hinaus Besonderheiten des Engagements in den Neuen Bundesländern zu untersuchen. Der Beitrag zeigt, dass es neben den heute bereits Aktiven ein bislang ungenutztes Engagementpotenzial in der älteren Bevölkerung gibt – das aber nur dann aktiviert werden kann, wenn die institutionellen Rahmenbedingungen zur Förderung freiwilligen Engagements verbessert werden.

Harald Künemund und *Jürgen Schupp* beleuchten kritisch den theoretischen und gesellschaftlichen Diskurs über das Ehrenamt und diskutieren parallel hierzu die empirischen Herausforderungen einer genauen Messung ehrenamtlichen Engagements. Auf Basis eigener Auswertungen auf Basis des SOEP kommen die Autoren – im Gegensatz zu anderen Untersuchungen – zu dem Schluss, dass es in den vergangenen 20 Jahren zwar erhebliche Schwankungen, aber keinen signifikanten Zuwachs im Bereich des kontinuierlich ausgeübten Ehrenamtes gegeben habe. Das Kapitel schließt mit Überlegungen zur Verbesserung der empirischen Erfassung, Interpretation und Vergleichbarkeit von Befunden zum ehrenamtlichen Engagement.

Eine qualitative Studie zur Pflegetätigkeit von Frauen in der nachberuflichen Phase legen *Melanie Eichler* und *Birgit Pfau-Effinger* vor. Es wird deutlich, dass die Pflege von Familienangehörigen zwar zu einer Stärkung familialer Bindungen – und damit zu einem Zuwachs an ‚innerfamiliärem' Sozialkapital – führen kann, dass Beziehungen außerhalb der Familie jedoch durch die Intensität des pflegerischen Engagement leiden können und die Ausstattung mit ‚außerfamiliärem' Sozialkapital sinkt. Daher fordern die Autorinnen eine Verbesserung der Rahmenbedingungen familiärer Pflege, z.B. durch eine attraktivere Ausgestaltung ambulanter Pflegemöglichkeiten.

Teil III des vorliegenden Bandes fokussiert auf die *„Aktivierung des produktiven Potentials Älterer in lokaler Perspektive"*. Hier stellt *Renate Breithecker* das Modellprojekt „Selbstorganisation älterer Menschen" vor, dessen zentrales Ziel darin besteht, bereits bestehende Beispiele bürgerschaftlichen Engagements einer breiten Öffentlichkeit zugänglich zu machen und Kommunen für die Potentiale älterer Menschen zu sensibilisieren. Breitheckers Dokumentation kommunaler Beispiele guter Praxis liefert wichtige Hinweise für die kommunale Praxis (etwa hinsichtlich der Notwendigkeit einer kontinuierlichen finanziellen und personellen Unterstützung von Initiativen) und zeigt weiteren Forschungsbedarf (etwa hinsichtlich der nachhaltigen Wirkung von Modellprojekten) auf.

Der Beitrag von *Silke Brauers* zum Bundesmodellprogramm „Erfahrungswissen für Initiativen" schließt eng an das vorhergehende Kapitel an. Ziel des Programms war es, das Erfahrungswissen älterer Menschen durch die Ausbildung so genannter seniorTrainerInnen für Initiativen, Vereine und Einrichtungen in unterschiedlichen gesellschaftlichen Bereichen zu aktivieren und nutzbar zu machen. Die Autorin stellt die Konzeption und bundesweite Implementierung des Modellprogramms vor und ordnet dieses abschließend in den europäischen Kontext vergleichbarer Initiativen ein.

Christian Fischbach und *Tobias Veer* untersuchen bürgerschaftliches Engagement in der Altenhilfe und diskutieren auf Basis von Befunden einer qualitativ-empirischen Erhebung in ausgewählten Betreuungseinrichtungen für Demenzkranke den Beitrag älterer Freiwilliger in diesem immer wichtiger werdenden Bereich der Pflege. Ihre Ergebnisse zeigen, dass hier neben Merkmalen des persönlichen Umfelds der Freiwilligen (wie die Einbindung in ‚pflegenahe' soziale Kontexte) auch ein professionelles Freiwilligenmanagement eine wichtige Voraussetzung für erfolgreiches bürgerschaftliches Engagement sind.

Der abschließende Teil IV dieses Bandes widmet sich den ‚*Grenzen des Potentials informeller Arbeit im Alter'*. Eine kritische Analyse ausgewählter Modellprogramme von Bund und Ländern, die die Förderung zivilgesellschaftlich produktiven Alterns zum Ziel haben, liefern *Kirsten Aner* und *Peter Hammerschmidt*. Sie ordnen diese Programme in den (sozialstaatlichen) Diskurs über die „Produktivität des Alters" ein und diskutieren die Grenzen der Wirksamkeit normativer, sich am Leitbild des aktivierenden Staates orientierender sozialpolitischer Zielvorgaben in den vorgestellten Modellprogrammen.

Einen Überblick über unterschiedliche Positionen und Begriffe in der Ehrenamtsdebatte sowie über empirische Befunde zu Tendenzen des Wandels freiwilliger Arbeit geben *Gertrud M. Backes* und *Jacqueline Höltge*. Hieran anschließend stellen die Autorinnen Überlegungen zur widersprüchlichen Bedeutung ehrenamtlichen Engagements im Alter an, die mit einer Diskussion der Konsequenzen schließen, die sich aus den Chancen und Risiken freiwilligen Engagements ergeben.

6 Resümee

Die in diesem Sammelband vertretenen Beiträge machen die Mehrdimensionalität des Themas „Produktives Altern und informelle Arbeit" deutlich. Die einzelnen Aufsätze unterscheiden sich nicht nur in ihrem Blickwinkel (internationale, nationale und lokale Perspektive), sondern beschäftigen sich auch mit unterschiedlichen Formen und Inhalten informeller Arbeit von Älteren (z.b. Ehrenamt, Nachbarschaftshilfe oder aber familiäre Pflege) und nutzen dazu unterschiedliche quantitative und qualitative Untersuchungsmethoden. Diese Heterogenität führt sicherlich dazu, dass je nach Perspektive und Ausrichtung durchaus unterschiedliche Befunde erzielt und nicht immer einheitliche Schlussfolgerungen gezogen werden. Dies war auch gar nicht beabsichtigt – im Gegenteil liegt jenseits der in den Einzelbeiträgen präsentierten neuen Forschungsergebnissen u. E. gerade in dieser intendierten Perspektivenvielfalt ein eigenständiger Erkenntnisgewinn. Eine interdisziplinäre und methodische Öffnung kann gerade durch das Aufzeigen von möglichen Widersprüchen zur Schärfung und Konkretisierung neuer, noch ungelöster Forschungsfragen dienen. Wer an ‚griffigen' Handlungsempfehlungen interessiert ist, mag daher nach der Lektüre des Bandes möglicherweise zunächst enttäuscht sein. Jedoch glauben wir, dass diese Enttäuschung zumindest auf den zweiten Blick weitgehend unbegründet ist. Denn auch für die im Feld des „Produktiven Alterns" tätigen Praktiker sollte durch die in den Beiträgen eingenommenen unterschiedlichen Perspektiven eine stärkere kritische Reflexion ihres eigenen Handelns möglich sein.

Die angesprochene Heterogenität des Untersuchungsgegenstandes macht ein allen Autorinnen und Autoren dieses Bandes gerecht werdendes Resümee verständlicher Weise unmöglich. Daher schließt dieser den Sammelband einleitende Beitrag mit zwei knappen Überlegungen und Schlussfolgerungen, die sich *für uns* als Herausgeber aus der intensiven Beschäftigung mit dem Thema „Informelle Arbeit von Älteren" ergeben haben:

(1) Aus unserer Sicht ist zentral, dass informelle Arbeit nicht voraussetzungslos ist, sondern in starkem Maße abhängig von Ressourcen. Wie vielfach empirisch bestätigt bedeutet dies auf der individuellen Ebene, dass insbesondere Einkommen, Bildung und Gesundheit ganz wesentliche Voraussetzungen für das soziale Engagement gerade auch im Alter darstellen. Hinzu kommt – und auch das ist weitgehend bekannt – dass es ohne eine gut ausgebaute öffentliche Infrastruktur nur schwer gelingen wird, ehrenamtliches Engagement oder Netzwerkhilfe zu stimulieren. Dies bedeutet aber auch, dass eine starke Zivil- oder Bürgergesellschaft mit zur Selbsthilfe fähigen und motivierten Bürgern nur komplementär zu einem „starken Staat" zu denken ist. Mit einem starken Staat ist hier jedoch keineswegs ein allmächtiger Le-

viathan gemeint, sondern ein öffentlich finanziertes Gemeinwesen, das individuelle Freiheit durch geeignete Rahmenbedingungen erst ermöglicht. Zu solchen Rahmenbedingungen gehört ebenso die Bereitstellung einer qualitativ hochwertigen Infrastruktur (z.b. in Form von Sportplätzen, Versammlungsräumen, professioneller personeller Unterstützung etc.) als auch eine umfassende Bildungs- und Gesundheitspolitik. Es spricht vieles dafür, dass eine qualitativ möglichst gute Gesundheits- und Bildungsversorgung von Kindern und jüngeren Erwachsenen neben anderen positiven Effekten eben auch der beste Garant für eine *lebenslange* Beteiligung an informeller Arbeit und damit für eine starke Zivilgesellschaft von morgen und übermorgen darstellt.

(2) Insgesamt formuliert das Konzept des „produktiven Alterns" ohne Zweifel ein wichtiges, positives *Leitbild*, das der negativen Wahrnehmung von einer mit dem demographischen Wandel zunehmenden, gesamtgesellschaftlich zu tragenden Alterslast entgegentritt. Um dieses Leitbild nicht überzustrapazieren und dadurch seine Entfaltung zu behindern, ist es jedoch unumgänglich, die Grenzen und Risiken dieses Leitbildes zu erkennen. Insbesondere gilt es – trotz der wichtigen Betonung des produktiven Potentials Älterer – eine Stigmatisierung nicht aktiver Menschen zu verhindern. Denn neben ethischen Überlegungen darf die wichtige ökonomische Funktion der freiwilligen und unfreiwilligen *Un*produktivität nicht vernachlässigt werden. Cafébesuche sind ebenso wie die Inanspruchnahme von Pflegedienstleistungen nicht nur als unproduktive Zeitverwendung und somit letztlich Kostenfaktoren zu verstehen, sondern diese Ausgaben sind *gleichzeitig* Einnahmen bei den Anbietern solcher Dienstleistungen. Insgesamt scheint uns daher nicht nur aus ethischen, sondern auch aus ökonomischen Überlegungen dringend geboten, dem Konzept des „produktiven Alterns" *gleichberechtigte* Forderungen z.b. nach einem „konsumtiven Altern" zur Seite zu stellen.

7 Literatur

Anheier, H. K. / Salamon, L. M. (1999): Volunteering in Cross-National Perspective: Initial Comparisons. In: Law and Contemporary Problems 62, 43-65.
Backes, G.M. (2006): Widersrpüche und Ambivalenzen ehrenamtlicher und freiwilliger Arbeit im Alter. In: K.R. Schroeter / P. Zängl (Hrsg.), Altern und bürgerschaftliches Engagement, Wiesbaden: VS Verlag, 63-94.
Baltes, P. B. / Smith, J. (2003): New Frontiers in the Future of Aging. From Successful Aging of the Young Old to the Dilemmas of the Fourth Age. In: Gerontology 49, 123-135.

Billari, F.C. / Kohler, H.-P. (2004): Patterns of low and lowest-low fertility in Europe. In: Population Studies 58, 161-176.

Brugiavini, A. et al (2005): Labour Force Participation of the Elderly: Unused Capacity? In: A. Börsch-Supan et al. (Hrsg.): Health, Ageing and Retirement in Europe – First Results from the Survey of Health, Ageing and Retirement in Europe, Mannheim: MEA, 236-240

Burr, J.A. / Choi, N.G. / Mutchler, J.E. / Caro, F.C. (2005): Caregiving and volunteering: Are private and public helping behaviours linked? In: Journal of Gerontology – Social Sciences 60B, S247-56.

Butler, R.N. / Gleason, H.P. (Hrsg.) (1985): Productive Aging: Enhancing Vitality in Later Life, New York: Springer.

Curtis, J.E. / Bear, D.E. / Grabb, E.G. (2001): Nations of Joiners: Explaining Voluntary Association Membership in Democratic Societies. In: American Sociological Review 66, 783-805.

Daatland, S. O. / Lowenstein, A. (2005): Intergenerational solidarity and the family-welfare state balance. In: European Journal of Ageing 2, 174 - 182.

Diewald, M. (1993): Hilfebeziehungen und soziale Differenzierung im Alter. In: Kölner Zeitschrift für Soziologie und Sozialpsychologie 45, 731-754.

Erlinghagen, M. (2000): Informelle Arbeit. Ein Überblick über einen schillernden Begriff. In: Schmollers Jahrbuch 120, 239-274.

Erlinghagen, M. (2001): Die sozialen Risiken „Neuer Ehrenamtlichkeit". In: Aus Politik und Zeitgeschichte B 25-26,/2001, 33-38.

Erlinghagen, M. (2002): Konturen ehrenamtlichen Engagements in Deutschland. Eine Bestandsaufnahme. In: Sozialer Fortschritt 51, 80-86.

Erlinghagen, M. (2007): Informelle Arbeit in alternden Gesellschaften. Möglichkeiten und Grenzen des ‚produktiven Alterns'. Unveröffentlichtes Manuskript, Bochum.

Erlinghagen, M. / Hank, K. (2006): The Participation of Older Europeans in Volunteer Work. In: Ageing & Society 26, 567-584.

Esping-Andersen, G. (1990): The Three Worlds of Welfare Capitalism. Princeton: Princeton University Press.

Gershuny, J.I. (1979): The Informal Economy. Its Role in Post-Industrial Society. In: Futures 11, 3-15.

Goss, Kristin (1999): Volunteering and the Long Civic Generation. In: Nonprofit and Voluntary Sector Quarterly 28, 378-415.

Grundy, E. (1996): Population ageing in Europe. In: D. Coleman (Hrsg.), Europe's Population in the 1990s, Oxford: Oxford University Press, 267-296.

Hank, K. (2007): Proximity and Contacts between Older Parents and Their Children: A European Comparison. In: Journal of Marriage and Family 69, 157-173.

Hank, K. / Buber, I. (2007): Grandparents Caring for Their Grandchildren: Findings from the 2004 Survey of Health, Ageing and Retirement in Europe. MEA Discussion Paper 127-07, Universität Mannheim.

Hawrylyshyn, O. (1977): Towards a Definition of Non-Market Activities. In: Review of Income and Wealth 23, 79-96.

Himes, C.L. / Reidy, E.B. (2000): The Role of Friends in Caregiving. In: Research on Aging 22, 315-336.

Janoski, T. / Wilson, J. (1995): Pathways to Voluntarism: Family Socialization and Status Transmission Models. In: Social Forces 74, 271-292.

Keupp, H. (2002): Kommunale Förderbedingungen für bürgerschaftliches Engagement. In: Aus Politik und Zeitgeschichte B 9/2002, 15-21.

Klein, T. / Unger, R. (2002): Aktive Lebenserwartung in Deutschland und in den USA. Kohortenbezogene Analysen auf Basis des Sozio-ökonomischen Panel und der Panel Study of Income Dynamics. In: Zeitschrift für Gerontologie und Geriatrie 35, 528-539.

Kohli, M. / Künemund, H. (1996): Nachberufliche Tätigkeitsfelder. Konzepte – Forschungslage – Empirie, Stuttgart: Kohlhammer.

Künemund, H. (2000): Pflegetätigkeiten in der zweiten Lebenshälfte – Verbreitung und Perspektiven. In: W. Clemens / G.M. Backes (Hrsg.): Lebenslagen im Alter. Gesellschaftliche Bedingungen und Grenzen, Opladen: Leske & Budrich, 215-229.

Künemund, H. (2006): Tätigkeiten und Engagement im Ruhestand. In: C. Tesch-Römer / H. Engstler / S. Wurm (Hrsg.), Altwerden in Deutschland, Wiesbaden: VS Verlag, 289-323.

Litwin, H. (1998): The provision of informal support by elderly people residing in assisted living facilities. In: The Gerontologist 38, 239-246.

Martinson, M. / Minkler, M. (2006): Civic engagement and older adults: A critical perspective. In: The Gerontologist 46, 318-324.

Morrow-Howell, N. / Hinterlong, J./ Sherraden, M. (Hrsg.) (2001): Productive Aging: A Conceptual Framework. Johns Hopkins University Press: Baltimore.

Motel-Klingebiel, A. / Tesch-Römer, C. / von Kondratowitz, J. (2005): Welfare states do not crowd out the family: evidence for mixed responsibility from comparative analyses. In: Ageing & Society 25, 863 - 882.

Mutchler, J.E. / Burr, J.A. / Caro, F.G. (2003): From paid worker to volunteer: Leaving the paid labor force and volunteering in later life. In: Social Forces 81, 1267-93.

Rotolo, T. (2000): A Time to Join, A Time to Quit: The Influence of Life Cycle Transitions on Voluntary Association Membership. In: Social Forces 78, 1133-1161.

Rotolo, T. / Wilson, J. (2004): What Happens to the "Long Civic Generation"? Explaining Cohort Differences in Volunteerism. In: Social Forces 82, 1091-1121.

Salamon, L.M. / Anheier, H.K. (1998): Social Origins of Civil Society: Explaining the Nonprofit Sector Cross-Nationally, In: VOLUNTAS 9, 213-248.

Salamon, L.M. / Sokolowski, S.W. (2003): Institutional Roots of Volunteering: Toward a Macro-Strucutral Theory of Individual Voluntary Action. In: P. Dekker / L. Halman (Hrsg.), The Values of Volunteering. Cross-Cultural Perspectives. Kluwer Academic / Plenum Publishers: New York u.a., 71-90.

Schofer, E. / Fourcade-Gourinchas, M. (2001): The structural contexts of civic engagement: Voluntary association membership in comparative perspective. In: American Sociological Review 66, 806-828.

Smith, D.H. / Shen, C. (2002): The roots of civil society: A model of voluntary assiciation prevalence applied to data on larger contemporary nations. In: International Journal of Comparative Sociology 43, 93-133.

Schroeter, K.R. / Zängl, P. (Hrsg.) (2006): Altern und bürgerschaftliches Engagement, Wiesbaden: VS Verlag.

Stuck, S. (2006): Informelle Arbeit älterer Frauen und Männer in Europa. In: Zeitschrift für Frauenforschung & Geschlechterstudien 24, 117-130.
Tang, F. (2006). What resources are needed for volunteerism? A life course perspective. Journal of Applied Gerontology 25, 375-390.
Warburton, J. / Terry, D.J. / Rosenman, L.S. / Shapiro, M. (2001): Differences between older volunteers and nonvolunteers. In: Research on Aging 23, 586-605.
Wilson, J. / Musick, M. (1997): Who cares? Towards an integrated theory of volunteer work. In: American Sociological Review 62, 694-713.
Teichert, V. (1993): Das Informelle Wirtschaftssystem. Analyse und Perspektiven der wechselseitigen Entwicklung von Erwerbs- und Eigenarbeit; Opladen: Westdeutscher Verlag.

Teil I: Internationale Perspektiven auf informelle Arbeit von Älteren

Ehrenamt, Netzwerkhilfe und Pflege in Europa
Komplementäre oder konkurrierende Dimensionen produktiven Alterns?

Karsten Hank & Stephanie Stuck

1 Einleitung

Vor dem Hintergrund der öffentlichen und wissenschaftlichen Debatte um die Bedeutung produktiven Alterns jenseits der Erwerbsarbeit (z.b. Avramov/Maskova 2003; Morrow-Howell et al. 2001) schließt der vorliegende Beitrag an eine Reihe neuerer, international vergleichend angelegter Studien an, die verschiedene Dimensionen informeller produktiver Tätigkeiten untersuchen, ohne dabei allerdings durchweg auf die hier vor allem interessierende ältere Bevölkerung zu fokussieren.

Im Bereich des Ehrenamtes sind in diesem Zusammenhang vor allem die Arbeiten von Curtis et al. (2001), Schofer/Fourcade-Gourinchas (2001) sowie Salamon/Sokolowski (2003) zu nennen. Entsprechende Analysen von Pflegetätigkeiten wurden u.a. von Alber/Köhler (2004) sowie – im Rahmen des OASIS-Projektes – von Daatland/Lowenstein (2005) und Motel-Klingebiel et al. (2005) untersucht. Auch auf Basis einer früheren Version – Release 1 – der diesem Beitrag zu Grunde liegenden Daten des ‚Survey of Health, Ageing and Retirement in Europe' (SHARE) liegen bereits Studien zum Ehrenamt und zur haushaltsexternen Unterstützung vor (vgl. Attias-Donfut et al. 2005; Erlinghagen/Hank 2006; Stuck 2006)[1]. Alle genannten Studien weisen auf teilweise erhebliche Länderunterschiede im Ausmaß informeller produktiver Tätigkeiten – unter Älteren wie in der Bevölkerung insgesamt – hin (vgl. auch Brugiavini et al. [2005] für einen Überblick zur Erwerbsbeteiligung Älterer im europäischen Vergleich).

Unsere Untersuchung ergänzt die existierende Literatur und geht über diese hinaus, in dem sie auf der Grundlage strikt vergleichbarer Mikrodaten für 11 europäische Länder drei Dimensionen informeller Arbeit – Ehrenamt, Netzwerk-

---

1 Siehe auch die Analysen von Hank/Buber (2007) zur Enkelkinderbetreuung und Hank/Jürges (2007) zur Hausarbeit. Die dort ebenfalls auf Basis der SHARE-Daten untersuchten Tätigkeiten gelten zwar auch als produktiv, sind aber nicht Gegenstand der vorliegenden Untersuchung.

hilfe und Pflege – *gemeinsam* betrachtet und deren Determinanten multivariat analysiert. Ein zentrales Anliegen der Untersuchung ist es, neben einem deskriptiven Vergleich auf Länderebene, zu einem besseren Verständnis des Verhältnisses der genannten Tätigkeiten zueinander beizutragen: handelt es sich bei Ehrenamt, Netzwerkhilfe und Pflege um komplementäre oder um konkurrierende Dimensionen produktiven Alterns in Europa und gibt es Hinweise auf (unbeobachtete) Persönlichkeitsmerkmale, die unabhängig von spezifischen Tätigkeitsformen Aktivität im Alter insgesamt fördern?

Das Kapitel gibt zunächst einen kurzen Überblick über die neuere Literatur zum Zusammenhang zwischen verschiedenen Formen (informeller) produktiver Tätigkeiten.[2] Anschließend stellen wir kurz unsere Datenbasis vor und beschreiben die in der Analyse verwendeten Variablen. Danach präsentieren wir zentrale deskriptive Befunde zur Beteiligung älterer Europäer an informeller Arbeit und stellen die Ergebnisse der multivariaten Analyse vor. Der Beitrag schließt mit einem Ausblick auf zukünftige Forschungsperspektiven.

2 Komplementariät oder Konkurrenz produktiver Tätigkeiten?

Hinsichtlich der Beziehung verschiedener produktiver Tätigkeiten zueinander lassen sich grundsätzlich zwei denkbare Annahmen voneinander unterscheiden. Erstens könnte die Aufnahme einer neuen Tätigkeit den Wegfall einer früheren aktiven Rolle kompensieren (z.B. Chambré 1984), oder – auf Grund von Zeitrestriktionen – zur Aufgabe oder Reduzierung des Umfangs anderer Aktivitäten führen. Alternativ könnten sich, zweitens, mehrere gleichzeitig ausgeübte produktive Rollen ergänzen und insgesamt zu einer Ausweitung von Engagement führen (vgl. Choi et al. 2007: 101ff.; Mutchler et al. 2003: 1271f.).

Empirische Untersuchungen der Bedeutung von Pflegetätigkeiten für die Ausübung von Ehrenämtern oder anderen Formen freiwilliger Arbeit weisen im Allgemeinen darauf hin, dass pflegerische Tätigkeiten keinen negativen Einfluss auf die Wahrscheinlichkeit oder den Umfang freiwilligen Engagements haben (vgl. Burr et al. 2005; Choi et al. 2007; Farkas/Himes 1997). Zwar finden Choi et al. (2007) in den Längsschnittdaten der U.S. ‚Health and Retirement Study' Hinweise darauf, dass Frauen, die ihre Ehemänner pflegen, sich seltener geringfügig in Ehrenämtern oder im Bereich der Netzwerkhilfe (*informal volunteering*) engagieren; zeitintensives freiwilliges Engagement ($\geq$ 4 Stunden pro Woche)

---

2 Eine Reihe von Untersuchungen, auf die im Rahmen dieses Beitrags jedoch nicht näher eingegangen wird, befasst sich auch mit der Beziehung von Erwerbsarbeit bzw. Renteneintritt und Pflegetätigkeiten (z.B. Pavalko/Artis 1997; Schneider et al. 2001; Spiess/Schneider 2003) sowie ehrenamtlichem Engagement (z.B. Erlinghagen in diesem Band; Mutchler et al. 2003; Wilson/Musick 2003).

findet sich bei Pflegenden jedoch genauso häufig wie in der Gruppe der Nicht-Pflegenden. Auch Burr et al. (2005) zeigen, dass Pflegende – und zwar insbesondere jene mit hohem zeitlichem Engagement – öfter und länger ehrenamtlich aktiv sind, als jene, die keine pflegerische Tätigkeit ausüben. Begründet wird der beobachtete Zusammenhang im Wesentlichen mit zwei möglichen Mechanismen. *Erstens* ermöglicht es freiwilliges Engagement jenseits der Beziehung zur betreuten Person den im Kontext der Pflege erfahrenen Stress und andere Belastungen zu kompensieren (z.b. Choi et al. 2007: 101f.; Rozario et al. 2004). *Zweitens* kommen Pflegende über ihre Tätigkeit in Kontakt mit größeren sozialen Netzwerken, einschließlich karitativer Organisationen, aus denen sich Möglichkeiten für ehrenamtliche Aktivitäten ergeben können (z.B. Burr et al. 2005: S248f.; Farkas/Himes 1997; Fischbach/Veer in diesem Band).

Wilson/Musick (1997) weisen darauf hin, dass auch formelle Freiwilligenarbeit (z.b. Ehrenämter) und informelle Freiwilligenarbeit (z.B. Netzwerkhilfe) als eigenständige Formen produktiven Engagements voneinander unterschieden werden sollten (vgl. auch Erlinghagen 2000). Die Autoren zeigen, dass sich die Ausübung eines Ehrenamtes einseitig positiv auf die Wahrscheinlichkeit auswirkt, Netzwerkhilfe zu leisten. Den wesentlichen Unterschied zwischen beiden Formen ‚freiwilliger' Arbeit sehen Wilson/Musick (1997: 700; Hervorhebung im Original) nicht in erster Linie im unterschiedlichen Formalisierungsgrad bzw. organisatorischen Kontext (z.B. Verein vs. Nachbarschaft), sondern im unterschiedlichen Grad der Verpflichtung: *„obligations have a more powerful influence on informal helping than they do on formal volunteer work."* Entsprechend definieren auch Burr et al. (2005: S247) ehrenamtliche Arbeit als „a discretionary activity for most persons", während informelle Pflege „is often considered an obligatory activity, especially when the care recipient is a family member."

Der Grad der Verpflichtung, mit denen spezifische Tätigkeiten in Verbindung gebracht werden, spielt eine wichtige Rolle für die Wahrscheinlichkeit in einem bestimmten Bereich aktiv zu sein (vgl. Gallagher 1994) und die Erfahrung von Anerkennung ist entscheidend dafür, inwieweit sich produktive Tätigkeiten positiv auf das Wohlbefinden der Aktiven auswirken (z.B. Siegrist et al. 2004; Wahrendorf/Siegrist in diesem Band). Befürchtungen, dass die gleichzeitige Übernahme mehrerer produktiver Rollen sich negativ auf das Wohlbefinden insbesondere älterer Menschen auswirken könnte, konnten bislang empirisch kaum bestätigt werden – es finden sich im Gegenteil eher Hinweise auf eine positive Beziehung (z.B. Baker et al. 2005; Glaser et al. 2006; Rozario et al. 2004). Burr et al. (2005: S255) argumentieren „that in the population of older persons there may be a class of individuals who could be characterized as 'super helpers' or 'doers'. That is, some persons have high commitments to helping others in both the private and public domains, and they possess the necessary resources to act on these commitments." In diesem Zusammenhang haben Caro et al. (2005) in einer Pilotstudie untersucht, ob (produktive) Multiaktivität im Alter durch eine generelle Motivation aktiv zu sein erklärt werden kann, die unabhängig von konkreten Tätigkeiten in der Persönlichkeit angelegt ist. Die Autoren finden zwar Hinweise darauf, dass den von ihnen beobachteten Aktivitätsmustern neben spezifischen Motiven auch eine allgemeine Motivation sich zu beteiligen zu Grunde liegen könnte – welche konkreten Persönlichkeitsmerkmale hierbei zum Tragen kommen, bleibt empirisch jedoch schwer zu identifizieren.

3 Daten & Methode

3.1 Der ‚Survey of Health, Ageing and Retirement in Europe'

Datenbasis unserer Untersuchung ist Release 2 des 2004 erstmals erhobenen ‚Survey of Health, Ageing and Retirement in Europe' (SHARE; vgl. Börsch-Supan et al. 2005; Börsch-Supan/Jürges 2005). SHARE enthält Informationen zur gesundheitlichen, wirtschaftlichen und sozialen Lage von mehr als 27.000 Personen im Alter von 50 und mehr Jahren. Die hier verwendeten Daten stammen aus 11 Ländern (Belgien, Dänemark, Deutschland, Frankreich, Griechenland, Niederlande, Italien, Österreich, Schweden, Schweiz und Spanien)[3], mit denen das kulturelle, wirtschaftliche, soziale und institutionelle Spektrum Europas von Skandinavien bis zum Mittelmeer breit abgedeckt wird. – Deskriptive Informationen zur hier verwendeten Stichprobe finden sich in Tabelle 1.

Die Angaben der Befragten zu ehrenamtlichen Tätigkeiten, informeller Hilfe und Pflegetätigkeiten beziehen sich auf eine allgemeine Frage zu produktiven und konsumtiven Aktivitäten der Studienteilnehmer, bei der auch Mehrfachnennungen möglich waren. Die Frage lautet: „Bitte sehen Sie sich Karte 35 an. Haben Sie sich im letzten Monat an einer der dort aufgeführten Aktivitäten beteiligt?" Die hier verwendeten Antwortkategorien sind:

1. Ehrenamtliche Tätigkeit
2. Betreuung eines kranken oder behinderten Erwachsenen
3. Hilfe für Familienmitglieder, für Freunde oder für Nachbarn

---

3 Im Rahmen des SHARE-Projektes wurden auch Daten in Israel gesammelt, die jedoch nicht in die vorliegende Analyse eingehen.

	Anteile in % (ungewichtet)
Dimensionen informeller Arbeit	
Ehrenamt	12
Netzwerkhilfe	23
Pflege	6
Individuelle Kontrollvariablen	
Geschlecht (weiblich)	54
Alter 50-64	53
Alter 65-74	27
Alter 75 +	19
Mit Partner zusammen lebend	73
Erwerbstätig	28
Nicht erwerbstätig	23
Im Ruhestand	50
Niedriger Bildungsabschluss	52
Mittlerer Bildungsabschluss	29
Hoher Bildungsabschluss	19
Subjektive Gesundheit („mittelmäßig oder schlechter')	38
Zwei oder mehr chronische Krankheiten	41
Depressionssymptome	24
Ländergruppen	
Belgien, Dänemark, Niederlande, Schweden (überdurchschnittliche Aktivitätsraten)	41
Deutschland, Frankreich, Österreich, Schweiz (durchschnittliche Aktivitätsraten)	32
Griechenland, Italien, Spanien (unterdurchschnittliche Aktivitätsraten)	27
n	27.305

Tabelle 1: Deskriptive Statistiken der Stichprobe
Quelle: SHARE 2004 (Release 2.0.1)

Falls die Befragten angaben, sich an einer der genannten Aktivitäten beteiligt zu haben, wurden sie nach der Häufigkeit des jeweiligen Engagements befragt, wobei zwischen ‚fast täglich', ‚fast wöchentlich', und ‚seltener' (aber mindestens einmal im Monat vor dem Interview) unterschieden werden kann.

Mit Blick auf die Analyse ehrenamtlicher Tätigkeiten besteht ein wesentlicher Vorteil der SHARE-Daten darin, dass nicht die Mitgliedschaft in einer Freiwilligenorganisation (z.b. Curtis et al. 2001), sondern die aktive Ausübung eines Ehrenamtes im Monat vor dem Interview erfragt wird. Obwohl Mitgliedschaft und Engagement hoch miteinander korreliert sind, führt eine rein formale Operationalisierung des Ehrenamts zu einer Überschätzung des tatsächlichen Engagements. Da Ehrenämter darüber hinaus oft unregelmäßig ausgeübt werden, und die retrospektiven Fragen anderer Untersuchungen sich häufig auf einen längeren Zeitraum (z.b. das vergangene Jahr) beziehen, ist davon auszugehen, dass unsere Ergebnisse eine vergleichsweise konservative Schätzung des Anteils ehrenamtlich aktiver Älterer in den SHARE-Ländern darstellen (vgl. Erlinghagen/Hank 2006; eine methodenkritische Diskussion zur Empirie der Ehrenamtsforschung findet sich bei Künemund 2006).

Bei der Interpretation der Angaben zur Pflege ist zu beachten, dass in einem der allgemeinen Aktivitätsfrage vorgelagerten Modul des SHARE-Fragebogens bereits detaillierte Fragen zu Pflegetätigkeiten und Hilfe innerhalb und außerhalb des Haushalts während der *letzten 12 Monate vor dem Interview* gestellt wurden (vgl. Attias-Donfut et al. 2005). Befragte, die bereits in diesem Fragenblock Pflegetätigkeiten berichtet haben, könnten bei der von uns ausgewerteten Frage dazu tendiert haben, Pflege, die im letzten Monat erbracht wurde, nicht noch einmal gesondert zu erwähnen. Außerdem ist anzunehmen, dass Pflegeleistungen innerhalb des eigenen Haushalts deutlich untererfasst sind, da die anderen erfragten Aktivitäten eine Interpretation der unserer Analyse zu Grunde liegenden Frage in Richtung haushaltsexternern Engagements nahe legen.

3.2 Operationalisierung der individuellen Kontrollvariablen

Als *demographische Merkmale* gehen Geschlecht, Alter (50-64, 65-74, 75 Jahre oder älter) und Partnerschaftsstatus (mit oder ohne Partner lebend) in die Untersuchung ein. Als Indikatoren für den *sozio-ökonomischen Status* der Befragten werden der Erwerbsstatus (erwerbstätig, nicht erwerbstätig, im Ruhestand) sowie der höchste Bildungsabschluss verwendet, wobei die Bildung der Befragten nach der ISCED 97 Klassifizierung kodiert und anschließend in drei Gruppen zusammengefasst wurde. Als niedrige Bildungsabschlüsse sind hier die ISCED Kategorien 0-2 definiert (in Deutschland: kein Schulabschluss, Haupt- oder Realschulabschluss, jeweils ohne Berufsausbildung), mittlere Abschlüsse entsprechen den ISCED Kategorien 3 und 4 (in Deutschland: Haupt- oder Realschule mit Berufsausbildung, Fachhochschulreife, Abitur) und die höchste Bildungskategorie fasst die ISCED Kategorien 5 und 6 zusammen (in Deutschland: Fachschule, Fachhochschul- oder Hochschulabschluss). Des Weiteren werden auf Basis dreier binärer Variablen verschiedene Dimensionen von *Gesundheit* unterschieden: die subjektive Einschätzung des Gesundheitszustandes durch die Befragten (,gut oder besser' vs. ,mittelmäßig oder schlechter'), das Vorhandensein chronischer Krankheiten (,2 oder mehr' vs. ,1 oder keine'), sowie das Auftreten von Depressionssymptomen in den vier dem Interview vorangegangenen Wochen (auf Basis der so genannten Euro-D-Skala).

Die Auswahl der hier vorgeschlagenen Kontrollvariablen orientiert sich an der grundlegenden Annahme, dass produktive Tätigkeiten nicht ohne den Einsatz von (Human-, Sozial-, Kultur-) Kapital geleistet werden können (vgl. Tang 2006; Wilson/Musick 1997). Sie werden in der multivariaten Analyse durch *Regionalindikatoren* ergänzt, die es erlauben, im Rahmen der deskriptiven Analyse (s.u.) identifizierte Ländergruppen mit unterschiedlichen Aktivitätsniveaus zu unterscheiden.

3.3 Das multivariate Probitmodell

In einem ersten Analyseschritt schätzen wir univariate Probitmodelle für die drei abhängigen binären Variablen ,Ehrenamt', ,Netzwerkhilfe' und ,Pflege'. Hierauf aufbauend schätzen wir, zweitens, ein *multivariates Probitmodell* (vgl. Cappellari/Jenkins 2003; Greene 2000: Kapitel 19.6), bei dem nicht nur die Koeffizienten der Gleichungen für die abhängigen Variablen simultan geschätzt werden, sondern gleichzeitig die Korrelation der jeweiligen Fehlerterme bestimmt wird. Eine signifikante *Korrelation der Fehlerterme* (ρ) unter Konstanthaltung aller anderen Faktoren, würde auf eine Interdependenz der Entscheidungen für oder gegen ehrenamtliches Engagement, informelle Hilfe bzw. Pflege hinweisen. Das mulitvariate Probitmodell erlaubt uns also zu identifizieren, inwieweit es unbeobachtete Merkmale gibt, die für alle drei untersuchten Dimensionen informeller Arbeit relevant sind und die als gemeinsame Opportunitätsstruktur oder, entsprechend den Vermutungen von Burr et al. (2005) sowie Caro et al. (2005), als Hinweis auf die Existenz von Persönlichkeitsmerkmalen interpretiert werden können, die mit einer generellen Motivation aktiv zu sein in Zusammenhang stehen könnten.

4 Empirische Ergebnisse

4.1 Deskriptive Befunde[4]

Im Durchschnitt aller elf SHARE-Länder übten etwa 10 Prozent der über 50-Jährigen im Monat vor der Befragung ein *Ehrenamt* aus (Abbildung 1a). Dabei zeigen sich jedoch große Unterschiede zwischen den Ländern. Während etwa in den Niederlanden 21 Prozent der Befragten aktiv waren, in den beiden skandinavischen Ländern und Belgien sich immerhin noch 16-17 Prozent ehrenamtlich betätigten, liegen die entsprechenden Bevölkerungsanteile in Italien (7 Prozent), Griechenland (3 Prozent) und Spanien (2 Prozent) deutlich niedriger. In Deutschland engagierten sich 10 Prozent der Älteren ehrenamtlich. Damit liegt Deutschland – zusammen mit Österreich, Frankreich und der Schweiz – im europäischen Mittelfeld ehrenamtlichen Engagements (vgl. hierzu auch Erlinghagen/Hank 2006).

Informelle Hilfe für Familienmitglieder, Freunde oder Nachbarn leisteten im Monat vor dem SHARE-Interview fast ein Fünftel aller Befragten (Abbildung 1b). Auch hier finden sich deutliche Länderunterschiede, die weitgehend dem Muster des Ehrenamtes folgen. Die skandinavischen Länder Schweden (37 Prozent) und Dänemark (32 Prozent) sowie die Niederlande und Belgien (je 29 Prozent) nehmen wiederum eine klare Spitzenposition ein. Während in Frankreich, Österreich und der Schweiz der Anteil älterer Hilfeleistender noch (knapp) über 20 Prozent liegt, sind in Deutschland, Griechenland und Italien nur noch zwischen 16 und 12 Prozent im Bereich der Netzwerkhilfe aktiv. Der mit Abstand niedrigste Wert findet sich mit 6 Prozent in Spanien.

Der Anteil *Pflegeleistender* ist mit durchschnittlich 5 Prozent deutlich niedriger als beim Ehrenamt und bei informeller Hilfe (Abbildung 1c). Unterschiede zwischen den Ländern finden sich zwar auch hier, allerdings ist ein etwas weniger eindeutiges räumliches Muster (im Sinne eines klaren Nord-Süd-Gradienten) zu erkennen. Belgien weist mit knapp 9 Prozent den höchsten Anteil an Pflegenden auf. Ein relativ hoher Anteil Pflegender in der Größenordnung von etwa 7 Prozent findet sich zudem in Schweden, den Niederlanden, der Schweiz und in Österreich. Während die entsprechenden Anteile in Dänemark, Deutschland, Frankreich und Griechenland noch zwischen 5 und 6 Prozent liegen, geben nur 2 bis 3 Prozent der italienischen und spanischen Befragten an, einen kranken oder behinderten Erwachsenen zu pflegen.

---

4 Vgl. Erlinghagen et al. (2006) für eine ausführlichere Darstellung der hier vorgestellten Befunde auf Basis des Release 1 der SHARE-Daten, einschließlich einer weiteren Differenzierung nach verschiedenen soziodemographischen und sozioökonomischen Merkmalen; siehe auch Stuck (2006).

Ehrenamt, Netzwerkhilfe und Pflege in Europa 35

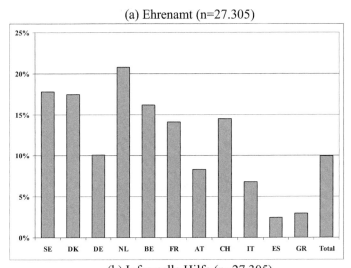

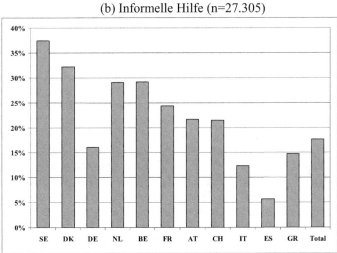

Abbildung 1: Anteile informell Aktiver an der Bevölkerung im Alter 50+
(Forts. auf nächster Seite)
Quelle: SHARE 2004 (Release 2.0.1), gewichtet, eigene Berechnungen.

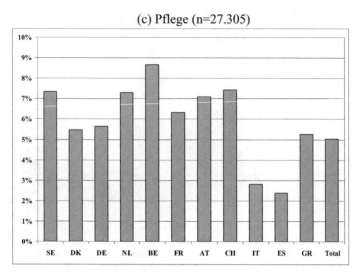

Abbildung 1: Anteile informell Aktiver an der Bevölkerung im Alter 50+
(Forts. von vorheriger Seite)
Quelle: SHARE 2004 (Release 2.0.1), gewichtet, eigene Berechnungen.

Betrachtet man nun den *zeitlichen Umfang* informeller produktiver Tätigkeiten, fällt auf, dass sich insgesamt fast zwei Drittel der älteren Aktiven sehr regelmäßig, d.h. fast jede Woche (45 Prozent) oder sogar fast täglich (18 Prozent) *ehrenamtlich* engagieren (Abbildung 2a; siehe auch Erlinghagen/Hank 2006). Die Unterschiede zwischen den Ländern sind zwar deutlich, aber wenig systematisch und größtenteils unabhängig vom allgemeinen Niveau des Engagements. Allerdings nehmen die Niederlande wiederum eine Spitzenposition ein: hier sind nicht nur besonders viele Ältere ehrenamtlich tätig, sondern 60 Prozent der Aktiven engagieren sich zudem fast jede Woche und weitere 17 Prozent üben fast täglich ein Ehrenamt aus. In Frankreich ist sogar mehr als ein Fünftel der ehrenamtlich Engagierten fast täglich aktiv. Bemerkenswert ist, dass sich die Verteilung der zeitlichen Intensität des Engagements in den Mittelmeerländern kaum von jener z.B. in Dänemark oder Deutschland unterscheidet – mit Ausnahme des niedrigen Anteils wöchentlich Aktiver in Spanien (der allerdings auf einer sehr kleinen Zahl von Beobachtungen beruht).

Wie beim Ehrenamt sind auch bei der *Netzwerkhilfe* insgesamt etwa zwei Drittel der Aktiven wöchentlich oder häufiger engagiert (Abbildung 2b). Allerdings deutet sich hier ein inverser Zusammenhang zwischen dem allgemeinen Niveau und der Häufigkeit von Hilfeleistungen an. So sind in Italien und Spanien

Ehrenamt, Netzwerkhilfe und Pflege in Europa

zwar nur relativ wenige Ältere aktiv, von denjenigen die Hilfe leisten, engagiert sich jedoch etwa die Hälfte fast täglich und ein weiteres Drittel fast wöchentlich. In Dänemark und den Niederlanden ist der Anteil derjenigen, die Netzwerkhilfe leisten zwar deutlich höher als in Südeuropa, aber mehr als 40 Prozent der Aktiven geben an, seltener als jede Woche Hilfe zu leisten.

Pflegetätigkeiten werden zwar von einer vergleichsweise kleinen Gruppe Älterer erbracht, die sich dann aber sehr regelmäßig engagieren (Abbildung 2c). 48 Prozent der Pflegenden ist fast täglich und ein weiteres Drittel fast wöchentlich mit der Erbringung von Pflegeleistungen beschäftigt. Vor allem die mutmaßlich hoch selektive Gruppe Pflegender in Spanien weist – gleichauf mit den Griechen – ein sehr hohes tägliches Engagement auf (je 61 Prozent), gefolgt von Deutschen (54 Prozent) und Österreichern (53 Prozent). In Schweden und in den Niederlanden sind hingegen weniger als 30 Prozent der Pflegenden täglich aktiv, was jedoch zum Teil durch einen überdurchschnittlichen Anteil wöchentlich Pflegender kompensiert wird (vgl. auch Berger-Schmitt 2003).

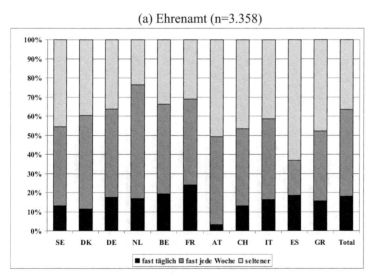

Abbildung 2: Häufigkeit informeller Aktivitäten in den letzten vier Wochen
(Forts. auf nächster Seite)
Quelle: SHARE 2004 (Release 2.0.1), gewichtet, eigene Berechnungen.

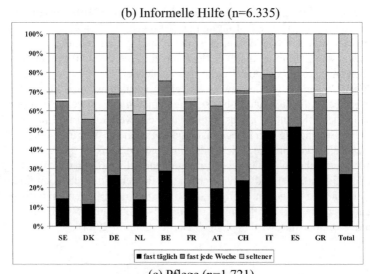
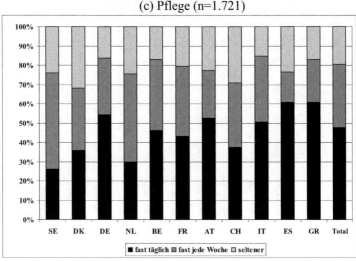

Abbildung 2: Häufigkeit informeller Aktivitäten in den letzten vier Wochen
(Forts. von vorheriger Seite)
Quelle: SHARE 2004 (Release 2.0.1), gewichtet, eigene Berechnungen.

Eine gemeinsame Betrachtung von ehrenamtliche Tätigkeiten, Netzwerkhilfe und Pflegeleistungen (Details hier nicht gezeigt) ergibt, dass insgesamt 26 Prozent der älteren Bevölkerung in den SHARE-Ländern im Monat vor der Befragung in irgendeiner Form informelle Arbeit geleistet haben. Durchschnittlich 5 Prozent der über 50-Jährigen waren im letzten Monat multiaktiv, d.h. sie waren in mindesten zwei der genannten Bereiche engagiert.[5] In Belgien, Dänemark, den Niederlanden und Schweden liegt der Anteil der mehrfach Engagierten bei über 10 Prozent, wohingegen in den Mittelmeerländern nur maximal 3 Prozent der Befragten multiaktiv tätig waren.

Der Anteil der ehrenamtlich Aktiven unter denjenigen, die informelle Hilfe leisten (19 Prozent) oder pflegen (27 Prozent) liegt deutlich über dem Durchschnitt der älteren Bevölkerung insgesamt (10 Prozent). Entsprechendes gilt auch für Hilfe leistende Personen und Pflegende. Während sich 18 Prozent Helfende in der älteren Bevölkerung insgesamt finden, ist deren Anteil unter den ehrenamtlich Engagierten mit 34 Prozent deutlich höher und steigt unter den Pflegenden sogar auf 45 Prozent. Unter jenen, die Netzwerkhilfe leisten oder ein Ehrenamt ausüben, sind die Anteile der Pflegenden mit 13 bzw. 14 Prozent fast dreimal so hoch wie unter allen Befragten (5 Prozent). Dieser starke Zusammenhang zwischen verschiedenen Formen informeller Arbeit findet sich in allen Ländern (vgl. Erlinghagen/Hank 2006: Tabelle 2).

Generell kann festgehalten werden, dass der Anteil aktiver Älterer in den skandinavischen Ländern, Belgien und den Niederlanden am höchsten ist, dass Frankreich, Deutschland, Österreich und die Schweiz eine ‚mittlere' Ländergruppe bilden, und dass Italien, Spanien sowie Griechenland im Allgemeinen durch die niedrigsten Aktivitätsraten gekennzeichnet sind. Die Rangfolge einzelner Länder kann sich zwar in Abhängigkeit von der jeweils betrachteten Dimension informeller Arbeit leicht verändern, insgesamt findet sich jedoch eine bemerkenswert stabile Anordnung der genannten Ländergruppen: Länder mit einem überdurchschnittlich hohen Anteil Aktiver in einem Bereich, liegen in der Regel auch bei anderen Formen informeller Arbeit über dem europäischen Durchschnitt. Die einzige Ausnahme von dieser Regel bilden der hohe Anteil Pflegender in Griechenland und der relativ niedrige Anteil Pflegender in Dänemark.

---

5   Multiaktivität wird hier nur erfasst, wenn sie in verschiedenen Dimensionen informeller Arbeit stattfindet. Nicht berücksichtigt werden hingegen Mehrfachaktivitäten innerhalb derselben Dimension, z.B. die Ausübung verschiedener Ehrenämter in unterschiedlichen Organisationen. Eine solche Unterscheidung ist mit den uns zur Verfügung stehenden Daten nicht möglich, so dass die vorgelegten Befunde eine sehr konservative Schätzung des Anteils mehrfach Engagierter darstellen.

4.2 Multivariate Analyse

Die Ergebnisse der univariaten Probitmodelle für die abhängigen Variablen ‚Ehrenamt', ‚Netzwerkhilfe' und ‚Pflege' belegen durchgängig die große Bedeutung individueller Ressourcen für die Ausübung produktiver Tätigkeiten (Tabelle 2). Hinsichtlich der Wahrscheinlichkeit, informelle Arbeit zu leisten, zeigt sich im Allgemeinen ein negativer *Altersgradient*. Während die Variable ‚*Geschlecht'* keinen statistisch signifikanten Beitrag zur Erklärung von Unterschieden ehrenamtlichen Engagements leistet, weisen Frauen eine höhere Wahrscheinlichkeit auf, informelle Hilfe bzw. insbesondere Pflege zu leisten (vgl. auch Stuck 2006). Der *Partnerschaftsstatus* weist mit keiner der abhängigen Variablen einen statistisch signifikanten Zusammenhang auf. Ein positiver *Bildungsgradient* zeigt sich unabhängig von der konkreten Tätigkeit, allerdings ist der Zusammenhang zwischen einem höheren Bildungsabschluss und der Wahrscheinlichkeit aktiv zu sein am deutlichsten im Bereich des ehrenamtlichen Engagements zu beobachten. Auch der – nun allerdings negative – Zusammenhang zwischen informeller Arbeit und *Erwerbsarbeit* (vs. Ruhestand) ist hier stärker als im Modell für ‚Netzwerkhilfe' (vgl. auch Erlinghagen in diesem Band), und im Modell für ‚Pflege' ist der entsprechende Koeffizient sogar insignifikant. Interessant ist, dass auch für Nicht-Erwerbstätige die Wahrscheinlichkeit informelle Hilfe zu leisten geringer ausfällt als für Rentner – ein möglicher Hinweis darauf, dass hier Netzwerke aus der Erwerbsphase eine nachhaltige Rolle spielen könnten. Ein relativ uneinheitliches Bild ergibt sich hinsichtlich der Beziehung von informeller Arbeit mit verschiedenen Dimensionen der *Gesundheit*. Die Wahrscheinlichkeit ein Ehrenamt auszuüben reduziert sich signifikant, wenn der eigene Gesundheitszustand als mittelmäßig oder schlecht wahrgenommen wird bzw. wenn Symptome von Depressionen vorliegen (vgl. hierzu ausführlich die Längsschnittanalyse von Lum/Lightfoot 2005). Ein negativer Zusammenhang kann auch zwischen subjektiver Gesundheit und informeller Hilfe festgestellt werden – allerdings weisen im Bereich der Netzwerkhilfe Befragte mit zwei oder mehr chronischen Krankheiten eine höhere Wahrscheinlichkeit auf, aktiv zu sein. Bei der Pflege fällt vor allem der hochsignifikante Koeffizient der Depressions-Variable auf. Das positive Vorzeichen weist jedoch auch hier darauf hin, dass gerade Ältere mit eingeschränktem Wohlbefinden eher aktiv sind als jene, die keine seelischen Probleme haben (vgl. hierzu z.B. Sherwood et al. 2005; Wahrendorf/Siegrist in diesem Band).

In allen drei Modellen findet sich eine stark positive, hochsignifikante Korrelation zwischen der abhängigen Variable und den jeweils *anderen produktiven Tätigkeiten*, d.h. auch wenn andere individuelle Merkmale in der statistischen Analyse berücksichtigt werden ergeben sich Hinweise darauf, dass die Wahrscheinlichkeit in einem Bereich aktiv zu sein mit parallel hierzu stattfindenden Aktivitäten in anderen Bereichen steigt. Dieser Zusammenhang findet sich in gleicher Weise in allen drei im Rahmen der deskriptiven Analyse identifizierten Ländergruppen (Details der Interaktionsmodelle hier nicht gezeigt). Auch nach Kontrolle der vorgenannten individuellen Merkmale bleiben die Unterschiede zwischen diesen *Ländergruppen* hinsichtlich der Wahrscheinlichkeit informelle Arbeit zu leisten bestehen. Während skandinavische, belgische und niederländische Senioren die größte Neigung aufweisen, ein Ehrenamt auszuüben oder Netzwerkhilfe zu leisten, ist diese Neigung bei älteren Menschen in den Mittelmeerländern am geringsten ausgeprägt (vgl. auch Erlinghagen/Hank 2006). Bezüglich der Wahrscheinlichkeit einen kranken oder behinderten Erwachsenen zu pflegen finden sich in den univariaten Probitmodellen keine statistisch signifikanten Unterschiede zwischen den Ländergruppen.

	Ehrenamt β (s.e.)	Netzwerkhilfe β (s.e.)	Pflege β (s.e.)
Demographische Merkmale			
Geschlecht (weiblich)	-0,035 (0,022)	0,060** (0,019)	0,202** (0,027)
Alter 50-64[a]	0	0	0
Alter 65-74	-0,028 (0,029)	-0,290** (0,025)	-0,118** (0,036)
Alter 75 +	-0,282** (0,037)	-0,678** (0,032)	-0,138** (0,043)
Mit Partner zusammen lebend	0,026 (0,025)	-0,008 (0,021)	0,042 (0,030)
Sozio-ökonomische Merkmale			
Erwerbstätig	-0,237** (0,031)	-0,059* (0,026)	-0,047 (0,037)
Nicht erwerbstätig	-0,039 (0,031)	-0,107** (0,026)	-0,021 (0,036)
Im Ruhestand[a]	0	0	0

Tabelle 2: Univariate Probitmodelle für die abhängigen Variablen Ehrenamt, Netzwerkhilfe und Pflege *(Forts. auf nächster Seite)*
*Quelle: SHARE 2004 (Release 2.0.1), eigene Berechnungen. Signifikanzniveau: * < .05; ** < .01. a Referenzkategorie.*

	Ehrenamt	Netzwerkhilfe	Pflege
	β (s.e.)	β (s.e.)	β (s.e.)
Sozio-ökonomische Merkmale (Fort.)			
Niedriger Bildungsabschluss[a]	0	0	0
Mittlerer Bildungsabschluss	0,153** (0,025)	0,138** (0,021)	0,149** (0,030)
Hoher Bildungsabschluss	0,454** (0,027)	0,204** (0,024)	0,189** (0,035)
Gesundheitsmerkmale			
Subjektive Gesundheit ('mittelmäßig oder schlecht')	-0,194** (0,025)	-0,259** (0,021)	-0,059* (0,030)
Zwei oder mehr chronische Krankheiten	0,042 (0,023)	0,111** (0,020)	0,022 (0,028)
Depressionssymptome	-0,113** (0,027)	0,009 (0,023)	0,189** (0,030)
Dimensionen informeller Arbeit			
Ehrenamt	-	0,393** (0,025)	0,441** (0,032)
Netzwerkhilfe	0,361** (0,023)	-	0,547** (0,027)
Pflege	0,503** (0,035)	0,674** (0,033)	-
Ländergruppen			
Belgien, Dänemark, Niederlande, Schweden	0,308** (0,025)	0,372** (0,022)	-0,060 (0,032)
Deutschland, Frankreich, Österreich, Schweiz[a]	0	0	0
Griechenland, Italien, Spanien	-0,161** (0,026)	-0,077** (0,022)	-0,033 (0,031)
Konstante	-1,265** (0,054)	-0,827** (0,046)	-2,156** (0,068)
Pseudo-R^2	0,091	0,097	0,080

Tabelle 2: Univariate Probitmodelle für die abhängigen Variablen Ehrenamt, Netzwerkhilfe und Pflege *(Forts. von vorheriger Seite)*
*Quelle: SHARE 2004 (Release 2.0.1), eigene Berechnungen. Signifikanzniveau: * < .05; ** < .01. a Referenzkategorie.*

Die univariaten Probitmodelle legen die Vermutung nahe, dass der positive Zusammenhang zwischen den verschiedenen hier betrachteten Dimensionen informeller Arbeit durch eine gemeinsame, unbeobachtete Determinante getrieben werden könnte. Diese Möglichkeit wird bei der *simultanen Schätzung* der Entscheidungen über ein Engagement in den Bereichen Ehrenamt, Netzwerkhilfe und Pflege berücksichtigt. Das multivariate Probitmodell stellt eine reduzierte Form der Modellspezifikation dar, da auf der rechten Seite der Regressionsgleichung nur die exogenen Kontrollvariablen, nicht aber die (endogenen) Aktivitätsvariablen eingehen. Die Ergebnisse dieses Modells bestätigen weitgehend die Befunde des ersten Analyseschrittes, allerdings erfüllen nun einige vormals nicht oder nur marginal signifikante Koeffizienten auch die Anforderungen strengerer Signifikanzniveaus (Tabelle 3). Dies gilt insbesondere für die regionalen Indikatoren im ‚Pflege'-Modell, wo sich jetzt auch das aus den Schätzungen für die Wahrscheinlichkeit (formell oder informell) freiwillig aktiv zu sein bereits bekannte Bild zeigt: Befragte aus den Mittelmeerländern weisen die geringste Neigung auf, außerhalb des eigenen Haushaltes pflegerisch tätig zu sein, während die Wahrscheinlichkeit hierfür in den nördlichen Ländern (einschließlich Belgien und Niederlande) am höchsten ist.

	Ehrenamt β (s.e.)	Netzwerkhilfe β (s.e.)	Pflege β (s.e.)
Demographische Merkmale			
Geschlecht (weiblich)	-0,008 (0,022)	0,076** (0,019)	0,204** (0,026)
Alter 50-64[a]	0	0	0
Alter 65-74	-0,078** (0,029)	-0,303** (0,025)	-0,175** (0,034)
Alter 75 +	-0,373** (0,036)	-0,713** (0,031)	-0,286** (0,042)
Mit Partner zusammen lebend	0,028 (0,025)	-0,005 (0,021)	0,036 (0,029)
Sozio-ökonomische Merkmale			
Erwerbstätig	-0,244** (0,030)	-0,085** (0,026)	-0,083* (0,035)
Nicht erwerbstätig	-0,055 (0,031)	-0,111** (0,0269)	-0,044 (0,035)
Im Ruhestand[a]	0	0	0

Tabelle 3: Multivariates Probitmodell für die abhängigen Variablen Ehrenamt, Netzwerkhilfe und Pflege *(Forts. auf nächster Seite)*
*Quelle: SHARE 2004 (Release 2.0.1), eigene Berechnungen. Signifikanzniveau: * < .05; ** < .01. a Referenzkategorie.*

	Ehrenamt	Netzwerkhilfe	Pflege
	β (s.e.)	β (s.e.)	β (s.e.)
Sozio-ökonomische Merkmale (Fort.)			
Niedriger Bildungsabschluss[a]	0	0	0
Mittlerer Bildungsabschluss	0,183** (0,025)	0,168** (0,021)	0,190** (0,029)
Hoher Bildungsabschluss	0,497** (0,027)	0,272** (0,024)	0,291** (0,033)
Gesundheitsmerkmale			
Subjektive Gesundheit (‚mittelmäßig oder schlecht')	-0,229** (0,025)	-0,283** (0,021)	-0,129** (0,029)
Zwei oder mehr chronische Krankheiten	0,058* (0,023)	0,117** (0,020)	0,050 (0,027)
Depressionssymptome	-0,092** (0,027)	0,022 (0,022)	0,177** (0,029)
Ländergruppen			
Belgien, Dänemark, Niederlande, Schweden	0,352** (0,025)	0,400** (0,022)	0,062* (0,031)
Deutschland, Frankreich, Österreich, Schweiz[a]	0	0	0
Griechenland, Italien, Spanien	-0,168** (0,026)	-0,091** (0,022)	-0,060* (0,030)
Konstante	-1,154** (0,053)	-0,751** (0,045)	-1,886** (0,064)
ρ21 (Ehrenamt – Netzwerkhilfe)	0,193** (0,012)		
ρ31 (Ehrenamt – Pflege)	0,232** (0,015)		
ρ32 (Netzwerkhilfe – Pflege)	0,308** (0,014)		
Likelihood Ratio Test (ρ21=ρ31=ρ32=0)	Chi^2 (3) = 876,584		

Tabelle 3: Multivariates Probitmodell für die abhängigen Variablen Ehrenamt, Netzwerkhilfe und Pflege *(Forts. von vorheriger Seite)*
Quelle: *SHARE 2004 (Release 2.0.1), eigene Berechnungen. Signifikanzniveau: * < .05; ** < .01. a Referenzkategorie.*

Als wichtigster Befund der multivariaten Probitschätzung bleibt jedoch festzuhalten, dass die Korrelation der Fehlerterme aller drei Gleichungen statistisch hochsignifikant ist. Die Korrelation zwischen ‚Ehrenamt' und ‚Netzwerkhilfe' erweist sich dabei als am schwächsten ($\rho = .19$), während sich die stärkste Korrelation zwischen ‚Netzwerkhilfe' und ‚Pflege' findet ($\rho = .31$). Ein Likelihood Ratio Test weist die Hypothese der Unabhängigkeit der drei Gleichungen klar zurück. Eine nach Ländergruppen getrennte Analyse (Details hier nicht gezeigt) liefert keine Hinweise auf die Existenz regionaler Unterschiede hinsichtlich der Struktur der hier beschriebenen Zusammenhänge.

5 Diskussion

Der vorliegende Beitrag zeichnet ein Bild produktiven Alterns in Europa, das in deutlichem Widerspruch zur immer noch weit verbreiteten Vorstellung des Alters als einer rein konsumtiven Lebensphase steht (vgl. auch den Beitrag von Caro in diesem Band). Durchschnittlich 10 Prozent der über 50-Jährigen Europäer und Europäerinnen waren 2004 ehrenamtlich aktiv, 18 Prozent leisteten Netzwerkhilfe und 5 Prozent haben einen kranken oder behinderten Erwachsenen gepflegt. Hierbei lassen sich allerdings in allen drei Bereichen haushaltsexterner Aktivitäten deutliche Unterschiede zwischen Ländern und Regionen erkennen: insgesamt findet sich der höchste Anteil aktiver Älterer in den skandinavischen Ländern, in Belgien und den Niederlanden, eine ‚mittlere' Gruppe bilden Frankreich, Deutschland, Österreich und die Schweiz, während Italien, Spanien sowie Griechenland im Allgemeinen durch die niedrigsten Aktivitätsraten gekennzeichnet sind. Diese Befunde decken sich mit Studien, die einen Zusammenhang zwischen gesellschaftlichen Aktivitätsmustern und Elementen verschiedener Regimetypologien behaupten (z.B. Pichler/Wallace 2007; Salamon/Sokolwoski 2003), die auch unterschiedliche institutionelle Opportunitäten sich zu engagieren beinhalten (vgl. Smith/Shen 2002).

Auch auf der Individualebene – und unabhängig vom regionalen Kontext bzw. dem allgemeinen Niveau der Beteiligung an informeller Arbeit in einem Land – finden sich deutliche Belege für eine komplementäre Beziehung von Ehrenamt, Netzwerkhilfe und Pflege. Während sich Erwerbstätigkeit tendenziell negativ auf die Wahrscheinlichkeit auswirkt, informelle Arbeit zu leisten, zeigt sich in allen hier geschätzten Modellen eine stark positive Korrelation zwischen Engagement in einem Bereich und der Neigung, gleichzeitig auch in einem anderen Bereich aktiv zu sein. Damit bestätigen die Daten des ‚Survey of Health, Ageing and Retirement in Europe' die Befunde einer Reihe neuerer Untersuchungen aus den Vereinigten Staaten (z.B. Burr et al. 2005; Choi et al. 2007). Die im multivariaten Probitmodell festgestellte Interdependenz zwischen den drei simultan betrachteten Dimensionen informeller Arbeit liefert zudem weitere

Hinweise auf eine von spezifischen Tätigkeiten unabhängige allgemeine Handlungsmotivation, die jenseits der im Modell berücksichtigten individuellen Ressourcen für die Entscheidung über die Ausübung produktiver Tätigkeiten im Alter relevant sein könnte (vgl. Caro et al. 2005).

Die Korrelation der Fehlerterme im multivariaten, d.h. reduzierten, Modell reflektiert darüber hinaus die Existenz von Gelegenheitsstrukturen, die im Zusammenhang mit einer bestimmten Tätigkeit entstehen, und sich dann positiv auf die Wahrscheinlichkeit auswirken, eine weitere Tätigkeit in einem anderen Bereich auszuüben. Die unterschiedliche Stärke der ρ's kann so interpretiert werden, dass solche Opportunitäten weniger bedeutsam für die Beziehung von Ehrenamt und Netzwerkhilfe zu sein scheinen, während sie eine größere Rolle spielen, wenn das Verhältnis von Pflege und Netzwerkhilfe betrachtet wird (vgl. Farkas/Himes 1997; Wilson/Musick 1997). Dieser Befund könnte unter anderem auch darauf hindeuten, dass die hier separat betrachteten Dimensionen ‚Netzwerkhilfe' und ‚Pflege' zwar unterschiedliche Tätigkeits*inhalte* abbilden, als nicht-organisationsgebundene Hilfeleistungen jedoch sehr ähnliche Tätigkeits*formen* darstellen. Dies würde für eine klarere konzeptuelle und empirische Unterscheidung von Formen und Inhalten produktiven Alterns in zukünftigen Untersuchungen – beginnend bei der Datenerhebung – sprechen (vgl. hierzu auch Erlinghagen 2000; 2002).

Vor dem Hintergrund der hier vorgelegten Befunde ergeben sich darüber hinaus eine Reihe weiterer unmittelbarer Forschungsfragen. Während unsere Untersuchung aus der Perspektive des *Individuums* durchgeführt wurde, analysiert Hook (2004) ehrenamtliches Engagement und informelle Hilfe im Kontext des Haushaltes bzw. der Paarbeziehung (vgl. auch Rotolo/Wilson 2006). So kann die Autorin zeigen, dass freiwillige Arbeit außerhalb des eigenen Haushaltes „is not allocated in isolation from paid work and domestic work, but is part of the gendered household labor allocation process determined, in part, by time constraints." (Hook 2004: 115) Dieser erweiterte Ansatz – sowohl was die Untersuchungseinheit als auch was die untersuchten Tätigkeiten angeht – könnte auch für zukünftige Auswertungen der SHARE-Daten fruchtbar sein (vgl. in diesem Zusammenhang z.B. die Studie zur Teilung der Hausarbeit von Hank/Jürges [2007]). Mit der Verfügbarkeit weiterer Wellen der SHARE-Daten (vgl. Börsch-Supan et al. 2005: Kapitel 1) werden zudem Analysen des Verhältnisses verschiedener Dimensionen informeller Arbeit im Zeitverlauf möglich, in denen auch Veränderungen in der – allerdings nur sehr grob erfassten – Häufigkeit es Engagements in Abhängigkeit von Veränderungen in anderen Bereichen berücksichtig werden können.

Das wohl wichtigste und schwierigste Gebiet für zukünftige Untersuchungen dürfte allerdings die *Motivforschung* sein, die sowohl hinsichtlich ihrer handlungstheoretischen Fundierung als auch im Hinblick auf Aspekte der empirischen Operationalisierung weiterentwickelt werden muss. Zwar findet sich in der psychologischen Literatur bereits eine Vielzahl von Studien zu den Beweggründen für die Ausübung spezieller oder allgemein ‚sozialer' (produktiver) Tätigkeiten (z.b. Clary/Snyder 1999; Penner et al. 2005) und Siegrist et al. (2004: 7) verweisen auf „a basic principle in social production theory that states that people, in general, aim at maintaining and improving their well-being through performing productive activities." Diese Ansätze sollten jedoch durch ein umfassendes Handlungsmodell ergänzt werden, in dem der individuelle Nutzen unentgeltlich ausgeübter (informeller) produktiver Tätigkeiten explizit berücksichtigt wird. In diesem Zusammenhang werden in der Literatur z.B. Elemente wie die Steigerung des Selbstwertgefühls (Siegrist et al. 2004: 7f.), die Produktion von Sozialkapital (Pichler/Wallace 2007), oder die Ersparnis von Transaktionskosten (Erlinghagen 2003) genannt. Bislang offen geblieben ist jedoch, wie diese unterschiedlichen Nutzenkomponenten konkret zusammenwirken und zu dem empirisch beobachtbaren Muster multiaktiven produktiven Alterns (oder aber weitgehend ausbleibendem Engagement) führen.

6 Danksagung

Wir bedanken uns bei Marcel Erlinghagen, Jürgen Maurer und den TeilnehmerInnen des MEA-Seminars für kritische Anmerkungen und hilfreiche Kommentare, sowie bei der Fritz Thyssen Stiftung für die finanzielle Förderung des Projektes „Informelle Arbeit von Älteren in Deutschland und Europa", in dessen Rahmen der vorliegende Beitrag entstanden ist. Die SHARE-Datenerhebung 2004 wurde hauptsächlich durch das 5. Rahmenprogramm der Europäischen Union finanziert (Projekt QLK6-CT-2001-00360). Weitere Finanzmittel wurden vom U.S. National Institute on Aging zur Verfügung gestellt (U01 AG09740-13S2, P01 AG005842, P01 AG08291, P30 AG12815, Y1-AG-4553-01 and OGHA 04-064). Die Datensammlung in Belgien (durch das Belgian Science Policy Office), Österreich (durch den Fonds zur Förderung der wissenschaftlichen Forschung) und der Schweiz (durch BBW/OFES/UFES) wurde national finanziert. Darüber hinaus danken wir der Europäischen Union für Unterstützung durch das 6. Rahmenprogramm (Projekt RII-CT-2006-026193; SHARE-I3).

7 Literatur

Alber, J./Köhler, U. (2004): Health and care in an enlarged Europe. European Foundation for the Improvement of Living and Working Conditions, Office for Official Publications of the European Communities, Luxembourg.

Attias-Donfut, C./Ogg, J./Wolff, F.-C. (2005): European patterns of intergenerational financial and time transfers. In: European Journal of Ageing 2, 161-173.

Avramov, D./Maskova, M. (2003): Active Ageing in Europe – Volume 1 (Population Studies Series No. 41). Council of Europe Publishing: Strasbourg.

Baker, L.A./Cahalin, L.P./Gerst, K./Burr, J.A. (2005): Productive activities and subjective well-being among older adults: The influence of number of activities and time commitment. In: Social Indicators Research 73, 431-458.

Berger-Schmitt, R. (2003): Geringere familiale Pflegebereitschaft bei jüngeren Generationen. Analysen zur Betreuung und Pflege alter Menschen in den Ländern der Europäischen Union. In: Informationsdienst Soziale Indikatoren 29, 12-15.

Börsch-Supan, A. et al. (Hrsg.) (2005): Health, Ageing and Retirement in Europe – First Results from the Survey of Health, Ageing and Retirement in Europe. MEA: Mannheim.

Börsch-Supan, A./Jürges, H. (Hrsg.) (2005): The Survey of Health, Ageing and Retirement in Europe - Methodology. MEA: Mannheim.

Brugiavini, A./Croda, E./Mariuzzo, F. (2005): Labour force participation of the elderly: Unused capacity? In: A. Börsch-Supan et al. (Hrsg.), Health, Ageing and Retirement in Europe – First Results from the Survey of Health, Ageing and Retirement in Europe. MEA: Mannheim, 236-240.

Burr, J.A./Choi, N.G./Mutchler, J.E./Caro, F.C. (2005): Caregiving and volunteering: Are private and public helping behaviours linked? In: Journal of Gerontology – Social Sciences 60B, S247-56.

Cappellari, L./Jenkins, S.P. (2003): Multivariate probit regression using simulated maximum likelihood. In: The Stata Journal 3, 278-294.

Caro, F.G./Bruner-Canhoto, L./Burr, J./Mutchler, J. (2005): Motivation for Active Aging: Results of a Pilot Study. Working Paper, Gerontology Institute – University of Massachusetts Boston.

Choi, N.G./Burr, J.A./Mutchler, J.E./Caro, F.G. (2007): Formal and Informal Volunteer Activity and Spousal Caregiving Among Older Adults. In: Research on Aging 29, 99-124.

Clary, E.G./Snyder, M. (1999): The motivations to volunteer: Theoretical and practical considerations. In: Current Directions in Psychological Science 8, 156-159.

Curtis, J.E./Bear, D.E./Grabb, E.G. (2001): Nations of Joiners: Explaining Voluntary Association Membership in Democratic Societies. In: American Sociological Review 66, 783-805.

Daatland, S.O./Lowenstein, A. (2005): Intergenerational solidarity and the family-welfare state balance. In: European Journal of Ageing 2, 174 - 182.

Erlinghagen, M. (2000): Informelle Arbeit. Ein Überblick über einen schillernden Begriff. In: Schmollers Jahrbuch 120, 239-274.

Erlinghagen, M. (2002): Konturen ehrenamtlichen Engagements in Deutschland. Eine Bestandsaufnahme. In: Sozialer Fortschritt 51, 80-86.

Erlinghagen, M. (2003): Die individuellen Erträge ehrenamtlicher Arbeit. Zur sozioökonomischen Theorie unentgeltlicher, haushaltsextern organisierter Produktion. In: Kölner Zeitschrift für Soziologie und Sozialpsychologie 55, 737-757.

Erlinghagen, M./Hank, K. (2006): The Participation of Older Europeans in Volunteer Work. In: Ageing & Society 26, 567-584.

Erlinghagen, M./Hank, K./Lemke, A./Stuck, S. (2006): Informelle Arbeit von Älteren in Deutschland und Europa. Zwischenbericht an die Fritz Thyssen Stiftung. Bochum und Mannheim.

Farkas, J.I./Himes, C.L. (1997): The Influence of Caregiving and Employment on the Voluntary Activities of Midlife and Older Women. In: Journal of Gerontology – Social Sciences 52B, S180-S189.

Gallagher, S.K. (1994): Doing their share: Comparing patterns of help given by older and younger adults. In: Journal of Marriage and the Family 56, 567-578.

Glaser, K./Evandrou, M./Tomassini, C. (2006): Multiple role occupancy and social participation among midlife wives and husbands in the United Kingdom. In: International Journal of Aging & Human Development 63, 27-47.

Greene, W.H. (2000): Econometric Analysis (4. Auflage), Prentice Hall.

Hank, K./Buber, I. (2007): Grandparents Caring for Their Grandchildren: Findings from the 2004 Survey of Health, Ageing and Retirement in Europe. MEA Discussion Paper 127-07, Universität Mannheim.

Hank, K./Jürges, H. (2007): Gender and the Division of Household Labor in Older Couples: A European Perspective. In: Journal of Family Issues 28, 399-421.

Hook, J.L. (2004): Reconsidering the division of household labor: Incorporating volunteer work and informal support. In: Journal of Marriage and Family 66, 101-117.

Künemund, H. (2006): Methodenkritische Anmerkungen zur Empirie ehrenamtlichen Engagements. In: K.R. Schroeter & P. Zängl (Hrsg.), Altern und bürgerschaftliches Engagement. Aspekte der Vergemeinschaftung und Vergesellschaftung in der Lebensphase Alter. VS Verlag: Wiesbaden, 111-134.

Lum, T.Y./Lightfoot, E. (2005): The effects of volunteering on the physical and mental health of older people. In: Research on Aging 27, 31-55.

Morrow-Howell, N./Hinterlong, J./ Sherraden, M. (Hrsg.) (2001): Productive Aging: A Conceptual Framework. Johns Hopkins University Press: Baltimore.

Motel-Klingebiel, A./Tesch-Römer, C./von Kondratowitz, J. (2005): Welfare states do not crowd out the family: evidence for mixed responsibility from comparative analyses. In: Ageing & Society 25, 863 - 882.

Mutchler, J.E./Burr, J.A./Caro, F.G. (2003): From Paid Worker to Volunteer: Leaving the Paid Labor Force and Volunteering in Later Life. In: Social Forces 81, 1267-1293.

Pavalko, E.K./Artis, J.E. (1997): Women's caregiving and paid work: Casual relationships in late midlife. In: Journal of Gerontology – Social Sciences 52B, S170-S179.

Penner, L.A./Dovidio, J.F./Pillavin, J.A./Schroeder, D.A. (2005): Prosocial behavior: Multilevel perspectives. In: Annual Review of Psychology 56, 365-392.

Pichler, F./Wallace, C. (2007): Patterns of Formal and Informal Social Capital in Europe. In: European Sociological Review 23, im Druck.

Rotolo, T./Wilson, J. (2006): Substitute or complement? Spousal influence on volunteering. In: Journal of Marriage and Family 68, 305-319.
Rozario, P.A./Morrow-Howell, N./Hinterlong, J.E. (2004): Role enhancement and role strain. Assessing the impact of multiple productive roles on older caregiver wellbeing. In: Research on Aging 26, 413-428.
Salamon, L.M./Sokolowski, S.W. (2003): Institutional Roots of Volunteering: Toward a Macro-Strucutral Theory of Individual Voluntary Action. In: P. Dekker & L. Halman (Hrsg.), The Values of Volunteering. Cross-Cultural Perspectives. Kluwer Academic/Plenum Publishers: New York u.a., 71-90.
Schneider, T./Drobnic, S./Blossfeld, H.-P. (2001): Pflegebedürftige Personen im Haushalt und das Erwerbsverhalten verheirateter Frauen. In: Zeitschrift für Soziologie 30, 362-383.
Schofer, E./Fourcade-Gourinchas, M. (2001): The structural contexts of civic engagement: Voluntary association membership in comparative perspective. In: American Sociological Review 66, 806-828.
Sherwood, P.R./Given, C.W./Given, B.A./von Eye, A. (2005): Caregiver burden and depressive symptoms. In: Journal of Aging and Health 17, 125-147.
Siegrist, J./von dem Knesebeck, O./Pollack, C.E. (2004): Social productivity and wellbeing of older people: A sociological exploration. In: Social Theory & Health 2, 1-17.
Smith, D.H./Shen, C. (2002): The roots of civil society: A model of voluntary assiciation prevalence applied to data on larger contemporary nations. In: International Journal of Comparative Sociology 43, 93-133.
Spieß, C.K./Schneider, U. (2003): Interactions between care-giving and paid work hours among European midlife women, 1994 to 1996. In: Ageing & Society 23, 41-68.
Stuck, S. (2006): Informelle Arbeit älterer Frauen und Männer in Europa. In: Zeitschrift für Frauenforschung & Geschlechterstudien 24, 117-130.
Tang, F. (2006). What resources are needed for volunteerism? A life course perspective. In: Journal of Applied Gerontology 25, 375-390.
Wilson, J./Musick, M. (1997): Who cares? Towards an integrated theory of volunteer work. In: American Sociological Review 62, 694-713.
Wilson, J./Musick, M (2003): Doing well by doing good: Volunteering and occupational achievement among American women. In: Sociological Quarterly 44, 433-450.

Soziale Produktivität und Wohlbefinden im höheren Lebensalter

Morten Wahrendorf & Johannes Siegrist

1 Einleitung

Waren 1910 lediglich 8 % der deutschen Bevölkerung über 60 Jahre alt, so werden es Schätzungen des Statistischen Bundesamts zufolge im Jahre 2050 bis zu 40 % sein (Statistisches Bundesamt 2006). Der Grund dieser Entwicklung ist, neben der geringen Geburtenrate, vor allem die zunehmende Lebenserwartung. Insbesondere ist in den letzten Jahrzehnten die so genannte ferne Lebenserwartung angestiegen, das heißt die zusätzliche Lebenserwartung Älterer, die bereits das Rentenalter erreicht haben. Mit Blick auf die Einteilung des Lebens in unterschiedliche Lebensphasen nennt Laslett als Konsequenz dieses Trends (1996, S. 3) "a different arrangement of the stages of life from any that has previously been suggested". So leben Männer und Frauen häufig bis zu 20 Jahren nach Ausstieg aus dem Erwerbsleben. Hierbei sind sie in relativ guter gesundheitlicher Verfassung und vergleichsweise finanzieller Unabhängigkeit. Die verlängerte Lebensspanne im Alter führt dazu, dass, im Gegensatz zu früher, in der Wissenschaft das hohe Alter zusätzlich in ein „drittes" und ein „viertes" Alter unterschieden wird. Das dritte Alter umfasst typischerweise die Zeitspanne von der Berentung bis hin zu eingeschränktem Funktionsvermögen und beginnender Pflegebedürftigkeit. Diese definiert dann den Eintritt in das vierte Alter. Laslett (1996) unterstreicht hierbei die individuellen Freiheiten des dritten Alters, die Möglichkeit der „persönlichen Erfüllung" verglichen zu früheren Generationen.

Bei der Betrachtung der beschriebenen „Umkehrung der Lebenspyramide" wird die wachsende Gruppe Älterer häufig als „Alterslast" angesehen. Dramatische Szenarien sprechen von den Alten als „gierige Generation" (Glöckner 2003), die zu einer übermäßigen Beanspruchung von Kranken- und Rentenversicherungssystemen führen. Demgegenüber steht die Vorstellung des „Alterskapitals", die Betonung der Potenziale der Menschen im dritten Alter. Diese liegen weitgehend brach und werden unzureichend zur Kenntnis genommen. Ältere erfahren häufig einen Mangel an gesellschaftlich institutionalisierten Angeboten, so dass auf individueller Ebene die gewonnene Freiheit im Alter oftmals mit dem Gefühl sozialer Ausgrenzung einhergeht und, auf gesellschaftlicher Ebene, Potenziale ungenutzt bleiben (Riley et al. 1994). Dabei zeigen zahlreiche Studien, dass Aktivität im Alter mit verbessertem Wohlbefinden und Gesundheit einhergeht (Bath/Deeg 2005). Diese Phase produktiv und aktiv zu gestalten, ist also ein gesellschaftliches und individuelles Bedürfnis. Denn die Gesellschaft profitiert durch die Übernahme gesellschaftlicher Aufgaben und Ältere profitieren durch bessere Gesundheit und erhöhtes Wohlbefinden. Woran liegt es aber, dass Potenziale unzureichend genutzt werden? Fehlt es nur an Angeboten oder sind die vorhandenen Angebote unattraktiv für Ältere? Und welche Rolle spielen qualitative Merkmale der Aktivität, um positiv mit Wohlbefinden verbunden zu sein?

So möchten wir im vorliegenden Beitrag einerseits Chancen und faktische Verbreitung sozialer Produktivität im dritten Lebensalter in Europa untersuchen. Dabei interessiert insbesondere die Frage, welche Beziehungen zu Gesundheit und Wohlbefinden bestehen. Andererseits untersuchen wir, wie wichtig eine nicht-materielle Belohnung in Form von Anerkennung bei der Teilhabe an sozial produktiven Aktivitäten im dritten Lebensalter für das Wohlbefinden ist. Mit Bezug auf die sozialen Austauschbeziehungen und die erbrachte Leistung als wichtigen Merkmalen einer sozial produktiven Aktivität konzentrieren wir uns auf das Ausmaß an Reziprozität. Reziprozität bezeichnet hierbei ein empfundenes Gleichgewicht zwischen erbrachter Leistung und erhaltener Belohnung. Wir analysieren, welche Auswirkungen das Ausmaß an Reziprozität auf den Zusammenhang zwischen Engagement und Wohlbefinden hat. Für die Untersuchung unserer Fragestellungen greifen wir auf den ‚Survey of Health, Ageing and Retirement in Europe' (SHARE) zurück (Börsch-Supan et al. 2005).

2 Hintergrund

*2.1 Auswirkungen sozialer Produktivität auf Wohlbefinden im Alter –
Erklärungsmuster*

Mit dem demographischen Wandel und der wachsenden Bedeutung der nachberuflichen „dritten" Lebensphase, nimmt auch die Forschung zu nachberuflichen Tätigkeiten zu. Im Vordergrund stehen hierbei unterschiedliche Alterskonzepte mit Grundannahmen über ein „erfolgreiches Altern" und über die Frage nach dem Stellenwert nachberuflicher Aktivitäten als wichtigem Element erhöhter Lebensqualität. Die Debatte wird im Wesentlichen von zwei klassischen gerontologischen Konzepten geprägt. Vertreter der Disengagementtheorie sehen hierbei den allmählichen gesellschaftlichen Rückzug (englisch: ‚disengagement') als natürlichen Anpassungsprozess an Veränderungen im Alter. So ist der Rückzug im Alter wichtig und Vorraussetzung für erhöhtes Wohlbefinden (Cummings/Henry 1961). Hingegen betont die Aktivitätstheorie die Verringerung des Lebensraums sowie den Verlust zentraler Rollen als problematisches Ereignis, welches durch die Teilhabe an Aktivitäten kompensiert werden kann. (Lemon, Bengtson/Peterson 1972)

Empirische Untersuchungen stützen weitestgehend die These von einem positiven Zusammenhang zwischen Aktivität und Wohlbefinden. Sie zeigen, dass Aktivitäten im Alter zu einem zufriedenen und längeren Leben mit verbesserter Gesundheit beitragen (Bath/Deeg 2005). Und dies wohlgemerkt nicht nur für körperliche Aktivitäten, etwa Fitnessaktivitäten, sondern ebenso für nicht primär körperliche Aktivitäten. So zeigen beispielsweise Glass und Kollegen (1999), dass soziale (wie z.b. Freunde treffen) und produktive Aktivitäten (wie z.b. Gartenarbeit) ebenso effektiv wie Fitnessaktivitäten (wie z.b. Schwimmen) das Mortalitätsrisiko senken. Als wichtig erweist sich vor allem, dass Aktivitäten eine soziale Komponente beinhalten: das Eingebunden-Sein in soziale Interaktionen und Austauschbeziehungen. Ein ähnliches Ergebnis erbrachte eine Studie von Menec (2003): Es sind besonders Aktivitäten, die nicht alleine getätigt werden (wie z.b. lesen), die auf Lebenszufriedenheit, körperliche Funktionalität und auch Mortalität wirken. Die Bedeutung der sozialen Komponente unterstreichen auch Maier/Klumb (2005). Sie zeigen anhand der Berliner Altersstudie, dass, wenn Ältere „gemeinsam mit Freunden" aktiv sind, dies zu einer erhöhten Lebenserwartung führt. Wie ist aber dieser Zusammenhang zu erklären?

Neben körperlichen Aspekten muss es anscheinend auch weitere Aspekte geben, die für die Erklärung des Zusammenhangs zwischen Aktivität und Gesundheit wichtig sind. Mit Rückgriff auf die Aktivitätstheorie (Lemon et al. 1972) wird vermutet, dass Ältere nach dem Verlust zentraler Rollen in neuen Aktivitäten mit sozialen Interaktionen die Möglichkeit erhalten, eine neue „Rollenunterstützung" (englisch: „role support") zu erfahren, welche ihrerseits eine positive Selbsterfahrung (hohes Selbstwertgefühl) erlaubt und zu erhöhter Lebenszufriedenheit führt. Bei fehlender Aktivität und ausbleibender sozialer Interaktion bleibt die positive Rückmeldung aus.

In der Tat zeigen Herzog und Kollegen (1998), dass soziale Aktivitäten indirekt über ein individuelles Selbstwertgefühl mit der Verminderung depressiver Symptomen verbunden sind. Hierbei zeigen sie auch, dass durch den produktiven Charakter einer Aktivität (wie z.B. Hilfeleistung) das Selbstwertgefühl gesteigert werden kann. Auf ähnliche Weise belegen Krause et al. (1992), dass allgemeine Hilfeleistungen mit erhöhtem Wohlbefinden zusammenhängen und dass diese Beziehung durch eine verstärkt empfundene Kontrolle des Helfenden erklärt werden kann.

Dennoch bleiben verschiedene Fragen weiterhin unbeantwortet. Dies liegt teils an der unsystematischen empirischen Messung von Aktivitäten, die die inhaltliche Interpretation und letztlich die Theoriebildung erschwert (vgl. z.B. Künemund/Schupp in diesem Band). So werden beispielsweise in Untersuchungen „Gartenarbeit" und „Nachbarschaftshilfe" zu produktiven Aktivitäten zusammengefasst (Menec 2003), ohne zu unterscheiden, ob die produktive Tätigkeit eine soziale Interaktion beinhaltet oder nicht. Ähnliches gilt für Herzog und Kollegen (1998): Hier werden Gartenarbeit und ehrenamtliches Engagement zu „produktiven Aktivitäten" zusammengefasst und gemeinsam deren Zusammenhang untersucht. So werden zwar in beiden Fällen produktive Aktivitäten betrachtet, allerdings wird nicht die Unterscheidung vorgenommen, ob die Aktivität eine soziale Interaktion beinhaltet oder nicht. Gerade letztere Unterscheidung – so die Aktivitätstheorie – ist aber wichtig. Weiterhin ist die empirische Anwendung der Aktivitätstheorie nicht unumstritten. Dies gilt insbesondere für die teils dramatische Interpretation des Eintritts in den Ruhestand als krisenhaftes Ereignis und die gleichzeitige Idealisierung von Aktivitäten im Alter (vgl. Backes/Clemens: 114 ff). Beispielsweise kann der Bedarf nach Kompensation im Ruhestand durchaus von der sozioökonomischen Lage oder der beruflichen Biographie abhängen. Ähnlich muss nicht jede Aktivität per se aufgrund ihrer sozialen Interaktion positiv mit Wohlbefinden verbunden sein. Es stellt sich vielmehr die Frage nach der Qualität der sozialen Beziehungen. Aber welche Aspekte sollen herangezogen werden, um eine „gute" bzw. „schlechte" soziale Beziehung zu beschreiben? Neben der Messung, ist also folgende Frage von besonderem Interesse: Welche Kennzeichen sozialer Wechselbeziehungen innerhalb sozialer Aktivitäten sind für eine positive Wirkung auf das Wohlbefinden wichtig? Anders gefragt: Welche psychosozialen Aspekte sozialer Produktivität tragen zu einer positiven Erfahrung sozialer Identität bei? Dieser Frage gehen wir im vorliegenden Beitrag nach.

2.2 Psychosoziale Aspekte sozialer Produktivität – Norm sozialer Reziprozität

Zur Beschreibung der spezifischen psychosozialen Aspekte, die im vorliegenden Beitrag untersucht werden, gehen wir nochmals genauer auf soziale Produktivität ein. Was genau verstehen wir unter diesem Begriff? Als Merkmal wurde einleitend bereits der soziale Kontext angesprochen, das Eingebunden-Sein in soziale Interaktionen und Austauschbeziehungen, aber auch die Erzeugung von Gütern oder von Dienstleistungen. So definieren wir soziale Produktivität wie folgt: „any agreed-upon continued activity that generates goods or services that are socially or economically valued by the recipient(s), whether or not based upon a formal contract" (Siegrist et al. 2004). Entgegen spezifisch ökonomischer Definitionen wird hierbei der Fokus nicht auf die Wertsteigerung der Aktivität oder deren Effizienz (wie gut ein bestimmtes Ziel mit möglichst geringem Aufwand erreicht wurde) gelegt, sondern der Fokus liegt auf einer erbrachten Leistung innerhalb einer sozialen Austauschbeziehung, so auch deren Bewertung oder Belohnung durch Gegenleistungen Anderer (so genannter „transaktionaler Charakter"). Welche Formen der Belohnung sind möglich? Sicherlich denkt man zunächst an ökonomische Belohnung in Form von Geld, etwa der Lohn im Beruf. Aber auch nicht-materielle Formen der Belohnung sind wichtig, so beispielsweise Anerkennung, Wertschätzung oder Würdigung des Geleisteten. Letztere Form der Belohnung spielt insbesondere bei informellen Tätigkeiten eine wichtige Rolle. Diese beruhen, im Gegensatz zum Beruf, nicht auf einer vertraglichen Basis. Zur Bestimmung gesundheitsrelevanter Merkmale ist nun entscheidend, ob die Austauschbeziehungen innerhalb der sozial produktiven Aktivitäten in einem ausgewogenen Verhältnis stehen, das heißt, ob den erbrachten Leistungen in irgendeiner Form eine Gegenleistung folgt, die dem Prinzip der Tauschgerechtigkeit, der Norm sozialer Reziprozität entspricht. Dieses Grundprinzip sozialer Reziprozität besagt, dass Leistung und Belohnung sich entsprechen, d.h. in einem ausgewogenen Verhältnis stehen. Dementsprechend gilt eine Verletzung dieses Prinzips (so genannte Gratifikationskrise) als gesundheitsrelevante psychosoziale Belastung, die starke negative Gefühle und damit verbundene Stressreaktionen hervorruft, die langfristig das Krankheitsrisiko erhöhen. Dieser theoretische Ansatz erwies sich bisher insbesondere zur Beschreibung psychosozialer Belastungen im Erwerbsleben als fruchtbar (Modell beruflicher Gratifikationskrisen; Siegrist 1996, Siegrist 2005). Vorliegend untersuchen wir nun, inwiefern dieses Modell ebenso auf informelle Tätigkeiten im dritten Lebensalter übertragen werden kann. Hier setzt unsere Untersuchung an. Wir untersuchen soziale Produktivität in den Bereichen Ehrenamt, informelle Hilfe und Pflege, indem wir das Ausmaß an erhaltener nicht-materieller Belohnung in Form von Anerkennung prüfen. Wir testen die Hypothese, dass erhöhtes Wohlbefinden und Gesundheit insbesondere bei Personen vorkommt, welche angemessene Rückmeldungen für ihr Engagement erhalten. Umgekehrt erwarten wir, dass die Erfahrung eines Ungleichgewichts von Verausgabung und Belohnung negativ mit Wohlbefinden in Beziehung steht. Letzteres erwarten wir insbesondere für Aktivitäten, welche durch ihren eigenen Charakter (wie z.B. die Pflege Demenzkranker) die Erfahrung von Rückmeldung erschweren oder gar nicht zulassen.

2.3 Die Rolle sozialstruktureller Faktoren

Bei der Untersuchung des Zusammenhangs zwischen sozialer Produktivität und Wohlbefinden ist die Integration sozialstruktureller Faktoren eher selten (Prahl/Schroeter 1996). So bleibt die spezifische Rolle soziokultureller Faktoren, so beispielsweise der sozioökonomischen Lage, relativ unklar. Gerade diese Faktoren können aber sowohl auf Verhaltensweisen wie auch auf das individuelle Wohlbefinden und die Gesundheit Einfluss haben (Erlinghagen/Hank 2006). Ebenso ist eine geschlechtspezifische Verteilung von allgemeiner Hilfeleistung zu erwarten (Drew/Silverstein 2004). Ähnliches gilt für das Alter und den Berufstatus. Beides steht in direkter Beziehung zu den Möglichkeiten sozialer Produktivität. Altersspezifische Variationen sind insbesondere aufgrund körperlicher Einschränkungen im Übergang vom dritten zum vierten Lebensalter zu erwarten. Gleiches gilt für den Wechsel in den Ruhestand als Lebensereignis, das verstärkte Aktivität zulässt beziehungsweise diese eventuell gar fordert. Weiter ist aus Untersuchungen bekannt, dass sowohl soziale Produktivität wie auch höheres Wohlbefinden mit höherer sozioökonomischer Lage einhergehen können (von dem Knesebeck/Schäfer 2007). Zu diesem Zweck schließen wir bei der vorliegenden Untersuchung die genannten sozialstrukturellen Faktoren mit ein.

2.4 Fragestellung

Neben sozialstruktureller Verteilung sozialer Produktivität steht der Zusammenhang zwischen sozialer Produktivität und Wohlbefinden im Fokus des vorliegenden Beitrags. Hierbei prüfen wir, ob das Wohlbefinden von Personen im dritten Lebensalter, die sich in sozial produktiven Aktivitäten engagieren, im Allgemeinen besser ist als dasjenige von Menschen, die sich nicht engagieren (Hypothese 1). Weiterhin untersuchen wir, wie ein empfundenes Gleichgewicht zwischen erbrachter Leistung und erhaltener Belohnung innerhalb der Aktivität auf den Zusammenhang zu Wohlbefinden wirkt. Wir gehen hierbei davon aus, dass ein erhöhtes Wohlbefinden dann auftritt, wenn innerhalb der Aktivität ein Gleichgewicht zwischen erbrachter Leistung und erhaltener Belohnung existiert, während erbrachte Leistung ohne Anerkennung das Wohlbefinden negativ beeinträchtigt (Hypothese 2).

3 Methode

3.1 Datenbasis

Zur Untersuchung unserer Fragestellung verwenden wir den Release 1 der ersten Erhebungswelle des ‚Survey of Health, Ageing and Retirement in Europe' von 2004 (Börsch-Supan et al. 2005). SHARE basiert auf einer repräsentativen Zufallsstichprobe der Bevölkerung im Alter von 50 und mehr Jahren. Ein einheitlicher Untersuchungsplan sichert eine hohe Vergleichbarkeit von Daten über die gesundheitliche, wirtschaftliche und soziale Lage der Alten in insgesamt 10 europäischen Ländern (Dänemark, Deutschland, Frankreich, Griechenland, Niederlande, Italien, Österreich, Schweden, Schweiz und Spanien). Insgesamt enthält der erste Release Daten von 22777 Befragten aus 15789 Haushalten, wobei Männer und Frauen über 50 Jahren plus deren (möglicherweise jüngere) Partner im Haushalt teilnahmen. Die durchschnittliche Ausschöpfungsquote auf Haushaltsebene liegt für die Gesamtstichprobe bei 62 %. und variiert von 38 % in der Schweiz bis zu 74 % in Frankreich mit Quoten von über 50 % in acht Ländern (Börsch-Supan/Jürges 2005).

3.2 Messung

Soziale Produktivität und Reziprozität: Wie messen drei Typen sozialer Produktivität. Dies sind 1. ehrenamtliche Tätigkeit (Ehrenamt), 2. Betreuung eines kranken oder behinderten Erwachsenen (Pflege) und 3. Hilfe für Familienmitglieder, Freunde oder für Nachbarn (informelle Hilfe). Die Teilnehmer gaben jeweils für jede dieser Aktivitäten an, ob eine Beteiligung innerhalb der letzten vier Wochen erfolgte. Während die meisten Studien die Teilhabe an sozialen Aktivitäten über Stunden innerhalb des vergangenen Jahres oder über die Mitgliedschaft in Vereinen erheben, scheint diese Art der Messung zuverlässiger, da die aktive Teilnahme – und nicht die bloße Mitgliedschaft - innerhalb eines klar eingegrenzten, überschaubaren Zeitraumes abgefragt wird. Neben der Teilnahme wurde zudem das Ausmaß an erfahrener Reziprozität innerhalb der Aktivität erhoben. Bei Beteiligung an einer der Aktivitäten gaben die Befragten hierzu auf einer 4-stufigen Skala an, inwiefern folgender Aussage zugestimmt werden konnte: „Wenn ich überlege, wie viel Zeit und Mühe ich in [Aktivität] investiert habe, war die Anerkennung meiner Leistung durch andere immer angemessen." (Antwortkategorien: „Stimme voll zu", „stimme zu", „stimme nicht zu", stimme gar nicht zu"). Sofern dieser Aussage nicht zugestimmt wurde („stimme nicht zu" und „stimme gar nicht zu"), wird von einer nicht-reziproken Aktivität ausgegangen. Hierdurch lassen sich nicht nur Vergleiche zwischen „Aktiven" und „Nicht-Aktiven" durchführen (Hypothese 1), sondern es kann zusätzlich untersucht werden, ob sich Aktive, die empfundene Reziprozität berichten (Reziprok), von denjenigen unterscheiden, die ein Ungleichgewicht zwischen Verausgabung und Belohnung (Nicht-reziprok) erfahren (Hypothese 2).

Wohlbefinden: Wir verwenden zwei Indikatoren zur Messung von Wohlbefinden. Zum einen ist dies zur Erfassung positiver Gefühlslagen ein Instrument, welches spezifisch zur Messung von Lebensqualität im höheren Lebensalter konzipiert wurde, das Erhebungsinstrument CASP. Zum anderen, als Indikator für negatives Wohlbefinden, erfassen wir depressive Gefühlslagen anhand der Depressionsskala CES-D. CASP (Hyde et al. 2003) stellt ein theoriebasiertes Instrument dar, bei dem angenommen wird, dass zentrale Bedürfnisse im höheren Lebensalter existieren, deren Deckung mit einer erhöhten Lebensqualität einhergeht. Diese Bedürfnisse betreffen die Freiheit von herkömmlichen Zwängen (Control), die Chancen autonomer Lebensgestaltung (Autonomy), die Selbstverwirklichung (Self-realization) sowie das Wohlbefinden (Pleasure), wobei die Anfangsbuchstaben den Namen des Instruments bilden. Innerhalb von SHARE verwenden wir eine Kurzversion mit insgesamt 12 Items (z.B.: „Mein Alter hindert mich daran, die Dinge zu tun, die ich gerne tun würde."), die jeweils messen, in welchem Ausmaß diese Aspekte als befriedigt gelten. Hierzu geben die Befragten auf einer 4-stufigen Skala an, wie häufig die Aussagen zutreffen („Häufig", „Manchmal", „Selten", „Nie"). Dies ist die Grundlage für die Bildung eines additiven Index, dessen Rangweite von 12 bis 48 reicht, wobei höhere Werte eine erhöhte Lebensqualität beschreiben. Als zweites Maß wenden wir eine Kurzform der CES-D Skala an (Center for Epidemiological Studies Depression scale). Diese, auf deutsch ADS-Skala (Allgemeine Depressionsskala) genannte, Depressionsskala (Hautzinger/Bailer 1993) stellt ein weit verbreitetes Instrument zur Erhebung depressiver Symptome in allgemeinen Bevölkerungsumfragen dar (Radloff 1977). Insgesamt kamen 11 Items (4-stufige Ordinalskala) aus der ursprünglich 20 Items umfassenden Originalversion zum Einsatz, aus welchen ein Summenindex gebildet wird. Dieser reicht von 11 bis 44, wobei wiederum höhere Werte erhöhtes Wohlbefinden (weniger depressive Symptome) beschreiben. Wengleich dieses Instrument eine ärztliche Diagnose nicht ersetzt, zeigen zahlreiche Studien, dass es ein verlässlicher Indikator für ein erhöhtes Ausmaß an depressiven Symptomen darstellt (Weissman et al. 1977; Irwin et al. 1999).

Sozioökonomische Lage und Soziodemographie: Die Bestimmung der sozioökonomischen Lage basiert auf den Statusindikatoren Bildung und Einkommen. Die Messung von Bildung erfolgt anhand des höchsten Bildungsabschlusses, der auf Basis der ISCED-97 Klassifikation in drei Kategorien eingeteilt wird. „Niedrige Bildung" entspricht hierbei den ISCED-Codes 0-2 (pre-primary, primary and lower secondary education), „mittlere Bildung" den Codes 3 und 4 (upper and post secondary education) und „hohe Bildung" den Codes 5 und 6 (tertiary education). Einkommen basiert auf dem jährlichen Haushaltseinkommen. Dieses setzt sich innerhalb SHARE aus verschiedenen Einkommenskomponenten zusammen, die innerhalb des CAPI Interviews abgefragt wurden. Um für die Haushaltsgröße zu adjustieren, wird das Haushaltseinkommen gemäß der OECD Skala gewichtet (Hoffmeyer-Zlotnik/Wolf 2004). Im nächsten Schritt wird durch die Berechnung länderspezifischer Terzile ein länderübergreifend vergleichbares Maß ermittelt und jeweils drei Kategorien gebildet („niedriges Einkommen", „mittleres Einkommen", hohes Einkommen"). Weitere soziodemographische Variablen, die vorwiegend als Kontrollvariablen innerhalb multivariater Regressionsmodelle zum Einsatz kommen sind: Geschlecht, Alter, Erwerbstatus, Gesundheit und Familienstand. Alter wird anhand dreier Alterskategorien ermittelt („50-64 Jahre", „65-74 Jahre" und „75 Jahre und mehr"). Als Indikator für die allgemeine gesundheitliche Lage messen wir, ob der Befragte unter zwei oder mehr diagnostizierten chronischen Erkrankungen leidet. Hierzu gaben die Befragten anhand einer Liste von 14 verbreiteten Krankheiten an (z.B. Diabetes, Bluthochdruck, Asthma etc.), ob diese bei ihnen bereits ärztlich diagnostiziert wurden.

4 Ergebnisse

Zunächst betrachten wir die Verteilung sozial produktiver Aktivitäten innerhalb der untersuchten Stichprobe entlang der in Tabelle 1 aufgeführten Merkmale. Die Gesamtverteilung der Aktivitäten reicht von 5 % für Pflege bis zu 17 % für ehrenamtliches Engagement. Geschlechtsunterschiede lassen sich für Ehrenamt und Pflege erkennen. So gaben mehr Männer an, im vergangenen Monat ehrenamtlich tätig gewesen zu sein, wohingegen – wie zu erwarten - vermehrt Frauen mit „Pflege" beschäftigt sind. Im Vergleich zu Rentnern, leisten mehr Erwerbstätige informelle Hilfe. Dagegen unterscheiden sich beide Erwerbsgruppen nicht bei Ehrenamt und Pflege. Ähnliches zeigt sich bei den Altersgruppen. Die 65-74 jährigen sind nicht weniger aktiv als die jüngere Altersgruppe (50-64 Jahre). Erst mit 75 Jahren nimmt das Niveau für alle drei Aktivitäten deutlich ab. Mit Bezug auf die Indikatoren der sozioökonomischen Lage stellen wir einen sozialen Gradienten fest. So gehen sowohl höheres Einkommen als auch höheres Bildungsniveau mit erhöhtem Anteil an sozialer Produktivität einher, wobei der Zusammenhang für Pflege etwas schwächer ausfällt.

		Ehrenamt	Informelle Hilfe	Pflege
Gesamt		9.6	17.2	4.8
Geschlecht	Männlich	10.6	16.9	3.7
	Weiblich	8.8	17.5	5.8
Alter	50-64	11.2	22.9	5.6
	65-74	10.3	14.6	5.2
	75 oder älter	5.3	7.4	2.7
Erwerbsstatus	Berentet	9.7	15.2	4.6
	Erwerbstätig	11.2	23.1	5.3
	Heimtätigkeit	7.3	15.0	5.0
	Sonstiges	8.8	19.4	5.5
Bildung	Hoch	18.3	25.0	6.9
	Mittel	11.3	21.2	5.8
	Gering	6.0	12.7	3.7
Einkommen	Hoch	12.3	20.2	5.4
	Mittel	10.0	17.7	4.9
	Gering	6.7	13.9	4.2
Land	Schweden	17,7	37,2	7,3
	Dänemark	17,1	31,7	5,4
	Niederlande	20,6	28,8	7,2
	Deutschland	10,0	16,0	5,6
	Österreich	8,7	21,2	6,8
	Schweiz	14,3	21,1	7,3
	Frankreich	12,9	25,2	6,0
	Spanien	2,4	5,6	2,3
	Italien	7,1	12,1	2,7
	Griechenland	3,0	13,0	5,5

Tabelle 1: Soziale Produktivität im höheren Lebensalter nach soziodemographischen und sozioökonomischen Merkmalen in Prozent (N=22777)
Quelle: SHARE 2004 (Release 1), eigene Berechnungen.

Mit Bezug auf Länderzugehörigkeit erkennen wir ein Nord-Süd Gefälle mit relativ hohen Werten an sozialer Produktivität in den untersuchten skandinavischen Ländern und den Niederlanden und relativ niedrigen Werten in den südlichen Ländern. Auffallend ist dieses Muster insbesondere für ehrenamtliches Engagement (vgl hierzu auch Erlinghagen/Hank 2006, sowie Hank/Stuck in diesem Band).

Activity	Wohlbefinden	
	CASP	CES-D
Gesamt	36.5 (6.3)	36.1 (5.3)
Ehrenamt		
Nein	36.2 (6.4)	35.9 (5.4)
Ja	39.1 (4.9)	37.7 (4.2)
Pflege		
Nein	36.5 (6.3)	36.1 (5.4)
Ja	37.2 (5.7)	36.5 (4.8)
Informelle Hilfe		
Nein	36.2 (6.5)	35.9 (5.5)
Ja	37.8 (5.4)	37.0 (4.7)

Tabelle 2: Soziale Produktivität und Wohlbefinden (CASP, CES-D): Mittelwerte und Standardabweichung (N=22777)
Quelle: SHARE 2004 (Release 1), eigene Berechnungen.

Wie sieht nun der Zusammenhang zwischen sozialer Produktivität und den beiden Indikatoren für Wohlbefinden aus? Ist das Wohlbefinden sozial produktiver Älterer im Allgemeinen besser als dasjenige der Älteren, die sich nicht an den untersuchten Aktivitäten beteiligen – so wie wir es in der ersten Hypothese angenommen haben? Bezüglich Ehrenamt und informeller Hilfe bejahen die Ergebnisse aus Tabelle 2 diese Frage eindeutig. So zeigen die Gruppen derjenigen, die ehrenamtlich tätig sind bzw. informelle Hilfe leisten, eine erhöhte Lebensqualität und eine verminderte Anzahl depressiver Symptome. Dieser Trend ist weniger eindeutig bei der Pflege. Hier sind die Unterschiede zwischen den aktiven und nicht-aktiven Gruppen nur minimal, so insbesondere für depressive Symptome.

Wie zu Beginn betont, gehen wir davon aus, dass die Teilhabe an sozial produktiven Aktivitäten insbesondere in der nachberuflichen Phase wichtig ist. Mit anderen Worten: Ist der Zusammenhang zwischen sozialer Produktivität und Wohlbefinden für berentete Ältere ausgeprägter als für noch erwerbstätige Männer und Frauen? Zu diesem Zweck vergleichen wir in Abbildung 1 den Zusammenhang jeweils getrennt für Erwerbstätige und bereits Berentete. Gemäß unseren Erwartungen ist die Mittelwertdifferenz, beziehungsweise die für das Wohlbefinden fördernde Wirkung sozialer Produktivität, speziell für die bereits Berenteten stärker ausgeprägt. Ferner ist bei denjenigen, die noch erwerbstätig sind, ein negativer Zusammenhang zwischen der Teilhabe an pflegerischer Tätigkeit und Wohlbefinden zu beobachten, wohingegen dies für die bereits berenteten nicht der Fall ist. Diese Beobachtung weist auf eine mögliche Rollenüberlastung hin, die pflegerische Tätigkeit für Erwerbstätige, aber nicht notwendigerweise für Berentete mit sich bringt.

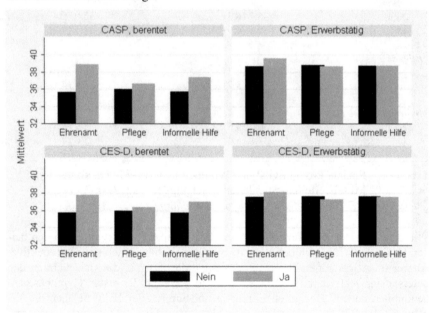

Abbildung 1: Soziale Produktivität und Wohlbefinden (CASP, CES-D): Mittelwerte, getrennt nach Erwerbstatus (N=22777)
Quelle: SHARE 2004 (Release 1), eigene Berechnungen.

Wie lässt sich nun der Zusammenhang zwischen sozialer Produktivität und Wohlbefinden erklären? Was beobachten wir, wenn wir hierzu die Gruppe der Aktiven weiter hinsichtlich des Ausmaßes an erfahrener Reziprozität differenzieren? Kann die Erfahrung von Reziprozität innerhalb der Aktivität zu einer Erklärung des positiven Zusammenhangs beitragen, so wie wir es in der zweiten

Hypothese formuliert haben? Die Ergebnisse in Tabelle 3 geben eine erste Antwort auf diese Frage.

Aktivität	Wohlbefinden CASP	CES-D
Gesamt	36.5 (6.3)	36.1 (5.3)
Ehrenamt		
Nein (20099)	36.2 (6.4)	35.9 (5.4)
Reziprok (2364)	39.3 (4.8)	37.8 (4.1)
Nicht-resziprok (314)	37.9 (5.6)	36.7 (5.1)
Pflege		
Nein (21448)	36.5 (6.3)	36.1 (5.4)
Reziprok (1151)	37.3 (5.6)	36.7 (4.7)
Nicht-reziprok (178)	36.5 (5.9)	35.1 (5.3)
Informelle Hilfe		
Nein (17743)	36.2 (6.5)	35.9 (5.5)
Reziprok (4580)	38.0 (5.4)	37.2 (4.6)
Nicht-reziprok (454)	36.3 (5.6)	35.2 (5.5)

Tabelle 3: Soziale Produktivität (inkl. Reziprozität) und Wohlbefinden (CASP, CES-D): Mittelwerte und Standardabweichung (N=22777)
Quelle: SHARE 2004 (Release 1), eigene Berechnungen; siehe auch Wahrendorf et al. 2006.

Im Gegensatz zu vorherigen Tabellen unterteilen wir über alle Länder hinweg die Aktiven zusätzlich in diejenigen, die empfundene Reziprozität berichten (reziprok) und diejenigen, welche ein Ungleichgewicht zwischen Verausgabung und Belohnung (nicht-reziprok) erfahren. Beim Vergleich dieser beiden Gruppen haben diejenigen, welche ein empfundenes Gleichgewicht zwischen erbrachter Leistung und erhaltener Belohnung innerhalb der Aktivität angeben, stets ein verbessertes Wohlbefinden gegenüber denen, bei welchen die Erfahrung von Reziprozität ausbleibt. So sind für alle drei Aktivitäten und für beide Indikatoren die Mittelwerte für Wohlbefinden niedriger für die Aktiven, die keine Reziprozität berichten. Betrachten wir nun nochmals zusätzlich den Mittelwert für die nicht-aktiven, so erkennen wir etwas Interessantes, insbesondere bei informeller Hilfe und bei Pflege. Nicht-Aktive unterscheiden sich nicht von denjenigen, die zwar aktiv sind, aber keine Reziprozität erleben. Mit Bezug auf depressive Symptome weist die Gruppe, welche eine nicht-reziproke Aktivität erlebt, sogar nied-

rigere Mittelwerte im Vergleich zu den Übrigen auf, so insbesondere bei der pflegerischen Tätigkeit.
Die Ergebnisse unterstreichen die Bedeutung positiver Rückmeldungen bei Tätigkeiten. Doch wie sieht es auf Länderebene aus? Gibt es bestimmte Länder, in denen eine positive Rückmeldung weniger wichtig ist, oder handelt es sich um ein kulturübergreifendes Phänomen? Zu diesem Zweck betrachten wir die Ergebnisse des Zusammenhangs zwischen informeller Hilfe und depressiven Symptomen auf Länderebene (siehe Abbildung 3). Zwar sind die Häufigkeiten, derer die ein Ungleichgewicht erleben, in einigen Ländern recht klein, doch die Ergebnisse sind gleich: Die Mittelwerte sind stets dort höher, wenn Leistung und Anerkennung ausgeglichen sind. Dies gilt somit für alle untersuchten europäischen Länder.

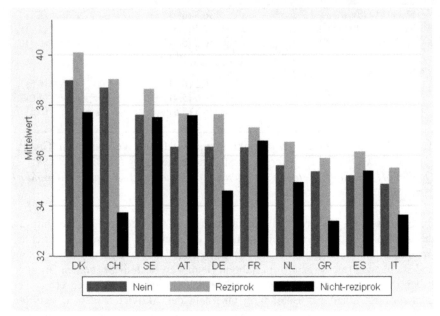

Abbildung 2: Informelle Hilfe (inkl. Reziprozität) und depressive Symptome (CES-D): Mittelwerte (N=22777)
Quelle: SHARE 2004 (Release 1), eigene Berechnungen; siehe auch Wahrendorf et al. 2006.

Die bisherigen Ergebnisse zum Zusammenhang zwischen sozialer Produktivität und Wohlbefinden stützen die zuvor formulierten Hypothesen. So weisen Män-

Soziale Produktivität und Wohlbefinden im höheren Lebensalter

ner und Frauen im höheren Lebensalter dann ein verbessertes Wohlbefinden auf, wenn sie sozial produktiv sind. Gleichzeitig konnte aber auch beobachtet werden, dass der Anteil sozial produktiver Männer und Frauen im dritten Lebensalter mit höherer sozioökonomischer Lage steigt (Tabelle 1). In weiteren, hier nicht gezeigten Analysen wiesen zudem Ältere mit einem höheren sozialen Status verbessertes Wohlbefinden auf (von dem Knesebeck et al. 2007). Somit liegt es nahe zu fragen, ob der beobachtete Zusammenhang und das erhöhte Wohlbefinden nicht letztlich auf die sozioökonomische Lage zurückzuführen sind. Ähnliches gilt für die allgemeine gesundheitliche Lage der Befragten.

Aktivität[1]	CES-D Koef.	95% KI	p	CASP Koef.	95% KI	p
Ehrenamt						
Nein	-			-		
Reziprok	0.71	(0.50 – 0.92)	0.00	1.23	(0.98 – 1.49)	0.00
Nicht-reziprok	-0.14	(-0.82 – 0.55)	0.70	0.42	(-0.35 – 1.18)	0.29
Pflege						
Nein	-			-		
Reziprok	-0.40	(-0.72 – 0.07)	0.02	-0.37	(-0.75 – 0.01)	0.06
Nicht-reziprok	-1.12	(-2.05 – 0.19)	0.02	-1.30	(-2.35 – 0.25)	0.01
Informelle Hilfe						
Nein	-			-		
Reziprok	0.56	(0.39 – 0.74)	0.00	0.63	(0.41 – 0.84)	0.00
Nicht-reziprok	-0.66	(-1.22 – 0.10)	0.02	-0.77	(-1.39 – 0.16)	0.01

Tabelle 4: Soziale Produktivität und Wohlbefinden (unstandardisierte Regressionskoeffizienten, 95% Konfidenzintervalle und p-Werte)
Quelle: SHARE 2004 (Release 1), eigene Berechnungen; siehe auch Wahrendorf et al. 2006.

Es liegt auf der Hand anzunehmen, dass nur relativ gesunde Menschen – und somit auch solche mit verbessertem Wohlbefinden – in der Lage und bereit sind, sich zu engagieren (so genannter Selektionseffekt). Der Zusammenhang wäre

---
1 Kontrolliert für Alter, Geschlecht, Familienstatus, Erwerbsstatus, chronische Beschwerden, Länder, Bildung und Einkommen.

letztlich auf den allgemeinen Gesundheitszustand, nicht aber auf die Teilhabe an sozial produktiven Aktivitäten zurückzuführen. Zu diesem Zweck wird innerhalb multivariater linearer Regressionsmodelle mit Lebensqualität und depressiven Symptomen als abhängigen Variablen versucht, diese potentiellen Störquellen statistisch zu kontrollieren. Das heißt, wir untersuchen den simultanen Einfluss mehrerer Variablen (inklusive der sozioökonomischen und der gesundheitlichen Lage) und betrachten, ob der Zusammenhang auch nach Einbeziehung der Störgrößen erhalten bleibt. In den Analysen haben die Aktivitäten jeweils drei mögliche Ausprägungen: (1) keine (2) reziproke (3) nicht-reziproke Aktivität. Tabelle 4 zeigt die Ergebnisse, jeweils für die zwei Indikatoren für Wohlbefinden. Wir sehen die geschätzten unstandarisierten Regressionskoeffizienten der OLS-Regressionen inklusive der Konfidenzintervalle, wobei die Gruppe, die „keine" Aktivität durchführt, die Referenzkategorie bildet.

Die Befunde decken sich weitgehend mit denen der bivariaten Analysen, erlauben aber eine präzisere Betrachtung. Mit Bezug auf ehrenamtliches Engagement weisen ältere Männer und Frauen nur dann ein signifikant erhöhtes Wohlbefinden auf, wenn Reziprozität existiert. Existiert allerdings keine Reziprozität, beobachten wir kein signifikant verändertes Wohlbefinden. Mit anderen Worten, ehrenamtliche Tätigkeiten gehen nur dann mit erhöhtem Wohlbefinden einher, wenn innerhalb der Tätigkeit ein Gleichgewicht zwischen erbrachter Leistung und Belohnung besteht. Dies gilt ebenso für informelle Tätigkeit, allerdings mit der – wichtigen – Ausnahme, dass die Befragten, welche fehlende Reziprozität berichten, sogar ein signifikant niedrigeres Wohlbefinden aufweisen. Dies gilt für beide Indikatoren. Es bestimmt quasi innerhalb der informellen Hilfe die Erfahrung von Reziprozität, ob die Aktivität mit erhöhtem oder mit verminderten Wohlbefinden einhergeht.

Wie sieht es nun bei der Pflege aus? Wie zuvor können wir hier keinen positiven Zusammenhang zu Wohlbefinden erkennen. Im Gegenteil, der Zusammenhang ist negativ. Zwar weist - hier erneut – die Gruppe mit Erfahrung von Reziprozität im Durchschnitt höhere Mittelwerte als die Gruppe ohne positive Rückmeldungen auf, allerdings – unabhängig der Erfahrung von Reziprozität – geht die Teilhabe an pflegerischer Tätigkeit mit signifikant vermindertem Wohlbefinden einher. Abbildung 4 fasst die multivariaten Ergebnisse zusammen.

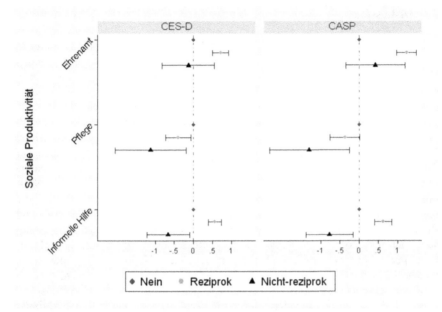

Abbildung 3: Soziale Produktivität und Wohlbefinden (unstandardisierte Regressionskoeffizienten . 95% Konfidenzintervalle)
Quelle: SHARE 2004 (Release 1), eigene Berechnungen (vgl. Tabelle 4); siehe auch Wahrendorf et al. 2006.

Insgesamt können wir festhalten, dass auch bei statistischer Kontrolle des Einflusses der Gesundheit sozial aktiver Älterer sowie deren sozioökonomischer Lage die vermuteten Zusammenhänge erhalten bleiben. Wer innerhalb des letzten Monats einer sozialen Aktivität nachgegangen ist, weist eine höhere Lebensqualität sowie verminderte depressive Symptome auf. Zusätzlich weisen die Ergebnisse darauf hin, dass dies insbesondere für nicht-erwerbstätige Ältere zutrifft. Dies gilt in erster Linie für ehrenamtliches Engagement und informelle Hilfe, nicht aber für die pflegerische Tätigkeit. Zudem zeigt sich für alle Aktivitäten, dass die erfahrene Reziprozität in dem jeweiligen Tauschprozess, vorwiegend die bei der Tätigkeit erfahrene Wertschätzung und Anerkennung, das Wohlbefinden positiv beeinflusst.

5 Diskussion

Angesichts des demografischen Wandels in Europa ist die Integration Älterer in das wirtschaftliche und soziale Leben eine der großen gesellschaftspolitischen Herausforderungen der Zukunft. Neben der Diskussion um einen flexiblen Übergang zwischen Erwerbsleben und Rente mit dem Ziel, Ältere länger am Arbeitsleben zu beteiligen, werden auch Wege der Ausweitung „informeller Arbeit" gesucht. Diese unentgeltlich erbrachten Tätigkeiten sind gesellschaftlich nützlich und ermöglichen die individuelle Verwirklichung von Lebensformen im dritten Lebensalter. So lautet auch eine der zentralen Fragen aus dem Grünbuch der Europäischen Kommission von 2005: „Wie lassen sich im Bereich der Verbände und der Sozialwirtschaft Aktivitäten entwickeln, die „Senioren" eine Beschäftigung bieten?". Vor diesem Hintergrund untersuchte der vorliegende Beitrag die soziale Produktivität Älterer in den Bereichen Ehrenamt, informelle Hilfe und Pflege in 10 europäischen Ländern. Neben der sozialstrukturellen Verteilung stellt sich insbesondere die Frage, ob die Teilhabe an sozial produktiven Aktivitäten mit erhöhtem Wohlbefinden zusammenhängt (Hypothese 1), aber auch, welche Rolle hierbei psychosoziale Merkmale der Aktivität spielen. Mit Rückgriff auf ein etabliertes Modell psychosozialer Belastungen am Arbeitsplatz (Siegrist 1996) prüften wir hierzu, ob Austauschprozesse innerhalb der Aktivität dem Prinzip der Reziprozität folgen, das heißt ob ein empfundenes Gleichgewicht zwischen erbrachter Leistung und erhaltener Belohnung bei der Teilhabe existiert. Wir gingen hierbei davon aus, dass ein erhöhtes Wohlbefinden dann verstärkt auftritt, wenn Reziprozität existiert (Hypothese 2). Anhand der Daten der SHARE Studie konnten wir unseres Wissens erstmalig diese Qualität der Austauschbeziehungen explizit auf die untersuchten Aktivitäten beziehen (Wahrendorf et al. 2006). Weiterhin wurden sozialstrukturelle Faktoren, so insbesondere die sozioökonomische Lage, Geschlecht, Alter und Erwerbsstatus, in die Untersuchung integriert.

Betrachten wir zuerst die sozialstrukturelle Verteilung: Die Ergebnisse verdeutlichen das hohe Potenzial an Älteren im dritten Lebensalter in Europa. Der Anteil an ehrenamtlichem Engagement verringert sich erst bei den über 75 Jährigen. Hier beobachten wir offenbar den Eintritt in das vierte Lebensalter. Zudem unterscheiden sich die Häufigkeiten zwischen den Erwerbstätigen und den Rentnern nicht. Mit anderen Worten: Der Eintritt in die Rente bedeutet nicht den gleichzeitigen Eintritt in den „Ruhestand". Weiter zeigt sich: je höher das Bildungsniveau und je höher das Einkommen, desto höher ist der Anteil der aktiven Älteren. Vermutlich sprechen die Angebote für gesellschaftliches Handeln im Alter bisher eher Menschen aus höheren Schichten an, oder die Betroffenen weisen entsprechend höhere Motivationen auf. Beim Vergleich der Häufigkeiten zwischen den Ländern engagierten sich in den südlichen Ländern weniger Menschen, so insbesondere bei Ehrenamt und informeller Hilfe. Gerade in diesen Ländern scheint das Potenzial der Älteren im dritten Lebensalter nicht ausreichend genutzt.[2]

Wie sind die Ergebnisse bezüglich der zwei zentralen Hypothesen zu interpretieren? Wer im dritten Lebensalter aktiv ist, hat eine verbesserte Lebensqualität und weniger depressive Symptome, so insbesondere für Ehrenamt und informelle Hilfe. Diese Ergebnisse stimmen mit anderen Untersuchungen überein (Bath/Deeg 2005). Gemäß unserer ersten Hypothese erkennen wir, dass sozial produktive Aktivitäten das Wohlbefinden steigern, sowohl für noch erwerbstätige Ältere, aber insbesondere für Rentner. Wir vermuten also, dass nach dem Wegfall der Erwerbstätigkeit die Teilhabe an Aktivitäten gemäß der Aktivitätstheorie einen Werteverlust kompensieren kann. Mit anderen Worten: Gesellschaftliche Teilhabe in Form sozialer Produktivität verbessert das Wohlbefinden insbesondere in der nachberuflichen Phase. Unsere Untersuchung weist allerdings auch darauf hin, dass die mit der Aktivität verbundene Qualität bzw. Belastung bedeutsam ist. So finden wir bei der Pflege einen negativen Zusammenhang zwischen Aktivität und Wohlbefinden.

Ein Ansatz, diesen Unterschied zu erklären, besteht darin, die Qualität der Tauschbeziehung der jeweiligen Aktivität genauer zu untersuchen. In diesem Zusammenhang postuliert unsere zweite Hypothese, dass ein erhöhtes Wohlbefinden dann verstärkt auftritt, wenn Reziprozität im Austausch gegeben ist. Unsere Ergebnisse stützen diese Hypothese. Das heißt, nur wenn eine angemessene Anerkennung des Geleisteten erfolgt, beobachten wir ein verbessertes Wohlbefinden. Sobald ein Ungleichgewicht empfunden wird, ist kein positiver Zusammenhang sichtbar. Im Falle von informeller Hilfe wird er sogar negativ. Mit

---

2   Zur Erklärung dieser Unterschiede stellt sich die Frage, ob es sich um kulturelle Unterschiede handelt oder diese Unterschiede in Zusammenhang mit politischen Merkmalen stehen, etwa dem Ausmaß an sozialstaatlichen Leistungen (Salomon/Sokolowski 2003). Denn gemäß der „crowding out" These schwächt ein großzügiger Sozialstaat die Solidarität innerhalb der Länder. Genau dies beobachten wir allerdings nicht: Es sind eher die Länder, die viel in sozialstaatliche Leistungen investieren, die auch ein hohes Ausmaß an sozialer Produktivität aufweisen. Dies entspricht vorherigen Befunden (vgl. Künemund/Vogel 2006; Daatland/Lowenstein 2005; van Oorschot/Arts 2005) und ist eher mit der entgegengesetzten „crowding in" These zu vereinbaren. Nach ihr engagieren sich Menschen eher dann, wenn ein bestimmtes Maß an staatlichen Leistungen vorliegt. Anders ausgedrückt: Sie geben erst dann etwas, wenn sie ihrerseits etwas bekommen haben. Allerdings scheint die Interpretation entlang dieser beiden Thesen schwierig. So bleibt unklar, welche Aspekte es genau sind, die gemäß der „crowding out" These verdrängt werden. Ist es die allgemeine Solidarität, etwa das Sozialkapital auf Länderebene oder die Familie selbst und deren Stellenwert? So zeigen beispielsweise Ergebnisse durchaus, dass der Familienzusammenhalt in südlichen Ländern enger ist (vgl. Hank 2007). Riskant wäre es demnach, auf Grundlage unserer Ergebnisse im Umkehrschluss zu behaupten, dass die Familie eine untergeordnete Rolle in den untersuchten südlichen Ländern spielt.

Bezug auf den durchgehend negativen Effekt pflegerischer Tätigkeit ist denkbar, dass die Teilhabe an pflegerischer Tätigkeit krankheitsbedingt einseitig verläuft und ohne angemessene Rückmeldung erfolgt. Anscheinend ist dies ein wichtiger Grund, warum pflegerische Tätigkeiten in der Literatur als ein gesundheitliches Risiko gelten (Schulz/Beach 1999; Lee et al. 2003). Insgesamt unterstreicht dies die Bedeutung der Befolgung eines grundlegenden Prinzips der Tauschgerechtigkeit in zwischenmenschlichen Beziehungen für Wohlbefinden und Gesundheit, des Prinzips der Reziprozität.

Natürlich müssen wir die Interpretation der Ergebnisse methodisch wie inhaltlich einschränken. Erstens handelt es sich um Daten aus einer Querschnittstudie. Alle Daten wurden also zu einem Zeitpunkt erhoben und lassen somit nur eine „Momentaufnahme" zu. Diese Momentaufnahme verhindert die zuverlässige Untersuchung, ob die soziale Produktivität das Wohlbefinden beeinflusst oder aber das Wohlbefinden die Teilhabe an sozialer Produktivität. So ist es denkbar, dass nur relativ gesunde Menschen bereit sind, sich sozial zu engagieren. Das heißt, die Menschen, die sich sozial engagieren, haben ohnehin eine verbesserte Gesundheit und - damit einhergehend - auch verbessertes Wohlbefinden. Obwohl wir in unseren multivariaten Auswertungen den allgemeinen Gesundheitszustand berücksichtigt haben, können wir diesen so genannten „Selektionseffekt" nicht von der Hand weisen. Aber wichtig ist, dass durch diesen Selektionseffekt die Unterschiede im Wohlbefinden zwischen den beiden „aktiven" Gruppen (reziprok vs. nicht-reziprok) nicht erklärt werden können. Zusätzlich müssen wir berücksichtigen, dass die Messung von Wohlbefinden, aber auch die der Reziprozität, durch Selbsteinschätzung erfolgte. So könnte es sein, dass eine negative Grundstimmung als Antworttendenz sowohl geringeres Wohlbefinden als auch häufigeres Erleben nicht angemessenen Austauschs beeinflusst.

Weitere Begrenzungen sind inhaltlicher Art. An ihnen sollten künftige Auswertungen anknüpfen. Die Betrachtung qualitativer Merkmale von sozialen Aktivitäten – so wurde deutlich – bietet die Möglichkeit zur vertieften Untersuchung des Zusammenhangs zwischen sozialer Produktivität und Wohlbefinden. Neben dem Aspekt sozialer Reziprozität sind zusätzliche Merkmale zu betrachten, so etwa das Ausmaß an Selbstbestimmung (engl. „autonomy") bei der ausgeübten Tätigkeit. Dies könnte insbesondere bei der Betrachtung pflegerischer Tätigkeiten der Fall sein, die in der Regel durch ein geringes Maß an Selbstbestimmung gekennzeichnet sind. Im Gegensatz hierzu besteht beim Ehrenamt ein hohes Maß an Autonomie. Dies könnte den besonders ausgeprägten Zusammenhang mit Wohlbefinden mit erklären. Diese Interpretation schließt an bereits vorliegende Erkenntnisse zur gesundheitsförderlichen Wirkungen persönlicher Autonomie bei zentralen gesellschaftlichen Tätigkeiten an (Bosma 2006; Lachman/Weaver 1998; Marmot 2004). Wir gehen also davon aus, dass Aktivitäten mit Pflichtcharakter die Selbstbestimmung und somit das Wohlbefinden einschränken. Dieser Frage sind wir in ersten Analysen nachgegangen, deren Ergebnisse zeigen, dass dieser Aspekt ebenfalls bedeutsam ist. Der Zusammenhang zwischen sozialer Produktivität und Wohlbefinden hängt sicherlich nicht nur von Merkmalen der Aktivität ab, sondern auch von bestimmten Umständen, etwa der verfügbaren Zeit, der Verpflichtung durch andere Rollen, dem zeitlichen Umfang des Engagements, sowie der verfügbaren Unterstützungsleistungen (Moen et al. 1992).

Abschließend zeigt sich: Nur wenn innerhalb sozialer Produktivität Leistung durch Anerkennung beantwortet wird, geht dies mit erhöhtem Wohlbefinden einher und trägt die Teilhabe an sozial produktiven Aktivitäten zu einem gesunden „Altern" bei. So gilt es nicht nur Angebote quantitativ zu steigern, sondern auch qualitativ zu verbessern, indem soziale Anerkennung und gesellschaftliche Wertschätzung durch einen Wandel überkommener Altersbilder gefördert werden.

6   Danksagung

Die hier verwendeten Daten stammen aus dem vorläufigen Release 1 des ‚Survey of Health, Ageing and Retirement in Europe' 2004. Die SHARE-Datenerhebung wurde hauptsächlich durch das 5. Rahmenprogramm der Europäischen Union finanziert (Projekt QLK6-CT-2001-00360). Weitere Finanzmittel wurden vom US National Institute on Aging zur Verfügung gestellt (U01 AG09740-13S2, P01 AG005842, P01 AG08291, P30 AG12815, Y1-AG-4553-01 and OGHA 04-064). Die Datensammlung in Österreich (durch den Fonds zur Förderung der wissenschaftlichen Forschung) und der Schweiz (durch BBW/OFES/UFES) wurde national finanziert. Darüber hinaus danken wir der Europäischen Union für Unterstützung durch das 6. Rahmenprogramm (Projekt RII-CT-2006-026193; SHARE-I3).

7   Literatur

Backes, G.M./Clemens, W. (1998): Lebensphase Alter. Eine Einführung in die sozialwissenschaftliche Alternsforschung. Weinheim: Juventa.
Bath, P.A./Deeg, D. (2005): Social engagement and health outcomes among older people: introduction to a special section. In: European Journal of Ageing 2, 24-30.
Blair, S.N/Kampert, J.B/Kohl, H.W.,III, Barlow, C.E./Macera, C.A./Paffenbarger, R.S. Jr./Gibbons, L.W. (1996): Influences of cardiorespiratory fitness and other precur-

sors on cardiovascular disease and all-cause mortality in men and women. In: JAMA - The Journal of the American Medical Association 276, 205-210.
Börsch-Supan, A./Brugiavini, A./Jürges,H./Mackenbach, J./Siegrist, J./Weber, G. (Hrsg.) (2005): Health, Ageing and Retirement in Europe. First Results from the Survey of Health, Ageing and Retirement in Europe. Mannheim: Mannheim Research Institute for the Economics of Aging.
Börsch-Supan, A./Jürges, H. (Hrsg.) (2005): The Survey of Health, Aging and Retirement in Europe - Methodology. Mannheim: Mannheim Research Institute for the Economics of Aging.
Bosma, H. (2006): Socioeconomic differences in health: Are control beliefs fundamental mediators? In: J.Siegrist/M.Marmot (Hrsg.), Social Inequalities in Health: New Evidence and Policy Implications, Oxford: Oxford University Press, 153-166.
Commission of the European Communities (2005): Green Paper "Confronting demographic change: a new solidarity between the generations". Brussels: COM.
Cumming, E./Henry, W.E. (1961): Growing Old. The Process of Disengagement. New York: Basic Books.
Daatland, S.O./Lowenstein, A. (2005): Intergenerational solidarity and the family-welfare state balance. In: European Journal of Ageing 2, 174-182.
Drew, L.M./Silverstein, M. (2004): Inter-generational role investments of great-grandparents: Consequences for psychological well-being. In: Ageing & Society 24, 95-111.
Erlinghagen, M./Hank, K. (2006): The participation of older Europeans in volunteer work. In: Ageing & Society 26, 567-584.
Glass, T.A./Mendes de Leon, C.F./Marottoli, R.A./Berkman, L.F. (1999): Population based study of social and productive activities as predictors of survival among elderly Americans. In: British Medical Journal 319, 478-483.
Hank, K. (2007): Proximity and contacts between older parents and their children: A European comparison. In: Journal of Marriage and Family 69, 157-173.
Hautzinger, M./Bailer, M. (1993): Allgemeine Depressionsskala - ADS. Manual. Weinheim: Beltz.
Herzog, A.R./Franks, M.M./Markus, H.R./Holmberg, D. (1998): Activities and well-being in older age: effects of self-concept and educational attainment. In: Psychology and Aging 13, 179-185.
Hoffmeyer-Zlotnik, J.H.P./Wolf, C. (2004): Advances in Cross-National Comparison: A European Working Book for Demographic and Socio-Economic Variables. New York: Kluwer Academic Publishers.
Hyde, M./Wiggins, R.D./Higgs, P./Blane, D.B. (2003): A measure of quality of life in early old age: the theory, development and properties of a needs satisfaction model (CASP-19). In: Aging and Mental Health 7, 186-194.
Irwin, M./Artin, K.H./Oxman, M.N. (1999): Screening for depression in the older adult: criterion validity of the 10-item Center for Epidemiological Studies Depression Scale (CES-D). In: Archives of Internal Medicine 159, 1701-1704.
Klöckner, B.W. (2005): Die gierige Generation. Wie die Alten auf Kosten der Jungen abkassieren. Frankfurt: Eichborn.

Krause, N./Herzog, A.R./Baker, E. (1992): Providing support to others and well-being in later life. In: Journals of Gerontology – Psychological Sciences 47, P300-P311.
Künemund, H./Vogel, C. (2006): Öffentliche und private Transfers und Unterstützungsleistungen im Alter - "crowding in" oder "crowding out"? In: Zeitschrift für Familienforschung 18, 269-289.
Lachman, M.E./Weaver, S.L. (1998): Sociodemographic variations in the sense of control by domain: Findings from the MacArthur studies of midlife. In: Psychology and Aging 13, 553-562.
Laslett, P. (1996): A Fresh Map of Life. London: Macmillian.
Lee, S./Colditz, G.A./Berkman, L.F./Kawachi, I. (2003): Caregiving and risk of coronary heart disease in U.S. women: A prospective study. In: American Journal of Preventive Medicine 24, 113-119.
Lemon, B.W./Bengtson, V.L./Peterson, J.A. (1972): An exploration of the activity theory of aging: activity types and life satisfaction among in-movers to a retirement community. In: Journals of Gerontology 27, 511-523.
Maier, H./Klumb, P.L. (2005): Social participation and survival at older ages: is the effect driven by activity content or context? In: European Journal of Ageing 2, 31-39.
Marmot, M. (2004): Status Syndrome. London: Bloomsbury.
Menec, V.H. (2003): The relation between everyday activities and successful aging: a 6-year longitudinal study. In: Journals of Gerontology – Social Sciences 58, S74-S82.
Moen, P./Dempster-McClain, D./Williams, R.M. Jr. (1992): Successful aging: A lifecourse perspective on women's multiples roles and resilience. In: American Journal of Sociology 97, 1612-1638.
Prahl, H.-W./Schroeter, K.R. (1996): Soziologie des Alterns. Paderborn: Verlag Ferdinand Schöningh.
Radloff, L.S. (1977): The CES-D scale: A self report depression scale for research in the general population. In: Applied Psychological Measurement 1, 385-401.
Riley, M./Kahn, R./Foner, A. (1994): Age and Structural Lag. New York: Wiley.
Salomon, L.M./Sokolowski, S.W. (2003): Institutional Roots of Volunteering. Towards a Macro-Structural Theory of Individual Voluntary Action. In: P. Dekker/L. Halman (Hrsg.), The Values of Volunteering, New York: Kluwer Academic, 71-90.
Schulz, R./Beach, S.R. (1999): Caregiving as a risk factor for mortality: The caregiver health effects study. In: JAMA – Journal of the American Medical Association 282, 2215-2219.
Siegrist, J. (1996): Adverse health effects of high-effort/low-reward conditions. In: Journal of Occupational Health Psychology 1, 27-41.
Siegrist, J. (2005): Social reciprocity and health: new scientific evidence and policy implications. In: Psychoneuroendocrinology 30, 1033-1038.
Siegrist, J./von dem Knesebeck, O./Pollack, C.E. (2004): Social productivity and wellbeing of older people: A sociological exploration. In: Social Theory & Health 2, 1-17.
Statistisches Bundesamt (2006): Bevölkerung Deutschlands bis 2050. Wiesbaden: Statistisches Bundesamt - Pressestelle.
van Oorschot, W./Arts, W. (2005): The social capital of European welfare states: The crowding out hypothesis revisited. In: Journal of European Social Policy 15, 5-26.

von dem Knesebeck, O./Schäfer, I. (2007): Gesundheitliche Ungleichheit im höheren Lebensalter. In M.Richter/K.Hurrelmann (Hrsg.), Gesundheitliche Ungleichheit. Grundlagen, Probleme, Perspektiven, Wiesbaden: VS Verlag für Sozialwissenschaften, 241-253.

von dem Knesebeck, O./Wahrendorf, M./Hyde, M./Siegrist, J. (2007): Socio-economic position and quality of life among older people in 10 European countries: Results of the SHARE study. In: Ageing & Society 27, 269-284.

Wahrendorf, M./von dem Knesebeck,O./Siegrist,J. (2006): Social productivity and wellbeing of older people: Baseline results from the SHARE study. In: European Journal of Ageing 3, 67-73.

Weissman, M.M./Sholomskas, D./Pottenger, M. (1977): Assessing depressive symptoms in five psychiatric populations: A validation study. In: American Journal of Epidemiology 106, 203-214.

Produktives Altern und ehrenamtliches Engagement in den USA
Konzeptuelle Überlegungen, empirische Befunde und Implikationen für die Politik[1]

Francis G. Caro

1 Einleitung

In den Vereinigten Staaten ist „produktives Altern" (productive aging) sowohl ein wissenschaftlich als auch ein politisch relevanter Begriff, der vor gut 25 Jahren von Robert Butler (1985) eingeführt wurde, einem bekannten Psychiater, dessen Schriften sowohl das Fachpublikum als auch eine breitere Öffentlichkeit erreichten. Das Konzept des produktiven Alterns wurde als positive Alternative dem vorherrschenden negativen Bild älterer Menschen als einer durch chronische Krankheiten und Behinderung gekennzeichneten Gruppe gegenübergestellt. Robert Morris und Scott Bass (1988) entwickelten dieses Konzept weiter, um damit unter anderem auch Autoren zu widersprechen, die behaupteten, Ältere seien lediglich eine wirtschaftlich inaktive Gruppe, die übermäßige Ansprüche auf gesellschaftliche Ressourcen erhebe. Morris und Bass betonten im Gegensatz hierzu das produktive Potenzial älterer Menschen und forderten die vermehrte Schaffung von Möglichkeiten für Ältere, aktiv am gesellschaftlichen Leben teilzunehmen. Vor allem Morris fokussierte auf den vielerorts bestehenden großen Bedarf an besseren (sozialen) Dienstleistungen, der von jüngeren ehrenamtlich aktiven Freiwilligen allein nicht gedeckt werden konnte. Auch die bekannte Sozialgerontologin Matilda White Riley stand altersdiskriminierenden institutionellen Arrangements, die zur Ausgrenzung älterer Menschen führen, kritisch gegenüber (Riley et al. 1994). Sie forderte institutionelle Reformen, die älteren Menschen eine umfassendere Teilhabe an verschiedenen Aspekten des Gemeinschaftslebens erlauben würden.

In gerontologischen Fachkreisen stellt das Thema ‚Produktives Altern' eine Variante innerhalb einer Gruppe von Ansätzen dar, die durch das Bemühen einer positiven Perspektive auf die Erfahrung des Alterns gekennzeichnet sind. Pro-

---
[1] Aus dem Englischen übersetzt von Karsten Hank.

duktives Altern steht so in einer Reihe mit Begriffen wie aktives Altern, positives Altern, sinnvolles Altern und erfolgreiches Altern.

2 Produktives Altern

2.1 Definitionen produktiven Alterns

Für den Begriff des produktiven Alterns liegt eine Vielzahl wissenschaftlicher Definitionen vor. Aus ökonomischer Perspektive hat Morgan (1986) bereits früh eine einflussreiche praktische Definition angeboten, die sich auf solche Aktivitäten konzentriert, für die Ältere bezahlt werden oder die bezahlt würden, wenn sie nicht ein älterer Mensch ausübte. Studien, die versuchen, Tätigkeiten im Sinne von Morgans Definition hinsichtlich ihrer Produktivität zu klassifizieren, stimmen in ihrer jeweiligen Operationalisierung jedoch nicht immer überein. Erwerbsarbeit und ehrenamtliche Tätigkeiten in Vereinen und Verbänden werden allgemein als produktiv betrachtet. Es besteht auch Konsens darüber, dass die Rolle Älterer bei der informellen Versorgung langfristig Pflegebedürftiger und bei der Betreuung von Enkelkindern wichtige Formen produktiven Alterns darstellen. Hausarbeit wird allerdings unterschiedlich behandelt. Herzog et al. (1989) schließen Hausarbeit in ihre Betrachtung ein, während Bass/Caro (2001) dies trotz ihrer ökonomische Definition des produktiven Alterns nicht tun. Sie argumentieren, dass nur ein Teil der Hausarbeit als so unentbehrlich betrachtet werden dürfte, dass jemand hierfür angestellt werden würde, falls die Arbeit nicht von einem Haushaltsmitglied auf unbezahlter Basis geleistet werden kann. Mit Blick auf Erwachsenenbildung schlagen Bass/Caro (2001) vor, dass (Fort-)Bildungsmaßnahmen, die die Fähigkeiten älterer Menschen hinsichtlich Erwerbstätigkeit, informeller Pflege, oder ehrenamtlichen Engagements stärken, als eine Form produktiver Aktivität berücksichtig werden sollten. Butler (1985) schließt auch gesundheitsfördernde und gesundheitserhaltende Maßnahmen als Teil produktiven Alterns ein, wodurch bei gebrechlichen Älteren mit einem hohen Pflegefallrisiko auch grundlegende Aktivitäten des täglichen Lebens (z.B. Körperpflege) einbezogen werden. Dies wird damit begründet, dass Ältere mit schwerwiegenden Funktionseinbußen, die nicht mehr selbst für sich sorgen können, Hilfe von Dritten benötigen.

In den letzten Jahren wurde die Definition des produktiven Alterns noch erweitert, so dass sie nun auch politische Aktivitäten (Wählen, Engagement in Kampagnen oder öffentlichen Ämtern) einschließt (Burr et al. 2002). Die Konzentration auf politische Teilhabe steht in Verbindung mit der Besorgnis über ein rückläufiges zivilgesellschaftliches Engagement (Putnam 2000). Gesellschaftskritische Stimmen haben den Rückgang bürgerlicher Partizipation in den Vereinigten Staaten beklagt und hier insbesondere auf die niedrige Wahlbeteiligung hingewiesen. Der Begriff „zivilgesellschaftliches Engagement" (civic engagement) wurde so eingeführt, dass er unterschiedliche Formen der Beteiligung an gemeinschaftlichen, kommunalen Angelegenheiten umfasst, die sowohl lokales ehrenamtliches Engagement (community service volunteering) als auch kommunalpolitische Beteiligung (etwa bei Wahlen für politische Ämter) einschließen. In diesem Zusammenhang wurden Anstrengungen unternommen, den Ruf nach mehr zivilgesellschaftlichem Engagement mit produktivem Altern zu verbinden (Center for Health Communication 2004). Der Tatsache, dass ältere Menschen in den Vereinigten Staaten eine tendenziell hohe Wahlbeteiligung aufweisen, wird viel Aufmerksamkeit geschenkt. Weniger Beachtung hat hingegen die Rolle Älterer bei der Bekleidung politischer Ämter oder in politischen Kampagnen gefunden.

2.2 Kritik am Konzept des „produktiven Alterns"

Unter Gerontologen in den Vereinigten Staaten wurde die Debatte um produktives Altern durch Kritiker belebt, die davor warnen, dass eine Betonung des produktiven Alterns älteren Menschen schaden könnte (Estes/Mahakian 2001; Martinson/Minkler 2006). Diese Kritiker äußern sich besorgt darüber, dass die Forderung nach der Schaffung von mehr Beteiligungsmöglichkeiten für Ältere abgelöst werden könnte durch wachsende gesellschaftliche Leistungserwartungen an ältere Menschen. Sie weisen darauf hin, dass Erwerbstätigkeit im höheren Lebensalter zwar eine attraktive Option für Menschen mit gut bezahlten Jobs und hoher Autonomie am Arbeitsplatz sein kann, dass dies aber weit weniger attraktiv für jene ist, die weniger qualifizierte Tätigkeiten ausüben (vgl. hierzu auch Siegrist et al. 2007). Darüber hinaus wird befürchtet, dass die Betonung produktiven Alterns zu einer unbeabsichtigten Abwertung Älterer führt, die nicht in der Lage oder nicht willens sind, sich in produktiven Aktivitäten zu engagieren (Holstein 1993). In ähnlicher Weise könnte eine Betonung des produktiven Alterns zu einer Abwertung jener führen, die auf andere Weise Sinn im Alter finden. Kritische Stimmen prangern auch den Abbau von Alterssicherungssystemen an, der dazu führen könnte, dass fortgesetzte Erwerbsarbeit eine ökonomische Notwendigkeit für Ältere wird. Außerdem wird Besorgnis über den Abbau öffentlich finanzierter Dienstleistungen geäußert, für die Freiwillige keine angemessene Alternative darstellen. Martinson/Minkler (2006) zitieren in diesem Zusammenhang den Sozialhistoriker Theodore Roszek, der feststellt dass „volunteerism is not politically neutral; it has always been closely linked to conservative values as the glowing alternative to mandatory government programs."

2.3 Produktive Multiaktivität

Empirische Untersuchungen der Aktivitäten älterer Menschen dokumentieren nicht nur ein erhebliches Engagement in produktiven Tätigkeiten, sondern liefern auch Belege dafür, dass sich Ältere häufig in mehrfacher Weise beteiligen. In den Vereinigten Staaten hat zum Beispiel die Commonwealth Productive Aging Study eine repräsentative Stichprobe älterer Menschen hinsichtlich ihres Engagements in vier Bereichen untersucht: Erwerbstätigkeit, ehrenamtliches Engagement, informelle Langzeitpflege und Enkelkinderbetreuung (Caro/Bass 1995a). Die Studie zeigt, dass unter den 65- bis 74-Jährigen etwa drei Viertel der Befragten in mindestens einem der genannten Bereiche aktiv waren und sich ein Drittel sogar in zwei oder mehr Bereichen engagiert hat. Unter den über 75-Jährigen war noch knapp die Hälfte in mindestens einem Bereich tätig und 16 Prozent in zwei oder mehr. Werden mehr Formen produktiver Tätigkeiten berücksichtigt, zeigt sich sogar noch deutlicher, wie stark Ältere in produktive Aktivitäten involviert sind. Für Deutschland haben Klumb/Baltes (1999) auf Basis der Berliner Altersstudie eine Untersuchung vorgelegt, in der sie Arbeiten im und am Haus, Besorgungen sowie Gartenarbeit zusätzlich zu Erwerbstätigkeit, Pflege und Ehrenamt in ihre Definition produktiven Alterns aufgenommen haben. Auf Grundlage dieser erweiterten Definition kommen die Autoren zu dem Schluss, dass mehr als 90 Prozent der 70- bis 84-Jährigen und fast 80 Prozent der über 85-Jährigen produktive Tätigkeiten ausüben. Studien, die auf unterschiedliche Formen produktiver Aktivitäten hinweisen, haben sich in der politischen Diskussion als hilfreich erwiesen, in dem sie den produktiven Beitrag älterer Menschen in der Gesellschaft herausstellen.

2.4 Öffentliche Wahrnehmung

Bis heute ist der Begriff „produktives Altern" in der breiteren Öffentlichkeit noch nicht wirklich angenommen worden. Was von der Öffentlichkeit als produktive Tätigkeit betrachtet wird, entspricht nicht unbedingt den Definitionen produktiven Alterns von Fachwissenschaftlern. Eine wichtige Zukunftsfrage ist, inwieweit sich ein „Ethos" produktiven Alterns entwickeln wird, welche Themen im Rahmen eines solchen Ethos' betont werden und inwieweit dieses von einer bereiten Öffentlichkeit angenommen wird. Es gibt Bemühungen, das Entstehen einer entsprechenden Bewegung voranzutreiben. Für die Vereinigten Staaten sind hier vor allem Bestrebungen von Marc Freedman und der von ihm Ende der 1990er Jahre wesentlich mit gestalteten Organisation Civic Ventures zu nennen, die sich um eine Popularisierung des produktiven Alterns bemühen (Freedman 1999). Ziel von Civic Ventures ist eine Neuausrichtung der Alter(n)sdebatte in Amerika und eine Neudefinition der zweiten Lebenshälfte als Quelle sozialer und individueller Erneuerung. Die Organisation versucht, interessierte Senioren zusammenzubringen und dabei zu helfen, Möglichkeiten zu schaffen, ihre Fähigkeiten einzubringen um zum Gemeinwohl beizutragen. Zu den Aktivitäten von Civic Venture gehört unter anderem das Freiwilligenprogramm „Experience Corps", bei dem es darum geht, Kinder in öffentlichen Schulen und Horten als Paten oder Mentoren zur Seite zu stehen (vgl. *http://www.experiencecorps.org*). Ferner bemüht man sich im Rahmen der so genannten „Next Chapter" Initiative um die Unterstützung lokaler Gruppen beim Aufbau von Selbsthilfeprogrammen für ältere Menschen. Im Rahmen dieser Selbsthilfeprogramme sollen Senioren nicht nur ermutigt werden, sich sozial zu engagieren, sondern ihnen dadurch gleichzeitig auch bei der Orientierung in der neuen Lebensphase des Alters zu helfen.

Ein weiteres Beispiel für eine nationale Initiative, deren Ziel es ist, ein produktives Alternsethos voranzubringen, ist das Legacy Corps for Health and Independent Living, das vom Center on Aging an der Universität von Maryland gegründet wurde (Wilson/Simson 2006). Das Center on Aging verbindet Anstrengungen, sinnvolle neue Rollen als ehrenamtlich Tätige für ältere Menschen zu schaffen, mit Bemühungen, Ältere für solche Aufgaben zu rekrutieren, auszubilden und entsprechend einzusetzen. Es bietet auch Unterstützung für Ältere, die nach einer bezahlten Tätigkeit in kommunalen Einrichtungen suchen. Mit finanziellen Mitteln des Bundes durch die Corporation for National Services, wurden 14 Programme in acht Bundesstaaten eingerichtet.

Civic Ventures, das Legacy Corps und andere ähnliche Initiativen hoffen, dass die alternde Generation der Baby Boomer das Konzept des produktiven Alterns annehmen wird. Hier wird vorausgesetzt, dass diese Generation wegen ihrer überdurchschnittlichen Größe und wegen ihres höheren Bildungs- und Qualifikationsniveaus in der Lage sein wird, einen größeren Beitrag als frühere Generationen älterer Menschen zu leisten. Es wird außerdem darauf gesetzt, dass der soziale Aktivismus der 1960er Jahre, an dem viele Mitglieder der Baby Boomer Generation teilgenommen haben, wiederbelebt werden kann. Umfragen zeigen, dass diese Generation erwartet, länger Erwerbstätig zu sein als die letzten Kohorten, die den Renteneintritt vollzogen haben (Brown 2003).

Die Reichweite von Civic Ventures, dem Legacy Corps und ähnlichen Initiativen ist bescheiden. Sie sind wichtig, in dem sie das Potenzial älterer Menschen demonstrieren, einen gesellschaftlichen Beitrag durch sinnvolle Arbeit und verantwortliches freiwilliges Engagement zu leisten. Es ist unwahrscheinlich, dass diese und ähnliche Initiativen bereits soweit etabliert sind, dass sie schon jetzt spürbare Veränderungen in der Selbstwahrnehmung einer größeren Zahl Älterer oder in der Strukturierung von Möglichkeiten für ältere Menschen herbeigeführt hätten. Für Wissenschaftler ist es jedoch wichtig, diese Entwicklungen begleitend zu beobachten um zu beurteilen, ob sie eine breitere Wirkung entfalten und so zu einer wesentlichen Reorganisation im Leben älterer Menschen beitragen können.

3 Ehrenamtliches Engagement

Als spezifische Form produktiver Aktivität von Älteren verdient das ehrenamtliche Engagement besondere Aufmerksamkeit. Anderer Formen produktiver Tätigkeiten haben häufig einen verpflichtenden Charakter. Ältere Erwerbstätige tun dies zum Beispiel häufig aus ökonomischer Notwendigkeit. Ältere, die ihren Partner unbezahlt pflegen, tun dies aus einer Verpflichtung im Rahmen ihrer Ehe heraus. Die Übernahme eines Ehrenamtes ist hingegen fast immer eine Wahlentscheidung.

Nicht nur in seiner Summe kann der gesellschaftliche Beitrag Freiwilliger von großer Bedeutung sein, sondern auch Einzelne können einen hervorragenden Beitrag leisten in dem sie große oder dauerhafte Verantwortung übernehmen. Weil das Engagement von Freiwilligen einen erheblichen qualitativen und quantitativen Unterschied im Bereich kommunaler Dienstleistungen machen kann, wurden nicht nur Fragen nach den Motiven ehrenamtlich Tätiger gestellt, sondern auch danach, was unternommen werden kann, um freiwilliges Engagement gezielt zu steuern.

3.1 Ehrenamtliche Arbeit Älterer in den Vereinigten Staaten

In den Vereinigten Staaten gibt es in vielen Bereichen eine fest etablierte ehrenamtliche Tradition, z.B. Kirche, Bildung, Pflege, Freizeit, Partei- und Kommunalpolitik. Zum Teil kann die Bedeutung des Ehrenamtes darauf zurückgeführt werden, dass zahlreiche kommunale Leistungen ihren Ursprung in Freiwilligen-Initiativen haben (Ellis/Noyes 1990). Während in vielen etablierten öffentlichen Dienstleistungsbereichen Freiwillige mittlerweile vollständig durch professionelles Personal ersetzt wurden, spielen ehrenamtlich Tätige in einigen Bereichen weiterhin eine wichtige Rolle. Außerdem entstehen Neugründungen kommunaler

Dienstleistungseinrichtungen häufig immer noch aus Freiwilligen-Initiativen heraus. Auch die geringe Bereitschaft vieler Amerikaner, für die Bereitstellung staatlicher Leistungen (mehr) Steuern zu bezahlen, hat Implikationen für das Ehrenamt. Angesichts mangelnder öffentlicher Finanzierung hängt die Qualität öffentlicher Einrichtungen erheblich von freiwilligem privatem Engagement ab.

Ältere Menschen sind zu einer wesentlichen Quelle ehrenamtlicher Aktivität geworden, weil es eine wachsende Zahl wirtschaftlich abgesicherter Rentner gibt, die sich guter Gesundheit erfreuen. Gleichzeitig hat auf Grund ihrer steigenden Erwerbsbeteiligung die Zahl engagierter Frauen mittleren Alters aus der Mittelklasse abgenommen, die vormals einen erheblichen Teil des Pools ehrenamtlich Aktiver dargestellt haben.

In seiner reinsten Form wird das Ehrenamt ohne jede finanzielle Kompensation ausgeübt, die allerdings in der Praxis dennoch häufig geleistet wird. In einigen Fällen erhalten Freiwillige Leistungen wie Mahlzeiten, für die ein monetärer Wert ermittelt werden könnte. In anderen Fällen erhalten ehrenamtlich Tätige finanzielle Aufwandsentschädigungen, die z.B. anfallende Fahrtkosten decken sollen. In wieder anderen Fällen erhalten die Freiwilligen Kompensationen, die ihre Lebenshaltungskosten abdecken. Diese Arrangements, wie sie in den Vereinigten Staaten etwa im Rahmen der bundesfinanzierten Senior Companion und Foster Grandparent Programme (vgl. *http://www.seniorcorps.org*) zu finden sind, führen in den Grenzbereich zwischen Ehrenamt und Erwerbsarbeit. „Senior Companions" sind ältere Menschen, die immobilen Älteren individuelle praktische und emotionale Unterstützung gewähren. „Foster Grandparents" sind Ältere, die mit bedürftigen Kindern arbeiten. In beiden Fällen erhalten die Teilnehmer Unterstützung zum Lebensunterhalt in Höhe des gesetzlichen Mindestlohnes. Für die Teilnahme an diesen Programmen qualifizieren sich nur ältere Niedrigeinkommensbezieher. Die Kombination aus gemeinnütziger Arbeit mit Unterstützung zum Lebensunterhalt führt dazu, dass es sich bei der Tätigkeit um eine Zwischenform von Ehrenamt und Erwerbsarbeit handelt. Eine andere, weniger bekannte Zwischenform sind die lokal organisierten so genannten „tax work-off" Programme (Kiesel 2002). Dieses Modell wurde erstmals in Colorado eingeführt und hat sich schnell auch auf anderen Bundesstaaten, insbesondere Massachusetts, ausgedehnt. Typischerweise erhalten in diesen Programmen Immobilienbesitzer im Jahr im Austausch gegen 100 Stunden Arbeit für kommunale Einrichtungen einen Steuernachlass in Höhe von 500 $. An einigen Orten werden diese Programme vor allem als Steuererleichterung betrachtet, während sie anderswo in erster Linie als ehrenamtliches Engagement gelten.

Viele Untersuchungen in den Vereinigten Staaten haben sich mit dem Ausmaß ehrenamtlicher Aktivitäten von Älteren, den individuellen Merkmalen älterer Freiwilliger und der Bedeutung des Ehrenamtes für Gesundheit und Lebensqualität der Älteren befasst. Auf Basis der Ergebnisse von 13 Studien aus den Jahren 1969 bis 1991 kommt Chambre (1993) zu dem Schluss, dass der Anteil ehrenamtlich Aktiver unter älteren Amerikanern im Zeitverlauf gestiegen sei. Chambre führt diese Entwicklung darauf zurück, dass sich sowohl das öffentliche Bild des Ehrenamtes als auch jenes älterer Menschen verbessert habe, ebenso wie die Möglichkeiten für freiwilliges Engagement und das Bildungsniveau der Älteren. Wenn man allein von der positiven Beziehung zwischen hohen Bildungsabschlüssen und hohen Engagementquoten ausgeht, kann ein weiterer Anstieg ehrenamtlich Tätiger in der älteren Bevölkerung erwartet werden.

Eine im September 2006 als Zusatz zum Current Population Survey durchgeführte Umfrage des U.S. Bureau of Labor Statistics (BLS) zeigt, dass 24 Prozent der Älteren im Jahr vor der Befragung mindestens einmal ehrenamtlich aktiv gewesen sind.[2] In der Gesamtbevölkerung der über 16-Jährigen lag der entsprechende Anteilswert bei 27 Prozent. Mit anderen Worten: der Anteil freiwillig Aktiver älterer Menschen lag nur geringfügig unter dem der Jüngeren (vgl. hierzu auch Erlinghagen in diesem Band). Andere Untersuchungen haben gezeigt, dass das ehrenamtliche Engagement der unter 75-Jährigen höher ist als das der über 75-Jährigen (Caro/Bass 1995b; siehe auch Choi 2003).

Der zeitliche Umfang ehrenamtlicher Tätigkeiten von Älteren ist üblicherweise bescheiden. In der bereits genannten Studie des BLS aus dem Jahr 2006 liegt der Median-Wert des wöchentlichen Engagements Freiwilliger im Alter von 65 oder darüber bei etwa 2 Stunden. Allerdings engagieren sich Ältere üblicherweise doppelt so lang wie Jüngere. Etwa 9 Prozent der älteren Freiwilligen sind durchschnittlich mehr als 10 Stunden pro Woche aktiv (vgl. *http://www.bls.gov/ news.release/volun.t02.htm*). Chambre (1987) hat gezeigt, dass diejenigen, die sich bereits früher im Lebensverlauf freiwillig engagiert haben, auch im Alter häufiger ehrenamtlich aktiv sind. Um dies zu erklären, verweist Chambre auf die Bedeutung der Kontinuität einmal übernommener Rollen.

3.2 Positive Effekte ehrenamtlicher Arbeit

Auf Basis einer Längsschnittuntersuchung repräsentativer Daten der American's Changing Lives Study konnten Morrow-Howell et al. (2003) zeigen, dass unter über 60-Jährigen sowohl die Ausübung eines Ehrenamtes an sich, als auch der zeitliche Umfang des Engagements in einem positiven Zusammenhang mit höherem Wohlbefinden stehen. Ein ähnlicher Befund findet sich in der Studie von

---

2 Damit liegt der Anteil ehrenamtlich aktiver Älterer in den Vereinigten Staaten etwa auf dem gleichen Niveau wie in Dänemark, Schweden oder den Niederlanden (vgl. Erlinghagen und Hank 2006).

Luoh/Herzog (2002), die Längsschnittdaten der Asset and Health Dynamics among the Oldest Old (AHEAD) Study auswerten. Sie finden, dass mehr als 100 Stunden ehrenamtlicher Arbeit im Jahr (d.h. durchschnittlich 2 Stunden pro Woche) einen positiven Gesundheitseffekt haben und Mortalitätsrisiken vermindern. Bei Freiwilligen, die sich mehr als 100 Stunden pro Jahr engagieren konnte allerdings kein Zusammenhang zwischen Ehrenamt und Gesundheit bzw. Mortalität festgestellt werden.

Im Rahmen eines bemerkenswerten Feldexperimentes konnten Fried et al. (2004) ebenfalls einen positiven kurzfristigen Effekt des Ehrenamtes auf die Gesundheit nachweisen. In Baltimore rekrutierte Frieds Gruppe ältere Angehörige von Minderheiten, die sich im Rahmen des bereits erwähnten Experience Corps' in einer örtlichen Schule engagieren sollten. Die Freiwilligen des Experience Corps' wurden zufällig aus dem Pool qualifizierter Bewerber ausgesucht und der Gesundheitszustand sowohl der Freiwilligen als auch der Kontrollgruppe im Zeitverlauf kontrolliert. Hinsichtlich einer Vielzahl physischer und kognitiver Eigenschaften konnten in der Versuchsgruppe im Vergleich zur Kontrollgruppe signifikant positivere Entwicklungen beobachtet werden.

Morrow-Howell et al. (2003) fassen eine Reihe verschiedener Erklärungen des Zusammenhangs von Ehrenamt und Gesundheit zusammen. Dazu gehören das Selbstwertgefühl im Zusammenhang mit der Freiwilligenrolle, der Schutz gegen Rollenverlust und soziale Isolation, die Stärkung sozialer Netzwerke sowie das sinnstiftende Element ehrenamtlicher Arbeit.

3.3 Das Verhältnis von Ehrenamt und anderen produktiven Tätigkeiten

Eine wichtige Frage für das Verständnis produktiven Alterns liegt in der Verknüpfung verschiedener produktiver Tätigkeiten miteinander (vgl. hierzu auch das Kapitel von Hank und Stuck in diesem Band). Einige Aufmerksamkeit ist der Beziehung zwischen ehrenamtlichen Tätigkeiten einerseits und Erwerbsarbeit sowie informeller Langzeitpflege andererseits gewidmet worden. Entsprechenden Untersuchungen liegen zwei Hypothesen zu Grunde: die eine besagt, dass produktive Aktivitäten einander ergänzen, während bei der anderen davon ausgegangen wird dass verschiedene produktive Tätigkeiten miteinander konkurrieren. Für beide Hypothesen gibt es mehr oder minder deutliche empirische Evidenz. Bei der Untersuchung der Beziehung zwischen Erwerbsarbeit und Ehrenamt haben Gauthier/Smeeding (2000) sowie Mutchler et al. (2003) Hinweise darauf gefunden, dass die Wahrscheinlichkeit ein Ehrenamt auszuüben nach dem Renteneintritt etwas sinkt, was bedeuten würde, dass Erwerbstätigkeit Möglichkeiten für ehrenamtliches Engagement bereithält (vgl. hierzu auch das Kapitel von Erlinghagen in diesem Band). In dieser Hinsicht ist das Verhältnis von Freiwilligen- und Erwerbsarbeit also komplementär. Die Forscher erklären, dass jene, die auf dem Arbeitsmarkt aktiv sind, über ein breiteres und vielfältigeres soziales Netzwerk verfügen das mehr Gelegenheiten bietet, etwas über die verschiedenen Möglichkeiten, sich ehrenamtlich zu engagieren, zu lernen. Erwerbstätigkeit kann auch Quelle sozialen Drucks sein, ein Ehrenamt zu übernehmen. Andererseits neigen in der Gruppe der Freiwilligen Rentner dazu, sich mit einem größeren zeitlichen Engagement als Berufstätige einzubringen (Caro/Bass 1997). In dieser Hinsicht scheint es also eine Konkurrenz verschiedener Tätigkeiten um die Zeit der Freiwilligen zu geben. Der Ruhestand bietet mehr Zeit für ehrenamtliche Arbeit.

Burr et al. (2005) haben Belege für eine Beziehung zwischen informeller Langzeitpflege und ehrenamtlichem Engagement gefunden. Mit Daten des American's Changing Lives Survey zeigen sie, dass Pflegende im Vergleich zu Nicht-Pflegenden nicht nur eine höhere Wahrscheinlichkeit aufweisen, überhaupt ein Ehrenamt zu übernehmen, sondern dass sie sich darüber hinaus auch zeitlich intensiver engagieren. Die Autoren finden zudem, dass diejenigen, die angeben mehr Stunden zu pflegen, im Durchschnitt auch mehr Stunden ehrenamtlicher Arbeit leisten. Schließlich wird gezeigt, dass Pflegende von Nicht-Verwandten eher dazu neigen, ihrem freiwilligen Engagement mehr Zeit zu widmen. Dies wird als Hinweis darauf interpretiert, dass es möglicherweise eine Gruppe älterer Menschen gibt, die als „Super-Helfer" bezeichnet werden könnten. Diese engagieren sich sowohl im privaten (familiären) als auch im öffentlichen Bereich sehr für andere und verfügen auch über die entsprechenden dazu notwendigen Ressourcen.

4 Der organisatorische Kontext ehrenamtlicher Arbeit

Obwohl er schwieriger zu erforschen ist als die individuellen Merkmale freiwillig Aktiver, ist der organisatorische Kontext des Ehrenamtes gleichermaßen wichtig. Viele Organisationen stehen dem Einsatz von Freiwilligen ambivalent gegenüber. Selbst in vielen Serviceorganisationen die von Freiwilligen gegründet wurden, haben professionelle Mitarbeiter diese im Laufe der Zeit ganz oder zumindest weitgehend verdrängt. In einigen Fällen beschränken Tarifabkommen den Einsatz von Freiwilligen. Anstrengungen, ehrenamtliche Tätigkeiten auszuweiten müssen die Bedenken angestellter Mitarbeiter berücksichtigen, die Freiwillige als potenzielle Konkurrenten betrachten. Angestellte haben eine Präferenz dafür, dass sich ehrenamtliche Tätigkeiten auf Bereiche beschränken, die von den bezahlten Mitarbeitern selbst weniger gerne ausgeübt werden. Angesichts der Beobachtung, dass im öffentlichen Sektor professionelles und freiwilliges Personal nicht immer effektiv zusammenarbeiten, hat z.b. Brudney (1990) gezeigt, dass ein effektives Miteinander manchmal am besten dadurch erreicht werden kann, dass öffentliche Aufgaben an Organisationen ausgelagert werden, in denen die entsprechenden Leistungen von Freiwilligen ehrenamtlich erbracht werden.

Wichtig ist auch, dass die Arbeitsbedingungen ehrenamtlich aktiver Älterer beachtet werden müssen. Insbesondere für ältere Menschen, die in ihrem Erwerbsleben daran gewöhnt waren, in hohem Maße verantwortungsvolle Rollen einzunehmen, sollten Ehrenämter interessant gestaltet werden, so dass sie von den Aktiven als positive Herausforderung empfunden werden können (Morris/Caro 1997). In vielen Fällen wird von Freiwilligen jedoch erwartet, Routineaufgaben zu übernehmen. Einige Ältere zögern daher, mehr als nur einen nominellen Beitrag zu leisten, bevor sie nicht die Gelegenheit haben, ein Ehrenamt zu übernehmen, bei dem sie in nennenswertem Maß ihrer eigenen Erfahrungen und Fähigkeiten einbringen können. Die Schaffung reizvoller Beteiligungsgelegenheiten für hochqualifizierte und –motivierte Ältere könnte jedoch schwierig sein, wenn das bezahlte Personal die freiwilligen Helfer als unwillkommene Konkurrenz betrachtet.

Die Herausforderung, die Bereitschaft und das Bestreben, sich ehrenamtlich einzubringen, sinnvoll zu kanalisieren, ist bislang weder gut verstanden noch hinreichend erkannt worden (vgl. hierzu das Kapitel von Breithecker sowie den Beitrag von Brauers in diesem Band). Ältere Menschen neigen dazu, sich selektiv ehrenamtlich zu engagieren und einige sind von den meisten Möglichkeiten sich zu engagieren enttäuscht. Investitionen in eine „Ehrenamts-Verwaltung" (*volunteer administration*) sind von elementarer Bedeutung für die erfolgreiche Rekrutierung und langfristige Mitarbeit von Freiwilligen (Morris/Caro 1996). Koordinatoren ehrenamtlicher Aktivitäten müssen kreativ darin sein, sinnvolle Rollen für Freiwillige zu finden, die auch für angestellte Mitarbeiter akzeptabel sind. Ernstzunehmende Anstrengungen müssen bei der Anwerbung, dem gezielten Einsatz und der Ausbildung ehrenamtlich Aktiver unternommen werden. Darüber hinaus bedarf es einer gewissen Form der Anerkennung, um die Langfristigkeit ehrenamtlichen Engagements zu sichern (vgl. Siegrist et al. 2004). Sehr wahrscheinlich bedürfen Freiwillige mit größeren Verantwortlichkeiten eines umfangreicheren Trainings und einer dauerhafteren Unterstützung als jene, die Routineaufgaben ausüben.

Wie wichtig die organisatorischen Rahmenbedingungen für ehrenamtliches Engagement Älterer ist, hat sich zum Beispiel in einem Projekt des Gerontology Institute der Universität von Massachusetts Boston gezeigt (O'Brien/Norton 1997). Ziel des Projektes war es, die Beteiligung von Freiwilligen in Senioren-

Räten (*Councils on Aging*) zu stärken, die kommunal gefördert werden und die breite Aufgabe haben, Angebote für hilfsbedürftige Ältere in der Gemeinde bereitzustellen. Da Senioren-Räte in der Regel nur minimale finanzielle Unterstützung erhalten, sind sie in erheblichem Maße vom Engagement Freiwilliger abhängig. Vielen Räten fehlen jedoch die Ressourcen, in eine Freiwilligen-Verwaltung zu investieren. Das Projekt versuchte, Ältere als ehrenamtliche Koordinatoren in interessierten Senioren-Räten einzusetzen. Von den Älteren wurde erwartet, dieser Aufgabe die Hälfte ihrer Zeit zu widmen, wofür sie eine finanzielle Kompensation in Höhe des Mindestlohnes erhalten sollten. Sobald sie ausgebildet und im Einsatz waren, sollten die ehrenamtlichen Koordinatoren Projekte entwickeln und anschließend Freiwillige anwerben, ausbilden und unterstützen, die in diesen Projekten arbeiten sollten. Zwar hatte diese Initiative einigen Erfolg, doch wurden gleichzeitig erhebliche Schwierigkeiten auf jeder Ebene deutlich: von der Rekrutierung und dem Einsatz potentieller Koordinatoren in nahe gelegenen Senioren-Räten, über das Auffinden von Räten, die in der Lage waren, die minimal notwendige Infrastruktur für einen Koordinator bereitzustellen, das Entwickeln spezifischer Projekte innerhalb der Räte, bis hin zur Anwerbung und langfristigen Einbindung von Freiwilligen in Projekten. Außerdem war die Initiative auf finanzielle Mittel angewiesen, um den Projektadministrator und die finanzielle Kompensation der älteren Koordinatoren zu bezahlen. Das Projekt hat einerseits den Beitrag älterer Menschen in Rollen mit erheblicher Verantwortung dokumentiert, hat andererseits aber auch die vielfältigen Schwierigkeiten aufgezeigt, die gelöst werden müssen, damit eine solche Maßnahme erfolgreich implementiert werden kann – auch wenn es in Einzelfällen durchaus möglich ist, dass Ältere mit Organisationstalent erfolgreich ein Multiplikatorprogramm in Eigenregie aufbauen können.

Die Universität von Massachusetts Boston ist bereits seit Anfang der 1980er Jahre auch mit einem einjährigen Bildungsprogramm erfolgreich, bei dem es darum geht, ältere Menschen für Aufgaben in Seniorenprogrammen vorzubereiten (Silverstein et al. 2005). Die Teilnehmer – in einigen Jahren bis zu 60 Personen – verbringen einen Tag pro Woche auf dem Campus um Kurse über Gerontologie, politische Abläufe und Handlungsforschung zu besuchen. Menschen ab dem 60. Lebensjahr – die ca. 80 Prozent der Teilnehmer ausmachen – konnten bis vor kurzem kostenlos an diesem Programm teilnehmen. Als finanzielle Einschränkungen es notwendig machten, auch von den älteren Teilnehmern eine Gebühr zu verlangen, sank deren Anteil jedoch erheblich. Viele der Absolventen haben sich seit Beginn des Programms freiwillig in verschiedenen lokalen Altenorganisationen und Seniorenprogrammen eingebracht.

Aus einer Lebensverlaufsperspektive dürften Initiativen, die bereits früh im Leben ehrenamtliche Aktivitäten ermutigen, auch einen langfristig positiven

Effekt auf die Bereitschaft haben, sich im Alter entsprechend zu engagieren. Wie bereits erwähnt hat Chambre (1987) gezeigt, dass die Ausübung eines Ehrenamtes in jungen Jahren der beste Prädiktor für Engagement im höheren Alter ist. Lernen für die Übernahme von Ehrenämtern spielt inzwischen in vielen Bildungseinrichtungen der Vereinigten Staaten eine große Rolle. So ist es z.b. üblich, dass High Schools Programme anbieten, die Schüler dazu ermutigen, sich ehrenamtlich zu betätigen, teilweise in Kooperation mit örtlichen Seniorenzentren. Solches Engagement wird z.B. auch bei Auswahlverfahren für die Zulassung an Eliteuniversitäten berücksichtigt.

5 Fazit

Die Idee des produktiven Alterns ist wichtig, weil sie Aufmerksamkeit auf die Tatsache lenkt, dass ältere Menschen häufig einen wertvollen gesellschaftlichen Beitrag leisten können. Durch kontinuierliche Teilhabe und Einbindung in ihre jeweiligen Gemeinden realisieren sie nicht nur Vorteile für sich selbst, sondern schaffen auch einen Gewinn für die Gemeinschaft. In Gesellschaften, die Rentensysteme geschaffen haben, durch die viele Ältere vorzeitig aus produktiven Rollen entlassen werden, stellt die Betonung produktiven Alterns eine wertvolle Korrektur dar. Das vorhandene Potenzial älterer Menschen einen aktiven Beitrag zu leisten (und die Kosten eines vorzeitigen Ausscheidens aus produktiven Rollen) lädt Gesellschaften dazu ein, Wege zu finden um mehr Möglichkeiten für Ältere zu schaffen, sich produktiv einzubringen, und zwar sowohl im Bereich der Erwerbs- wie auch der Freiwilligenarbeit. Obwohl die Argumente, die für eine Ausweitung des produktiven Engagements Älterer sprechen, überwiegen, sollten dennoch auch die Bedenken von Kritikern berücksichtigt werden, die sich besorgt darüber äußern, dass die Betonung des produktiven Alterns zu einer Ausbeutung älterer Menschen führen könnte.

Eine wichtige Zukunftsfrage ist, inwieweit sich eine Bewegung, die die Bedeutung des produktiven Alterns betont, in den Köpfen älterer Menschen durchsetzen und zu einer tatsächlichen Aktivierung führen wird. Zwar gibt es Bemühungen, eine solche Bewegung zu initiieren, doch die bislang erzielten Erfolge bei der Anwerbung Älterer waren nur bescheiden. Falls sich diese Bewegung etablieren und ausweiten sollte, dürften ältere Menschen viel aktiver darin werden, attraktive Möglichkeiten für eigenes Engagement zu identifizieren und sich gegen Ausbeutung zu schützen.

Ehrenamtliches Engagement ist eine besonders bedeutsame Form produktiver Aktivität unter Älteren in den Vereinigten Staaten. Der dramatische Anstieg in der Zahl älterer Menschen und die steigende Erwerbsbeteiligung von Frauen haben Ältere zu einer zentralen Ressource für freiwillige lokale Dienste gemacht. In den Vereinigten Staaten wurde eine Vielzahl von Studien durchgeführt, die die individuellen Merkmale von Freiwilligen und die Vorteile, die diese für sich selbst aus ihrer Aktivität ziehen können, untersucht haben (z.b. Choi 2003; Luoh/Herzog 2002). Die organisatorische Einbettung des ehrenamtlichen Engagements Älterer ist nicht minder bedeutsam als individuelle Voraussetzungen, stand bislang jedoch deutlich weniger im Mittelpunkt des Forschungsinteresses.

International vergleichende Untersuchungen des ehrenamtlichen Engagements Älterer verdienen ebenfalls mehr Aufmerksamkeit (z.b. Erlinghagen/Hank 2006). Entsprechende Untersuchungen würden zu einem besseren Verständnis wichtiger Unterschiede zwischen Ländern beitragen, etwa hinsichtlich der kulturellen Normen, in denen das Ehrenamt eingebettet ist, oder bezüglich der Bedingungen, unter denen ehrenamtliche Tätigkeiten die größte Wertschätzung erfahren und wann sie für die Freiwilligen selbst die größte Bedeutung haben. Vergleichende Untersuchungen wären auch im Hinblick darauf wertvoll, zu verstehen, wie sich Erwartungen an ehrenamtliche Leistungen, die Bereitschaft, bestimmte Leistungen durch Steuern oder Gebühren zu finanzieren, oder das Vertrauen darin, dass Freiwillige Leistungen nicht nur initiieren sondern auch langfristig ehrenamtlich übernehmen, zwischen Ländern unterscheiden. Und schließlich könnten internationale Vergleiche Aufschluss über die Bedingungen geben, unter denen Länder bereit sind, Freiwilligen die Gelegenheit zu geben, verantwortungsvolle Aufgaben zu übernehmen.

6 Literatur

Bass, S./Caro F. (2001): Productive aging: a conceptual framework. In: Morrow-Howell, N./Hinterlong, J./Sherraden, M. (Hrsg.), Productive Aging: Concepts and Challenges. Baltimore: Johns Hopkins.

Brown, S. (2003): Staying Ahead of the Curve: The AARP Working in Retirement Survey. Washington, DC: AARP, online http://assets.aarp.org/rgcenter/econ/multiwork_2003.pdf

Brudney, J. (1990): Fostering Volunteer Programs in the Public Sector: Planning, Initiating, and Managing Voluntary Activities. San Francisco: Jossey-Bass.

Burr, J./Caro, F./Moorhead, J. (2002): Productive aging and civic participation. In: Journal of Aging Studies 16, 87-105.

Burr, J. A./Choi, N./Mutchler, J. E./Caro, F. G. (2005): Caregiving and volunteering: Are private and public helping behaviors linked? In: Journal of Gerontology: Social Sciences 60B, S247-256.

Butler, R. (1985): Health, Productivity, and Aging: An Overview. In Butler, R.N. & Gleason, H. P. (Hrsg.), Productive Aging: Enhancing Vitality in Later Life. New York: Springer.

Butler, R./Schechter, M. (1995): Productive Aging. In: Maddox, G. (Hrsg.), The Encyclopedia of Aging (2. Auflage). New York: Springer, 763-764.
Caro, F. G./Bass, S. A. (1995a): Dimensions of productive engagement. In: Bass, S.A. (Hrsg..), Older and Active. New Haven: Yale University Press, 204-216.
Caro, F. G./Bass, S. A. (1995b): Increasing volunteering among older people. In: Bass, S.A. (Hrsg.), Older and Active. New Haven: Yale University Press, 71-96.
Caro, F./Bass, S. (1997): Receptivity to volunteering in the immediate post-retirement period. In: Journal of Applied Gerontology 16, 427-441.
Center for Health Communication (2004): Reinventing Aging: Baby Boomers and Civic Engagement. Boston, MA: Harvard University, School of Public Health.
Chambre, S. (1987): Good Deeds in Old Age. Lexington, MA: Lexington Books.
Chambre, S. (1993): Volunteerism by elders: Past trends and future prospects. In: The Gerontologist 33, 221-228.
Choi, L.H. (2003): Factors affecting volunteerism among older adults. In: Journal of Applied Gerontology 22, 179-96.
Ellis, S./Noyes, K. (1990): By the People: A History of Americans as Volunteers. San Francisco: Jossey-Bass.
Erlinghagen, M./Hank, K. (2006): The participation of older Europeans in volunteer work. In: Ageing & Society 26, 567-584.
Estes, C./Mahakian, J. (2001): The political economy of productive aging. In: Morrow-Howell, N./Hinterlong, J./Sharraden, M. (Hrsg.), Productive Aging: Concepts and Challenges. Baltimore: Johns Hopkins, 197-213.
Freedman, M. (1999): Prime Time: How baby boomers will revolutionize retirement and transform America. New York: Public Affairs.
Fried, L./Carlson, M./Freedman, M./Frick, K./Glass, T./Hill, J./McGill, S./Rebok, G. Seeman, T./Tielsch, J. (2004): Social model for health promotion for an aging population: Initial evidence on the Experience Corps model. In: Journal of Urban Health 81, 64-78.
Gauthier, A. H./Smeeding, T. M. (2000): Patterns of time use of people age 55 to 64 years old: Some cross-national comparisons. Center for Policy Research, Syracuse University, Aging Studies Program Paper No. 20.
Herzog, A. R./Kahn, R./Morgan, R./Jackson, J./Antonucci, T. (1989): Age differences in productive activities. In: Journal of Gerontology: Social Sciences 44B, S129-S138.
Holstein, M. (1993): Women's lives, women's work: Productivity, gender, and aging. In: Bass, S.A./Caro, F.G./Chen, Y.-P. (Hrsg.), Achieving a Productive Aging Society. Westport, CT: Auburn House, 235-248.
Kiesel, K. (2002) Strengthening senior tax credit programs in Massachusetts. In: Journal of Aging & Social Policy 14, 141-159.
Klumb, P. L./Baltes, M. M. (1999): Time use of old and very old Berliners: Productive and consumptive activities as functions of resources. In: Journal of Gerontology: Social Sciences 54B, S271-S278.
Luoh, M./Herzog, R. (2002): Individual consequences of volunteer and paid work in old age: Health and mortality. In: Journal of Health and Social Behavior 43, 490-509.
Martinson, M./Minkler, M. (2006): Civic engagement and older Adults: A critical perspective. In: The Gerontologist 46, 318-324.

Morgan, J. N. (1986): Unpaid productive activity over the life course. In: Institute of Medicine/National Research Council (Hrsg.), America's Aging: Productive Roles in an Older Society. Washington, DC: National Academy Press.

Morris, R./Bass, S.A. (Hrsg.) (1988): Retirement Reconsidered: Economic and Social Roles for Older People. New York: Springer.

Morris, R./Caro, F. (1996): Productive Retirement: Stimulating Greater Volunteer Efforts to Meet National Needs. In: Journal of Volunteer Administration 14, 5-13.

Morris, R./Caro, F. (1997): The young-old, Productive Aging, and Public Policy. In: R. Hudson (Hrsg.), The Future of Age-Based Public Policy. Baltimore: Johns Hopkins, 91-103.

Morrow-Howell, N./Hinterlong, J./Rozario, P./Tang, F. (2003): Effects of volunteering on the well-being of older adults. In: Journal of Gerontology: Social Sciences 58B, S137-S145.

Mutchler, J. E./Burr, J. A./Caro, F. G. (2003): From paid worker to volunteer: Leaving the paid workforce and volunteering in later life. In: Social Forces 87, 1267-1294.

O'Brien, J./Norton, J. (1997): Serving Communities Through Elder Leadership. Boston: Gerontology Institute, University of Massachusetts Boston.

Putnam, R. (2000): Bowling Alone: The Collapse and Revival of American Community. New York: Simon & Shuster.

Riley, M. W./Kahn, R./Foner, A. (1994): Age and Structural Lag: Society's Failure to Provide Meaningful Opportunities in Work, Family, and Leisure. New York: Wiley.

Siegrist, J./von dem Knesebeck, O./Pollack, C.E. (2004): Social productivity and well-being of older people: A sociological exploration. In: Social Theory & Health 2, 1-17.

Siegrist, J./Wahrendorf, M./von dem Knesebeck, O./Jürges, H./Börsch-Supan, A. (2007): Quality of Work, well-being and intended early retirement of older employees - baseline results from the SHARE Study. In: European Journal of Public Health 17, 62-68.

Silverstein, N./Sullivan, D./Murtha, J./Jawad, J. (2005): Value of a gerontology certificate: A survey of Frank J. Manning alumni. In: Gerontology-and-Geriatrics-Education 26, 51-68.

United States Bureau of Labor Statistics (2006): http://www.bls.gov/news.release/ volun.nr0.htm.

Wilson, L./Simson, S. (Eds.) (2006): Civic Engagement and the Baby Boomer Generation. Binghamton, NY: Haworth Press, Inc.

Teil II: Informelle Arbeit von Älteren in Deutschland

Ehrenamtliche Arbeit und informelle Hilfe nach dem Renteneintritt
Analysen mit dem Sozio-oekonomischen Panel (SOEP)

Marcel Erlinghagen

1 Einleitung[1]

Aus gesamtgesellschaftlicher Perspektive nimmt die Beteiligung an informeller Arbeit (zur Begriffsdefinition vgl. Erlinghagen 2000a und Hank/Erlinghagen in diesem Band) zunächst mit steigendem Lebensalter zu, erreicht im Alter von etwa 35 bis 55 Jahren ihren Höhepunkt, um dann anschließend wieder zurückzugehen (Goss 1999; vgl. auch Wilson 2000: 226). Jedoch hat gerade die Beteiligung älterer Menschen an informeller Arbeit im Verlaufe der letzten Jahre und Jahrzehnte zugenommen (Goss 1999). In Deutschland stellt so die ältere Bevölkerung derzeit die größte Wachstumsgruppe im Bereich des freiwilligen Engagements dar (Gensicke 2005; Erlinghagen et al. 2006).

Aber auch wenn bereits heute die Beteiligung von Älteren an informeller Arbeit einen nicht zu unterschätzenden Beitrag zur gesamtgesellschaftlichen Wohlfahrt leistet, scheint eine weitere Förderung und Stimulierung dieses Bereichs durchaus sinnvoll zu sein. Die Aktiven selbst könnten – so die Hoffnung – durch ihr Engagement der möglichen Gefahr der sozialen Isolation begegnen und gleichzeitig ihr körperliches und geistiges Wohlbefinden erhalten, wenn nicht sogar verbessern (vgl. Siegrist et al. 2004; Van Willigen 2000; Thoits/Hewitt 2001). Aus gesamtgesellschaftlicher Sicht würden die produktiven Beiträge von Senioren „Alterslasten" reduzieren, in dem durch sie Güter und Dienste kostengünstig bereitgestellt werden. Durch eine vermehrte Aktivierung von Senioren verspricht man sich also eine Reduktion sozialer Kosten bei einer gleichzeitigen Stärkung der gesamtgesellschaftlichen Wohlfahrt (Brösch et al. 2000; Sing 2001; Klie 2001; BMSFFJ 2006).

---

1 Für wertvolle Anregungen danke ich Karsten Hank. Die Forschungsarbeit ist finanziell durch die Fritz Thyssen Stiftung sowie die AG „Chancen und Probleme einer alternden Gesellschaft" der Deutschen Akademie der Naturforscher Leopoldina und des ACATECH-Konvents für Technikwissenschaften gefördert worden.

Insofern überrascht es kaum, dass auch die Politik zunehmend die Möglichkeiten entdeckt, die das produktive (informelle) Potential älterer Bürgerinnen und Bürger zu bieten verspricht (z.B. Chambre 1989; Bass et al. 1995; Baldock 1999; Braun/Bischoff 1999). In Deutschland hat dies in der Folge zur Initialisierung unterschiedlicher Aktivitäten auf diversen politischen Ebenen geführt (vgl. exemplarisch BaS 2006; Breithecker sowie Brauers in diesem Band). Diesen Bemühungen ist häufig gemein, dass sie auf Ältere abzielen, die sich kurz vor oder nach dem Renteneintritt befinden. Auch wenn dies im Rahmen der Praxis wenig thematisiert wird, steckt hinter einer solchen Strategie in erster Linie implizite, zeitverwendungstheoretische Annahmen. Die Überzeugung ist, dass Rentner nach dem Ausscheiden aus dem Erwerbsleben ein großes Maß an frei verfügbarer Zeit haben. Gleichzeitig zeichnen sich die heutigen und zukünftigen Rentner durch eine im Vergleich zu früheren Generationen hohe geistige und körperliche Leistungsfähigkeit aus. Daher liegt der Gedanke nahe, diese scheinbar brachliegende Ressource sowohl im Eigeninteresse der Senioren als auch zum gesamtgesellschaftlichen Wohl durch eine Aktivierung informellen Engagements besser nutzen zu wollen.

Dieser die derzeit praktizierte Politik dominierende theoretische Zusammenhang zwischen frei werdenden Zeitressourcen und der Beteiligung an informeller Arbeit ist jedoch bislang kaum empirisch überprüft. Der vorliegende Beitrag will daher zur Schließung dieser Forschungslücke beitragen, indem er nicht nur den Einfluss des Renteneintritts bezüglich der Beteiligung an ehrenamtlicher Arbeit und an informeller Hilfe untersucht. Gleichzeitig wird auch die Rolle des vorausgegangenen Lebensverlaufs thematisiert, in dem danach gefragt wird, wie weiter zurückliegende Erfahrungen mit informellen Tätigkeiten die Beteiligung in diesem Bereich im Alter beeinflussen.

Abschnitt 2 wird zu Beginn den Stand der Forschung hinsichtlich des Einflusses des Renteneintritts und des vorausgegangenen Lebensverlaufs auf die Beteiligung an informeller Arbeit widergeben. In Abschnitt 3 folgt dann eine Darstellung der Datenbasis und des methodischen Vorgehens der Untersuchung. Anschließend wird Abschnitt 4 zunächst die Entwicklung des Umfangs der Beteiligung von Älteren an informeller Arbeit seit Mitte der 1980er Jahre nachzeichnen. Es folgen multivariate Längsschnittanalysen, die genaueren Aufschluss über die Bedeutung des Renteneintritts und der vorausgegangenen Erfahrungen mit informellen Tätigkeiten im Lebensverlauf präsentieren. Der Beitrag schließt mit einem Fazit (Abschnitt 5).

2 Stand der Forschung

Neben dem Einfluss von Ressourcen (vgl. Smith 1994; Wilson 2000) und institutioneller Kontextfaktoren (vgl. Salomon/Anheier 1998; Erlinghagen/Hank 2006) ist in den vergangenen Jahren auch zunehmend die Bedeutung des Lebensverlaufs für die Beteiligung an informeller Arbeit thematisiert worden. Dabei ist zwischen der kurzfristigen Wirkung singulärer Lebensereignisse wie z.b. der Heirat, Scheidung, Tod des Partners oder aber der Geburt eines Kindes (Wilson/Musick 1997a; Rotolo 2000; Erlinghagen 2000b; Okun/Michel 2006; zur informellen Arbeit von Paaren vgl. Rotolo/Wilson 2006) und der langfristigen Wirkung von zurückliegenden Erfahrungen wie z.b. der Sozialisation in der Familie (Janoski/Wilson 1995; Mustillo et al. 2004) oder der kulturellen Prägung ganzer Geburtskohorten (Goss 1999; Putnam 2000; Rotolo/Wilson 2004) im Lebensverlauf zu unterscheiden.

Der Übergang in den Ruhestand ist ebenso wie die Heirat oder die Geburt eines Kindes ein für die betroffenen Menschen einschneidendes, singuläres Ereignis. Insbesondere in Verbindung mit der Diskussion um ein produktives Altern wird immer wieder auf die Bedeutung des Übergangs vom Erwerbsleben in den Ruhestand als Determinante der Beteiligung Älterer an informeller Arbeit hingewiesen (vgl. z.B. Moen/Fields 2002; Smith 2004). Der Übergang in den Ruhestand markiert für die meisten Betroffenen eine deutliche Veränderung in ihrem Leben. Spätestens seit den 1960er Jahren gibt es so eine Debatte, inwiefern der Austritt aus dem Erwerbsleben eine Suche nach neuen Lebensinhalten, einer neuen Zeitverwendung und neuen sozialen Kontakten nötig und gleichzeitig auch möglich macht (Künemund 2006: 289-290).

Am Ende des Erwerbslebens kann Freiwilligenarbeit als eine Erfolg versprechende Strategie zur Gestaltung des eigenen (absehbaren) Ruhestands und Sinngebung für diesen neuen Lebensabschnitt wirken (vgl. z.B. Caro/Bass 1997). Freiwilligenarbeit könnte insbesondere dann eine reale Handlungsoption sein, wenn die betreffenden Individuen bereits in der Vergangenheit entsprechend aktiv gewesen sind (vgl. z.B. Mutchler et al. 2003). Es stellt sich also die Frage, welche Relevanz dem eher kurzfristig wirksamen singulären Ereignis des Übergangs in den Ruhestand („Ruhestandseffekt") einerseits und den eher langfristig wirksamen Erfahrungen im vorausgegangenen Lebensverlauf („Erfahrungseffekt") andererseits zukommt.

Die Untersuchung von Mutchler et al. (2003) ist nach meinem Kenntnisstand bislang die einzige Längsschnittstudie, die explizit die Relevanz des oben beschriebenen „Erfahrungseffektes" und des „Ruhestandseffektes" zur Erklärung freiwilliger Aktivitäten von Älteren empirisch untersucht hat. Die Autoren verwenden zwei Wellen des American Changing Live Surveys aus den Jahren 1986 und 1989 um zu überprüfen, ob der Austritt aus dem Erwerbsleben einen Einfluss auf die Beteiligung an und die Intensität von informeller Arbeit von Älteren (55 bis 74 Jahre) hat. Sie untersuchen dabei sowohl ehrenamtliche Aktivitäten („formal volunteering") als auch Netzwerkhilfe („informal volunteering"). Einerseits wird in der Untersuchung von Mutchler et al. (2003) die Stabilität der Beteiligung an informellen Aktivitäten durch eine Veränderung des Erwerbsstatus nicht beeinflusst. Ein wesentlicher Befund ist, dass ehrenamtliches Engagement und das Leisten von informeller Hilfe sehr stark durch Kontinuität im Lebensverlauf geprägt werden (vgl. dazu auch Oesterle et al. 2004). Andererseits zeigen die Ergebnisse von Mutchler et al. (2003) aber auch, dass Ältere nach dem Ausscheiden aus dem Erwerbsleben eine höhere Wahrscheinlichkeit einer Neuaufnahme ehrenamtlicher Arbeit im Vergleich zu Vollzeitbeschäftigten haben. Allerdings ist offen, ob dies tatsächlich ein Ruhetandseffekt ist, da auch Teilzeitbeschäftigte eine höhere Aufnahmewahrscheinlichkeit zwischen den beiden verwendeten Beobachtungsjahren zeigen. Für informelle Hilfe ergibt sich hingegen kein eindeutiger Ruhestandseffekt.

Insgesamt zeigen Mutchler et al. (2003) also, dass die Beteiligung Älterer an informeller Arbeit vor allem ein Resultat des „Erfahrungseffektes" ist und dem Lebensverlauf somit eine herausragende Bedeutung zukommt. Gleichzeitig gibt es aber auch Zeichen, dass beim Austritt aus dem Erwerbsleben für bislang Inaktive zumindest im Bereich ehrenamtlichen Engagements auch ein gewisser „Ruhestandseffekt" in Form einer vergrößerten Aufnahmewahrscheinlichkeit besteht.

Dieses Bild wird durch die zu diesem Thema vorliegenden Querschnittsanalysen untermauert, die ebenfalls nahelegen, dass dem „Ruhestandseffekt" eher eine untergeordnete Bedeutung beizumessen ist. So zeigen Nicht-Erwerbstätige und Rentner keine größere Beteiligung an informeller Arbeit als Erwerbstätige. Zwar zeichnet sich die Aktivität von älteren Nicht-Erwerbstätigen im Vergleich zu Beschäftigten durch eine erhöhte zeitliche Intensität aus (Gallagher 1994; Choi 2003). Jedoch sollte dieser Befund nicht überbewertet werden, denn „only a small percentage of the time available as a result of termination of work is reallocated to volunteering" (Caro/Bass 1997: 432). Gauthier/Smeeding (2003) kommen zu einem ähnlichen Befund und zeigen darüber hinaus, dass mit zunehmendem Alter nicht die Beteiligung an informeller Arbeit, sondern vor allem passive Tätigkeiten (z.B. Fernsehen) und konsumptive Aktivitäten (z.B. das Ausüben von Hobbys) an Bedeutung gewinnen (vgl. auch Künemund 2006).

Insbesondere der Mangel an empirischen Längsschnittsstudien zur Frage nach dem Einfluss des Lebensverlaufs und des Renteneintritts auf die Beteiligung Älterer an informeller Arbeit ist erstaunlich. Daher ist es das Ziel des vorliegenden Aufsatzes, zur Schließung dieser Forschungslücke beizutragen. Auf

Basis deutscher Paneldaten kann so untersucht werden, ob und in welchem Umfang informelle Aktivitäten von Rentnern durch Erfahrungseffekte und/oder durch Ruhestandeseffekte erklärt werden können. Ein Vorteil gegenüber der ähnlich angelegten Studie von Mutchler et al. (2003) liegt insbesondere darin, dass zum einen in den deutschen Daten eindeutige finale Übergänge vom Erwerbsleben in den Ruhestand abgebildet werden können. Dies liegt insbesondere daran, dass nahezu alle Rentner in Deutschland im Ruhestand keine Erwerbstätigkeit mehr ausüben bzw. erneut aufnehmen (Brussig et al. 2006). Der Status „Rentner" ist so zumindest in Deutschland mit dem finalen Austritt aus dem Erwerbsleben gleichzusetzen. Zum anderen sind Informationen der im Lebensverlauf gesammelten Erfahrungen mit informellen Aktivitäten in den hier verwendeten deutschen Daten verfügbar, die weiter zurückreichen, als in der us-amerikanischen Studie.

3 Daten und Methoden

3.1 Das Sozio-oekonomische Panel (SOEP)

Basis der vorliegenden Analysen sind die Daten des Sozio-oekonomischen Panels (SOEP) (SOEP Group 2001; Wagner et al. 2006). Das SOEP ist eine seit 1984 jährlich durchgeführte Wiederholungsbefragung von Haushalten in den alten und (seit 1990) neuen Bundesländern. Neben Haushaltsdaten, die durch die Befragung des Haushaltsvorstandes erfasst werden, stellt das SOEP auch Informationen über die einzelnen Haushaltsmitglieder bereit. Befragt werden dabei Personen ab 16 Jahren. Zusätzlich werden auch Informationen über die im Haushalt lebenden Kinder erfasst. Dadurch können Analysen sowohl auf Haushalts-, als auch auf Personenebene erfolgen. Der Panelcharakter der Befragung erlaubt sowohl repräsentative Querschnitts- als auch Längsschnittanalysen.

Das SOEP enthielt zu Beginn im Jahr 1984 Informationen über rund 12.000 Befragte aus knapp 6.000 Haushalten. Im Jahr 1990 wurde die Befragung dann auch auf das Gebiet der ehemaligen DDR ausgeweitet, so dass etwa 6.000 Personen aus 2.200 Haushalten hinzugekommen sind. Um Problemen der Panelmortalität zu begegnen und gleichzeitig die Analysemöglichkeiten weiter zu verbessern, wurden in den Folgejahren insgesamt fünf Ergänzungsstichproben gezogen In der aktuellsten hier verwendeten Welle des Jahres 2005 sind somit gut 21.000 Personen aus 11.500 Haushalten enthalten (vgl. insgesamt zur Stichprobengröße und Panelmortalität im SOEP Kroh/Spieß 2006).

3.2 Analysestrategie

In einem ersten Schritt wird zunächst die Entwicklung der Beteiligung Älterer (hier Personen die 50 Jahre und älter sind) an informeller Arbeit getrennt für ehrenamtliches Engagement und Netzwerkhilfe in den vergangenen 20 Jahren dargestellt. Zu diesem Zweck werden die Anteile der in diesen beiden Bereichen engagierten Senioren berechnet und mit den Beteiligungsquoten von Jüngeren verglichen.

Im Anschluss daran steht die Dynamik informeller Aktivitäten von Älteren im Fokus. Dabei ist insbesondere der Einfluss des Ruhestands und der zurückliegenden Erfahrungen mit informellen Aktivitäten hinsichtlich der Aufnahme bzw. Aufgabe informeller Tätigkeiten im Zeitraum 2001 bis 2005 von Interesse. In einem zweiten Schritt werden daher zum einen die Anteile der Senioren ermittelt, die im Untersuchungszeitraum dauerhaft ehrenamtliche Arbeit oder Netzwerkhilfe leisten bzw. kontinuierlich inaktiv bleiben. Zum anderen wird der Anteil der Senioren berechnet, der zwischen 2001 und 2005 informelle Aktivitäten aufnimmt bzw. dieses Engagement aufgibt. Diese deskriptiven Ergebnisse werden differenziert für unterschiedliche Seniorengruppen ausgewiesen, um einen ersten Eindruck über mögliche sozio-ökonomische Determinanten der Dynamik informeller Arbeit zu erhalten.

Kern des vorliegenden Aufsatzes ist jedoch die in einem dritten Schritt folgende Schätzung zeitdiskreter Übergangsmodelle in Form binärer logistischer Regressionen (Cameron/Trivedi 2005: 602-603; Hosmer/Lemshow 2000). Es werden getrennte Schätzungen hinsichtlich der Wahrscheinlichkeit der Aufnahme bzw. der Aufgabe von ehrenamtlicher Arbeit und Netzwerkhilfe vorgenommen. Da eine Aktivitätsaufnahme nur dann erfolgen kann, wenn Personen im Jahr 2001 inaktiv sind und entsprechend eine Aktivitätsaufgabe nur bei vorliegender Aktivität im Jahr 2001 auftreten kann, sind in den Schätzungen nicht alle im Analysedatensatz enthaltenen Personen im Risiko, einen Übergang in (In)Aktivität zu erleben. Daher werden Personen, die im Jahr 2001 aktiv gewesen sind, von den jeweiligen Schätzungen zur Aktivitätsaufnahme ausgeschlossen. Entsprechend werden Personen, die im Jahr 2001 inaktiv gewesen sind, bei den jeweiligen Schätzungen zur Aktivitätsaufgabe nicht berücksichtigt.

3.3 Variablen

3.3.1 Abhängige Variablen

Innerhalb des SOEP werden die Teilnehmer auch nach ihrem ehrenamtlichen Engagement und nach ihren Hilfeleistungen für Freunde oder Verwandte in der Regel in zweijährigem Abstand wie folgt befragt:

„Welche der folgenden Tätigkeiten üben Sie in Ihrer Freizeit aus? Geben Sie bitte zu jeder Tätigkeit an, wie oft Sie das machen: jede Woche, jeden Monat, seltener oder nie"

Neben sechs anderen Kategorien[2] lauten drei Antwortmöglichkeiten:

„Ehrenamtliche Tätigkeiten in Vereinen, Verbänden oder sozialen Diensten"
„Ehrenamtliche Tätigkeiten in Bürgerinitiativen, in Parteien, in der Kommunalpolitik"
„Mithelfen, wenn bei Freunden, Verwandten oder Nachbarn etwas zu tun ist"

Bei der Analyse der Beteiligung an informeller Arbeit im Zeitverlauf ist allerdings zu berücksichtigen, dass ehrenamtliches Engagement häufiger erfragt wird als die Beteiligung an Netzwerkhilfe. So liegen für die Jahre 1990, 1995, 1998 und 2003 nur Informationen über ehrenamtliche Aktivitäten vor (zur Messproblematik informeller Arbeit mit dem SOEP vgl. auch Künemund/Schupp in diesem Band).

Im Folgenden werden die beiden Kategorien („Ehrenamtliche Tätigkeiten in Vereinen, Verbänden oder sozialen Diensten"; „Beteiligung in Bürgerinitiativen, in Parteien, in der Kommunalpolitik") zu „ehrenamtlicher Tätigkeit" zusammengefasst. Netzwerkhilfe wird über die Kategorie „Mithelfen, wenn bei Freunden, Verwandten oder Nachbarn etwas zu tun ist" erfasst. Leider gibt es in den Daten keine genaueren Angaben bezüglich der zeitlichen Intensität des Engagements. So lassen sich die Aktivitäten nur hinsichtlich ihrer Regelmäßigkeit unterscheiden. Wird eine informelle Tätigkeit mindestens einmal im Monat ausgeübt, gehen wir von regelmäßigem Engagement aus. Personen gelten in unserem Fall dann als aktiv, wenn sie zum Befragungszeitpunkt zumindest von einem unre-

---

2 Besuch von Kultur- oder Sportveranstaltungen, aktiver Sport, künstlerisch/musische Tätigkeiten, Geselligkeit sowie Kirchgang.

gelmäßigen ehrenamtlichen Engagement bzw. von regelmäßiger Netzwerkhilfe berichten.[3] Grundsätzlich ist zwischen einer Aktivitätsaufnahme und einer Aktivitätsausweitung bzw. einer Aktivitätsaufgabe und einer Aktivitätsreduktion zu unterscheiden. Da in den hier verwendeten Daten des SOEP keine hinreichend genauen Informationen über die zeitliche Intensität informeller Aktivitäten vorliegen, beschränkt sich die vorliegende Untersuchung ausschließlich auf die Frage nach der neuen Aufnahme und der vollständigen Aufgabe informeller Aktivitäten. Dem entsprechend werden die dichotomen abhängigen Variablen wie folgt modelliert:

- Eine Aktivitätsaufnahme liegt dann vor, wenn im Jahr 2001 inaktive Personen im Jahr 2005 von einer Beteiligung an informeller Arbeit berichten (abhängige Variable = ‚1', ansonsten ‚0').
- Eine Aktivitätsaufgabe liegt dann vor, wenn im Jahr 2001 Aktive sich im Jahr 2005 nicht mehr an ehrenamtlichem Engagement oder aber Netzwerkhilfe beteiligen (abhängige Variable = ‚1', ansonsten ‚0').[4]

3.3.2 Erklärende Variablen

Um den Einfluss zurückliegender Erfahrungen mit informellen Tätigkeiten auf die Aufnahme bzw. Aufgabe solcher Aktivitäten zwischen 2001 und 2005 zu analysieren, werden entsprechende Informationen aus den Jahren 1996 bis 1999 genutzt.[5] Berichten die Befragten in diesen Jahren zumindest einmal von ehrenamtlichem Engagement bzw. von einer regelmäßigen Beteiligung an Netzwerkhilfe, werten wir dies im Folgenden als Ehrenamts- bzw. Hilfeerfahrung.

Das Ausscheiden aus dem Erwerbsleben wird in den Schätzungen unterschiedlich erfasst. Zunächst wird der Erwerbsstatus im Jahr 2001 (beschäftigt, arbeitslos, in Rente, nicht-erwerbstätig) als zeitkonstantes Merkmal berücksichtigt. Später wird der Übergang in den Ruhestand dann als zeitveränderliche Variable in die Schätzungen aufgenommen. Ein Übergang in den Ruhestand liegt

---

3   Unregelmäßige Netzwerkhilfe ist so häufig verbreitet, dass wir solche sporadischen Gefälligkeiten hier nicht berücksichtigen.
4   Die Auswahl der beiden Jahre 2001 und 2005 erfolgte deshalb, weil im Jahr 2003 zwar ehrenamtliches Engagement nicht jedoch Netzwerkhilfe abgefragt wurde. Außerdem wurde in diesem Jahr die Fragestellung leicht verändert.
5   Im Jahr 2000 sind keine informellen Aktivitäten abgefragt worden. Für das Jahr 1998 liegen keine Informationen über Netzwerkhilfe vor. Prinzipiell hätten auch noch Informationen aus weiter zurückliegenden Jahren genutzt werden können. Jedoch hätte dies die Zahl der analysierbaren Fälle deutlich reduziert, weshalb hier der Retrospektivzeitraum auf fünf Jahre begrenzt worden ist.

dann vor, wenn die Befragten im Jahr 2001 noch nicht in Rente gegangen sind, jedoch im Jahr 2005 als Erwerbsstatus „Rentner" angeben.

Die weiteren Kontrollvariablen sind alle zeitkonstant (Stand 2001)[6] und bilden die Einflüsse ab, die sich in der Vergangenheit als erklärungsstark hinsichtlich der Beteiligung Älterer an informellen Aktivitäten gezeigt haben. Dazu zählen neben dem Geschlecht auch die Humankapitalausstattung (gemessen durch den höchsten erreichten Berufsabschluss), der Gesundheitszustand sowie der Partnerschaftsstatus. Das Alter wird als metrische Variable in den Schätzungen berücksichtigt, wobei zusätzlich das quadrierte Alter aufgenommen wird, um einem möglichen, nicht-linearen Zusammenhang adäquat abbilden zu können. Zusätzlich wird für die Wohnregion (West- und Ostdeutschland) kontrolliert, da sich die Beteiligung an informellen Aktivitäten in den alten und neuen Bundesländern auch nach der Wiedervereinigung aus Gründen unterschiedlicher institutioneller Rahmenbedingungen, Traditionen und Sozialisationserfahrungen nach wie vor unterscheiden (vgl. z.B. Künemund 2006; Künemund/Schupp in diesem Band).

3.4 Konstruktion des Analysedatensatzes

Nachdem im folgenden Abschnitt einfache Zeitreihen aus Querschnittsauswertungen der SOEP-Daten sowohl für jüngere als auch ältere Stichprobenmitglieder präsentiert werden, schließt sich daran eine dynamische Längsschnittanalyse der Beteiligungsdynamik informeller Arbeit ausschließlich für Ältere an. Der dazu genutzte Analysedatensatz besteht ausschließlich aus Personen, die im Jahr 2001 mindestens 50 Jahre alt gewesen sind und die an jeder Befragung der Jahre 1996 bis 1999 sowie der Jahre 2001 und 2005 teilgenommen haben. Ferner werden solche Personen aus dem Datensatz ausgeschlossen, für die entweder im Jahr 2001 oder im Jahr 2005 keine gültigen Werte für die erklärenden Variablen („Ehrenamt" und „Netzwerkhilfe") vorliegen. Unter diesen Bedingungen verbleiben 3.291 Individuen im Datensatz.

Für die Analysen, die den Renteneintritt als zeitvariables Merkmale einbeziehen, werden nur solche Personen berücksichtigt, die zusätzlich zu den oben beschriebenen Kriterien im Jahr 2001 noch nicht in Rente gegangen sind und das 65. Lebensjahr noch nicht erreicht haben. Unter diesen Bedingungen verbleiben dann 1.616 Individuen im Datensatz.

---

6   Zeitveränderliche Kontrollvariablen würden hier kaum einen Erkenntnisfortschritt bringen, da keine genaueren Informationen über das Timing von erklärenden und abhängigen Ereignissen vorliegen.

4 Ergebnisse

4.1 Informelle Arbeit im Zeitverlauf

Abbildung 1 zeigt die Entwicklung der Ehrenamtsquoten von Jüngeren und Älteren getrennt für West- und Ostdeutschland. In Westdeutschland hat sich der Anteil ehrenamtlich aktiver Ältere in den vergangenen 20 Jahren deutlich und kontinuierlich von gut 20 Prozent (1985) auf mehr als 30 Prozent (2005) erhöht. Für diese Steigerung ist gleichermaßen die Ausweitung des sporadischen wie des regelmäßigen Engagements verantwortlich. Zwar zeigen auch Jüngere tendenziell ein vermehrtes Engagement, jedoch ist die Zunahme nicht nur insgesamt schwächer, sondern vor allem auf die Ausweitung unregelmäßiger Beteiligung zurückzuführen. Der Anteil regelmäßig aktiver Jüngerer ist im Untersuchungszeitraum sogar leicht rückläufig. Im Jahr 2005 erreichen Ältere zwar insgesamt trotz des Aufholprozesses noch nicht die Ehrenamtsquoten von Jüngeren. Jedoch liegt dabei die regelmäßige Beteiligung der Älteren mit 19,6 Prozent recht deutlich über den Vergleichswerten der unter 50jährigen (16,7 Prozent).

Die besondere Bedeutung des Umbruchs durch die Wiedervereinigung spiegelt sich insbesondere in Ostdeutschland auch in der ehrenamtlichen Beteiligung wider. Im Jahr 1990 waren rund 34 Prozent der Jüngeren und 28 Prozent der Älteren ehrenamtlich aktiv. Nur zwei Jahre später hat sich jedoch die Engagementquote dramatisch verringert (23 bzw. 19 Prozent). Lässt man das Ausnahmejahr 1990 aber außer Acht, zeigt sich im weiteren Verlauf auch in Ostdeutschland eine deutliche Zunahme ehrenamtlicher Aktivitäten. Dies gilt gleichermaßen für Jung und Alt. Und im Gegensatz zu den alten Bundesländern nimmt hier auch das regelmäßige Engagement der Jüngeren deutlich zu. Im Jahr 2005 liegt die Ehrenamtsquote der Jüngeren mit insgesamt 30 Prozent klar über der Beteiligung der Älteren (25 Prozent).

Auch im Bereich der regelmäßigen Netzwerkhilfe (vgl. Abbildung 2) steigt in den alten Bundesländern der Anteil der Aktiven zwischen 1985 und 2005 deutlich von 31 auf gut 49 Prozent (Jüngere) bzw. von 27 Prozent auf 35 Prozent (Ältere) an. Im Gegensatz zu den Wachstumsraten beim ehrenamtlichen Engagement zeigen Jüngere also hier eine erheblich höhere relative Zunahme als Senioren. Insofern hat sich der Abstand zwischen den beiden Gruppen im Zeitverlauf sogar noch vergrößert. Lässt man auch bei der Betrachtung der Netzwerkhilfe das Ausnahmejahr 1990 außer Acht, so zeigt sich auch in den neuen Bundesländern zwischen 1992 und 2005 eine zunehmende Beteiligung an Netzwerkhilfe. Der Anteil jüngerer Aktiver wächst in diesem Zeitraum von 40 auf 50 Prozent und der der Älteren von 29 auf 36 Prozent.

Ehrenamtliche Arbeit und informelle Hilfe nach dem Renteneintritt

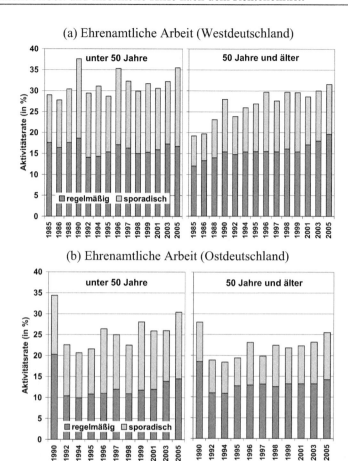

Abbildung 1: Ehrenamtliche Arbeit von Jüngeren und Älteren im Zeitverlauf (West- und Ostdeutschland)
Quelle: SOEP (querschnittsgewichtet), eigene Berechnungen.

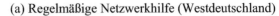
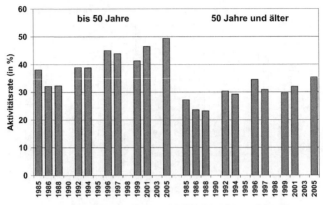
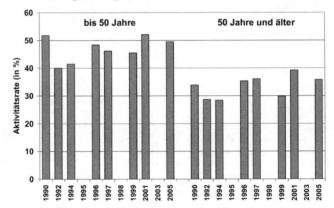

Abbildung 2: Regelmäßige Netzwerkhilfe von Jüngeren und Älteren im Zeitverlauf (West- und Ostdeutschland)
Quelle: SOEP (querschnittsgewichtet), eigene Berechnungen

Insgesamt zeigt die alters- und regionalspezifische Betrachtung also keine homogene Entwicklung. Bezüglich der Beteiligung an ehrenamtlicher Arbeit sind Westdeutsche stärker aktiv als Ostdeutsche. Ein solcher Ost-West-Unterschied findet sich bei der regelmäßigen Beteiligung an Netzwerkhilfe hingegen nicht. Darüber hinaus zeigt sich für Jüngere und Ältere in den neuen Bundesländern im Zeitverlauf in beiden Bereichen informeller Arbeit eine vergleichbare Entwicklung mit moderaten Aufwärtstrends. Dem gegenüber gibt es in den alten Bundesländern deutlich unterschiedliche Tendenzen. Ältere zeigen im Vergleich zu Jüngeren größere Zugewinne bei (regelmäßigem) ehrenamtlichem Engagement. Hingegen verzeichnen die unter 50jährigen bei der regelmäßigen Netzwerkhilfe wesentlich stärkere Zunahmen.

4.2 Dynamik informeller Arbeit

Nach dieser deskriptiven Zeitreihenbetrachtung sind im Folgenden die Stabilität und die Dynamik der Beteiligung an informeller Arbeit von Älteren von Interesse. Die Tabellen 1 und 2 zeigen daher für ehrenamtliches Engagement bzw. Netzwerkhilfe die Anteile der Personen im Datensatz, die (a) sowohl 2001 als auch 2005 inaktiv gewesen sind („stabil inaktiv" SI), (b) 2001 inaktiv und 2005 aktiv gewesen sind („Aktivitätsaufnahme" AN), (c) 2001 aktiv und 2005 inaktiv gewesen sind („Aktivitätsaufgabe" AG) und schließlich (d) sowohl 2001 als auch 2005 aktiv gewesen sind („stabil aktiv" SA). So berichten 20 Prozent aller Älteren von einem konstanten ehrenamtlichen Engagement und rund 19 Prozent von konstanter Netzwerkhilfe zwischen 2001 und 2005. Die Beteiligung an Netzwerkhilfe unterliegt jedoch einer höheren Dynamik, da deutlich größere Anteile der Älteren von einer Aufnahme bzw. einer Aufgabe von regelmäßigen Hilfeleistungen berichten.

Entsprechend der in der späteren multivariaten Analyse verwendeten erklärenden Variablen weisen die Tabellen die Ergebnisse differenziert für unterschiedliche Merkmale aus. Da der Aufsatz insbesondere am Einfluss des Übergangs in den Ruhestand und des zurückliegenden Lebensverlaufs interessiert ist, werden nur die entsprechenden Ergebnisse im Folgenden beschrieben.

Es zeigt sich, dass Rentner nicht nur deutlich seltener ehrenamtlich aktiv sind als z.B. Erwerbstätige oder Arbeitslose. Auch weisen sie im Vergleich mit den anderen Gruppen eine sehr geringe Engagementdynamik auf. Im Bereich der Netzwerkhilfe sind Rentner ebenfalls seltener aktiv, wobei hier allerdings die Dynamik der Aktivitätsaufnahme bzw. -aufgabe vergleichbar mit der von Erwerbstätigen ist. Wenn der Renteneintritt als zeitveränderliche Variable modelliert wird, zeigt sich, dass 9,4 Prozent der Älteren, die zwischen 2001 und 2005 in Rente gehen, im selben Zeitraum eine ehrenamtliche Tätigkeit aufgenommen haben. Die Personen, die 2005 noch nicht in den Ruhestand gegangen sind weisen mit 9,5 Prozent hier einen nahezu identischen Wert auf. Ein etwas anderes Bild ergibt sich bei der Netzwerkhilfe. 16,3 Prozent der Neu-Rentner haben parallel mit regelmäßiger Netzwerkhilfe begonnen, während der entsprechende Wert der Personen ohne Rentenübergang dem gegenüber mit 12,3 Prozent darunter liegt.

Ehrenamt	SI	AN	AG	SA	%	n
gesamt	63,5	7,4	9,0	20,0	100	3291
männlich	57,9	7,2	9,1	25,8	47,2	1553
weiblich	67,8	7,6	9,0	15,6	52,8	1738
50-64 Jahre	59,3	8,4	9,2	23,0	63,2	2080
65-74 Jahre	63,3	7,8	7,5	21,5	26,0	856
>=75 Jahre	80,2	2,8	11,3	5,7	10,8	355
weniger gute Gesundheit	65,6	7,2	9,1	18,2	71,9	2367
(sehr) gute Gesundheit	57,6	8,2	8,9	25,2	28,1	924
ohne Berufsausbildung	71,5	6,3	6,9	15,3	27,4	901
mit Berufsausbildung	63,3	7,6	9,2	19,9	53,4	1756
(Fach-)Hochschule	45,6	10,6	13,7	30,1	18,0	591
beschäftigt	55,7	8,9	10,4	25,0	38,5	1267
arbeitslos	37,8	21,2	7,9	33,0	3,7	122
in Rente	70,6	5,8	8,1	15,5	50,9	1674
sonst. nicht erwerbstätig	57,6	6,3	10,5	25,6	6,9	228
allein lebend	69,4	7,8	8,2	14,7	20,1	660
mit Partner	60,7	7,3	9,8	22,3	76,1	2504
sonstige Haushalte	60,3	6,8	2,5	30,5	3,9	127
Westdeutschland	62,0	7,7	9,4	20,9	68,9	2268
Ostdeutschland	69,7	6,3	7,4	16,6	31,1	1023
keine Ehrenamtserfahrung	88,1	5,6	4,2	2,1	54,3	1786
Ehrenamtserfahrung	35,8	9,5	14,4	40,3	45,7	1505
keine Hilfeerfahrung	–	–	–	–	39,8	1309
Hilfeerfahrung	–	–	–	–	60,2	1982
kein Rentenübergang	55,6	9,5	10,6	24,4	34,2	1125
Rentenübergang	52,3	9,4	9,5	28,8	14,9	491

SI = stabil inaktiv / AN = Aktivitätsaufnahme / AG = Aktivitätsaufgabe / SA = stabil aktiv

Tabelle 1: Deskriptive Ergebnisse zur Dynamik ehrenamtlicher Arbeit in Deutschland zwischen 2001 und 2005
Quelle: SOEP (eigenen Berechnungen), Anteile längsschnittgewichtet

Einen wesentlich deutlicheren Einfluss als der Erwerbstatus scheint die zurückliegende Erfahrung mit ehrenamtlicher Arbeit bzw. mit Netzwerkhilfe sowohl auf die Beteiligung an als auch auf die Aktivitätsdynamik von informeller Arbeit zu haben. Nahezu 90 Prozent der Älteren ohne Ehrenamtserfahrung und gut 75 Prozent der Älteren ohne Hilfeerfahrung bleiben dauerhaft inaktiv. Haben die Älteren jedoch in den zurückliegenden fünf Jahren informelle Arbeitserfahrungen gemacht, liegen die vergleichbaren Inaktivitätsanteile mit knapp 36 bzw. 39 Prozent deutlich darunter. Auch die Anteile der Älteren, die zwischen 2001 und 2005 eine informelle Arbeit neu übernehmen, sind in der Gruppe der Erfahrenen deutlich vergrößert. Gleiches gilt zwar auch für die Anteile der Personen, die bis 2005 ihr Engagement einstellen. Jedoch muss diese erhöhte Aufgaberate vor dem Hintergrund der grundsätzlich stärkeren Beteiligung der Erfahrenen relativiert werden.

Netzwerkhilfe	SI	AN	AG	SA	%	n
gesamt	55,3	12,1	13,5	19,1	100	3291
männlich	55,1	12,4	14,1	18,5	47,2	1553
weiblich	55,4	12,0	13,1	19,5	52,8	1738
50-64 Jahre	52,7	14,5	12,7	20,2	63,2	2080
65-74 Jahre	49,9	11,5	15,6	23,0	26,0	856
>=75 Jahre	75,8	4,4	12,9	6,9	10,8	355
weniger gute Gesundheit	58,1	11,7	13,1	17,2	71,9	2367
(sehr) gute Gesundheit	47,3	13,3	14,9	24,5	28,1	924
ohne Berufsausbildung	56,3	13,9	12,8	17,0	27,4	901
mit Berufsausbildung	54,4	11,2	15,5	18,9	53,4	1756
(Fach-)Hochschule	55,6	11,5	9,5	23,5	18,0	591
beschäftigt	52,4	12,7	12,7	22,2	38,5	1267
arbeitslos	55,8	22,1	4,3	17,7	3,7	122
in Rente	58,2	11,0	14,4	16,4	50,9	1674
sonst. nicht erwerbstätig	45,1	13,5	15,5	26,0	6,9	228
allein lebend	58,1	10,3	14,9	16,7	20,1	660
mit Partner	53,5	12,8	13,1	20,5	76,1	2504
sonstige Haushalte	61,5	17,3	7,0	14,2	3,9	127
Westdeutschland	55,7	11,9	12,8	19,7	68,9	2268
Ostdeutschland	53,6	13,2	16,6	16,5	31,1	1023
keine Ehrenamtserfahrung	–	–	–	–	54,3	1786
Ehrenamtserfahrung	–	–	–	–	45,7	1505
keine Hilfeerfahrung	77,2	9,4	8,2	5,3	39,8	1309
Hilfeerfahrung	39,2	14,1	17,5	29,2	60,2	1982
kein Rentenübergang	53,3	12,3	11,8	22,6	34,2	1125
Rentenübergang	47,6	16,3	13,9	22,2	14,9	491

SI = stabil inaktiv / AN = Aktivitätsaufnahme / AG = Aktivitätsaufgabe / SA = stabil aktiv

Tabelle 2: Deskriptive Ergebnisse zur Dynamik von Netzwerkhilfe in Deutschland zwischen 2001 und 2005
Quelle: SOEP (eigenen Berechnungen), Anteile längsschnittgewichtet.

Die in Tabelle 1 und 2 dargestellten deskriptiven Befunde deuten somit vor allem auf die Existenz von Erfahrungseffekten hin und lassen vermuten, dass der Übergang in den Ruhestand nur eine untergeordnete Bedeutung im Hinblick auf die Beteiligung an informeller Arbeit hat. Insofern stimmen die hier dokumentierten Befunde weitgehend mit den Ergebnissen früherer Untersuchungen überein. Abschließend kann jedoch erst die nun folgende multivariate Analyse Aufschluss darüber geben, welche Bedeutung dem Übergang in den Ruhestand einerseits und der gesammelten Erfahrung andererseits bei der Aufnahme und Aufgabe informeller Arbeit zukommt.

4.3 Ruhestandseffekt vs. Erfahrungseffekt

Tabelle 3 zeigt die Koeffizienten der binären logistischen Regressionsschätzung zur Ehrenamtsaufnahme und -aufgabe. Es werden jeweils zwei Modelle geschätzt, wobei bei den jeweils zweiten Schätzungen die Ehrenamtserfahrung in den zurückliegenden fünf Jahren als erklärende Variable mit aufgenommen wird.

Ehrenamt	Aufnahme		Aufgabe	
Alter	0,175	0,180	-0,428***	-0,475***
Alter2	-0,001	-0,001	0,003***	0,004***
(sehr) gute Gesundheit	0,259*	0,311**	-0,517***	-0,558***
ohne Berufsausbildung	-0,603***	-0,559***	0,183	0,156
(Fach-)Hochschule	0,485***	0,374**	-0,176	-0,133
arbeitslos	0,186	0,053	-0,555	-0,487
Rentner	-0,323	-0,320	-0,019	0,096
sonst. nicht erwerbstätig	-0,031	-0,164	0,018	0,050
mit Partner	0,198	0,116	0,156	0,206
sonstige Haushalte	-0,116	-0,268	0,005	0,199
weiblich	0,001	0,057	0,408***	0,287*
Ostdeutschland	-0,239	-0,191	0,140	0,086
Ehrenamtserfahrung		1,444***		-1,627***
Konstante	-7,30**	-0,07**	12,05***	15,13***
Pseudo-R2	0,037	0,104	0,035	0,082
n	2.372	2.372	919	919

Signifikanz: * p <=0,1 ** p <=0,05 *** p <= 0,01
Referenzkategorien: befriedigende/schlechte Gesundheit, mit Berufsausbildung, erwerbstätig, allein lebend, männlich, Westdeutschland, keine Ehrenamtserfahrung

Tabelle 3: Koeffizienten der logistischen Regressionsschätzungen zur Ehrenamtsaufnahme und -aufgabe zwischen 2001 und 2005
Quelle: SOEP (eigene Berechnungen)

Bevor wir uns der Frage nach dem Einfluss von Ruhestand und zurückliegenden Aktivitätserfahrungen zuwenden, soll zunächst ein Blick auf die übrigen Kontrollvariablen geworfen werden. Offensichtlich spielen für die Aufnahme ehrenamtlicher Aktivitäten im Alter die Qualifikation und der Gesundheitszustand eine entscheidende Rolle. Gut ausgebildete und gesunde Senioren neigen signifikant häufiger dazu, ehrenamtlich aktiv zu werden. Ein guter Gesundheitszustand erhöht gleichzeitig die Kontinuität des Engagements im Alter. Gleichzeitig zeigt sich auch ein höckerartiger Alterszusammenhang. Jenseits des 50. Lebensjahres erhöht sich zunächst die Kontinuität. Der signifikant positive Zusammenhang zum quadrierten Alter weist in dieser Schätzung jedoch darauf hin, dass es dann – wie kaum anders zu erwarten – ab einem gewissen höheren Lebensalter zu einer vermehrten Ehrenamtsaufgabe kommt.

Hinsichtlich der Bedeutung von Ruhestands- und Erfahrungseffekten sprechen die Ergebnisse eindeutig für letztere. Rentner unterscheiden sich gegenüber Erwerbstätigen *nicht* hinsichtlich der Wahrscheinlichkeit, zwischen 2001 und 2005 ein Ehrenamt aufzugeben oder aufzugeben. Dem gegenüber erweisen sich zurückliegende Ehrenamtserfahrungen in den geschätzten Modellen als erklärungsstark. Ältere mit Ehrenamtserfahrung zeigen nicht nur eine hoch signifikant erhöhte Aufnahmewahrscheinlichkeit, sondern zeichnen sich gleichzeitig auch durch eine im Zeitverlauf hoch signifikante Aktivitätsstabilität aus.

Netzwerkhilfe	Aufnahme		Aufgabe	
Alter	0,442***	0,412***	-0,334***	-0,305**
Alter2	-0,004***	-0,003***	0,003***	0,003***
(sehr) gute Gesundheit	0,303**	0,303**	-0,353***	-0,338**
ohne Berufsausbildung	0,126	0,106	-0,067	-0,020
(Fach-)Hochschule	0,055	0,096	-0,358**	-0,383**
arbeitslos	-0,223	-0,148	-0,026	-0,015
Rentner	-0,200	-0,227	0,383**	0,356*
sonst. nicht erwerbstätig	-0,128	-0,155	0,057	0,110
mit Partner	0,133	0,120	0,099	0,070
sonstige Haushalte	0,556*	0,648**	-0,242	-0,280
weiblich	-0,017	-0,055	-0,108	-0,138
Ostdeutschland	-0,103	-0,140	0,228*	0,263*
Hilfeerfahrung		0,936***		-0,932***
Konstante	-14,59***	-14,05***	9,47**	9,30**
Pseudo-R2	0,031	0,064	0,036	0,055
n	2123	2123	1168	1168

Signifikanz: * p <=0,1 ** p <=0,05 *** p <= 0,01
Referenzkategorien: befriedigende/schlechte Gesundheit, mit Berufsausbildung, erwerbstätig, allein lebend, männlich, Westdeutschland, keine Hilfeerfahrung

Tabelle 4: Koeffizienten der logistischen Regressionsschätzungen zur Aufnahme und Aufgabe regelmäßiger Netzwerkhilfe zwischen 2001 und 2005
Quelle: SOEP (eigene Berechnungen)

Betrachtet man nun die Beteiligung an regelmäßiger Netzwerkhilfe (Tabelle 4), zeigt sich auch hier, dass ein guter Gesundheitszustand nicht nur die Aktivitätsaufnahme vergrößert, sondern auch die Beteiligungskontinuität fördert. Gleichzeitig zeigen ältere Akademiker eine vergrößerte Stabilität ihrer regelmäßigen Hilfeleistungen als schlechter Qualifizierte. Bezüglich des Alters zeigen sich vergleichbare Einflüsse, wie beim ehrenamtlichen Engagement.

Hinsichtlich der Frage nach Ruhestands- und Erfahrungseffekten ergibt sich zunächst für die Determinanten der Aktivitätsaufnahme ein vergleichbarer Befund wie bei ehrenamtlichem Engagement. Rentner zeigen keine erhöhte Aufnahmewahrscheinlichkeit, jedoch vergrößern Hilfeaktivitäten in der Vergangenheit die Wahrscheinlichkeit, zwischen 2001 und 2005 (erneut) im Bereich der Netzwerkhilfe aktiv zu werden, deutlich. Solche Aktivitätserfahrungen verringern auch hoch signifikant die Wahrscheinlichkeit, informelle Hilfeaktivitäten im Untersuchungszeitraum aufzugeben. Überraschend ist bei diesen Schätzergebnisse jedoch vor allem, dass Rentner eine – zumindest schwach signifikant – erhöhte Wahrscheinlichkeit aufweisen, regelmäßige Hilfeleistungen im Zeitverlauf einzustellen.

Die Tabellen 5 und 6 zeigen abschließend die Schätzergebnisse der Regressionen, die den Renteneintritt als zeitveränderliche Variable aufgenommen haben. Wie bereits erwähnt, werden in diesen Schätzungen nur solche Befragungspersonen berücksichtigt, die im Jahr 2001 noch nicht in Rente waren und gleichzeitig das 65. Lebensjahr noch nicht überschritten haben. Anders als in Tabelle 3 und 4 werden die Schätzergebnisse in Form von Odds Ratios präsentiert, um nicht nur Informationen über die Wirkrichtung, sondern auch über die Wirkintensität unterschiedlicher Faktoren zu bekommen.

In einem ersten Schritt werden Modelle geschätzt, die neben den bereits bekannten Kontrollvariablen zwar den Renteneintritt berücksichtigen, ohne dass jedoch Informationen über zurückliegende Aktivitätserfahrungen einbezogen werden. Sowohl für ehrenamtliches Engagement als auch für den Bereich der Netzwerkhilfe zeigt sich, dass der Übergang in den Ruhestand weder die Aufnahme- noch die Aufgabewahrscheinlichkeit informeller Aktivitäten beeinflusst. In einem zweiten Schritt sind dann Interaktionseffekte zwischen Rentenübergang und Aktivitätserfahrung berücksichtigt worden. Senioren, die zwischen 2001 und 2005 nicht von einem Rentenübergang berichten und die auch über keine Ehrenamt- bzw. Hilfeerfahrung verfügen, fungieren hierbei als Referenzkategorie. Demgegenüber werden Personen unterschieden, die (a) zwischen 2001 und 2005 nicht in Rente gehen aber über Aktivitätserfahrung verfügen, die (b) zwischen 2001 und 2005 in Rente gehen, jedoch nicht über Aktivitätserfahrungen verfügen und die (c) zwischen 2001 und 205 in Rente gehen und auch über Aktivitätserfahrungen verfügen.

Ehrenamt	Aufnahme		Aufgabe	
Alter	0,429	0,415	0,344	0,350
Alter2	1,007	1,008	1,009	1,009
(sehr) gute Gesundheit	1,242	1,368	0,692*	0,679*
ohne Berufsausbildung	0,515***	0,556**	1,064	1,053
(Fach-)Hochschule	1,338	1,188	0,723	0,734
mit Partner	1,158	0,912	1,012	1,012
sonstige Haushalte	0,583	0,403	0,825	0,939
weiblich	1,077	1,093	1,483*	1,388
Ostdeutschland	0,676*	0,760	1,227	1,165
Renteneintritt 01/05	1,453		1,005	
Interaktionseffekte				
Kein Renteneintritt 01/05 & Erfahrung		6,536***		0,227***
Renteneintritt 01/05 & keine Erfahrung		2,100**		1,130
Renteneintritt 01/05 & Erfahrung		6,547***		0,205***
Pseudo-R2	0,026	0,120	0,026	0,072
n	1.028	1.028	525	525

Signifikanz: * p <=0,1 ** p <=0,05 *** p <= 0,01
Referenzkategorien: befriedigende/schlechte Gesundheit, mit Berufsausbildung, erwerbstätig, allein lebend, männlich, Westdeutschland, keine Renteneintritt zwischen 2001 und 2005 (und keine Ehrenamtserfahrung)

Tabelle 5: Odds Ratios der logistischen Regressionsschätzungen zum Zusammenhang zwischen Renteneintritt und Aufnahme bzw. Aufgabe eines Ehrenamtes zwischen 2001 und 2005
Quelle: SOEP (eigene Berechnungen)

Die Ergebnisse zeigen zum einen, dass es durchaus Ruhestandseffekte gibt. So ist die Wahrscheinlichkeit zwischen 2001 und 2005 ehrenamtlich aktiv zu werden für Senioren ohne Ehrenamtserfahrung doppelt so groß (Odds Ratios 2,100), wenn Sie in dieser Zeit in Rente gegangen sind. Jedoch haben Erfahrungseffekte eine wesentlich stärkere Bedeutung. Denn unabhängig vom Renteneintritt zeigen Ältere eine um das mehr als sechsfache vergrößerte Wahrscheinlichkeit, ein Ehrenamt aufzunehmen (Odds Ratios 6,536 und 6,547) und eine rund dreifach vergrößerte Wahrscheinlichkeit, mit regelmäßiger Netzwerkhilfe zu beginnen (Odds Ratios 2,841 und 3,557), wenn Sie bereits in der zurückliegenden fünf Jahren aktiv gewesen sind. Auch die Kontinuität der erfahrenen Senioren ist um das zwei- bis vierfache gegenüber der unerfahrenen Referenzgruppe erhöht (Odds Ratios 0,227 und 0,205 bzw. 0,457 und 0,276). Insgesamt dominieren also

Erfahrungseffekte, während Ruhestandeseffekte eher von untergeordneter Bedeutung sind. Die Analysen der deutschen Paneldaten bestätigen somit im Wesentlichen die aus den USA vorliegenden Befunde (Mutchler et al. 2003).

Netzwerkhilfe	Aufnahme		Aufgabe	
Alter	0,757	0,753	0,907	0,776
Alter2	1,003	1,003	1,001	1,002
(sehr) gute Gesundheit	1,066	1,135	0,836	0,855
ohne Berufsausbildung	1,067	1,033	0,958	1,023
(Fach-)Hochschule	0,989	1,019	0,592**	0,575**
mit Partner	1,055	1,061	0,807	0,793
sonstige Haushalte	1,784	1,835	0,696	0,630
weiblich	0,980	0,918	0,809	0,766
Ostdeutschland	1,215	1,211	1,144	1,188
Renteneintritt 01/05	1,347		0,677	
Interaktionseffekte				
Kein Renteneintritt 01/05 & Erfahrung		2,841***		0,457***
Renteneintritt 01/05 & keine Erfahrung		1,350		0,826
Renteneintritt 01/05 & Erfahrung		3,557***		0,276***
Pseudo-R2	0,010	0,050	0,014	0,032
n	995	995	568	568

Signifikanz: * p <=0,1   ** p <=0,05   *** p <= 0,01
Referenzkategorien: befriedigende/schlechte Gesundheit, mit Berufsausbildung, erwerbstätig, allein lebend, männlich, Westdeutschland, keine Renteneintritt zwischen 2001 und 2005 (und keine Hilfeerfahrung)

Tabelle 6:   Odds Ratios der logistischen Regressionsschätzungen zum Zusammenhang zwischen Renteneintritt und Aufnahme bzw. Aufgabe von Netzwerkhilfe zwischen 2001 und 2005
Quelle: SOEP (eigene Berechnungen)

5   Fazit

Abgesehen davon, dass angesichts des demographischen Wandels die Heraufbeschwörung eines scheinbar neuen Generationenkonfliktes wenig zur Lösung gesellschaftlicher Probleme beträgt, ist die einseitige Wahrnehmung der gesellschaftlichen Alterung als zunehmende „Alterslast" kurzsichtig. So konnte gezeigt werden, dass bereits heute ein hoher Anteil der Menschen jenseits des 50.

Lebensjahres im Bereich informeller Arbeit produktiv tätig ist und dadurch die gesamtgesellschaftliche Wohlfahrt erhöht. Aber auch wenn die Beteiligung Älterer relativ hoch ist und in den vergangenen Jahren zum Teil deutlich zugenommen hat, mag es dennoch sinnvoll erscheinen, bislang noch ungenutztes produktives Potential zu aktivieren. Denn informelle Arbeit kann das Wohlbefinden der Aktiven selbst erhöhen (vgl. Wahrendorf/Siegrist in diesem Band) und gleichzeitig wichtige und wertvolle Leistungen für die Gesamtgesellschaft bereitstellen (zu den möglichen Gefahren und der begrenzten Reichweite informeller Arbeit vgl. Erlinghagen 2001, 2007).

Dabei wird bislang diese Aktivierung vor allem unter Gesichtspunkten der Zeitverwendung betrachtet. Insofern scheint gerade der Übergang in den Ruhestand als ein idealer Zeitpunkt, um ältere für ehrenamtliches Engagement oder aber Netzwerkhilfe zu gewinnen, da diese nun über scheinbar viel freie Zeit verfügten und nach dem Ausscheiden aus dem Berufsleben vielfach nach einer neuen Orientierung suchten. Die vorgelegten Analysen haben jedoch deutlich gemacht, dass die Rolle des Renteneintritts häufig überschätzt wird. Herausragende Bedeutung für die Aktivierung und die kontinuierliche Beteiligung im Alter kommt vielmehr dem vorgelagerten Lebensverlauf zu. Gleichzeitig haben die Analysen erneut die besondere Bedeutung von Gesundheit und Bildung als wichtige Ressource auch und gerade für die Beteiligung an informeller Arbeit im Alter deutlich machen können.

Wenn es die Datenbasis erlaubt sollten zukünftige Forschungsarbeiten neben der hier vorgestellten Analyse von Aktivitätsaufnahme und -aufgabe auch die zeitliche Ausweitung bzw. Reduktion des Engagements mit einbeziehen. Ferner sollten bei der Analyse von Ruhestands- und Erfahrungseffekten zusätzlich auch die Interdependenzen zwischen verschiedenen Aktivitätsformen berücksichtigt werden. Denn offensichtlich wirkt das individuelle Engagement in unterschiedlichen informellen Arbeitsbereichen zum Teil komplementär, zum Teil aber auch substitutiv (Burr et al. 2005; Choi et al. 2007; Hank/Stuck in diesem Band). Insofern ist eine offene Frage, inwieweit z.B. ehrenamtliches Engagement im Ruhestand durch zurückliegende Erfahrungen in anderen Bereichen (wie z.B. der Pflege von Angehörigen) beeinflusst wird. Dies macht gleichzeitig auch Verbindungen zu Fragen nach der Bedeutung unterschiedlicher Sozialisationserfahrungen offensichtlich, die im vorliegenden Aufsatz nicht berücksichtigt werden konnten. Dabei ist zu unterscheiden zwischen individuellen und kollektiven Sozialisationserfahrungen. Im ersten Fall gilt es in Zukunft z.B. zu überprüfen, ob es neben dem „Langen Arm des Berufes" (Wilson/Musick 1997b) auch den „Langen Arm der Familie" gibt, der das Ausmaß und die individuelle Dynamik informeller Aktivitäten im höheren Alter beeinflusst. Im zweiten Fall wäre die Beziehung zwischen Kohorteneffekten (Goss 1999; Putnam 2000; Rotolo/Wilson 2004) auf der einen und Ruhestands- und Erfahrungseffekten auf der anderen Seite genauer zu analysieren.

Ungeachtet dieser weiter offenen Forschungsfragen hat der vorliegende Beitrag jedoch das Wissen um den Einfluss des Lebensverlaufs auf die Beteiligung an informeller Arbeit von Älteren deutlich verbessert. Dies ist nicht nur von wissenschaftlichem Interesse, sondern liefert gleichzeitig auch wichtige neue Erkenntnisse für die praktische Sozialpolitik. Denn angesichts der präsentierten Befunde scheint es durchaus zweifelhaft, ob Aktivierungsprogramme, die direkt auf die Gruppe der Senioren abzielen, nennenswerten Erfolg haben werden (vgl. dazu auch Aner/Hammerschmidt in diesem Band). Paradoxer Weise scheint es für die Stimulierung des produktiven Potentials Älterer mittel- und langfristig vor allem sinnvoll zu sein, bereits junge Erwachsene für eine Beteiligung an informeller Arbeit zu gewinnen, weil so die Chancen erheblich verbessert werden, dass sie dann solche Aktivitäten auch im höheren Lebensalter weiter fortsetzen bzw. wieder aufnehmen. Mindestens genauso wichtig ist darüber hinaus auch eine nachhaltige Bildungs- und Gesundheitspolitik, die Menschen erst in die Lage versetzt, möglichst auch in höherem Alter produktiv zu sein. Dies gilt gleichermaßen für die Beteiligung am Erwerbsleben wie an informeller Arbeit.

6 Literatur

Baldock, Cora V. (1999): Seniors as Volunteers: An International Perspective on Policy. In: Ageing & Society 19, 581-602.
BaS (Bundesarbeitsgemeinschaft Seniorenbüros) (2006): Seniorenbüros – Impulsgeber für innovative Seniorenarbeit in Kommunen. Ausgewählte Beispiele zur Förderung des freiwilligen Engagements älterer Menschen. Bonn: BaS.
Bass, Scott A. (Hrsg.) (1995): Older and Active. How Americans over 55 are Contributing to Society. New Haven: Yale University Press.
Bass, Scott A./Quin, Joseph F./Burkhauser, Richard V. (1995): Towards Pro-Work Policies and Programs for Older Americans. In: Bass, S.A. (Hrsg.), Older and Active. How Americans over 55 are Contributing to Society. New Haven: Yale University Press, 263-294.
Bertelsmann Stiftung (Hrsg.) (2006): Älter werden - aktiv bleiben. Beschäftigung in Wirtschaft und Gesellschaft; Carl Bertelsmann-Preis 2006. Gütersloh: Bertelsmann Stiftung.
BMFSFJ (Bundesministerium für Familie, Senioren, Frauen und Jugend) (2006): Fünfter Altenbericht. Berlin: BMFSFJ.
Braun, Joachim/Bischoff, Stefan (1999): Bürgerschaftliches Engagement älterer Menschen – Motive und Aktivitäten. Schriftenreihe des BMFSFJ, Bd. 184. Stuttgart: Kohlhammer.

Brösch, Petra/Naegele, Gerhard/Rohleder, Christiane (2000): Freie Zeit im Alter als gesellschaftliche Gestaltungsaufgabe? In: Aus Politik und Zeitgeschichte B35-36/2000, 30-38.

Brussig, Martin/Knuth, Matthias/Weiß, Walter (2006): Arbeiten ab 50 in Deutschland. Eine Landkarte der Erwerbstätigkeit auf der Grundlage des Mikrozensus 1996 bis 2001. In: Deutsches Zentrum für Altersfragen (Hrsg.), Expertisen zum Fünften Altenbericht der Bundesregierung. Band 1. Berlin: LIT, 7-51.

Burr, Jeffrey A./Choi, Namkee G./Mutchler, Jan E./Caro, Francis G. (2005): Caregiving and Volunteering: Are Private and Public Helping Behaviours Linked? In: Journal of Gerontology: Social Sciences 60B, S247-S256.

Cameron, A. Colin/Trivedi, Pravin K. (2005): Micoeconometrics. Methods and Apllications. Cambridge: Cambridge University Press.

Caro, Francis G/Bass, Scott A. (1997): Receptivity to Volunteering in the Immediate Postretirement Period. In: Journal of Applied Gerontology 16, 427-441.

Chambré, Susan M. (1989): Kindling Points of Light: Volunteering as Public Policy. In: Nonprofit and Voluntary Sector Quarterly 18, 249-268.

Choi, Lona H. (2003): Factors Affecting Volunteerism Among Older Adults. In: Journal of Applied Gerontology 22, 179-196.

Choi, Namkee G./Burr, Jeffrey A./Mutchler, Jan E./Caro, Francis G. (2007): Formal and Informal Volunteer Activity and Spousal Caregiving Among Older Adults. In: Research on Aging 29, 99-124.

Deutsches Zentrum für Altersfragen (Hrsg.) (2006): Expertisen zum Fünften Altenbericht der Bundesregierung. Band 1. Berlin: LIT.

Enquete-Kommission „Zukunft des Bürgerschaftlichen Engagements" des deutschen Bundestages (Hrsg.) (2001): Bürgerschaftliches Engagement und Sozialstaat. Opladen: Leske + Budrich.

Erlinghagen, Marcel (2000a): Informelle Arbeit. Ein Überblick über einen schillernden Begriff. In: Schmollers Jahrbuch 120, 239-274.

Erlinghagen, Marcel (2000b): Arbeitslosigkeit und ehrenamtliche Tätigkeit im Zeitverlauf. Eine Längsschnittanalyse der westdeutschen Stichprobe des Soziooekonomischen Panels (SOEP) für die Jahre 1992 und 1996. In: Kölner Zeitschrift für Soziologie und Sozialpsychologie 52, 291-310.

Erlinghagen, Marcel (2001): Die sozialen Risiken „Neuer Ehrenamtlichkeit". Zur Zukunft des Ehrenamtes am Beispiel der „Bürgerarbeit". In: Aus Politik und Zeitgeschichte B25-26/2001, 33-38.

Erlinghagen, Marcel (2007): Informelle Arbeit in alternden Gesellschaften. Möglichkeiten und Grenzen des ‚produktiven Alterns'. Unveröffentlichtes Manuskript, Bochum.

Erlinghagen, Marcel/Hank, Karsten (2006): Participation of Older Europeans in Volunteer Work. In: Ageing & Society 26, 567-584

Erlinghagen, Marcel/Hank, Karsten/Lemke, Anja/Stuck, Stephanie (2006): Produktives Potenzial jenseits der Erwerbsarbeit – ehrenamtliches Engagement von Älteren in Deutschland und Europa. In: Bertelsmann Stiftung (Hrsg.), Älter werden - aktiv bleiben. Beschäftigung in Wirtschaft und Gesellschaft; Carl Bertelsmann-Preis 2006. Gütersloh: Bertelsmann Stiftung, 121-137.

Gallagher, Sally K. (1994): Doing Their Share: Comparing Patterns of Help Given by Older and Younger Adults. In: Journal of Marriage and the Family 56, 567-578.

Gauthier, Anne H./Smeeding, Timothy M. (2003): Time Use at Older Ages. Cross-National Differences. In: Research on Aging 25, 247-274.

Gensicke, Thomas (2005): Freiwilliges Engagement älterer Menschen im Zeitvergleich 1999-2004. In: Gensicke, T./Picot, S./Geiss, S. (Hrsg.), Freiwilliges Engagement in Deutschland 1999-2004. Ergebnisse der representativen Trenderhebung zu Ehrenamt, Freiwilligenarbeit und bürgerschaftlichem Engagement. Berlin: BMFSFJ, 303-346.

Gensicke, Thomas/Picot, Sybille/Geiss, Sabine (Hrsg.) (2005): Freiwilliges Engagement in Deutschland 1999-2004. Ergebnisse der representativen Trenderhebung zu Ehrenamt, Freiwilligenarbeit und bürgerschaftlichem Engagement. Berlin: Bundesministerium für Familie, Senioren, Frauen und Jugend.

Goss, Kristin (1999): Volunteering and the Long Civic Generation. In: Nonprofit and Voluntary Sector Quarterly 28, 378-415.

Hosmer, David W./Lemeshow, Stanley (2000): Applied Logistic Regression (2. Auflage). New York (u.a.): Wiley.

Janoski, Thomas/Wilson, John (1995): Pathways to Voluntarism: Family Socialization and Status Transmission Models. In: Social Forces 74, 271-292.

Klie, Thomas (2001): Bürgerschaftliches Engagement im Alter. In: Enquete-Kommission „Zukunft des Bürgerschaftlichen Engagements" des deutschen Bundestages (Hrsg.), Bürgerschaftliches Engagement und Sozialstaat. Opladen: Leske + Budrich, 109-124.

Kroh, Martin/Spieß, Martin (2006): Documentation of Sample Size and Panel Attrition in the German Socio Economic Panel (SOEP) (1984 until 2005). SOEP Data Documentation No. 15. Berlin: DIW.

Künemund, Harald (2006): Tätigkeiten und Engagement im Ruhestand. In: Tesch-Römer, C./Engstler, H./Wurm, S. (Hrsg.) (2006): Altwerden in Deutschland. Sozialer Wandel und individuelle Entwicklung in der zweiten Lebenshälfte. Wiesbaden: VS Verlag für Sozialwissenschaften, 289-327.

Moen, Phyllis/Fields, Vivian (2002): Midcourse in the United States: Does Unpaid Community Participation Replace Paid Work? In: Ageing International 27, 21-48.

Mustillo, Sarah/Wilson, John/Lynch, Scott M. (2004): Legacy Volunteering: A Test of Two Theories of Intergenerational Transmission. In: Journal of Marriage and Family 66, 530-541.

Mutchler, Jan E./Burr, Jeffrey A./Caro, Francis G. (2003): From Paid Work to Volunteer: Leaving the Paid Workforce and Volunteering in Later Life. In: Social Forces 81, 1267-1293.

Oesterle, Sabrina/Kirkpatrick Johnson, Monica/Mortimer, Jeylan T. (2004): Volunteerism during the transition to Adulthood: A Life Course Perspective. In: Social Forces 82, 1123-1149.

Okun, Morris A./Michel, Josef (2006): Sense of Community and Being a Volunteer Among the Young-Old. In: Journal of Applied Gerontology 25, 173-188.

Putnam, Robert D. (2000): Bowling Alone. The Collapse and Revival of American Community. New York: Simon and Schuster.

Rotolo, Thomas (2000): A Time to Join, A Time to Quit: The Influence of Life Cycle Transitions on Voluntary Association Membership. In: Social Forces 78, 1133-1161.

Rotolo, Thomas/Wilson, John (2004): What Happens to the "Long Civic Generation"? Explaining Cohort Differences in Volunteerism. In: Social Forces 82, 1091-1121.

Rotolo, Thomas/Wilson, John (2006): Substitute or Complement? Spousal Influence on Volunteering. In: Journal of Marriage and Family 68, 305-319.

Salomon, Lester M./Anheier, Helmut K. (1998): Social Origins of Civil Society: Explaining the Nonprofit Sector Cross-Nationally. In: Voluntas 9, 213-248.

Siegrist, Johannes/von dem Knesebeck, Olaf/Pollack, Craig E. (2004): Social Productivity and Well-Being of Older People: A Sociological Exploration. In: Social Theory & Health 2, 1-17.

Sing, Dorit (2001): Die Situation älterer Menschen in der Phase nach der Erwerbsarbeit. In: Aus Politik und Zeitgeschichte B 3-4/2001, 31-38.

Smith, David H. (1994): Determinants of Voluntary Association Participation and Volunteering. In: Nonprofit and Voluntary Sector Quarterly 23, 243-263.

Smith, Deborah B. (2004): Volunteering in Retirement: Perceptions of Midlife Workers. In: Nonprofit and Voluntary Sector Quarterly 33, 55-73.

SOEP Group, 2001: The German Socio-Economic Panel (GSOEP) after more than 15 Years – Overview. In: Vierteljahrshefte zur Wirtschaftsforschung 70, 7-14.

Tesch-Römer, Clemens/Engstler, Heribert/Wurm, Susanne (Hrsg.) (2006): Altwerden in Deutschland. Sozialer Wandel und individuelle Entwicklung in der zweiten Lebenshälfte. Wiesbaden: VS Verlag für Sozialwissenschaften.

Thoits, Peggy A./Hewitt, Lyndi N. (2001): Volunteer Work and Well-Being. In: Journal of Health and Social Behavior 42, 115-131.

Van Willigen, Marieke (2000): Differential Benefits of Volunteering Across the Life Course. In: Journals of Gerontology – Social Sciences 55B, S308-S318.

Wagner, Gert G./Frick, Joachim R./Schupp, Jürgen (2006): Enhancing the Power of Household Panel Studies – The Case of the German Socio-Economic Panal Study (SOEP). SOEP Data Documentation No. 13. Berlin: DIW.

Wilson, John (2000): Volunteering. In: Annual Review of Sociology 26, 215-240.

Wilson, John/Musick, Marc (1997a): Who Cares? Towards an Integrated Theory of Volunteer Work. In: American Sociological Review 62, 694-713.

Wilson, John/Musick, Marc (1997b): Work and Volunteering: The Long Arm of the Job. In: Social Forces 76, 251-272.

Gemeinschaftsaktivität und freiwilliges Engagement älterer Menschen
Ergebnisse des Freiwilligensurveys

Thomas Gensicke

1 Einleitung

Lebenssituation, Einstellungen und Verhalten älterer Menschen finden in den letzten Jahren vermehrt das Interesse der Öffentlichkeit. Diese Aufmerksamkeit hat zwei wesentliche Gründe. Zum einen umfasst die Gruppe der älteren Menschen wegen des demografischen Wandels einen immer größeren Anteil an der Bevölkerung. Das liegt sowohl an der seit Längerem gesunkenen Geburtenrate als auch daran, dass ältere Menschen wegen ihrer gesünderen Lebensweise und des medizinischen Fortschritts immer länger leben. Die Alterung der Bevölkerung wird in der Öffentlichkeit zumeist mit Besorgnis bewertet. Wie können Gesundheits- und Rentensystem bei immer geringerer Anzahl von Beitragszahlern und steigenden Kosten weiterhin aufrechterhalten werden? Außerdem wird befürchtet, eine alternde Gesellschaft neige vermehrt zur Beharrung und weniger zur Innovation.

Ein zweiter Grund des Interesses für die Älteren ist ihr „modernisierter" Lebensstil. Insbesondere die wohlhabenden „jüngeren Senioren" sind für die Konsumgüter- und Freizeitbranche interessant geworden. Aber nicht nur steigende Kaufkraft, Konsum- und Erlebnisfreudigkeit haben die Gruppe der Älteren gesellschaftlich relevanter gemacht. Der modernere Lebensstil der Älteren hat auch zur Folge, dass sie aktiveren Anteil an öffentlichen und politischen Prozessen nehmen. Ältere Menschen werden wegen ihres steigenden Bevölkerungsanteils, ihres hohen politischen Interesses sowie ihrer hohen Wahlbeteiligung auch auf dem Wählermarkt zunehmend umworben. Um dieses große Potenzial bemühen sich besonders die großen Volksparteien.

Wir wollen in diesem Beitrag zeigen, inwiefern sich diese Veränderungen auch auf die Gemeinschaftsaktivität und das freiwillige Engagement älterer Menschen auswirken. Ist die Gruppe der älteren Menschen, die zumeist nicht mehr im Erwerbsleben steht, eine attraktive Zielgruppe für Vereine, Organisationen, Gruppen und Einrichtungen, wenn es um die Gewinnung von Teilnehmern und Freiwilligen geht? Inwiefern kann die Gruppe der älteren Menschen (auch generationenübergreifend) aus freiwilligem Antrieb und sozialem Verantwortungsgefühl heraus einen besonderen Beitrag zur Lösung sozialer Probleme leisten? Verbessert die öffentliche Aktivität älterer Menschen wiederum ihr Lebensgefühl und ihre soziale Einbindung?

Grundlage dieses Beitrages ist der Freiwilligensurvey (Ehrenamt, Freiwilliges Engagement, Bürgerschaftliches Engagement), den der Autor als Projektleiter für das Bundesministerium für Familie, Senioren, Frauen und Jugend (BMFSFJ) durchfürt.[1] Bereits die Berichterstattung des ersten Freiwilligensurveys befasste sich detailliert mit der Gemeinschaftsaktivität und dem freiwilligen Engagement älterer Menschen (vgl. Brendgens/Braun 2001). Eine wichtige Aufgabe des zweiten Freiwilligensurveys bestand darin, Veränderung und Stabilität dieser Aktivitäten älterer Menschen zu untersuchen. Die Trendberichterstattung, die der Autor durchführte, wählte die Gruppe der ab 60-Jährigen aus, weil bei dieser Altersgruppe in der betrachteten Periode von 5 Jahren die auffälligsten Entwicklungen zu erkennen waren. Zusätzlich wurde die Gruppe der 60- bis 69-Jährigen („jüngere Senioren") detaillierter untersucht, weil sie bei Gemeinschaftsaktivität und freiwilligem Engagement die dynamischste Altersgruppe der Bevölkerung war.

Knapp ein Fünftel der jüngeren Senioren ist noch erwerbstätig. Dieser niedrige Anteil zeigt den frühen Renteneintritt in Deutschland an. Die Gruppe der jüngeren Senioren setzt sich etwa zur Hälfte aus Männern und Frauen zusammen, während unter den älteren Senioren ab 70 Jahren die Frauen bei weitem überwiegen. Man lebt unter 70 Jahren überwiegend noch zu zweit im Haushalt, im Unterschied zu den ab 70-Jährigen, von denen fast die Hälfte allein lebt. Eigene Kinder gibt es bei den jüngeren Senioren eher selten im Haushalt, aber immerhin noch zu 15%. Obwohl außerdem Betreuungspflichten gegenüber Enkeln wahrgenommen werden bzw. Angehörige zu pflegen sind, verfügt diese Altersgruppe dennoch über ein hohes Budget an freier Zeit.

---

[1] Der Freiwilligensurvey ist eine repräsentative Telefonbefragung der Bevölkerung, durchgeführt durch TNS Infratest Sozialforschung München. In den ersten Wellen wurden 1999 und 2004 jeweils ca. 15.000 zufällig ausgewählte Menschen im Alter ab 14 Jahren befragt. Im Jahr 2009 soll die dritte Welle durchgeführt werden. Vgl. Gensicke et al. 2006.

2 Gemeinschaftsaktivität und freiwilliges Engagement älterer Menschen

2.1 Politisch-öffentliches Interesse

Die steigende Zuwendung älterer Menschen zu öffentlichen Angelegenheiten verdeutlicht die erste Grafik. Politisch-öffentliches Interesse ist ab der Altersgrenze von 60 Jahren sogar deutlich höher ausgeprägt als darunter. Dieser Unterschied hat sich seit 1999 verstärkt. 2004 interessierten sich 42% der 14- bis 59-Jährigen in starkem Maße dafür, „was in der Politik und im öffentlichen Leben vor sich geht". Bei den ab 60-Jährigen waren es dagegen 57% und bei den 60- bis 69-Jährigen mit 59% noch ein wenig mehr. Der Anstieg der politisch-öffentlichen Aufmerksamkeit war gerade in dieser Gruppe der „jüngeren Senioren" besonders deutlich.

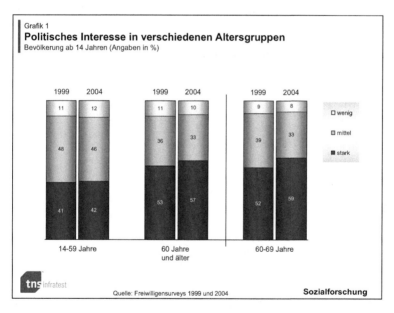

Grafik 1
Politisches Interesse in verschiedenen Altersgruppen
Bevölkerung ab 14 Jahren (Angaben in %)

Quelle: Freiwilligensurveys 1999 und 2004

Die besonders auffällige Entwicklung in der Altersgruppe der jüngeren Senioren wird noch bei einer Reihe anderer Indikatoren deutlich werden. Dieser aktivierende Schub ist bei Frauen dieser Altersgruppe noch etwas ausgeprägter zu beobachten als bei Männern. Hintergrund der besonderen Aktivierung in der Gruppe der jüngeren Senioren ist vor allem, dass sie als junge Männer und Frauen Zeugen der politischen Mobilisierung der 1960er und 1970er Jahre waren, ein Generationenerlebnis, das sich tief eingeprägt hat.[2]

2.2 Gemeinschaftsaktivität

Steigendes politisch-öffentliches Interesse ging bei älteren Menschen auch mit steigender Beteiligung an Gemeinschaftsaktivitäten in Vereinen, Organisationen, Gruppen, Institutionen und Einrichtungen einher.[3] Diese Beteiligung stieg bei ab 60-Jährigen von 55% auf 63%, bei 60- bis 69-Jährigen von 61% auf 70% an (Grafik 2). Auch bei der Gemeinschaftsaktivität war somit die Zunahme bei den jüngeren Senioren stärker als in der gesamten Gruppe der Älteren. Die Älteren insgesamt veränderten ihr Profil wiederum stärker als die jüngere Bevölkerung im Alter von bis zu 59 Jahren, bei denen die Gemeinschaftsaktivität nur um 3 Prozentpunkte zunahm, allerdings ausgehend von einem höheren Ausgangsniveau. Die jüngeren Senioren waren somit 2004 anhand der Größenordnung ihrer Gemeinschaftsaktivität kaum mehr von der jüngeren Bevölkerung zu unterscheiden, während das 1999 noch durchaus der Fall war.

---

2 Wir bevorzugen somit bei der Erklärung von mittelfristigen „Aktivierungsprozessen" bei den jüngeren Senioren Generationeneffekte. Zusätzlich können längerfristige sowie situative Erklärungen herangezogen werden. Eine längerfristige Entwicklung ist die Verbesserung der körperlichen und geistigen Fitness der Älteren, verbunden mit einem kulturellen Wandel, der den Lebensstil und das Altersbild verändert. Ein situatives Moment ist die erhöhte Aufmerksamkeit älterer Menschen für politisch-öffentliche Vorgänge in einer Zeit, in der die Selbstverständlichkeiten des deutschen Sozialsystems, die der Lebens- und Altersplanung der Älteren zugrunde lagen, stark im Umbruch sind.
3 Wie der Freiwilligensurvey Gemeinschaftsaktivitäten, vermittelt über die Erfassung aktiver Beteiligung in 14 Einzelbereichen und angesiedelt in organisierten bzw. institutionalisierten Kontexten, erfasst und in weiteren Auswahlstufen schließlich konkrete freiwillige Tätigkeiten ermittelt, wird in der Berichterstattung des Freiwilligensurveys ausführlich erläutert. Ausgeschlossen sind rein private oder berufliche Aktivitäten. Vgl. Gensicke et al. 2006. Eine Einordnung in den sozial- und politikwissenschaftlichen Kontext erfolgt bei Gensicke/Geiss 2006.

Gemeinschaftsaktivität und freiwilliges Engagement älterer Menschen 123

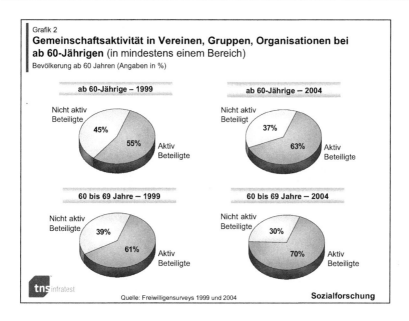

2.3 Freiwilliges Engagement

Ältere Menschen sind inzwischen aber nicht nur zunehmend gemeinschaftlich aktiv, sondern haben im Rahmen dieser öffentlichen Aktivität auch vermehrt bestimmte Aufgaben, Arbeiten und Funktionen übernommen („Freiwilliges Engagement", Grafik 3). In der gesamten älteren Gruppe stieg das freiwillige Engagement von 26% auf 30%, bei den 60- bis 69-Jährigen sogar von 31% auf 37%. Wieder erkennen wir den besonderen Mobilisierungsschub bei den jüngeren Senioren, die auch beim Umfang des freiwilligen Engagements kaum noch von der jüngeren Bevölkerung zu unterscheiden sind.

Grafik 4 unterscheidet in einer die bisherigen Daten resümierenden Form drei Gruppen, je nach ihrem Verhältnis zur Gemeinschaftsaktivität bzw. zum freiwilligen Engagement. „Freiwillig Engagierte" nennen wir diejenige Teilgruppe von Menschen, die in Vereinen, Organisationen, Gruppen, Institutionen oder Einrichtungen aktiv sind und freiwillig bestimmte Aufgaben, Arbeiten und Funktionen übernommen haben. Die zweite Gruppe sind diejenigen, die zwar teilnehmend aktiv sind, aber solche freiwilligen Aufgaben nicht übernommen haben ("Aktive ohne freiwilliges Engagement"). Es verbleibt eine dritte Gruppe, die in keinem Zusammenhang gemeinschaftlich aktiv ist ("Nicht Aktive").

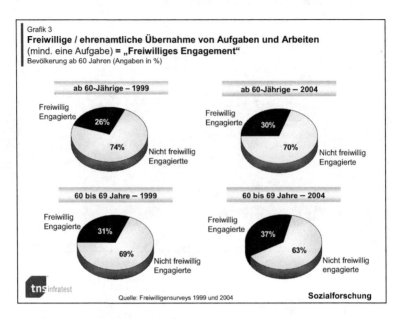

Nicht Aktive gab es 1999 bei den Älteren besonders viele (44%), mit 31% in der jüngeren Bevölkerung deutlich weniger. Der Prozentsatz der nicht Aktiven ist jedoch zwischen 1999 und 2004 bei den Älteren deutlich gesunken, noch deutlicher bei den jüngeren Senioren. In der Gruppe der Älteren insgesamt kam dieser Rückgang etwa gleichmäßig dem Anwachsen der Gruppe der „nur" Aktiven (+3 Prozentpunkte) und der freiwillig Engagierten (+4 Prozentpunkte) zugute. Bei den jüngeren Senioren dagegen profitierte die Gruppe der freiwillig Engagierten fast doppelt so stark wie die Gruppe der „nur" Aktiven. Der Mobilisierungsschub bei den jüngeren Senioren führte also seit 1999 besonders häufig dazu, dass diese im Rahmen ihrer Gemeinschaftsaktivität bestimmte Aufgaben, Arbeiten und Funktionen übernahmen, d.h. sich freiwillig engagierten.

Das Engagement älterer Menschen ist ganz besonders vom Gemeinwesenbezug, vom sozialen Pflichtgefühl und von mitmenschlicher Hilfsbereitschaft her motiviert. Ein klassisches Verständnis freiwilligen Engagements als „Ehrenamt" ist bei ihnen besonders verbreitet. Jüngere Menschen bringen dagegen vermehrt eigene Interessen und berufliche Aspekte in ihr Engagement ein. Sie sehen ihre Tätigkeit bevorzugt als Freiwilligenarbeit und weniger als ältere Engagierte als

"Amt der Ehre" an. Freiwilliges Engagement hat gerade bei älteren Menschen viel mit einer guten sozialen Einbindung zu tun. Zwar hängen bei älteren wie bei jüngeren Menschen Bildungsniveau, Kreativitäts- und Engagementwerte sowie die emotionale Bindung an die Kirche eng mit dem freiwilligen Engagement zusammen. Dennoch fällt auf, wie deutlich gerade bei den Älteren die soziale Integration mit dem freiwilligen Engagement verzahnt ist.[4]

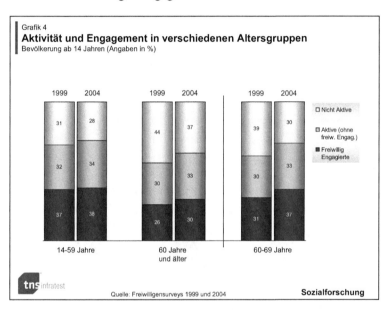

3 Besonderheiten in den neuen Bundesländern

Gemeinschaftsaktivität und freiwilliges Engagement haben in den neuen Bundesländern zwischen 1999 und 2004 stärker zugenommen als in den alten Ländern.[5] Wie waren die älteren Menschen an diesem Prozess beteiligt (Grafik 5)? Wir erkennen ein zum großen Teil anderes Muster als in den alten Bundeslän-

---

4 Auf Hintergründe, Motivation und Strukturen des Engagements älterer Menschen können wir hier aus Platzgründen nur kurz eingehen. Vgl. Gensicke et al. 2006.
5 Die Daten des Freiwilligensurveys für die neuen Länder (inkl. Berlins) können detailliert ausgewertet werden, weil die Stichprobe der neuen Länder im Freiwilligensurvey überproportional aufgestockt wurde (sie umfasste damit 2004 mit N=5.500 mehr als ein Drittel der Stichprobe). In den Durchschnittswerten für Deutschland insgesamt sind die Daten in der richtigen Proportion von etwa 20% gewichtet.

dern. Im Gegensatz zu den alten Ländern[6] stieg das freiwillige Engagement gerade in der Bevölkerung im Alter von bis zu 59 Jahren deutlich an, wesentlich stärker als bei den Älteren. In der Gruppe der über 70-Jährigen war das freiwillige Engagement in den neuen Ländern sogar rückläufig. Allerdings nahm im Osten das Engagement bei den jüngeren Senioren mit 5 Prozentpunkten deutlich zu. Mit ebenfalls 5 Prozentpunkten stieg in dieser Altersgruppe auch der Anteil der „nur" Gemeinschaftsaktiven.

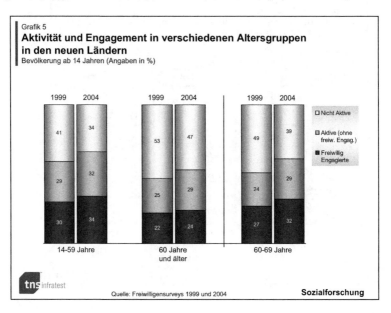

Grafik 5
Aktivität und Engagement in verschiedenen Altersgruppen in den neuen Ländern
Bevölkerung ab 14 Jahren (Angaben in %)

Quelle: Freiwilligensurveys 1999 und 2004

Die in den neuen Ländern zu beobachtende geringere Dynamik bei den Älteren insgesamt und die höhere bei den Jüngeren kann als Ausdruck eines gesellschaftlichen Übergangszustandes interpretiert werden. Gemeinschaftsaktivität und freiwilliges Engagement haben sich auf dem Gebiet der neuen Bundesländer inzwischen wieder belebt, nachdem zunächst die Infrastruktur der Gemeinschaftsaktivität und des freiwilligen Engagements im Transformationsprozess (vgl. Gensicke 1998) stark geschrumpft war. Es entwickelte und entwickelt sich

---

6 Die Werte der alten Bundesländer beeinflussen wegen ihres hohen Gewichts von ca. 80% der Bevölkerung die Durchschnittswerte der gesamten Bevölkerung deutlich, so dass beide Werte oft nahe beieinanderliegen.

(unter Anknüpfung an die frühere) eine neue Struktur.[7] Diese Entwicklung kommt im Verhalten der jüngeren und mittleren Jahrgänge stärker zum Tragen als bei den älteren. Bemerkenswert ist allerdings, dass auch die Gruppe der 60- bis 69-Jährigen, die ja eine tragende Rolle in der DDR-Geschichte hatte, an diesem dynamischen Prozess beteiligt ist.

Die besondere Situation der Älteren in den neuen Ländern erkennt man auch daran, wie dort inzwischen nicht mehr engagierte ältere Menschen begründen, warum sie ihre freiwillige Tätigkeit beendet haben. Zunächst ist auffällig, dass sie weniger als ältere Menschen in den alten Ländern Gründe persönlicher Art angeben (Grafik 6) und vermehrt solche, die in der Tätigkeit selbst lagen bzw. mit der Infrastruktur des Engagements zu tun hatten (Grafik 7). Gesundheitliche Probleme, der „klassische" Grund Älterer, die freiwillige Tätigkeit zu beenden, werden in den neuen Ländern weniger angegeben als in den alten. Eine geringere Rolle spielen im Osten familiäre Gründe, berufliche sind dagegen etwas bedeutsamer. Auch regionale Mobilität war für Ältere im Osten deutlich weniger ein Grund, freiwilliges Engagement zu beenden, etwas mehr dessen zeitliche Befristung.

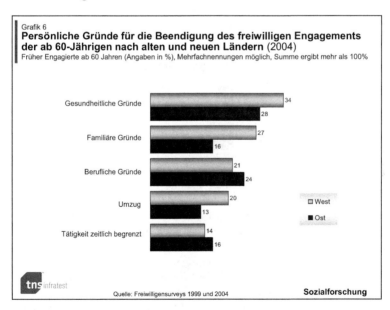

Grafik 6
Persönliche Gründe für die Beendigung des freiwilligen Engagements der ab 60-Jährigen nach alten und neuen Ländern (2004)
Früher Engagierte ab 60 Jahren (Angaben in %), Mehrfachnennungen möglich, Summe ergibt mehr als 100%

Quelle: Freiwilligensurveys 1999 und 2004

---

7 Das Problem der Infrastruktur des freiwilligen Engagements in den neuen Ländern wurde bereits anlässlich der Auswertung des Freiwilligensurveys von 1999 ausführlich analysiert. Vgl. Gensicke 2001.

Grafik 7 zeigt deutlich, wie sehr die mit der Wende instabilere Infrastruktur des Engagements im Osten gerade in den Erinnerungen früher engagierter älterer Menschen präsent ist. 41% der früher Engagierten ab 60 Jahren geben die Auflösung der Gruppe bzw. Organisation als Grund dafür an, ihr freiwilliges Engagement beendet zu haben, was nur auf 9% der Älteren in den alten Ländern zutrifft. Ähnliches zeigen die in den neuen Ländern vermehrt angegebenen Gründe an, die mit Finanzschwierigkeiten bei den Organisationen zusammenhängen. Dazu kommen aber auch andere Probleme, z.B. dass sich Ziele des Engagements nicht umsetzen ließen oder es an ausreichend Freiwilligen fehlte. Auch materielle Gründe persönlicher Art werden in den neuen Ländern vermehrt angegeben.

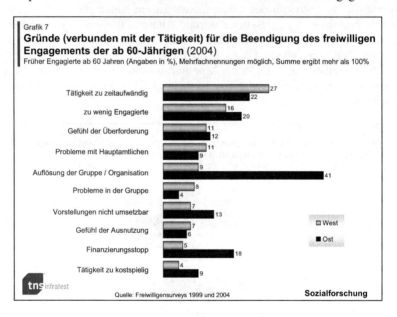

Der Freiwilligensurvey zeigte bereits 1999, wie wichtig eine funktionierende und flächendeckende Infrastruktur des freiwilligen Engagements ist. Freiwilliges Engagement kommt gerade bei älteren Menschen bevorzugt durch direkte Ansprache in Organisationen und Einrichtungen zustande. Viele ältere Menschen in den neuen Ländern, insbesondere im fortgeschrittenen Alter, konnten (und wollten teilweise) nicht mehr an der Wiederbelebung bzw. Neuschaffung der zivilgesellschaftlichen Strukturen partizipieren. Mit dem Systemwechsel von der DDR zur Bundesrepublik scheint sich in den neuen Ländern außerdem eine neue „Zugangskultur" zum freiwilligen Engagement herausgebildet zu haben. Freiwillige kommen dort in allen Altersgruppen oft durch eigene Initiative zur freiwilligen

Tätigkeit (Grafik 8). In den alten Ländern ist dafür die Anwerbung durch Dritte typischer (z.B. durch leitende Personen in Vereinen, Organisationen oder Einrichtungen). Das heißt, der soziale Umbruch und die besondere Situation in den neuen Ländern haben nicht nur die Engagementkultur verändert, sondern insgesamt zu einer erhöhten Bedeutung der eigenen Initiative geführt.

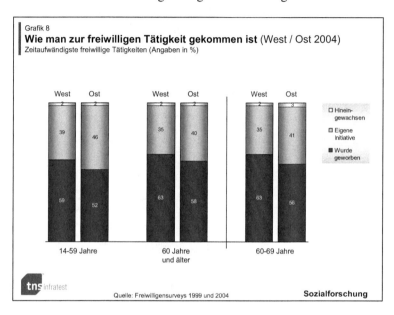

4 Bereiche des freiwilligen Engagements

Grafik 9 zeigt, in welchen Bereichen freiwillige Tätigkeiten älterer Menschen angesiedelt sind. Der Bereich „Sport und Bewegung steht auch bei den Älteren an erster Stelle. Allerdings ist der Umfang dieses Engagements bei den Älteren nur halb so groß wie in der Bevölkerung im Alter von bis zu 59 Jahren. Bei den Älteren folgte 1999 auf den Sportbereich mit relativ geringem Abstand das Engagement im Bereich „Kirche und Religion", während in der jüngeren Bevölkerung „Schule und Kindergarten" der zweitwichtigste Bereich war. Letzterer ist in der jüngeren Bevölkerung weiter gewachsen. Bei den Älteren ist der religiöskirchliche Bereich seit 1999 bedeutender für das freiwillige Engagement geworden und hat inzwischen den Sportbereich leicht überflügelt.

Mit 9,5% bewegte sich bei den jüngeren Senioren 2004 die Größe des Sportbereiches etwa in der Mitte zwischen dem Wert für die Bevölkerung im Alter bis zu 59 Jahren (13%) und dem Wert für die ältere Gruppe insgesamt (6,5%). Ähnlich wie bei den Älteren insgesamt spielt allerdings auch bei der Gruppe der jüngeren Senioren der Bereich „Schule und Kindergarten" eine untergeordnete Rolle. Dieser Bereich ist innerhalb der Altersspanne zwischen 30 und 49 Jahren am bedeutendsten und hat dort auch weiter zugenommen.

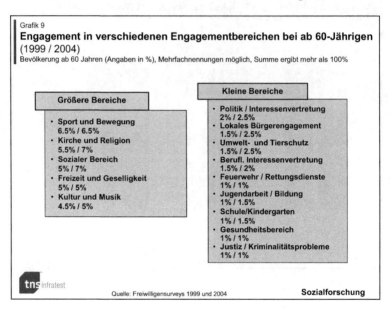

Neben dem religiös-kirchlichen Bereich hat das Engagement Älterer besonders im sozialen Bereich zugenommen, so dass sich dieser nunmehr mit „Kirche und Religion" den ersten Rang teilt. Das soziale Engagement ist auch in der Bevölkerung im Alter von bis zu 59 Jahren etwas gewachsen, bleibt allerdings deutlich hinter dem der Älteren zurück. Die Älteren haben also ungleich mehr zur Belebung des sozialen Engagements in Deutschland beigetragen, das in der Bevölkerung seit 1999 der am stärksten wachsende Bereich des freiwilligen Engagements war. Diese Zunahme des sozialen Engagements war bei den jüngeren Senioren noch einmal deutlich stärker als bei den Älteren insgesamt (1999: 5,5%, 2004: 8,5%).[8]

---

8   Neben den jugendlichen Engagierten (vgl. Picot 2006) ist auch bei den älteren Engagierten das Phänomen zu beobachten, dass sich freiwillige Tätigkeiten oft auf die eigene Altersgruppe richten,

Zugenommen hat auch das kulturelle und musische Engagement älterer Menschen. Unter den kleineren Bereichen wuchs das Engagement außerdem besonders im lokalen Bürgerengagement und im Bereich „Umwelt- und Tierschutz". Bei den älteren Menschen gab es somit ein Wachstum des freiwilligen Engagements über viele Bereiche hinweg. „Sport und Bewegung", „Kirche und Religion" sowie der soziale Bereich haben allerdings inzwischen eine recht exklusive Vorrangstellung gewonnen.

Bei den jüngeren Senioren sind zum einen die Bereiche „Kirche und Religion" sowie „Soziales" mit jeweils 8,5% größer als bei den Älteren insgesamt. Zum anderen behält (wie in der jüngeren Bevölkerung) der Bereich „Sport und Bewegung" mit 10% das größte Gewicht gegenüber den anderen beiden „Großbereichen". Im Vergleich aller Altersgruppen ist bei den jüngeren Senioren mit jeweils 3,5% das Engagement in der beruflichen sowie in der politischen Interessenvertretung besonders hoch ausgeprägt, ebenso mit jeweils 3% beim Umwelt- und Tierschutz sowie beim lokalen Bürgerengagement.

5 Engagementpotenzial älterer Menschen

Ältere Menschen können bereits auf eine umfangreiche Lebenserfahrung zurückblicken. Sie kennen ihre Eigenarten und wissen genauer als jüngere Menschen, was sie wollen bzw. was nicht. Fragt man sie danach, ob sie ein bestimmtes Verhalten wie z.B. freiwilliges Engagement in Erwägung ziehen, muss man dieses Mehr an Lebenserfahrung berücksichtigen. Außerdem ist zu beachten, dass ein deutlich höherer Prozentsatz älterer als jüngerer Menschen in ihrem Leben bereits freiwillig engagiert war. Ein Teil der Älteren hat sich auch in dieser Hinsicht „zur Ruhe gesetzt". Insbesondere bei betagten älteren Menschen stehen oft auch gesundheitliche Barrieren bestimmten Aktivitäten entgegen, die vermehrte körperliche und geistige Anstrengung erfordern. Teilweise gibt es auch formale Altersgrenzen, jenseits derer man ein Ehrenamt (z.B. als Schöffe) nicht mehr ausüben darf.

Vor diesem Hintergrund ist es plausibel, dass 1999 neben den 26% bereits Engagierten „nur" 13% der älteren Menschen ab 60 Jahren dazu bereit waren, sich freiwillig zu engagieren, davon 4% bestimmt (Grafik 10). Dieser Prozentsatz hat sich bei den Älteren 2004 auf 19% erhöht, davon auf nun 6% bestimmt zum Engagement Bereite. In Kombination mit steigendem aktuellem Engagement hat sich damit bei den Älteren der Anteil derjenigen deutlich verringert, die

---

wenn auch nicht so exklusiv. Außerdem gibt es einen Trend, dass sich ältere Menschen in ihrer freiwilligen Tätigkeit zunehmend um die Zielgruppe „ältere Menschen" kümmern.

nicht freiwillig engagiert und auch nicht dazu bereit waren (1999: 61%, 2004: 51%). In der Bevölkerung bis zu 59 Jahren war bereits 1999 der Anteil der zum Engagement Bereiten höher als bei den Älteren und hat sich weiter vergrößert, besonders der Anteil der „eventuell" zum Engagement Bereiten.

Insgesamt hat sich damit die Gruppe der Älteren beim Engagementpotenzial an die jüngere Bevölkerung angenähert. Diese Entwicklung geht vor allem auf die Gruppe der jüngeren Senioren zurück. Nicht nur beim aktuellen Engagement, sondern auch beim Engagementpotenzial präsentiert sich diese Gruppe somit besonders dynamisch.

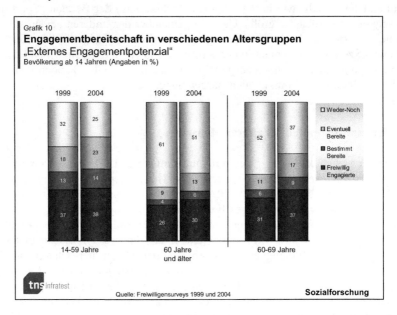

Wie stellt sich das Engagementpotenzial bei älteren Menschen in den neuen Ländern dar? Wir hatten gesehen, dass seit 1999 in der Gruppe der ab 60-Jährigen das aktuelle Engagement deutlich weniger gestiegen war als in den alten Ländern. In dieser Hinsicht auffälliger war die Entwicklung in der Gruppe der 14- bis 59-Jährigen. Zunächst wird erkennbar, dass in den neuen Ländern in der jüngeren Gruppe auch das Engagementpotenzial besonders deutlich gestiegen ist (Grafik 11). 2004 waren dort neben den 34% Engagierten sogar 16% bestimmt zum Engagement bereit, weitere 25% eventuell. Die Angleichung an den Bundesdurchschnitt und damit an die alten Länder schreitet somit im Osten in der Bevölkerung im Alter von 14 bis 59 Jahren besonders schnell voran.

Gemeinschaftsaktivität und freiwilliges Engagement älterer Menschen 133

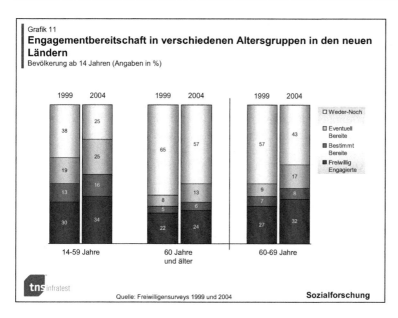

Wir sehen aber, dass in den neuen Ländern auch die älteren Menschen ihr Engagementpotenzial ausgedehnt haben. Das gilt insbesondere für die jüngeren Senioren. In der gesamten Gruppe der älteren Menschen hat sich in den neuen Ländern also seit 1999 zunächst mehr beim Engagementpotenzial bewegt als beim aktuellen Engagement. Das könnte ein Anzeichen dafür sein, dass wir in den neuen Ländern in Zukunft auch beim tatsächlichen Engagement der Älteren eine stärkere Belebung erwarten können. Bei den jüngeren Senioren ist diese Entwicklung schon jetzt zu erkennen.

6 Verbesserungsbedarf bei den Rahmenbedingungen des Engagements[9]

6.1 Verbesserungsbedarf bei den Organisationen

Was können Organisationen und Einrichtungen für die Verbesserung der Rahmenbedingungen des freiwilligen Engagements tun? In dieser Hinsicht setzen ältere Engagierte wie jüngere die Priorität auf die Bereitstellung vermehrter Fi-

---

9   Vgl. zu diesem Themenkomplex auch die Beiträge von Brauers sowie von Breithecker in diesem Band.

nanzmittel für Projekte (Grafik 12). Im Unterschied zu anderen Altersgruppen ist allerdings diese Frage (ausgehend von einem geringeren Niveau) für Ältere dringlicher geworden. In Analogie zu den anderen Altersgruppen steht auch für die Älteren eine verbesserte finanzielle Vergütung für die Freiwilligen eher am Rande der Aufmerksamkeit. Ältere Engagierte bekunden im Unterschied zu jüngeren insgesamt steigenden Verbesserungsbedarf in Richtung der Organisationen und Einrichtungen. Jüngere Engagierte stufen inzwischen Fragen der Weiterbildung und der fachlichen Unterstützung weniger als verbesserungswürdig ein, ebenfalls die Frage des Verhältnisses von hauptamtlichen und freiwilligen Mitarbeitern. Ältere sehen dagegen diese Dinge konstant oder leicht zunehmend als Problem an.

Grafik 13 zeigt allerdings, dass ältere Engagierte insgesamt weniger Problemdruck artikulieren als jüngere Engagierte. Eine Ausnahme bildet die Frage, ob hauptamtliche Mitarbeiter die Tätigkeit der Freiwilligen hinreichend anerkennen. Diesen Punkt stufen ab 60-Jährige 2004 verbesserungswürdiger ein als jüngere Freiwillige. (Im Umfeld älterer Freiwilliger sind tatsächlich vermehrt Hauptamtliche tätig.) Die Grafik zeigt auch, dass materielle Fragen für ältere Freiwillige bei weitem nicht die Bedeutung haben wie für jüngere. Trotz zunehmender Einforderung von Ressourcen für Projekte durch ältere Engagierte bleibt also deren

Gemeinschaftsaktivität und freiwilliges Engagement älterer Menschen 135

diesbezügliche Problemwahrnehmung dennoch in ihrer Deutlichkeit hinter den jüngeren Engagierten zurück.

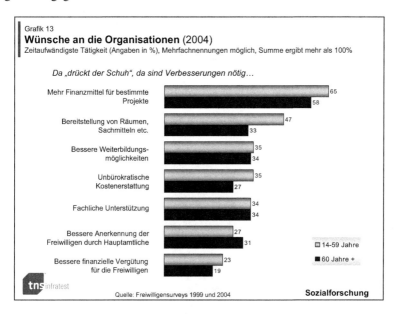

Besonders ungleich ist die Bewertung seitens älterer und jüngerer Engagierter bei der Frage der Bereitstellung von Räumen, von Sach- und Ausstattungsmitteln etc. Solche Dinge stellen sich für jüngere Engagierte, insbesondere für jugendliche Engagierte, viel kritischer dar als für ältere. Aber auch Probleme mit der Kostenerstattung und der finanziellen Vergütung für Freiwillige sind für ältere Engagierte viel weniger relevant als für jüngere.

In den neuen Bundesländern sind die Bedürfnisse der älteren Engagierten teilweise anders gewichtet als in den alten Ländern (Grafik 14). Wie bereits 1999 ist die finanzielle Anspannung des Freiwilligensektors im Blick der ostdeutschen Freiwilligen wesentlich größer als im Westen. Das betrifft alle in dieser Frage angesprochenen materiellen Aspekte, also die Bereitstellung von Finanzmitteln für bestimmte Projekte, eine möglichst unbürokratische Kostenerstattung sowie die Frage einer materiellen Vergütung für Freiwillige. Dahinter stehen im Vergleich zu den alten Ländern Fragen der Weiterbildung und der fachlichen Unterstützung von Freiwilligen eher zurück. Bei der finanziellen Vergütung geht es in den neuen Ländern oft um eine eher symbolische kleine finanzielle Anerkennung, die dort vermehrt gewünscht wird.

Die vergleichsweise ungünstigere Finanzierungssituation der ostdeutschen Zivilgesellschaft steht damit im Vergleich zu Westdeutschland deutlich vor Augen und kommt auch in den Antworten der jüngeren Engagierten zum Ausdruck. Diese instabilere Lage korreliert mit geringeren Einkommen und Vermögen der Bevölkerung, mit niedrigeren Gewinnen und Kapitalstöcken der Betriebe, höherer Arbeitslosigkeit, geringerer gesamtwirtschaftlicher Produktivität und deutlich knapperen öffentlichen Haushalten.

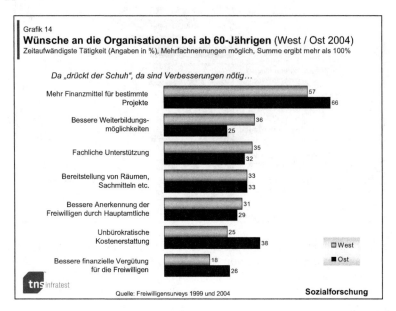

6.2 Verbesserungsbedarf seitens des Staates und der Öffentlichkeit

Materielle Unterstützung kann durch Freiwillige auch von staatlicher Seite und von den Medien eingefordert werden. Steuerliche Erleichterungen standen wie bei jüngeren auch bei den älteren Engagierten 1999 noch stärker im Mittelpunkt der Aufmerksamkeit. Inzwischen sind diese Dinge nur noch für ein reichliches Drittel der älteren Engagierten besonders wichtig (Grafik 15). Weniger geäußert werden vor allem Forderungen nach steuerlicher Absetzbarkeit von Unkosten, die im Zusammenhang mit freiwilligem Engagement anfallen.

Bereits 1999 standen für ältere wie für jüngere Engagierte öffentliche Information, Beratung und Kommunikation über freiwilliges Engagement an erster

Gemeinschaftsaktivität und freiwilliges Engagement älterer Menschen

Stelle, wenn es um bessere Rahmenbedingungen für freiwilliges Engagement seitens des Staates und der Öffentlichkeit ging. Würdigung freiwilligen Engagements durch Presse und Medien nahm bei den Älteren bereits die zweite Stelle der Prioritäten ein. Im Unterschied zu jüngeren Engagierten hat sich inzwischen für ältere Freiwillige die Dringlichkeit einer besseren Information und Beratung über Möglichkeiten des freiwilligen Engagements deutlich erhöht. Damit haben sie sich ausgehend von einem geringeren Forderungsniveau an die jüngeren Engagierten angenähert, die diese Art staatlicher und öffentlicher Unterstützung bereits 1999 als besonders verbesserungswürdig einstuften.

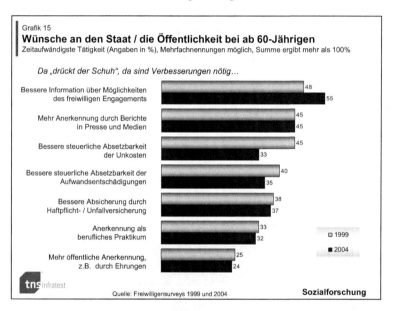

Grafik 15
Wünsche an den Staat / die Öffentlichkeit bei ab 60-Jährigen
Zeitaufwändigste Tätigkeit (Angaben in %), Mehrfachnennungen möglich, Summe ergibt mehr als 100%

Grafik 16 zeigt erneut, dass materielle Fragen (vor allem steuerlicher Art) für ältere Engagierte deutlich weniger relevant sind als für jüngere. Das hat sicher auch damit zu tun, dass viele der älteren Engagierten Renten bzw. Pensionen beziehen und damit bei ihrem hauptsächlichen Einkommen keiner Steuerbelastung unterliegen. Auch die Frage, ob freiwilliges Engagement als berufliches Praktikum anerkannt werden soll, liegt der Lebenssituation der Älteren eher fern.

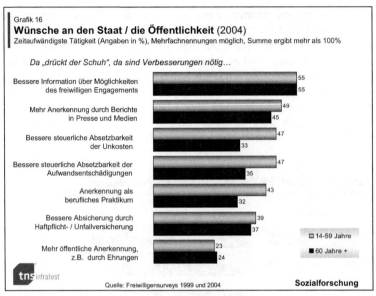

Bei älteren Engagierten in den neuen Ländern ist das Forderungsniveau an Staat und Öffentlichkeit in den meisten Punkten etwas niedriger als in den alten Ländern (Grafik 17). Die große Ausnahme ist die Frage, ob Freiwillige vermehrt öffentliche Anerkennung erhalten sollten, z.b. durch öffentliche Ehrungen. Ein Drittel der Freiwilligen in den neuen Ländern sieht hier Verbesserungsbedarf. Das deutet darauf hin, dass diese Art der Anerkennungskultur in den neuen Ländern noch zu wenig entwickelt ist. In den neuen Ländern werden Verbesserungsbedürfnisse in Bezug auf den Staat bei den materiellen Fragen etwas weniger geäußert als in den alten Ländern. Das betrifft Steuerfragen und besonders auch die Frage einer Haftpflicht- bzw. Unfallversicherung für Freiwillige. Viel weniger als ältere Engagierte in den alten Ländern sehen solche in den neuen Ländern in der Frage ein Problem, ob freiwilliges Engagement als berufliches Praktikum anerkannt werden sollte.

6.3 Informations- und Kontaktstellen für freiwilliges Engagement

Abschließend soll die für den Freiwilligensektor strategische Zukunftsfrage der zielgenauen und flächendeckenden Information und Beratung über Möglichkeiten des freiwilligen Engagements genauer untersucht werden, und zwar unter dem Aspekt von Informations- und Kontaktstellen. Bereits der Freiwilligensurvey 1999 zeigte, dass älteren Menschen solche Informations- und Kontaktstellen für freiwilliges Engagement besser bekannt sind als der jüngeren Bevölkerung, insbesondere als jungen Menschen im Alter bis zu 30 Jahren. Daran hat sich kaum etwas geändert (Grafik 18). Nur 35% bzw. 37% der unter 60-Jährigen hatten zu beiden Zeitpunkten bereits etwas von solchen Kontaktstellen gehört. 1999 hatten in dieser Altersgruppe 4%, 2004 5% bereits Kontakt zu diesen Stellen.

Bei den ab 60-Jährigen hatten zu beiden Zeitpunkten etwa 60% etwas von Informations- und Kontaktstellen für freiwilliges Engagement gehört. Das sind oft Seniorenbüros mit ihrem besonders auf Ältere zugeschnittenen Profil, aber auch andere Stellen wie Freiwilligenagenturen oder Selbsthilfekontaktstellen. Die Kontaktquote älterer Menschen zu den Informations- und Kontaktstellen ist zwischen 1999 und 2004 von 7% auf 10% gestiegen, bei den 60- bis 69-Jährigen von 8% auf 10%. Sie ist damit doppelt so hoch wie in der jüngeren Bevölkerung.

Grafik 18
Ob man von Kontakt- und Beratungsstellen für freiwilliges Engagement gehört hat bzw. bereits zu diesen Kontakt gehabt hat
Bevölkerung ab 14 Jahren (Angaben in %)

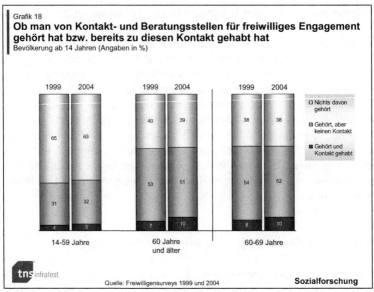

Quelle: Freiwilligensurveys 1999 und 2004

Grafik 19
Ob man von Kontakt- und Beratungsstellen für freiwilliges Engagement gehört hat bzw. am Kontakt interessiert ist
Bevölkerung ab 14 Jahren (Angaben in %)

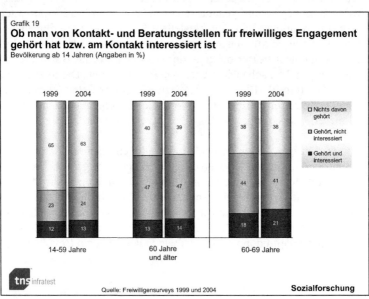

Quelle: Freiwilligensurveys 1999 und 2004

Innerhalb der Gruppe der Älteren gibt es einen deutlichen Unterschied, inwiefern der hohe Bekanntheitsgrad von Informations- und Kontaktstellen auch mit dem Interesse einhergeht, sich dort über Möglichkeiten des freiwilligen Engagements beraten zu lassen (Grafik 19). Das Beratungsinteresse konzentriert sich besonders in der Gruppe der jüngeren Senioren, die, wie wir bereits sahen, seit 1999 ihr aktuelles Engagement sowie ihr Engagementpotenzial besonders gesteigert haben. Diese Gruppe stellt somit nicht nur für Organisationen und Einrichtungen eine wichtige Kontakt- und Zielgruppe zur Anwerbung von Freiwilligen dar, sondern kann auch bevorzugt durch Informations- und Kontaktstellen für freiwilliges Engagement erreicht werden. Aber auch jüngere Menschen, denen Informations- und Kontaktstellen zwar weniger bekannt sind, sind dennoch zu etwa demselben Prozentsatz an einer Beratung interessiert wie ältere Menschen. Das bedeutet, dass auch jüngere Menschen als Zielgruppe für Informations- und Kontaktstellen interessant sind. Solche Stellen sind insbesondere für Menschen, die keinen Zugang zu Vereinen, Organisationen und Einrichtungen haben, eine Alternative für den Zugang zum freiwilligen Engagement.

Informations- und Kontaktstellen benötigen heute eine bessere und stabilere Finanzierungsgrundlage durch Bund, Länder und Kommunen und gegebenenfalls auch durch Stiftungen, Unternehmen oder private Spenden. Da dies im Moment oft nicht gegeben ist, bleibt die Lage vieler Stellen prekär. Außerdem können sie sich zu wenig auf anspruchsvolle und strategische Arbeitsfelder konzentrieren wie etwa die Beratung von Organisationen und Institutionen für eine freiwilligenfreundlichere Organisationsentwicklung.[10]

7 Literatur

Bischof, S./Braun, J./Olbermann, E. (Hrsg.) (2005): Leitfaden für die Nutzung des Erfahrungswissens der Älteren als seniorTrainerIn und in seniorKompetenzteams. Arbeitshilfe für Seniorenbüros, Freiwilligenagenturen und Selbsthilfekontaktstellen zur Anwendung des Konzeptes „Erfahrungswissen für Initiativen". Köln: ISAB-Schriftenreihe 90, ISAB-Verlag.

Brendgens; U./Braun; J. (2001): Freiwilliges Engagement älterer Menschen. In: Picot, S. (Hrsg.), Freiwilliges Engagement in Deutschland: Frauen und Männer, Jugend, Senioren, Sport, Bd. 3 der Berichte zur Repräsentativerhebung 1999, Schriftenreihe des Bundesministeriums für Familie, Senioren, Frauen und Jugend. Stuttgart u.a.: Kohlhammer Verlag.

Braun; J./Bischoff; S./Gensicke, T. (2001): Förderung des freiwilligen Engagements und der Selbsthilfe in Kommunen. Kommunale Umfrage und Befragung von Selbsthil-

---

10 Zur Problematik von Informations- und Kontaktstellen vgl. Braun et al. 2001; Braun/Bischoff 2001; Bundesministerium für Familie, Senioren, Frauen und Jugend 2002; Bischof et al. 2005.

fekontaktstellen, Freiwilligenagenturen und Seniorenbüros zur Förderpraxis und zur künftigen Unterstützung des freiwilligen Engagements. Köln: ISAB-Berichte aus Forschung und Praxis 72, ISAB-Verlag.

Braun, J./Abt; H.-G./Bischoff, S. (2001): Leitfaden für Kommunen zur Information und Beratung über freiwilliges Engagement und Selbsthilfe, ISAB-Verlag Köln, online: http://www.isab-institut.de/upload/projekte/01_b_engagement/0_3_1_12_Foerderung_Engagement/ Leitfaden_fuer_Kommunen.pdf.

Bundesministerium für Familie, Senioren, Frauen und Jugend (Hrsg.) (2002): Freiwilligenagenturen in Deutschland. Ergebnisse einer Erhebung der Bundesarbeitsgemeinschaft der Freiwilligenagenturen (bagfa). Schriftenreihe Band 227. Stuttgart u.a.: Kohlhammer Verlag.

Enquetekommission „Zukunft des Bürgerschaftlichen Engagements" Deutscher Bundestag (2002): Bürgerschaftliches Engagement: Auf dem Weg in eine zukunftsfähige Bürgergesellschaft. Opladen: Leske und Budrich.

Gensicke, T. (1998): Die neuen Bundesbürger. Eine Transformation ohne Integration. Wiesbaden: Westdeutscher Verlag.

Gensicke, T. (2001): Freiwilliges Engagement in den neuen und alten Ländern. In: Klages, H./Braun, J. (Hrsg.), Zugangswege zum freiwilligen Engagement und Engagementpotential in den neuen und alten Bundesländern, Bd. 2 der Berichte zur Repräsentativerhebung 1999 Schriftenreihe des Bundesministeriums für Familie, Senioren, Frauen und Jugend. Stuttgart u.a.: Kohlhammer Verlag.

Gensicke, T. (2005): Generationen in Deutschland. Lebensorientierung und freiwilliges Engagement, Gutachten im Auftrag des Bundesministeriums für Familie, Senioren, Familie und Jugend. München: TNS Infratest Sozialforschung.

Gensicke, T. (2006): Freiwilliges Engagement älterer Menschen im Zeitvergleich 1999-2004. In: Gensicke, T./Picot, S. /Geiss, S. (Hrsg.), Freiwilliges Engagement in Deutschland 1999-2004. Ergebnisse der repräsentativen Trenderhebung zu Ehrenamt, Freiwilligenarbeit und bürgerschaftlichem Engagement. Wiesbaden: VS Verlag für Sozialwissenschaften.

Gensicke, T./Geiss, S. (2006): Bürgerschaftliches Engagement: Das politisch-soziale Beteiligungsmodell der Zukunft? Analysen auf Basis der Freiwilligensurveys 1999 und 2004. In Hoecker B. (Hrsg.): Politische Partizipation zwischen Konvention und Protest. Leverkusen/Opladen: Barbara Budrich Verlag.

Gensicke, T./Picot, S. /Geiss, S. (Hrsg.) (2006): Freiwilliges Engagement in Deutschland 1999-2004. Ergebnisse der repräsentativen Trenderhebung zu Ehrenamt, Freiwilligenarbeit und bürgerschaftlichem Engagement. Wiesbaden: VS Verlag für Sozialwissenschaften.

Klages, H./Braun, J. (Hrsg.) (2001): Zugangswege zum freiwilligen Engagement und Engagementpotential in den neuen und alten Bundesländern, Bd. 2 der Berichte zur Repräsentativerhebung 1999 Schriftenreihe des Bundesministeriums für Familie, Senioren, Frauen und Jugend. Stuttgart u.a.: Kohlhammer Verlag.

Rosenbladt, B. v. (Hrsg.) (2001): Freiwilliges Engagement in Deutschland. Ergebnisse der Repräsentativerhebung zu Ehrenamt, Freiwilligenarbeit und bürgerschaftlichem Engagement in Deutschland, Bd. 1, Schriftenreihe des Bundesministeriums für Familie, Senioren, Frauen und Jugend, Bd. 194.1. Stuttgart u.a.: Kohlhammer Verlag.

Picot, S. (Hrsg.) (2001): Freiwilliges Engagement in Deutschland: Frauen und Männer, Jugend, Senioren, Sport, Bd. 3 der Berichte zur Repräsentativerhebung 1999, Schriftenreihe des Bundesministeriums für Familie, Senioren, Frauen und Jugend. Stuttgart u.a.: Kohlhammer Verlag.

Picot, S. (2006): Freiwilliges Engagement Jugendlicher im Zeitvergleich 1999-2004. In: Gensicke, T./Picot, S. /Geiss, S. (Hrsg.), Freiwilliges Engagement in Deutschland 1999-2004. Ergebnisse der repräsentativen Trenderhebung zu Ehrenamt, Freiwilligenarbeit und bürgerschaftlichem Engagement. Wiesbaden: VS Verlag für Sozialwissenschaften.

Konjunkturen des Ehrenamts – Diskurse und Empirie

Harald Künemund & Jürgen Schupp

1 Einleitung

Ehrenamtliches Engagement erfährt wieder ein hohes Ansehen und eine enorme Aufmerksamkeit. Noch vor wenigen Jahren – in den 70er Jahren, der Blütezeit der Alternativ- und Selbsthilfebewegung – galt das Ehrenamt als ein veraltetes Konzept. Inzwischen ist jedoch wieder ein beachtlicher Aufschwung des Begriffs in der Öffentlichkeit festzustellen. Mit einer gewissen Selbstverständlichkeit wird dabei heute der Bereich der Selbsthilfe dem Ehrenamt zugerechnet (z.b. Breitkopf/Matzat 2001). Der Diskurs über das ehrenamtliche Engagement wird auch durch neue Konzepte wie „freiwillige soziale Tätigkeit" oder „bürgerschaftliches Engagement" zunehmend unübersichtlich. Die gilt insbesondere für die nachberufliche Lebensphase (vgl. Künemund 2006). Empirisch ist die Sachlage indes keineswegs leicht zu überschauen. Oft wird z.b. angenommen, die Engagementquoten im Bereich ehrenamtlicher Tätigkeiten hätten zugenommen. Allerdings lässt sich dieser Wandel mit den gegenwärtig verfügbaren Daten kaum angemessen nachzeichnen.

Wir werden im Folgenden einige Entwicklungstendenzen des Diskurses und der empirischen Messung im Bereich ehrenamtlicher Tätigkeit in den letzten etwa 30 Jahren grob skizzieren. Dabei werden die Probleme der Erfassung des Wandels der Ehrenamtlichkeit verdeutlicht. Abschließend sollen Verbreitung und Entwicklung ehrenamtlichen Engagements im Alter anhand von Längsschnittdaten dokumentiert werden sowie Möglichkeiten einer verbesserten Operationalisierung diskutiert werden.

2 Der Strukturwandel des Ehrenamts und Probleme seiner empirischen Erfassung

Unter ehrenamtlicher Tätigkeit wird gewöhnlich freiwillige, nicht auf Entgelt ausgerichtete Betätigung im Rahmen von Institutionen und Vereinigungen verstanden. Führende und verwaltende Tätigkeiten werden dabei oftmals als politisches Ehrenamt, helfende Tätigkeiten als soziales Ehrenamt bezeichnet. Das politische Ehrenamt bringt „Beteiligung an Planung, Organisation und Entscheidungsaufgaben in Institutionen" wie Parteien, Verbänden und Vereinen mit sich und vermittelt darüber hinaus – anders als zumeist das soziale Ehrenamt – „faktisch 'Ehre' im Sinne von gesellschaftlichem Ansehen" (Backes 1987: 119) und wird typischerweise eher von Männern ausgeübt. Das soziale Ehrenamt ist demgegenüber auf die Unterstützung und Betreuung von Hilfebedürftigen gerichtet und wird häufiger von Frauen geleistet.

Der bereits mehrfach diagnostizierte Strukturwandel dieses Ehrenamts (vgl. z.B. Olk 1988; Beher et al. 2000) kann auf vier verschiedenen Ebenen diskutiert werden: 1. auf der Mikroebene der Ehrenamtlichen selbst, 2. auf einer Mesoebene sich wandelnder Rahmenbedingungen für solche Tätigkeiten in den Bereichen der so genannte intermediären Organisationen, Vereinen und Verbänden, 3. auf einer Makroebene der Veränderungen der Rahmenbedingungen für ein Engagement und 4. schließlich auf der Ebene öffentlicher, politischer und wissenschaftlicher Diskurse, welche sowohl die bereits erkennbaren Veränderungen als auch mögliche und wünschbare zukünftige Entwicklungen in diesem Bereich thematisieren. Diese vier Ebenen stehen in einem wechselseitigen Zusammenhang, sollen im Folgenden aber analytisch getrennt betrachtet werden, um Interaktionsbezüge sichtbar machen zu können.

Auf der Mikroebene wurde der Strukturwandel des Ehrenamts vor allem als Motivwandel diskutiert und vor dem Hintergrund der Individualisierungs- und Wertewandelsdiskussionen plausibilisiert. Mit der allmählichen Auflösung traditioneller sozial-moralischer Milieus und einer in der Folge abnehmenden Bindungskraft traditioneller Organisationen im Modernisierungsprozess gehe ein Wandel der individuellen Zielsetzungen einher: Während das „traditionelle" Ehrenamt primär „Tätigkeit für andere" war, sei das „neue" Ehrenamt eher „Tätigkeit für sich und für andere" (Braun et al. 1997: 98f). Statt altruistischer Hilfe werden Partizipation und Teilhabe als Handlungsmotive herausgestellt, wie auch entsprechende Nutzenvorteile in Form von als „process benefits" für die Beteiligten, und generell ein Wandel von Pflicht- und Akzeptanz- zu Selbstentfaltungswerten identifiziert (Klages 2002). Gestützt werden diese Diagnosen einerseits durch Studien zu Werteorientierungen und andererseits durch Fallstudien, in denen neben einer breiten Palette von Motiven und Zielsetzungen auch ein Biographiebezug entdeckt wurde (z.B. Jakob 1993) – ehrenamtliches Engagement werde zunehmend als Resultat einer Suche nach neuen Sinngehalten im Falle biographischer Brüche und Wendepunkte gewählt, und sei daher nicht mehr primär auf die Bearbeitung sozialer Problemlagen gerichtet, sondern erhält einen neuartigen Aspekt der biographischen „Selbst-Hilfe" (Jakob 1993: 283).

So plausibel und überzeugend solche Argumente in einer langfristigen Perspektive gesellschaftlicher Modernisierungsprozesse auch scheinen, ein verlässlicher empirischer Beleg für einen solchen Motivwandel im Nachkriegsdeutschland steht bislang aus. Eine Mischung von altruistischen bzw. Verpflichtungsmotiven und Selbstentfaltungsmotiven dürfte vielmehr schon länger existiert haben. Beispielsweise wird das Erlangen der „Ehre", welche mit dem traditionellen Ehrenamt einhergeht, auch zu früheren Zeitpunkten ein wesentliches Motiv zur Ausübung dieser Tätigkeiten dargestellt haben, und ebenso spielen individuelle Interessen und Präferenzen – etwa eine sinnvolle, oder einfach nur neue Aufgabe zu haben, Kontakte zu Anderen zu erhalten usw. – sicher schon länger eine Rolle. Ein Beleg für einen Wandel im Mischungsverhältnis dieser Motive ist aber durch das Fehlen von Vergleichsdaten früherer Zeitpunkte schwer möglich, so dass die Thesen eines solchen Strukturwandels als Konsequenz eines Motivwandels für diesen Zeitraum nicht empirisch belastbar sind.

Gegenthesen sehen den Strukturwandel in erster Linie auf der Mesoebene begründet. Die Entstehung einer „neuen Ehrenamtlichkeit" außerhalb oder am Rande der traditionellen Institutionen – also insbesondere der Kirchen und der großen Wohlfahrtsverbände – in selbstorganisierten Gruppen, Initiativen und Projekten im Kontext der verschiedenen sozialen Bewegungen der 70 und 80er Jahre – man denke z.B. an Alternativ-, Selbsthilfe-, Frauen- und Ökologiebewegung –, wurde zum Einen aus einer zunehmenden Diskrepanz zwischen den formal organisierten und bürokratisch verfestigten Strukturen in den traditionellen Wohlfahrtsorganisationen erklärt. Zum Anderen wurde als Begründung das Entstehen neuer Interessenlagen und Bedürfnisse vorgelegt, die sich trotz – oder gerade aufgrund – des massiven und erfolgreichen Ausbaus wohlfahrtsstaatlicher Institutionen in der Nachkriegszeit ausbildeten.

Helmut Schelsky hatte bereits Mitte der 50er Jahre vermutet, dass eine in der Funktionslogik der Wohlfahrtsverbände begründete Tendenz zur bürokratischen Verwaltung und funktionellen Arbeitsteilung zu einer „Abstumpfung aller anderen Arten von Initiative, Phantasie und Neuerungsbereitschaft" führen könnte und „ihr festgelegtes Funktionssystem sich als nicht anpassungsfähig oder handlungsfähig genug beweist" (Schelsky 1965: 299f.). Neue Problemlagen etwa im Zusammenhang mit chronischen Krankheiten, Behinderungen, Langzeitarbeitslosigkeit, oder auch neuartigen Krankheitsbildern wie AIDS wurden offenbar von den traditionellen Wohlfahrtsinstitutionen nicht schnell genug aufgegriffen, für viele Fragen – etwa im Umweltbereich – waren sie offenbar auch nicht die richtigen Ansprechpartner. Der Strukturwandel führt in dieser Perspektive also zunächst fort von den traditionellen intermediären Institutionen, bei denen zugleich eine zunehmende „Professionalisierung" des Ehrenamts beklagt wurde (Rauschenbach 1991), was im Lichte des eben erwähnten Wandels zu mehr Selbstverwirklichungsinteressen und biographischer „Passung" als ein weiteres Hemmnis für ein dauerhaftes Engagement gesehen wird, das „von vorgegebenen verbandlichen Interessen diktiert" (Sachße 2002: 5) wird. Insofern wäre – hinsichtlich der „traditionellen" Definition des Ehrenamts – mit einem Rückgang der Beteiligungsquoten zu rechnen, der von den Kirchen und Wohlfahrtsverbänden auch beklagt wird. Dem stünde jedoch ein deutlicher Zuwachs der Beteiligung vor allem im Bereich der Selbsthilfe gegenüber.

In eine ähnliche Richtung weisen Argumente, die z.B. auf die Familie und ihren Wandel abstellen, welche eine Sozialisation ehrenamtsförderlicher Werte und Normen zunehmend vermissen lassen, was den Ruf nach „civic education" laut werden lässt (z.B. Olk 2002). Auch hier kann man aber festhalten, dass diesen Apell schon Schelsky (1965: 297) formuliert hat. Ansonsten wären für den empirischen Nachweis eines solchen Wandels Daten nötig, die zwischen Ehrenamt und Selbsthilfe, zwischen „altem" und „neuem" Ehrenamt eine Differenzierung ermöglichen.

Auf einer Makroebene wird insbesondere der Sozialstaat als Ursache für den Bedeutungsverlust des traditionellen, aber auch den Bedeutungszuwachs der „neuen" Ehrenamtlichkeit verantwortlich gemacht. Analog zum Argument von Schelsky machen z.B. Evers und Olk (2002: 7) eine „immanente Funktionslogik" des „paternalistischen Sozialstaats" für die eben genannten Prozesse der Bürokratisierung und Professionalisierung auf der Ebene der Wohlfahrtsorganisationen verantwortlich: Das Interesse an einer „gleichmäßigen und flächendeckenden Versorgung" führe quasi zwangsläufig zu „selektiver Tatsachenfeststellung und bürokratisch-professionellen Erledigungsstrukturen" und bringe damit eben jene Unzufriedenheit hervor, welche den „zivilgesellschaftlichen Aufbruch" der 70er Jahre maßgeblich befördert habe. Oft wird auch eine Verdrängung traditioneller Hilfenetze, milieugestützter Selbstorganisation wie auch der gesellschaftlichen Solidarität insgesamt dem deutschen Sozialstaat sowie dessen Ausbau angelastet, als direkte Folge einer Substitution dieser Hilfestrukturen durch sozialstaatliche Institutionen (Künemund/Vogel 2006). Dies ist insbesondere dort der Fall, wo der Wohlfahrtsstaat generell in der Kritik steht und man sich demgegenüber von Wohlfahrtsmärkten mehr Gerechtigkeit verspricht – diese Positionen hat z.B. Lutz Leisering (2004) nachgezeichnet. Er vertritt darüber hinaus die These, dass normative Diskurse über den Sozialstaat flankierende Faktoren bei dessen Umgestaltung sind.

Auf dieser Ebene der öffentlichen, politischen und wissenschaftlichen Auseinandersetzung über das Ehrenamt, das bürgerschaftliche Engagement und deren Rolle im gegenwärtigen Umbau des Sozialstaats werden die hier nur kurz zusammengefassten Argumente verflochten. Dabei lässt sich eine Vielzahl von sich z.T. überschneidenden Diskursen identifizieren, die in ihrer Summe zu einem enormen Aufmerksamkeits- und Bedeutungszuwachs des Ehrenamtes geführt, jedoch zugleich eine Vielzahl von neuen Definitionen hervorgebracht

haben. Einige stichpunktartige Hinweise auf die Konjunktur des Ehrenamtes können diesen Bedeutungszuwachs verdeutlichen:
- Die Jahre des Ehrenamts (1996) und der Freiwilligen (2001), welche jeweils mit vielfältigen lokalen Aktionen und Großveranstaltungen vorbereitet und durchgeführt wurden,
- die Antwort der Bundesregierung auf einen große Anfrage zum Ehrenamt im Jahre 1996, die zum Freiwilligensurvey Anlass gab, der erstmals 1999 durchgeführt und 2004 repliziert wurde und die Einsetzung der Enquete-Kommission Bürgerschaftliches Engagement im Jahr 2000 befördert hat;
- die Krisen- und Umbaudiskussionen zum Sozialstaat, der durch demographische Veränderungen, deutsche Einheit, Europäisierung und Globalisierung zunehmend unter Druck geraten ist, und in denen nicht selten auf die Notwendigkeit von Ehrenamt und bürgerschaftlichem Engagement für die Bewältigung der anstehenden Problemlagen hingewiesen wird;
- die generelle Suche nach Wegen der Substitution staatlicher und kommunaler Leistungserbringung durch private und ehrenamtliche „Versorger" in Zeiten steigender öffentlicher Verschuldung;
- sowie schließlich die vielfältigen Debatten um die Bürgerarbeit bzw. Bürgergesellschaft – Mitte der 90er Jahre prominent vor allem durch die „Kommission für Zukunftsfragen" der Freistaaten Bayern und Sachsen in die öffentliche Diskussion gebracht, um das Sozialkapital als sozialem „Kitt" der Gesellschaft – maßgeblich belebt durch Robert Putnam (1995) –, um den aktivierenden Wohlfahrtsstaat – sowohl in der neoliberalen Variante des Setzens von Anreizen qua Leistungsreduktion als auch der „aktivaktivierenden" Variante im Sinne eines „dritten Weges" (Leisering/Hilkert 2000), jene um den dritten Sektor, den Kommunitarismus, corporate citizenship, Freiwilligendienste wie soziales und ökologisches Jahr als „civic education" und dergleichen mehr.

Kurzum: Zahlreiche Diskurse bzw. Argumentationsstränge nationaler und internationaler Herkunft zu Gegenwartsdiagnosen und Entwicklungsperspektiven der Gesellschaft bringen das Thema Ehrenamt und Engagement immer stärker in die öffentliche Diskussion und verleihen ihm dabei ganz überwiegend den Charakter eines sozial hochgradig erwünschten Handelns (vgl. auch den Beitrag von Aner/Hammerschmidt in diesem Band). Sie führten mit zum Aufbau Engagement unterstützender Rahmenbedingungen und einer aktivierenden Infrastruktur z.B. durch Selbsthilfekontaktstellen, Freiwilligenagenturen und -börsen, Seniorenbüros, Bildungsofferten für Ehrenamtliche als „Fachkräfte für Bürgerengagement und die Anregung von Selbsthilfe" (Hinte 2004: 6) und somit höchstwahrscheinlich auch zu einer Zunahme der Engagementquoten.

Neben dem daraus resultierenden Bedeutungszuwachs ist aber auch ein Bedeutungswandel erkennbar, der im Diskurs zum bürgerschaftlichen Engagement besonders deutlich wird. Das bürgerschaftliche Engagement z.b. in der Definition der Enquete Kommission umfasst zusätzlich zur Selbsthilfe die Mitarbeit in Tauschringen, Nachbarschaftsinitiativen, bei Volksbegehren sowie gemeinwohlorientierte Aktivitäten von Unternehmen und Stiftungen. Manche Autoren schließen auch das Leisten einer Unterschrift für eine Bürgerinitiative, das Spenden von Geld oder die Mitwirkung bei einem Straßenfest ein (z.b. Olk 2002), solange es gemeinwohlorientiert ist (eine Entscheidung, die nicht immer leicht fallen und stark von der politischen Großwetterlage abhängen dürfte).

Das Konzept des bürgerschaftlichen Engagements – zunächst im Speyerer Wertesurvey von 1997 als Ergänzung zu Werteorientierungen von Helmut Klages empirisch umgesetzt – schließt auch die aktive Beteiligung z.B. in der Kirchengemeinde ein, auch wenn damit kein „Amt" oder eine spezifische „Funktion" verbunden ist (vgl. Klages 1998). Es stehen also weniger Funktionen oder Ämter, sondern das Engagement selbst im Vordergrund. Die so ermittelten Beteiligungsquoten liegen daher zwangsläufig höher als bei früheren Studien. Noch höhere Quoten lassen sich mit dem Konzept der „produktiven" Tätigkeiten erzielen, welches vor allem im Kontext nachberuflicher Tätigkeiten verwendet wird (vgl. Kohli/Künemund 1996; Künemund 2000), oder jenem der „informellen Arbeit" (Erlinghagen 2000).

Trotz konzeptioneller Differenzen werden insbesondere die Begriffe Ehrenamt und bürgerschaftliches Engagement oftmals synonym verwendet. Helmut Klages (1998: 30f.) z.B. führt angebliche „Antworthemmnisse" bei herkömmlichen Fragen nach ehrenamtlichen Tätigkeiten – und die daraus resultierenden geringen Quoten im Vergleich etwa zu den USA – darauf zurück, „daß sehr viele Aktive gar nicht wissen, daß sie eine 'ehrenamtliche' Tätigkeit ausüben". Damit wird das bürgerschaftliche Engagement unter der Hand zum Ehrenamt. Thomas Rauschenbach (1999: 69) z.B. konstatiert hierzu pointiert: „jeder, der sich schon einmal jenseits von Familie und Lohnarbeit engagiert hat, wird in immer breiter gefassten begrifflichen Operationalisierungen im Rahmen von Forschungsprojekten als ‚Ehrenamtlicher' oder ‚bürgerschaftlich Engagierter' ‚entdeckt' und mitgezählt". Solche konzeptionellen Erweiterungen dürften mittelfristig Rückwirkungen auf die Selbstdefinition der Beteiligten haben, insbesondere dann, wenn dies in der politischen Diskussion oder der Praxis z.B. der sozialen Arbeit auch forciert und mit einer besonderen Wertschätzung versehen wird.

Ähnliche Prozesse der Umdefinitionen wurden z.B. bereits zur Hochzeit der Selbsthilfebewegung konstatiert, z.B. von Peter Zeman (1997: 252) im Bereich der Altenhilfe: „Viele Altenclubs aus dem klassischen Bereich 'offener Altenhilfe' der traditionellen Wohlfahrtsverbände wurden damals über Nacht zu 'Selbsthilfegruppen'". Zugespitzt formuliert: Ein tendenziell inflationärer Gebrauch des Begriffs „Ehrenamt" in diesen Diskursen, der u.a. für die Beteiligten eine gewisse Wertschätzung verspricht und insofern auch dort gern verwendet wird, wo der Wunsch nach einer stärkeren Beteiligung besteht, führt dazu, dass ein immer größerer Personenkreis einbezogen wird – oder sich ggf. dann in entsprechenden sozialwissenschaftlichen Befragungen einbezieht. Die in solchen Befragungen ermittelten Quoten ehrenamtlich Tätiger würden sich dann verändern können, ohne dass davon zwingend auf eine Veränderung in der faktischen Partizipation oder der Art des tatsächlichen gesellschaftlichen Zusammenlebens geschlossen werden könnte.

In der Konsequenz wird der Querschnittsvergleich zur Abschätzung gesellschaftlicher Veränderungen in diesem Bereich ganz erheblich erschwert. Das Ausmaß solcher Veränderungsprozesse wie auch ihr Zusammenhang mit anderen gesellschaftlichen Wandlungsprozessen scheint auf der Verhaltensebene durch Befragungen kaum noch empirisch nachweisbar. Der Freiwilligensurvey – vom auftraggebenden Ministerium zunächst als „Erhebung zum Ehrenamt" initiiert – sollte zwar diese bislang fehlende empirische Grundlage liefern. Hier wurde jedoch nicht das traditionelle Ehrenamt, auch nicht jenes der bürgerschaftlichen Engagements im weitesten Sinne, sondern ein Konzept des freiwilligen Engagements umgesetzt, des Übernehmens von Aufgaben oder Arbeiten jenseits von Beruf und Familie. Dabei werden in der Frageformulierung Vereine, Initiativen, Projekte und Selbsthilfegruppen gleichzeitig angesprochen, und auch die angeführten Beispiele verklammern diese Bereiche (also z.B. „Sportverein" und „Bewegungsgruppe", vgl. v. Rosenbladt 2001: 39ff.) – es geht nunmehr um „freiwillige und ehrenamtliche Aufgaben". Somit sind die Quoten wiederum kaum mit früheren Studien vergleichbar.

Es spricht einiges dafür, dass diese Werte insgesamt ohnehin eher etwas zu hoch liegen. Beispielsweise ist bekannt, dass der Titel bzw. die Einleitung der jeweiligen Studie einen Einfluss auf die Teilnahmewahrscheinlichkeit hat, insofern sich bestimmte Personengruppen eher angesprochen fühlen und mit höherer Wahrscheinlichkeit teilnehmen. wodurch am Ende deren Bedeutung in der Grundgesamtheit überschätzt wird. In die gleiche Richtung wirkt ein genereller Faktor, den auch Bernhard von Rosenbladt (2001: 55) von Seiten des durchführenden Umfrageinstituts einräumt: „Es ist nicht auszuschließen, dass persönliche und soziale Merkmale, die freiwilliges Engagement begünstigen (Offenheit, Interesse, Kooperationsbereitschaft, Gemeinwohlorientierung), sich in gleicher Weise auch positiv auf die Teilnahmebereitschaft an einer repräsentativen Befragung auswirken".

Eine weitere Komplikation ergibt sich aus dem Zusammenspiel von sozialer Erwünschtheit und fehlender Eingrenzung des Zeitraums, auf den sich der Fragetext bezieht. Liegt z.B. das letzte Engagement drei Jahre zurück, wäre die Kategorie „nie" bei fehlender Eingrenzung des Zeitrahmens jedenfalls in der Befragungssituation vermeidbar: Es bleibt den Interviewten überlassen, ob sie dieses Engagement angeben oder nicht. Diese Kategorie ist damit für den auswertenden Forscher im Hinblick auf deskriptive Aussagen zur Verbreitung von Tätigkeiten nicht eindeutig interpretierbar. Wird beispielsweise gefragt, „ob Sie sich in einem oder mehrerer dieser Bereiche aktiv beteiligen" bzw. „derzeit" ehrenamtlich tätig sind, sowie wie viel Zeit man „im Durchschnitt pro Woche" aufwendet, eröffnet dies erhebliche Spielräume. Zugespitzt formuliert: Ob das regelmäßige jährliche Helfen beim Sommerfest der Kirchengemeinde als „derzeitiges" freiwilliges Engagement einbezogen wird, liegt ebenso weitgehend im Ermessen der Antwortenden, wie die Frage, ob es sich dabei überhaupt um eine „aktive Beteiligung" handelt. Im Falle einer hohen sozialen Erwünschtheit wäre daher die Möglichkeit eines zunehmenden „overreporting" gegeben.

3   Empirische Befunde

Generell gilt, dass sich die Entwicklung ehrenamtlichen Engagements nur auf der Basis von Befragungsdaten angehen lässt, da Aggregatdaten z.B. von Verbänden Mehrfachmitgliedschaften bzw. –engagements einschließen, zugleich aber das Engagement außerhalb der Verbände fehlen würde. Mit der Längsschnittstudie Sozio-oekonomisches Panel (SOEP) steht ein Mikrodatensatz zur Verfügung, mit dem – bei gewissen Einschränkungen – solche Veränderungen seit 1984 nachgezeichnet werden können (vgl. Schupp/Wagner 2002; siehe auch den Beitrag von Erlinghagen in diesem Band). Auch hier wurde in der Frageformulierung zwar auf eine Abgrenzung des Zeitraums verzichtet, d.h. die Frage ist im Prinzip anfällig für Effekte sozialer Erwünschtheit, und die Kategorie „nie" ist daher schwer interpretierbar. Da die Befragung aber jährlich wiederholt wird und sich in den meisten Themenbereichen jeweils auf das letzte Jahr vor der Befragung bezieht, sollte dieser Mangel nicht übermäßig ins Gewicht fallen und lässt sich zudem in Form der individuellen Längsschnittkonsistenzprüfung empirisch bestimmen. Da aber die Frageformulierung den Befragten auch die Entscheidung überlässt, was ein Ehrenamt ist, bleibt dennoch eine Anfälligkeit für Effekte sozialer Erwünschtheit bei der Interpretation der Ergebnisse zu berücksichtigen.[1]

---

1   Die Frageformulierung lautet „Welche der folgenden Tätigkeiten üben Sie in Ihrer freien Zeit aus? Geben Sie bitte zu jeder Tätigkeit an, wie oft Sie das machen: jede Woche, jeden Monat, seltener oder nie?". Neben aktivem Sport und dem Kirchgang lautet eine Antwortvorgabe „Ehrenamtliche Tätigkeiten in Vereinen, Verbänden oder sozialen Diensten". Diese Frage wurde mit geringfügigen

Abbildung 1 zeigt die Engagementquoten in den alten Bundesländern über einen Zeitraum von 20 Jahren. Es wird deutlich, dass Schwankungen vor allem im Bereich des „seltenen" Engagements bestehen, ansonsten aber eher Stabilität im Aggregat überwiegt. Im Verlauf dieser 20 Jahre sind je zwischen sieben und neun Prozent der Bevölkerung wöchentlich, weitere sechs bis acht Prozent monatlich engagiert. Lediglich jene Aktivitäten, die seltener als monatlich ausgeübt werden, scheinen zugenommen zu haben – sie schwanken zwischen acht und 15 Prozent, mit Spitzenwerten 1996 und 2005.

Sowohl gemessen an den Klagen über die rückläufige Mitgliedschaft und Engagementbereitschaft von Seiten der Wohlfahrtsverbände, Kirchen und Gewerkschaften, als auch angesichts der oft vermuteten Zunahme ehrenamtlichen Engagements ist diese Konstanz überraschend. Hinter ihr kann sich natürlich eine gewisse Verschiebung z.B. von den Wohlfahrtsverbänden hin zu Selbsthilfegruppe verbergen, und manche Schwankung – etwa der Höchststand im Jahre 1996, dem Jahr des Ehrenamts – lässt sich wahrscheinlich auf den geschilderten Bedeutungswandel des Begriffs und die gestiegene Aufmerksamkeit für solche Tätigkeiten erklären. Zusammengenommen waren damit pro Jahr zwischen 22 und 33 Prozent ehrenamtlich engagiert. Im Jahr 2005 liegt dabei der bisherige Spitzenwert, dicht gefolgt von 1996 und 1999. Wir müssen daher an dieser Stelle jenen früheren Analysen auf der Basis des SOEP widersprechen, die einen linearen Anstieg der Engagementquoten zu erkennen geglaubt haben. Diese legten zumeist den Zeitraum bis 1996 zu Grunde: Die Studie von Erlinghagen et al. (1997), das Gutachten für die „Kommission für Zukunftsfragen" der Freistaaten Bayern und Sachsen (Heinze/Keupp 1997) sowie die kritische Stellungnahme zu letzterem von Wagner et al. (1998). Der Spitzenwert von 1996 wurde aber erst im Jahr 2005 wieder erreicht.[2]

Änderungen seit 1984 jährlich, seit 1999 alle zwei Jahre gestellt. In der ersten Welle wurde jedoch noch ein anderes Antwortformat verwendet, so dass wir im Folgenden nur den Zeitraum 1985 bis 2005 betrachten. Zudem ist zu berücksichtigen, dass in den Jahren 1995, 1998 und 2003 mehr Tätigkeiten erfasst wurden und deshalb fünf Antwortvorgaben vorgesehen waren. Die (wenigen) Nennungen in dieser zusätzlichen Ausprägung „täglich" werden in den folgenden Analysen der Ausprägung „wöchentlich" zugeordnet.

2 Erlinghagen et al. (2006) präsentieren ähnliche Ergebnisse auf der Grundlage des SOEP bis zum Jahr 2003. Sie fassen dabei die Ausprägungen „wöchentlich" und „monatlich" zu einer Kategorie „regelmäßig" zusammen und halten fest, dass sich „der Anteil sowohl jüngerer als auch älterer Aktiver in Westdeutschland sich zwischen 1985 und 2003 erhöht hat" (Erlinghagen et al. 2006: 123). Unsere Analysen können diese Interpretation so nicht stützen, allenfalls 2005 ließe sich wieder ein (leichter) genereller Anstieg beobachten.

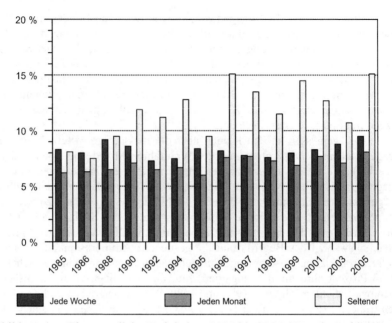

Abbildung 1: Ehrenamtliche Tätigkeiten 1985 bis 2005 (Westdeutschland)
Quelle: SOEP 1985-2005, gewichtet.

In den neuen Bundesländern lässt sich dagegen deutlicher ein Zuwachs insbesondere auch des wöchentlichen und monatlichen Engagements erkennen, sofern wir einmal die Erhebung im Jahr 1990 – noch mit maßgeblichem Bezug auf die DDR – außer Acht lassen. Das wöchentliche Engagement schwankt hier zwischen drei und sechs Prozent, das monatliche zwischen fünf und elf Prozent (letzteres 1990). Auch hier fallen die Schwankungen im sporadischen Engagement am höchsten aus – die Anteile liegen zwischen acht und 14 Prozent. Zusammengenommen waren damit jährlich zwischen 18 Prozent und 28 Prozent ehrenamtlich engagiert, also etwas weniger als in den alten Bundesländern. Auch hier liegt der bisherige Spitzenwert im Jahr 2005, ein Prozent über dem Wert von 1990 (was allerdings – wie bereits erwähnt – nur an den deutlich häufigeren Nennungen von seltenen Engagements liegt).

Konjunkturen des Ehrenamts – Diskurse und Empirie 155

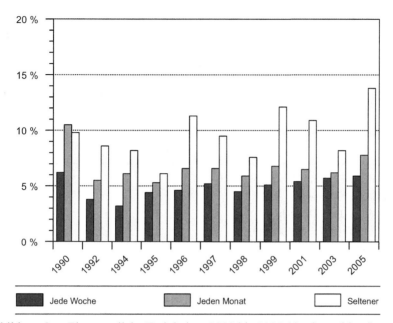

Abbildung 2: Ehrenamtliche Tätigkeiten 1990 bis 2005 (Ostdeutschland)
Quelle: SOEP 1990-2005, gewichtet.

In Anbetracht dieser Schwankungen sollte der Begeisterung über steigende Engagementquoten – die Freiwilligensurveys stellten z.b. einen Zuwachs von 34 auf 36 Prozent zwischen 1999 und 2004 heraus – mit einer gewissen Skepsis begegnet werden (Gensicke et al. 2006; Gensicke in diesem Band). Allerdings wird mit der Frageformulierung des SOEP nicht das identische Spektrum abgedeckt – insofern können wir nur konstatieren, dass ohne Änderung der Frageformulierung bzw. Konzepte keine generelle Zunahme festzustellen ist, was eine Zunahme anderer Engagementformen nicht ausschließt. Insbesondere hinter der Zunahme der selteneren Engagements verbirgt sich möglicherweise der vermutete Strukturwandel.

Um nun zu prüfen, in welcher Hinsicht sich die sozio-demographische Zusammensetzung der Gruppe der ehrenamtlich Tätigen in diesem Zeitraum verändert hat, werden in Tabelle 1 die Ergebnisse logistischer Regressionen für die Zeitpunkte 1985 (nur Westdeutschland), 1995 und 2005 zusammengefasst. Hier zeigen sich zunächst die weitgehend bekannten Zusammenhänge: In den neuen Bundesländern ist ein ehrenamtliches Engagement seltener, Männer sind häufiger engagiert als Frauen, Deutsche häufiger als Personen anderer Nationalität, mit zunehmendem Alter und sinkt die Wahrscheinlichkeit, ehrenamtlich tätig zu sein (auch bei Kontrolle von Geschlecht und Gesundheit), mit besserer Bildung steigt diese Wahrscheinlichkeit, und mit schlechterer Gesundheit nimmt sie ab. Die individuelle Verfügbarkeit der Ressource Zeit ist nicht pauschal positiv mit dem ehrenamtlichen Engagement verbunden – eine geringfügige Erwerbstätigkeit hat im Vergleich zur Nichterwerbstätigkeit einen positiven, Arbeitslosigkeit jedoch einen negativen Effekt.

	1985	1995	2005
Ostdeutschland (Ref.: Westdeutschland)	–	.62**	.73**
Frauen (Ref.: Männer)	.49**	.59**	.78**
Nationalität (Ref.: Deutsch)	.31**	.41**	.43**
Altersgruppe (Ref.: 35-49 Jahre)			
16-34 Jahre	.71**	.69**	.76**
50-64 Jahre	.73**	1.01	1.06
65-79 Jahre	.42**	.75**	0.93
über 79 Jahre	.20**	.34**	.37**
Bildung (Ref.: geringer als Realschule)			
Realschule bzw. Fachhochschulreife	1.62**	1.47**	1.33**
Abitur	1.56**	1.70**	1.67**
Erwerbsstatus (Ref.: nicht erwerbstätig)			
erwerbstätig	1.05	1.11	1.16*
geringfügig erwerbstätig	2.35**	1.74**	2.18**
arbeitslos	.65**	.70**	.72**
Gesundheitliche Beeinträchtigung (Ref.: Nein)	.84*	.81*	.73**
Konstante	0.04	0.05	-0.09
Pseudo r^2 (Nagelkerke)	0.12	0.08	0.06
N	11.009	13.768	21.105

Tabelle 1: Ehrenamtliche Tätigkeiten 1985, 1995 und 2005 (logistische Regressionen, odds ratios außer bei den Konstanten)

Quelle: SOEP 1985, 1995 und 2005, gewichtet (*: p<.05; **: p<.001).

Die Vorhersagekraft sowie Stärke des Einflusses dieser Variablen geht im Zeitvergleich zurück, d.h. die weitgehend bekannte soziale Selektivität ehrenamtlichen Engagements schwächt sich ab. Dies könnte ein Hinweis darauf sein, dass sich die Felder und Motive ebenfalls verändert haben. Es wäre aber auch denkbar, dass dies vor allem dem Zuwachs an sporadischem Engagement geschuldet ist, wenn speziell dieses weniger sozial selektiv bleibt. Um dies zu prüfen, werden in Tabelle 2 die gleichen Modelle noch mal für das mindestens monatliche Engagement berechnet.

	1985	1995	2005
Ostdeutschland (Ref.: Westdeutschland)	–	.65**	.67**
Frauen (Ref.: Männer)	.43**	.53**	.71**
Nationalität (Ref.: Deutsch)	.29**	.37**	.42**
Altersgruppe (Ref.: 35-49 Jahre)			
16-34 Jahre	.64**	.67**	.75**
50-64 Jahre	.72**	1.08	1.30**
65-79 Jahre	.43**	0.87	1.28**
über 79 Jahre	.20**	.27**	.47**
Bildung (Ref.: geringer als Realschule)			
Realschule bzw. Fachhochschulreife	1.70**	1.44**	1.32**
Abitur	1.47**	1.54**	1.55**
Erwerbsstatus (Ref.: nicht erwerbstätig)			
erwerbstätig	1.07	1.02	1.07
geringfügig erwerbstätig	1.77*	1.79**	1.82**
arbeitslos	.55*	.61**	.64**
Gesundheitliche Beeinträchtigung (Ref.: Nein)	0.89	.80*	.66**
Konstante	-0.33	-0.37	-0.65
Pseudo r^2 (Nagelkerke)	0.11	0.07	0.05
N	11.090	13.768	21.105

Tabelle 2: Mindestens monatliche ehrenamtliche Tätigkeit 1985, 1995 und 2005 (logistische Regressionen, odds ratios außer bei den Konstanten)

Quelle: SOEP 1985, 1995 und 2005, gewichtet (*: $p<.05$; **: $p<.001$).

Die Ergebnisse der Analysen weisen jedoch in eine andere Richtung. Bildung, Geschlecht und Alter sind im Querschnittvergleich zunehmend weniger bedeutsam, während die Rolle der Gesundheit an Bedeutung zu gewinnen scheint. Besonders auffällig ist in dieser Betrachtung aber ein stärkeres Engagement der "jungen Alten": Während die 50- bis 79-Jährigen 1985 noch eine signifikant geringere Wahrscheinlichkeit als die 35- bis 49-Jährigen aufweisen, ehrenamtlich tätig zu sein, hat diese Altersgruppe 2005 eine signifikant höhere Wahrscheinlichkeit eines mindestens monatlichen Engagements. In diese Richtung wiesen sowohl die Analysen der Alterssurveys von 1996 und 2002 (Künemund 2006) als auch altersspezifische Auswertungen des SOEP (Erlinghagen et al. 2006: 124). Insgesamt aber muss festgehalten werden, dass über die letzten 20 Jahre – bei erheblichen Schwankungen vor allem Bereich sporadischen Engagements – kein signifikanter Zuwachs an kontinuierlich praktiziertem ehrenamtlichen Engagement festzustellen ist, wenn das Erhebungsinstrument konstant gehalten wird. Ob der erneute Zuwachs im Jahr 2005 eine Trendwende anzeigt oder ähnlich wie 1996 bzw. 1999 danach wieder geringere Anteile folgen, wird sich erst mit den nächsten Wellen des SOEP zeigen.

4 Fazit

Ehrenamtliche Tätigkeiten sind auf individueller, organisationeller wie auch gesellschaftlicher Ebene von herausragender Bedeutung. Diese Tätigkeiten haben – im Gegensatz zu stärker konsumtiv gerichteten Freizeittätigkeiten – nicht nur einen individuellen Wert, sondern auch eine Bedeutung in Form sozialer Integration sowie gesellschaftlicher Anerkennung. Der gesellschaftlichen Wert lässt sich erahnen, wenn man berücksichtigt, dass für viele dieser Tätigkeiten – würden sie nicht weitgehend unentgeltlich erbracht – sozialstaatliche Mittel aufgewendet werden müssten. Auch hängt die Funktionsfähigkeit vieler intermediärer Organisationen – z.B. der Wohlfahrtsverbände, aber z.B. auch der Sportvereine (und damit dann beispielsweise ein Großteil der Möglichkeiten für Kinder, sich sportlich zu betätigen) – zu einem großen Teil von der Bereitschaft zu ehrenamtlichem Engagement ab. Der ökonomische Wert dieser Tätigkeiten ist beträchtlich: Für die 60- bis 85-Jährigen wurde für ehrenamtliche Tätigkeiten, private Enkelkinderbetreuung und Pflegetätigkeiten z.B. ein Wert von 41,3 Milliarden Euro allein im Jahr 1996 geschätzt (vgl. Künemund 1999). Der gesellschaftliche Wert lässt sich nicht in dieser Weise quantifizieren, kann aber sehr hoch veranschlagt werden. Es geht hier auch um den Zusammenhalt der Gesellschaft insgesamt – um den "sozialen Kitt", der auch in den Diskussionen um die "Bürger-" oder "Zivilgesellschaft" eingefordert wird. Und letztlich haben auch die eher psychologische Aspekte z.B. der Sinnerfüllung in ihrer Summe eine erhebliche gesellschaftliche Bedeutung.

Die gegenwärtige Konjunktur des Lobes über das Ehrenamt bringt jedoch die Gefahr einer Übertreibung mit sich. Dies zeigt sich u.a. bei der Ermittlung der Quoten ehrenamtlichen Engagement mit disparaten Befunden, wobei gelegentlich schon der Eindruck entstand, man wisse „im Grunde nichts" (Ziegler 1998: 42). Diese äußerst unterschiedlichen Ergebnisse zum ehrenamtlichen Engagement sind nicht in erster Linie ein Indiz für grundsätzliche Probleme in der sozialwissenschaftlichen empirischen Forschung, sondern vor allem ein Resultat unterschiedlicher Konzepte und Operationalisierungen, und darüber hinaus auch ein Resultat gesellschaftlichen Wandels. Die unterschiedlichen Herangehensweisen lassen derzeit kaum erkennen, ob mit dem Wandel vom Ehrenamt zur bürgerschaftlichen Engagement ein höherer Grad des Engagements insgesamt oder eine Verlagerung der Engagementschwerpunkte einhergeht. Sicher ist, dass sich neue Engagementformen herausgebildet haben; das Ausmaß solcher Veränderungen wird aber möglicherweise überschätzt.

Für die empirische Erfassung ehrenamtlichen Engagements, die Interpretation der Einzelbefunde und das Problem der Vergleichbarkeit schließen sich eine Reihe von Überlegungen an, von denen hier drei besonders hervorgehoben werden sollen (vgl. Künemund 2006). Erstens wäre für eine verlässlichere Interpretation vorliegender Daten und Ergebnisse – insbesondere beim Soziooekonomischen Panel – zu prüfen, ob sich nicht z.B. im Rahmen eines Pretests mit nachgelagerten Fragen, die sich konkret auf die Angaben zu den ehrenamtliche Tätigkeiten beziehen, ein Überblick gewinnen lässt, welche Angaben dort typischerweise gemacht werden (und im Umkehrschluss, welche typischerweise fehlen). Zu denken wäre insbesondere an halboffene Fragen nach der konkreten Art der Tätigkeiten und der institutionellen bzw. formalen Anbindung. Auch könnte man mit einer anschließenden weiteren Frage mit konkreten Beispielen und Vorgaben fortfahren, wie sie z.B. im Freiwilligensurvey eingesetzt werden, um weitere Hinweise zu erhalten, welche Tätigkeiten bei solchen Fragen typischerweise nicht in den Blick geraten. Damit würden die Ergebnisse besser (oder überhaupt erst) interpretierbar.

Zweitens bietet sich – insbesondere auch für den internationalen Vergleich, der ja neben den divergierenden Bedeutungen der Begriffe noch je spezifische institutionelle Gegebenheiten (z.B. Existenz und Ausmaß öffentlicher Hilfen, Tradition z.B. eines Vereinswesens oder einzelner Engagementformen) zu berücksichtigen hätte – eine möglicht detailierte und vor allem isolierte Erfassung all jener Tätigkeiten an, die konzeptionell der Zieldimension angehören könnten. In diesem Fall bleibt die Entscheidung, was Aktivität und Ehrenamt sind, nicht allein dem Befragten überlassen, sondern diese Konzepte müssen vom auswertenden Forscher mit den erhobenen Detailangaben erst noch umgesetzt werden.

Eine solche Forschungsstrategie hätte gleich mehrere Vorteile. Zum einen lassen sich verschiedene Konzepte umsetzen, indem jeweils andere Tätigkeiten einbezogen werden. Zum anderen lassen sich z.B. länderspezifische Besonderheiten ausklammern oder Äquivalente einbeziehen, um die Vergleichbarkeit herzustellen. Weiterhin könnten auch einzelne Tätigkeiten und Engagements verglichen werden, nicht nur deren Aggregationen zu immer neuen Konzepten. Und schließlich eröffnet sich so eine Möglichkeit, die einzelnen Tätigkeiten auch konkret zu bewerten, insbesondere wenn der zeitliche Umfang der Tätigkeiten in einem klar abgegrenzten Zeitraum mit erhoben wurde.

Drittens könnte man Tätigkeiten weitgehend offen erfragen, einen Katalog von außerberuflichen Tätigkeiten bzw. Engagementformen erstellen und dann die Tätigkeiten entsprechend codieren, ähnlich wie dies mit dem ISCO für die beruflichen Tätigkeiten geschieht. Dies muss nicht zwingend als Aufwendige Codierung nach der Erhebung geschehen, sondern kann durchaus auch „im Feld" geschehen. Hier könnten dann „rating"-Skalen entwickelt werden, die z.b. auf das Sozialkapital oder die ökonomische Bewertung der Güterproduktion zielen. Voraussetzung für solche Unternehmungen ist freilich die präzise Bestimmung dessen, was erhoben werden soll (einschließlich einer Referenzperiode). Ohnehin hat eine weitgehend offene Abfrage mit Feldvercodung gewisse Vorteile, z.B. auch bei der Erhebung der zeitlichen Dauer: Die Befragten müssen (und können) dann nicht die Antwortvorgaben in ihre Überlegungen einbeziehen, d.h. die Antwortskalen können keine systematischen Verzerrungen provozieren. Ein Problem könnte dann sein, dass den Befragten nicht auf Anhieb klar ist, in welchem Format eine Antwort gewünscht ist (z.B. zweimal im Monat, vier Stunden im Monat oder zwei mal zwei Stunden im Monat usw.). Aus diesem Grund wäre im Prinzip eine zweistufige Frage sinnvoll: zunächst nach der Häufigkeit allgemein (täglich, mehrmals wöchentlich, einmal wöchentlich, ein bis dreimal monatlich, seltener oder nie) und unmittelbar anschließend spezifisch nach dem Zeitaufwand (Stunden pro Tag/Woche/Monat, Anzahl im Jahr). Damit wird zuerst eine grobe Einordnung verlangt, auf die bezogen eine anschließende Schätzung leichter fallen sollte. Auch bei der zweiten Frage muss dabei selbstverständlich wieder ein Zeitrahmen vorgegeben werden, soll eine Schätzung sich nicht z.B. auf den gestrigen Sonntag beziehen. Um einen Durchschnittswert zu erhalten, scheint dabei der Hinweis auf z.B. eine typische Woche bzw. einen typischen Monat möglicherweise hinreichend.

Der Vorschlag für die weitere Instrumentenentwicklung ist daher die möglichst differenzierte Abfrage einzelner Tätigkeiten mit möglichst offener Beschreibung der konkreten Tätigkeiten, die eine ebenso differenzierte und ggf. selektive Zuordnung zu existierenden oder noch zu entwickelnden Konzepten wie Ehrenamt, bürgerschaftlichem Engagement, freiwilligen sozialen Tätigkeiten usw. erlauben.[3] Selbstverständlich steigt damit der Aufwand, aber wahrscheinlich auch der Ertrag. Es wird erst dann z.B. im längsschnittlichen oder internationalen Vergleich möglich, konkrete Veränderungen bzw. Unterschiede auf der Ebene der Tätigkeiten zu identifizieren und zu bewerten; mit den bisher vorherrschenden Instrumenten ist dies nicht hinreichend verlässlich möglich.

5 Literatur

Backes, Gertrud (1987): Frauen und soziales Ehrenamt. Zur Vergesellschaftung weiblicher Selbsthilfe. Augsburg: Maro.
Beher, Karin/Liebig, Reinhard/Rauschenbach, Thomas (2000): Strukturwandel des Ehrenamts. Gemeinwohlorientierung im Modernisierungsprozeß. Weinheim: Juventa.
Braun, Joachim/Claussen, Frauke, unter Mitarbeit von Bischoff, Stefan; Sommer, Lisa; Thomas, Frank (1997): Freiwilliges Engagement im Alter. Nutzer und Leistungen von Seniorenbüros. Stuttgart u.a.: Kohlhammer.
Breitkopf, Helmut/Matzat, Jürgen (2001): Bürgerengagement und Selbsthilfegruppen-Unterstützung. Ein kritischer Zwischenruf. In: Rolf G. Heinze und Thomas Olk (Hrsg.): Bürgerengagement in Deutschland. Bestandsaufnahme und Perspektiven. Opladen: Leske + Budrich, 509-518.
Erlinghagen, Marcel (2000): Informelle Arbeit. Ein Überblick über einen schillernden Begriff. In: Schmollers Jahrbuch 120, 239-274.
Erlinghagen, Marcel/Hank, Karsten /Lemke, Anja/Stuck, Stephanie (2006): Produktives Potenzial jenseits der Erwerbsarbeit – Ehrenamtliches Engagement von Älteren in Deutschland und Europa. In: Bertelsmann Stiftung (Hrsg.), Älter werden - aktiv bleiben. Gütersloh: Verlag Bertelsmann Stiftung, 121-137.
Erlinghagen, Marcel/Rinne, Karin/Schwarze, Johannes (1997): Ehrenamtliche Tätigkeiten in Deutschland – komplementär oder substitutiv? Analysen mit dem sozioökonomischen Panel 1985 bis 1996. Bochum: Univ. Diskussionspapiere aus der Fakultät für Sozialwissenschaft, Nr. 97-10.
Evers, Adalbert/Olk, Thomas (2002): Bürgerengagement im Sozialstaat – Randphänomen oder Kernproblem? In: Aus Politik und Zeitgeschichte B9/2002, 6-14.
Gaskin, Katharine/Davis Smith, Justin/Paulwitz, Irmtraud et al. (1996): Ein neues bürgerschaftliches Europa. Eine Untersuchung zur Verbreitung und Rolle von Volunteering in zehn Ländern. Freiburg: Lambertus.
Gensicke, Thomas/ Picot, Sibylle/Geiss, Sabine (2006): Freiwilliges Engagement in Deutschland 1999-2004. Wiesbaden: VS Verlag für Sozialwissenschaften.

---

3 Der Versuch, die einzelnen Facetten mit einer einzigen und dann sehr langen Formulierung einzufangen – vgl. etwa Gaskin et al. (1995) –, dürfte demgegenüber beim Befragten eher Konfusion (und in der Konsequenz Verneinung) zur Folge haben und das Interpretationsproblem auf beiden Seiten vergrößern.

Heinze, Rolf G./Keupp, Heiner (1997): Gesellschaftliche Bedeutung von Tätigkeiten außerhalb der Erwerbsarbeit. Gutachten für die »Kommission für Zukunftsfragen« der Freistaaten Bayern und Sachsen (Ms.).

Hinte, Wolfgang (2004): Wer braucht eigentlich die Bürgergesellschaft? Und wen braucht sie? In: Arbeitskreis Bürgergesellschaft und Aktivierender Staat (Hrsg.): betrifft Bürgergesellschaft 13, 1-6.

Jakob, Gisela (1993): Zwischen Dienst und Selbstbezug. Eine biographieanalytische Untersuchung ehrenamtlichen Engagements. Opladen: Leske + Budrich.

Klages, Helmut (1998): Engagement und Engagementpotential in Deutschland. Ergebnisse der empirischen Forschung. In: Aus Politik und Zeitgeschichte B38/98, 29-38.

Kohli, Martin/Künemund, Harald (1996): Nachberufliche Tätigkeitsfelder. Konzepte – Forschungslage – Empirie. Stuttgart: Kohlhammer.

Klages, Helmut (2002): Der blockierte Mensch. Zukunftsaufgaben gesellschaftlicher und organisatorischer Gestaltung. Frankfurt am Main: Campus.

Künemund, Harald (1999): Entpflichtung und Produktivität des Alters. In: WSI-Mitteilungen, 52, 26-31.

Künemund, Harald (2000): „Produktive" Tätigkeiten. In: Martin Kohli & Harald Künemund (Hrsg.): Die zweite Lebenshälfte – Gesellschaftliche Lage und Partizipation im Spiegel des Alters-Survey. Opladen: Leske + Budrich.

Künemund, Harald (2006): Partizipation und Engagement älterer Menschen. In: Deutsches Zentrum für Altersfragen (Hrsg.): Gesellschaftliches und familiäres Engagement älterer Menschen als Potenzial. Expertisen zum 5. Altenbericht der Bundesregierung Band 5. Berlin: Lit Verlag, 283-431.

Künemund, Harald/Vogel, Claudia (2006): Öffentliche und private Transfers und Unterstützungsleistungen im Alter – „crowding out" oder „crowding in"? In: Zeitschrift für Familienforschung 18, 269-289.

Leisering, Lutz (2004): Paradigmen sozialer Gerechtigkeit. Normative Diskurse im Umbau des Sozialstaats. In: Liebig, S./Lengfeld, H./Mau, S. (Hrsg.): Verteilungsprobleme und Gerechtigkeit in modernen Gesellschaften. Frankfurt am Main: Campus, 29-68.

Leisering, Lutz/Hilkert, Bernhard (2000): Von Großbritannien lernen? Wohlfahrtsstaatsreform im Zeichen des Dritten Weges – das Beispiel aktivierender Sozialhilfepolitik unter Blair. London: Anglo-German Foundation (Ms.).

Olk, Thomas (1988): Zwischen Hausarbeit und Beruf. Ehrenamtliches Engagement in der aktuellen sozialpolitischen Diskussion. In: Müller, S./Rauschenbach, T. (Hrsg.): Das soziale Ehrenamt. Nützliche Arbeit zum Nulltarif. Weinheim: Juventa, 19-36.

Olk, Thomas (2002): Bürgerschaftliches Engagement ermutigen und fördern – Eckpunkte einer Politik der Unterstützung freiwilliger und gemeinwohlorientierter Aktivitäten in Staat und Gesellschaft. In: Psychosozial 25, 69-84.

Putnam, Robert D. (1995): Bowling alone: Americas declining social capital. In: Journal of Democracy 6, 65-78.

Rauschenbach, Thomas (1991): Gibt es ein „neues Ehrenamt"? Zum Stellenwert des Ehrenamtes in einem modernen System sozialer Dienste. In: Sozialpädagogik 33, 2-10.

Rauschenbach, Thomas (1999): „Ehrenamt" – eine Bekannte mit (zu) vielen Unbekannten. Randnotizen zu den Defiziten der Ehrenamtsforschung. In: Kistler, E./Noll, H.-H./Priller, E. (Hrsg.): Perspektiven gesellschaftlichen Zusammenhalts. Empirische Befunde, Praxiserfahrungen, Meßkonzepte. Berlin: Edition Sigma, 67-76.

Rosenbladt, Bernhard von (2001): Der Freiwilligensurvey 1999: Konzeption und Ergebnisse der Untersuchung. In: von Rosenbladt, B. (Hrsg.): Freiwilliges Engagement in Deutschland. Ergebnisse der Repräsentativerhebung zu Ehrenamt, Freiwilligenarbeit und bürgerschaftlichem Engagement. Band 1: Gesamtbericht. Stuttgart u.a.: Kohlhammer, 31-134.

Sachße, Christoph (2002): Traditionslinien bürgerschaftlichen Engagements in Deutschland. In: Aus Politik und Zeitgeschichte B9/2002, 3-5.

Schelsky, Helmut (1965): Freiwillige Hilfe in der bürokratischen Gesellschaft. In: Schelsky, H., Auf der Suche nach Wirklichkeit. Gesammelte Aufsätze. Düsseldorf, 294-304.

Schupp, Jürgen/Wagner, Gert G. (2002): Maintenance of and innovation in long-term panel studies: The case of the German Socio-Economic Panel (GSOEP). In: Allgemeines Statistisches Archiv, 86, 163-175.

Wagner, Gert/Schwarze, Johannes/Erlinghagen, Marcel/Rinne, Karin (1998): „Bürgerarbeit": kein sinnvoller Weg zur Reduzierung der Arbeitslosigkeit. In: DIW-Wochenbericht 65, 82-85.

Zeman, Peter (1997): „Alten-Selbsthilfe" – oder: Selbsthilfe, soziales und kulturelles Engagement in der nachberuflichen Lebensphase? In: Deutsches Zentrum für Altersfragen (Hrsg.): Jahrbuch des DZA 1996. Beiträge zur sozialen Gerontologie und Alterssozialpolitik. Weiden: Eurotrans-Verlag, 247-267.

Ziegler, Hansvolker (1998): Bausteine für eine wissenschaftliche Sozialberichterstattung. In: Soziologie 2/1998, 38-43.

Pflegetätigkeit von Frauen in der nachberuflichen Phase

Melanie Eichler & Birgit Pfau-Effinger

1 Einleitung

Mit dem Anstieg der durchschnittlichen Lebensdauer erfährt der dritte Lebensabschnitt zunehmend an gesellschaftlicher Bedeutung. In der öffentlichen und wissenschaftlichen Debatte zur Alterung der Gesellschaft werden im allgemeinen die wohlfahrtsstaatlichen Herausforderungen thematisiert, die darin liegen, dass Menschen im Alter einen erhöhten Bedarf an medizinischer Versorgung und Pflege benötigen. Der Beitrag zur gesellschaftlichen Arbeit, der durch ältere Menschen geleistet wird, wird dagegen kaum berücksichtigt.

Den institutionellen Rahmen für die häusliche Altenpflege bildet seit Mitte der 1990er Jahre das Pflegeversicherungsgesetz. Dieses hat unter anderem neue Formen der Finanzierung familialer Pflege und ambulanter Pflege eingeführt und Wahlmöglichkeiten für ältere Pflegebedürftige und ihre Angehörigen zwischen diesen Formen geschaffen. In dem Beitrag soll die Situation älterer Frauen, die im Rahmen der Pflegeversicherung Angehörige pflegen, in den häuslichen Pflege-Arrangements untersucht werden. Dabei soll zum einen auf der Basis statistischer Daten gezeigt werden, dass ältere Frauen einen erheblichen Beitrag zur gesellschaftlichen Produktion von Wohlfahrt leisten. Weiter wird diese Tätigkeit im Rahmen des „Sozialkapital"-Ansatzes eingeordnet und gezeigt, dass das soziale Kapital, das in der Familie besteht, einerseits eine wichtige Voraussetzung für die familiale Pflege bildet und dass Ältere andererseits mit der Pflege auch einen relevanten Beitrag zur Produktion sozialen Kapitals leisten. Weiter wird herausgearbeitet, welches die Bedingungen für die Pflege älterer Menschen durch ältere Familienangehörige sind. Es wird deutlich, dass die Situation der älteren Pflegenden oft von struktureller Überforderung gekennzeichnet ist. Die Rahmenbedingungen für die Pflege, die durch das Pflegeversicherungsgesetz geschaffen wurden, sind nicht ausreichend, um die familiale Pflege dieser Gruppe ausreichend zu unterstützen. Die Grundlage bilden neue Ergebnisse einer qualitativen Studie zur Pflege älterer Menschen im Rahmen familialer Pflege-Arrangements.[1]

2 Die Bedeutung der Altenpflege in der nachberuflichen Lebensphase

Die demographische Entwicklung in Deutschland ist, wie in vielen anderen westlichen Ländern auch, durch einen Anstieg des Anteils älterer Menschen an der Gesamtbevölkerung gekennzeichnet. Der Wandel in der Altersstruktur ist unter anderem die Folge einer ansteigenden Lebenserwartung. Wie das Rostocker Zentrum zur Erforschung des Demographischen Wandels (2005) zeigt, haben Frauen heute bei Geburt eine durchschnittliche Lebenserwartung von über 81 und Männer von über 75 Jahren – das bedeutet, dass ein Anstieg von 10 Lebensjahren innerhalb der vergangenen vier Jahrzehnte stattgefunden hat. Gleichzeitig verlängert sich die Phase nach dem Ausstieg aus dem Erwerbsleben zunehmend. Berücksichtigt man, dass von allen 55-64jährigen Frauen und Männern nur ca. 41% erwerbstätig sind, erhält die nachberufliche Lebensphase eine besondere Bedeutung im Lebensverlauf (vgl. Engstler 2005). Diese Entwicklung hat zu einer oft einseitigen öffentlichen und wissenschaftlichen Diskussion geführt. Ältere Menschen, die nicht mehr im Erwerbsleben stehen, gelten als „inaktiv" und als Empfänger/innen von Hilfe- und Unterstützungsleistungen, welche vom Wohlfahrtsstaat und der jüngeren Generation erbracht werden. Dementsprechend stehen die Lasten, die die Gesellschaft und insbesondere auch die sozialen Sicherungssysteme als Folge des Alterns der Gesellschaft zu tragen haben, im Zentrum der Debatten. Das „Ergrauen der Gesellschaft" wird als eine wesentliche Ursache der Krisensituation des Wohlfahrtsstaates gesehen und vorwiegend als gesellschaftliches Problem thematisiert. Dies führt aber, so unser Argument, zu einer strukturellen Vernachlässigung der gesellschaftlichen Potentiale des Alters.

In den vergangenen Jahren hat insbesondere die sozialgerontologische und soziologische Forschung einen wesentlichen Beitrag dazu geleistet, den Blick auf die Gestaltungspotentiale im Alter und die gesellschaftliche Rolle älterer Menschen als Wohlfahrtsproduzenten zu schärfen (vgl. BMFSFJ 2005; Hoff 2006, Künemund 2006; Künemund/Motel 2000; Bröscher et al. 2000; Schmähl

---

1 Das Forschungsprojekt „Pflegeversicherung als Gender-Politik" wurde im Zeitraum von 2003 – 2005 an der Friedrich-Schiller-Universität Jena und der Universität Hamburg durchgeführt und von Prof. Dr. B. Pfau-Effinger, Prof. Dr. C. Köhler und Dr. U. Dallinger geleitet. Es wurde vom Wissenschaftsministerium des Landes Thüringen finanziert und war Bestandteil eines HWP-Forschungsprogramms „Gender-Politiken" der Universität Erfurt, geleitet von T. Wobbe (vgl. Eichler 2005). Es wurden insgesamt 25 Interviews mit Frauen, die ihre Angehörigen auf der Basis des Pflegeversicherungsgesetzes pflegen und soweit möglich mit den Pflegebedürftigen (11), in vier mittelgroßen west- und ostdeutschen Städten durchgeführt.

2002). Es zeigte sich, dass nicht zuletzt durch den medizinisch-technischen Fortschritt mit der Zunahme der (gesunden) Lebensjahre vielfach auch die Möglichkeiten gestiegen sind, die hinzugewonnene Zeit aktiv zu gestalten. Die Bedeutung älterer Menschen für die Betreuung von Enkelkindern wurde schon oft belegt. Wie die Ergebnisse des Alters-Surveys zeigen, leisten sie neben dieser instrumentellen Hilfe oftmals auch finanzielle Unterstützung an Jüngere. Aus Untersuchungen von Hoff (2006) und Künemund (2006) geht hervor, dass ältere Menschen bis ins hohe Alter ihre Kinder und/oder Enkelkinder mit Geldleistungen unterstützen und finanzielle Belastungen auf diese Weise auch intrafamiliär aufgefangen werden. Darüber hinaus werden ältere Menschen auch außerhalb des familiären Netzes aktiv. So haben empirische Studien gezeigt, dass ältere Menschen nicht nur in erheblichem Umfang Alltagshilfen für Nachbarn, Freunde und Bekannte leisten, sondern dass sich gerade ältere Menschen auch in Vereinen engagieren und oft ehrenamtlich tätig sind (vgl. BMFSFJ 2005; Gensicke in diesem Band; Künemund 2006).

Oft wird aber auch der Beitrag übersehen, den Menschen im höheren Alter selbst im Bereich der Pflege älterer Menschen leisten (siehe dazu auch Backes 2005). [2] Dabei birgt gerade dieser Lebensabschnitt erhebliche Potentiale zur Übernahme einer informellen Pflegetätigkeit in sich. Zurzeit leben etwa zwei Millionen Menschen in Deutschland, die als pflegebedürftig eingestuft wurden (Statistisches Bundesamt 2007). Die Mehrheit pflegebedürftiger, älterer Menschen wird auch nach der Einführung des Pflegeversicherungsgesetzes Mitte der 1990er Jahre zuhause versorgt (Statistisches Bundesamt 2007). [3] Dabei sind es meist Familienangehörige, die die Pflege übernehmen (vgl. Abbildung 1). Töchter und (Ehe)partnerInnen bilden mit insgesamt 54% die größte Gruppe der Pflegenden. Anhand dieser Zahlen wird deutlich, dass die Pflegetätigkeit im Rahmen der familialen Pflege vorwiegend weiblich ist.[4]

Betrachtet man außerdem die Altersstruktur der Hauptpflegeperson wird schnell deutlich, dass Personen, die einen älteren Menschen pflegen und betreuen, meist selbst schon älter sind.

---

2 Einige Autoren haben sich mit den Aktivitäten in der zweiten Lebenshälfte auseinandergesetzt und sind dabei auch auf die Pflegetätigkeit älterer Menschen eingegangen sind. Siehe hierzu Bröscher et al. 2000; Künemund 2006. Auch der Fünfte Bericht zur Lage der älteren Generation hat sich diesem Thema gewidmet (BMFSFJ 2005).
3 Laut Pflegestatistik lebten im Jahr 2005 68% der Pflegebedürftigen im Privathaushalt (vgl. Statistisches Bundesamt 2007)
4 Umfassende Ausführungen zu einer geschlechtersensiblen Altenpflegeforschung finden sich in Backes 2005.

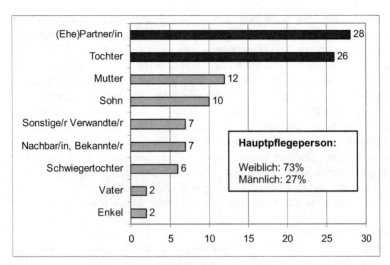

Abbildung 1: Hauptpflegeperson von Pflegebedürftigen im Privathaushalt (in Prozent)
Quelle: Schneekloth/Leven (2003): S.19.

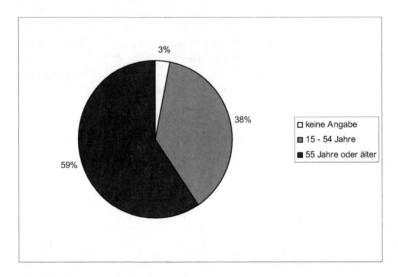

Abbildung 2: Altersstruktur der Pflegenden
Quelle: Schneekloth/ Leven (2003): S.20.

Wie in Abbildung 2 zu sehen ist, ist die Mehrheit derjenigen, die ältere Menschen pflegen, selbst schon 55 Jahre alt oder älter. Aus der Abbildung 3 geht hervor, dass nicht nur die jüngeren Altersgruppen unter den älteren Menschen Pflegeaufgaben wahrnehmen. Mehr als ein Viertel aller Hauptpflegepersonen gehört der Altersgruppe der 55-64jährigen (27%) und 26% der Pflegenden der Altersgruppe der 65- bis 79jährigen an. Ein kleinerer Anteil (7%) ist sogar 80 Jahre alt oder älter (vgl. hierzu auch Schneekloth 2006).

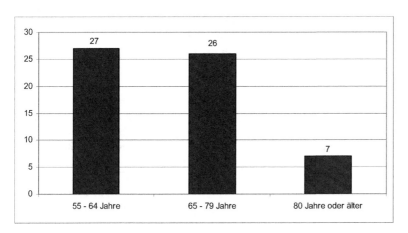

Abbildung 3: Pflegende Angehörige und Bekannte 55 Jahre und älter (in Prozent)
Quelle: Schneekloth/Leven 2003, S. 20.

Diese Daten zeigen eindrucksvoll, dass es vor allem und gerade ältere Menschen sind, die die Pflege für ältere Familienangehörige übernehmen. In vielen Fällen handelt es sich dabei um den Ehepartner, meist die Ehefrau, die die Pflege für ihren Ehemann übernimmt. Vor dem Hintergrund der steigenden Lebenserwartung bestreiten Ehepaare häufig bis ins hohe Alter ihr Leben miteinander. So wird auch für die Zukunft mit wachsenden Potentialen im Bereich der Ehepartnerpflege gerechnet (vgl. Schulz et al. 2001). Vor dem Hintergrund der Altersstruktur von Pflegepersonen ist nicht erstaunlich, dass Pflegende meist nicht mehr erwerbstätig sind. Die informelle, familiale Pflegetätigkeit hat folglich nicht nur eine geschlechts- sondern auch eine altersspezifische Dimension. Insgesamt kann festgehalten werden, dass, entgegen der Annahme einer „Alterslast", die einen steigenden Problemdruck in den öffentlichen Haushalten erzeuge, die älteren Menschen faktisch einen wesentlichen Beitrag zur gesellschaftlichen Produktion von Wohlfahrt leisten.

2.1 Pflege älterer Menschen durch Ältere und die Bedeutung von sozialem Kapital

Es wird in der Diskussion über das Altern der Gesellschaft, wie gesagt, oft übersehen, dass ältere Menschen mit ihrer Pflegetätigkeit einen wichtigen Beitrag zur gesellschaftlichen Produktion von Wohlfahrt leisten. Eine wichtige Voraussetzung dafür bildet das soziale Kapital, das in den familialen Bindungen entsteht und das mit der Pflege gestärkt wird.

Der Sozialkapital-Begriff hat in der vergangenen Dekade verstärkt Eingang in die wissenschaftlichen und politischen Diskurse gefunden. Den Hintergrund für die Popularität des Konzepts bilden Diskussionen über den Rückgang des sozialen Zusammenhalts in modernen postindustriellen Gesellschaften. Auch wenn sich eine Reihe von Autoren, mit zum Teil unterschiedlichen konzeptuellen Ansätzen, mit diesem Begriff schon vor dem Beginn der 1990er Jahre befasst hatte (z.B. Coleman 1988; Bourdieu 1983; Granovetter 1973)[5], so hat das Konzept doch erst in seiner Fassung durch Robert D. Putnam (1993, 2000) wirklich Furore gemacht. Nach Putnam (1993, 2000) sind Beziehungen, wie sie zwischen Menschen bestehen, die Basis für soziale Bindung und sozialen Zusammenhalt in einer modernen Gesellschaft. Die Grundlage für die Entstehung sozialen Kapitals bilden seiner Argumentation nach soziale Netzwerke, Normen und Vertrauen in den zwischenmenschlichen Beziehungen. Ein hohes Maß an sozialem Kapital in einer Gesellschaft ist Putnam zufolge die Grundlage für soziale Kohäsion und für ihr Funktionieren. " ... "social capital" refers to features of social organization such as networks, norms, and social trust that facilitate coordination and cooperation for mutual benefit" (Putnam 1995: 67).

Was Putnam dabei insbesondere interessiert, sind die sozialen Bindungen in der „Öffentlichkeit" der Zivilgesellschaft. Daher beschäftigt er sich auch in seinen Untersuchungen vor allem mit zivilgesellschaftlichen Entwicklungen und der Bedeutung von Vereinen (Putnam 1993, 1995, 2000). Im wesentlichen gilt bei Putnam, wie auch bei Coleman (1988, 1991), nur die Produktion von sozialem Kapital in der Zivilgesellschaft als „moralisch", und ihr wird ein ausschlaggebender Beitrag zur Stärkung der Bindekräfte der Gesellschaft beigemessen. Innerfamiliale Bindungen wie auch die Entscheidung, Aufgaben von Kinderbetreuung und Altenpflege zu übernehmen, beruhen demnach eher auf rationalen

---

5   Für einen Überblick zu den verschiedenen Sozialkapital-Konzepten siehe Haug (1997).

Erwägungen, die an Zielen der Nutzenmaximierung ausgerichtet sind und finden außerhalb des „Sozialen" statt, weshalb die Bindungen innerhalb der Familie auch tendenziell als „amoralisch" bezeichnet werden (zur Diskussion vgl. Duncan/Edwards 1999). Fukuyama (1995) geht sogar so weit zu argumentieren, dieser „amoralische Familialismus", bei dem das „Bonding" im Rahmen der nutzenmaximierenden Familie im Verhältnis zum „Bridging" im Sinne der Produktion sozialen Kapitals in der Zivilgesellschaft überwiegt, unterminiere die ökonomische Effizienz von Nationalstaaten und Regionen.

Auf die gesellschaftliche Bedeutung des sozialen Kapitals, das im Rahmen der Familie besteht, hat im Unterschied dazu etwa Alejandro Portes (1998) hingewiesen. Er sieht generell eine wichtige Bedeutung sozialen Kapitals darin, dass es eine Grundlage dafür bietet, dass nicht-ökonomische Lösungen für gesellschaftliche Probleme gefunden werden. Bezogen auf die Familie bedeutet dies, Portes zufolge, dass die Existenz eines hohen Umfangs sozialen Kapitals die Familie in besonderer Weise befähigt, gegenseitige Unterstützungsleistungen zu erbringen, die in einem Transfer von Ressourcen und Dienstleistungen bestehen und Aufgaben der Kinderbetreuung und der Pflege älterer Menschen mit umfassen (vgl. auch Knijn/Kremer 1997; Edwards 2006). Im Unterschied zu Putnam und Coleman betont Portes damit, ebenso wie eine Reihe von Familienforscher/innen, dass „social care", also Kinderbetreuung und Pflege, auf der Basis tiefgreifender moralischer Werte und Erwägungen erbracht werden, und dass damit in der Familie auch wesentliche Aufgaben für die Gesellschaft erbracht werden, was zur Stärkung des sozialen Zusammenhaltes beiträgt (Duncan/Edwards 1999; Ribbens MacCarthy et al. 2003; Smart et al. 2001). Die Verknüpfung der Produktion sozialen Kapitals auf der Grundlage enger Bindungen und von Vertrauen („Bonding") in der Familie einerseits mit der Produktion sozialen Kapitals auf der Grundlage sozialer Vernetzung in der Zivilgesellschaft andererseits („Bridging") kann dieser Argumentation zufolge in besonderem Maß als Grundlage für den gesellschaftlichen Zusammenhalt wirken (Edwards 2006).

2.2 Die Bedeutung der familialen Pflege in Deutschland

Die Pflege älterer Menschen, die eine wesentliche Unterstützungsleistung im familialen Rahmen bildet, hat längerfristig in Deutschland, trotz der Einführung der Pflegeversicherung, kaum an Bedeutung verloren. Dabei wird das Angebot, zusätzlich oder alternativ zur familialen Pflege durch Angehörige auch die Angebote von Pflegediensten zu nutzen, bis heute nur vergleichsweise wenig genutzt; der Anteil der Pflegebedürftigen, die ausschließlich auf der Grundlage von

Angehörigenpflege versorgt werden, ist seit dem Beginn der 1990er Jahre, also seit der Zeit vor der Einführung der Pflegeversicherung, kaum gesunken (1991: 67%, 2002: 64%; vgl. Abbildung 4). Umgekehrt stagnierte der Anteil der Pflegebedürftigen, die ausschließlich professionelle Pflege erhalten; und der Anteil derjenigen, die eine Kombination von familialer Pflege und ambulanter Pflege durch Pflegedienste erhalten, stieg nur relativ geringfügig von 24% auf 28% an.

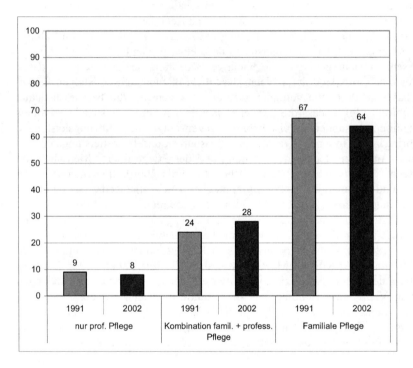

Abbildung 4: Entwicklung der Struktur der häuslichen Altenpflege 1991-2002 (in Prozent)
Quelle: Schneekloth 2005

Aktuelle Daten für den Zeitraum von 1999 bis 2005 werden in den Pflegestatistiken des Statistischen Bundesamtes (2001, 2005, 2007) auf einer anderen Berechnungsbasis ausgewiesen. Auch hier zeigt sich für den Zeitraum von 1999 – 2005 nur eine relativ geringfügige Veränderung in bezug auf den Anteil der familialen Pflege. Demnach betrug der Anteil der Pflegebedürftigen, die von Pflegegeldempfängern – in der Regel von Familienangehörigen, deren Pflegearbeit aus der Pflegeversicherung bezahlt wird - und nicht von ambulanten Pflegediensten oder in Heimen gepflegt werden, im Jahr 1999 49,5 % und sank bis 2005 nur leicht auf 47,2% (vgl. Tabelle 1).

Jahr	Pflegebedürftige		Pflegebedürftige der Pflegedienste	Pflegebedürftige der Pflegeheime	Pflegegeldempfänger
	Absolut	In %			
1999	2.016.091	100	20,6	28,4	51,0
2003	2.076.935	100	21,7	30,8	47,5
2005	2.128.550	100	22,1	31,8	46,1

Tabelle 1:   Verteilung der Pflegebedürftigen nach Pflegeformen 1999-2005
Quelle: Statistisches Bundesamt 2001; 2005; 2007

Diese Ergebnisse veranschaulichen, dass auch nach der Einführung des Pflegeversicherungsgesetzes (SGB XI) und trotz der damit verbundenen institutionellen Veränderungen die familiale Pflege weiterhin von hoher Bedeutung ist und somit das soziale Kapital, das in engen Familienbeziehungen besteht, in besonderem Maß als Grundlage für die Produktion gesellschaftlicher Wohlfahrt genutzt wird.

2.3 Gründe für den hohen Anteil ausschließlich familialer Pflege

Wie lässt es sich erklären, dass die Optionen zur Nutzung professioneller, außerfamilialer Pflegeangebote, die durch die Pflegeversicherung geschaffen wurden, nicht in größerem Umfang genutzt werden?

Soziales Kapital in der Familie als Grundlage

Die Ergebnisse der von uns durchgeführten qualitativen Studie auf der Basis strukturierter Leitfaden-Interviews mit älteren Frauen, die im Rahmen des Pflegeversicherungsgesetzes ältere Angehörige pflegen, liefern Anhaltspunkte dafür, warum die Pflege durch Familienangehörige in Deutschland nach wie vor so einen hohen Stellenwert hat. Dabei stellen wir in diesem Beitrag diejenige Gruppe weiblicher pflegender Familienangehöriger in das Zentrum, die älter als 55 Jahre sind und ihren Ehepartner pflegen, da die Partnerpflege bei den älteren Pflegenden, wie oben angeführt, der vorrangige Typ der Pflege ist. Aus den Interviews mit Frauen, die ihren Ehemann im Privathaushalt pflegen, geht hervor, dass das Gefühl moralischer Verpflichtung die zentrale Motivation für die Übernahme der Pflege ist. Im folgenden ein Beispiel:

> *Frau Zink[6] (67 Jahre):* „Na ja, was bleibt einer Ehefrau übrig, also wenn man einen Patienten zu Hause hat, muss man den doch pflegen. [...] Hat man sich auch als man heiratete versprochen, dass man für einander da ist und so sehe ich das auch."

Vor diesem Hintergrund ist es nicht erstaunlich, dass Ehefrauen oftmals bis ins hohe Alter hinein die Pflege des Ehepartners übernehmen, selbst wenn sie dabei selbst an die Grenzen ihrer physischen und psychischen Leistungsfähigkeit stoßen. Die Ergebnisse werden durch die Daten einer Repräsentativbefragung in Pflegehaushalten von AOK-Leistungsempfängern unterstützt.[7] Demnach ist der Anteil derjenigen, die davon ausgehen, dass es in der Ehe einen moralischen Anspruch auf gegenseitige Pflege gibt, zwar rückläufig, von 71,1 % im Jahr 1997 auf 60,3 % im Jahr 2002. Diejenigen, die diese Aussage unterstützen, stellen aber immer noch deutlich eine Mehrheit in der Bevölkerung dar (Runde et al. 2003).

Darüber hinaus liegt eine wesentliche Ursache für die vergleichsweise geringe Ausweitung der Nutzung ambulanter Pflege darin, dass die an den häuslichen Pflege-Arrangements beteiligten Akteure oft der Auffassung sind, dass eine gute Qualität der Pflege darin besteht, dass sie im Rahmen familialer Bindungen und Solidaritätsvorstellungen auf der Basis von Vertrauen erbracht wird, dass sie also ein hohes Maß an sozialem Kapital voraussetzt. Dies macht aus der Sicht der Pflegenden und Pflegebedürftigen die besondere Qualität familialer Pflege aus, die sich grundsätzlich von der professionellen Pflege durch Fremde unterscheidet. Es wird deutlich, dass die Pflege eine sehr private Angelegenheit ist, die in hohem Maße auf Vertrauen beruht. Dies geht auch aus dem folgenden Zitat eines Pflegebedürftigen hervor:

---

6   Die Namen der Interviewpartnerinnen wurden im Interesse der Anonymität geändert.
7   Die Befragung wurde im Forschungsprojekt „Einstellungen und Verhalten zur häuslichen Pflege und zur Pflegeversicherung unter den Bedingungen gesellschaftlichen Wandels" an der Zentralstelle für Präventions- und Rehabilitationsforschung der Universität Hamburg (vgl. Runde/Giese/Stierle 2003) durchgeführt. Querschnittsvergleich 1997 und 2002, Befragung Leistungsempfänger AOK.

Herr Weiß (66 Jahre): „Ja und dann (**[8])das ist, eine gewisse (*) Wärme, weil man lässt ja, bittet jemanden zu helfen, zu dem man eben ein gutes Verhältnis hat, ne."

Besonders zwei Aspekte der Pflege sind in dem Zusammenhang noch von Bedeutung. Der eine besteht darin, dass die Pflege fundamental die Intimsphäre der Pflegebedürftigen berührt. Den Pflegebedürftigen fällt es wesentlich leichter, wenn der Zugang zu ihrem Körper und ihrer Intimsphäre in eine soziale Beziehung eingebettet ist, die auf einer engen Vertrauensbasis beruht, als wenn sie sich Fremden gegenüber öffnen und ihr Schamgefühl überwinden müssen. *„Aber es war peinlich" (Frau Benjamin)* beschreibt eine Pflegebedürftige die Situation im Umgang mit dem Pflegedienst, was oft ein Grund dafür ist, dass eine Pflege durch professionelle Hilfe nur ungern in Anspruch genommen wird.

Soziale Entbettung in der Professionellen Pflege

Die Pflege durch ambulante Pflegedienste wird im Vergleich dazu oft als qualitativ minderwertig angesehen. Tatsächlich werden Vertrauen und soziale Bindung im Rahmen der Pflege durch Pflegedienste nur schwer aufgebaut. Dies ist auch darin begründet, dass die ambulante Pflege durch das Pflegeversicherungsgesetz unter starke Zwänge der Ökonomisierung und betrieblichen Rationalisierung gesetzt wurde. Die dadurch ohnehin schon bestehende Skepsis gegenüber der Pflege durch Fremde, Professionelle bei den Pflegebedürftigen und ihren Angehörigen wird dadurch noch erhöht.

Mit der Einführung der Pflegeversicherung 1995/1996 wurde, auf der Grundlage neuer Werte und Ziele wie denen der Effizienzsteigerung und der Konsumentenrolle der Nutzer, eine Ökonomisierung der Pflegedienstleistungen auf der Basis einer stärkeren Durchsetzung von Effizienzkriterien und Marktlogik betrieben. Ein wichtiger Bestandteil der Durchsetzung dieser Ökonomisierung, die in dem Zusammenhang für unsere Argumentation von Bedeutung ist, war die Definition von "Pflege", die durch ambulante Pflegedienste durchgeführt und von der Pflegeversicherung bezahlt wird, auf der Basis eines körperbezogenen und tätigkeitsbezogenen Konzepts. So heißt es in Absatz (3) von § 3 des Pflegeversicherungsgesetzes: "Die Hilfe im Sinne des Absatzes 1 besteht in der Unterstützung, in der teilweisen oder vollständigen Übernahme der Verrichtungen im Ablauf des täglichen Lebens oder in Beaufsichtigung oder Anleitung mit dem Ziel der eigenständigen Übernahme dieser Verrichtungen."[9] Es wird aller-

---

8   Die Anzahl der Sternchen gibt die Länge einer Sprechpause in Sekunden an.
9   Als Verrichtungen im Sinne des Gesetzes gelten nach § 14 Abs.4 SGB XI: Körperpflege, Ernährung, Mobilität und hauswirtschaftliche Versorgung

dings häufig bemängelt, dass bei der Umsetzung der Pflegeversicherung oft ein enges, körperbezogenes Konzept angewendet wird und emotionale und teilweise auch tätigkeitsbezogene Aspekte der Pflege ausgeklammert werden (Oppen 1995).

Die Leistungen unterliegen dabei einem „Wirtschaftlichkeitsgebot". Dieses wurde im § 29 SGB XI des Pflegeversicherungsgesetzes festgelegt. Es heißt hier: „Die Leistungen müssen wirksam und wirtschaftlich sein; sie dürfen das Maß des Notwendigen nicht übersteigen. Leistungen, die diese Voraussetzungen nicht erfüllen, können Pflegebedürftige nicht beanspruchen, dürfen die Pflegekassen nicht bewilligen und dürfen die Leistungserbringer nicht zu Lasten der sozialen Pflegeversicherung bewirken." Den einzelnen Leistungen ist dabei ein Schlüssel zugewiesen, auf dessen Grundlage sie bezahlt werden.

Damit wurde die Pflegearbeit zum Gegenstand von Rationalisierung. Auf der Basis des Pflegeversicherungsgesetzes wird ein klar umrissenes Verhältnis von Pflegearbeit, Zeiteinheiten und Bezahlung konstruiert: Die Bezahlung von Tätigkeiten erfolgt auf der Basis der standardisierten Zeiteinheiten, die dafür vorgesehen sind. Man könnte von einer „Quasi-Taylorisierung" der Pflegearbeit der ambulanten Pflegedienste sprechen. Die Pflege wird damit aus dem sozialen Kontext herausgelöst, in den sie eingebettet ist.

Durch die Ökonomisierung erweitert sich das Mismatch zwischen den Formen und Strukturen der Pflege, die von ambulanten Pflegediensten durchgeführt wird, und den Anforderungen der Pflegebedürftigen und ihrer Angehörigen an die Qualität von Pflege, das mit dafür ausschlaggebend ist, dass die ambulante Pflege weit weniger in Anspruch genommen wird, als dies prinzipiell möglich wäre. Die Widersprüche betreffen vor allem zwei Bereiche:

- die Frage, inwieweit die Bedürfnisse der Pflegenden in bezug auf die Kontinuität der sozialen Beziehung berücksichtigt werden, in die die Pflege eingebettet wird,
- die Frage, inwieweit die zeitlichen Strukturen des Einsatzes von Pflegekräften den Bedürfnissen der Gepflegten an die zeitliche Lage der Pflege gerecht werden.

Auf der Basis einer unterschiedlichen Definition von „Pflege" unterscheidet sich das Verständnis dessen, was eine gute Qualität der Pflege ausmacht, zwischen den Angehörigen der Pflegebedürftigen einerseits und den Leistungen ambulanter Pflegedienste andererseits. Die quasi-taylorisierte Pflege durch die Mitarbeiter/innen ambulanter Pflegedienste erfolgt auf der Basis standardisierter Arbeiten, die sich auf Tätigkeiten zur Alltagsbewältigung für die gepflegte Person richten und von der sozialen Beziehung abstrahieren. Die Zeit, auf die sich die Bezahlung richtet, ist so bemessen, dass sie kaum einen Raum für persönliche Gespräche bietet. Darüber hinaus wird wechselndes Personal eingesetzt, was der

Entwicklung sozialer Beziehungen entgegenwirkt. In den Pflegediensten wird die Pflegequalität tendenziell am Kriterium der adäquaten Versorgung festgemacht (Oppen 1995). Pflegebedürftige und Angehörige definieren Pflege demgegenüber aber, wie oben gezeigt wurde, tendenziell ganzheitlich auf der Grundlage von Vertrauen und ihrer Einbettung in eine stabile soziale Beziehung (vgl. auch Sixma et al. 2000; Perschke-Hartmann 2002). Ihre Erwartungen sind nicht ohne weiteres kompatibel mit den Standards einer ökonomisierten professionellen Pflege.

Die Ausrichtung der Arbeit der ambulanten Pflegedienste an Prinzipien der Wirtschaftlichkeit führt dazu, dass die zeitliche Lage der Arbeitseinsätze des Personals oftmals normiert wird. Dies widerspricht aber der zeitlichen Struktur der Pflegebedürfnisse der Pflegebedürftigen, die eher unbestimmt sind. Die zeitlichen Maßstäbe älterer Menschen wie auch ihre körperlichen Potenziale, sich auf extern gesetzte Zeitanforderungen einzustellen und die Anforderungen an die Geschwindigkeit von Pflege, die nach Minuten getaktet ist, kollidieren. Dies wird auch in dem folgenden Zitat deutlich:

> *Frau Lang (68 Jahre)* (In ihrer Begründung dafür, warum sie einen Mix aus familialer und ambulanter Pflege aufgegeben und ihren Vater nur noch exklusiv selbst pflegt): „Es ist ja so, morgens, früh kann, mal ganz normal gesagt, man kann nicht auf Kommando auf Toilette. Auch nicht auf den Nachtstuhl. ... Der Pflegedienst wäscht, zack, zack, zack wird gewaschen, nach Uhr wird gewaschen. Also ich möchte nicht mal so gewaschen werden. Und dann, wieder ins Bett und der Pflegedienst wieder weg. Und dann? Ich muss mal, ich muss mal ganz nötig. Und wer ist es dann? Die Angehörigen."

Das Mismatch zwischen den ökonomisierten Pflegeangeboten der Pflegedienste einerseits, den Vorstellungen in Bezug auf eine gute Qualität von Pflege andererseits trägt maßgeblich dazu bei, dass die Akteure in den privaten Haushalten sich in vielen Fällen nach wie vor exklusiv für die Angehörigenpflege entscheiden, anstatt eine ambulante Pflege oder zumindest Kombilösungen, in denen die Angehörigenpflege durch eine ambulante Pflege ergänzt wird, zu wählen. Denn gesellschaftlich wird die Angehörigenpflege als derjenige Typ der Pflege angesehen, der den zeitlichen Bedürfnissen der Pflegebedürftigen und ihren Bedürfnissen, die an die soziale Einbettung der Pflege geknüpft sind, in stärkerem Maß gerecht wird als die ambulante Pflege.

Weiter gehen die Pflegebedürftigen und ihre Angehörigen davon aus, dass die ihnen nahestehenden Personen eher bereit und in der Lage sind, auf ihre – teilweise wechselnden – Bedürfnisse angemessen einzugehen. Auf die Weise, so die Annahme, lässt sich die Pflege individueller und persönlicher gestalten als die Pflege durch professionelle Dienste.

Herr Falkner (71 Jahre): „Ja, sehen sie mal; um nicht ungerecht zu sein, möchte ich doch sagen, ist die Pflege von meiner Frau doch(*) intensiver; ist es was anderes, nicht. Als wenn einem der Partner pflegt, als wenn da fremde Personen kommen, nicht. Nur ist es so, ich muss sagen, dass sie sich auch sehr große Mühe geben und auch sehr behilflich sind, aber meine Frau ist meine Frau. Kann ich nicht anders sagen."

Dabei ist die Pflege durch Familienangehörige keineswegs unproblematisch. Die Einhaltung professioneller Standards der Pflege und Versorgung ist nicht garantiert, die Kontrollen sind gering, und Studien über Gewalt in der Pflegebeziehung zeigen, dass es keineswegs gesichert ist, dass die Pflegebedürftigen im Rahmen der Pflegebeziehung eine adäquate emotionale Zuwendung und Anerkennung erfahren (z.b. Bergstermann/Carell 1998; Görgen et al. 2002). Hinzu kommt, wie die von uns durchgeführte Untersuchung ebenso wie weitere Studien zur familialen Pflege ergeben hat, dass die pflegenden Familienangehörigen oftmals in eine Situation struktureller Überforderung geraten (vgl. Pfau-Effinger/Eichler 2005; Schneekloth/Leven 2003; Halsig 1998). Soweit das Verhältnis zwischen Pflegenden und Gepflegten moralisch begründet wird, beruht es auf einer asymmetrischen Beziehung und verpflichtet die Gepflegten zu Dankbarkeit. Dadurch sind sie prinzipiell vom Wohlwollen ihrer Angehörigen abhängig, und es fehlt an Rechten, auf deren Basis sie eine angemessene Pflegequalität einfordern könnten.

2.4 Bedingungen der Pflege durch ältere Familienangehörige

Die Pflegebedürftigkeit führt nicht nur bei den Pflegebedürftigen zu tief greifenden Veränderungen im Leben. Auch für die Familie und insbesondere die pflegenden Angehörigen ergibt sich dadurch eine neue Situation, die sie vor veränderte Anforderungen stellt. Für die Pflegepersonen führt die Pflegetätigkeit zu erheblichen Umstellungen, die sich zum Teil in weit reichenden Veränderungen und Einschränkungen innerhalb der eigenen Lebensführung und –planung äußern und mit beträchtlichen Belastungen einhergehen können (vgl. dazu auch Maly-Lukas 2003, Holz 1998, Halsig 1998). Wie aus repräsentativen Studien hervorgeht fühlen sich 83% der Hauptpflegepersonen stark bis sehr stark belastet (Schneekloth/Müller 1999). Allerdings muss die Pflegetätigkeit nicht zwangsläufig eine belastende Situation für die Pflegenden darstellen, sondern kann auch als befriedigende Tätigkeit erfahren werden (vgl. Eichler 2005). In diesem Beitrag stellen wir aber die belastenden Aspekte der Pflege für die pflegenden älteren Familienangehörigen in das Zentrum.

Wie in den Interviews mit den Pflegenden deutlich wurde, lassen sich zwei wesentliche Dimensionen feststellen, entlang derer sich die Belastungen und Einschränkungen der pflegenden Frauen äußern. Zusätzlich zu dem Problem den physischen und psychischen Anforderungen nicht gewachsen zu sein, besteht vor allem das Problem, dass sich das Leben um die gepflegte Person herum konzentriert und eigene Bedürfnisse zurückgestellt werden müssen. Dadurch ergeben sich auch Veränderungen auf der Beziehungsebene zwischen den Pflegenden und der gepflegten Person, die sich problematisch auf die Pflegesituation auswirken können. Insgesamt summieren sich die Belastungen zum Teil zu einer Situation der strukturellen Überforderung für die pflegenden älteren Familienangehörigen.

Probleme der hohen Belastungen der pflegenden Angehörigen

Häufig ist die Pflege eines älteren Menschen körperlich anstrengend, vor allem dann, wenn den Angehörigen oder Bekannten pflegerische Kenntnisse – wie in den meisten der von uns interviewten Fällen – fehlen.

Frau Weiß (64 Jahre): „Also dass mir der Rücken manchmal weh tut, was ich eigentlich früher nicht kannte, auch die Gelenke, oder so, dass ich da manchmal denke, na ja."

Zwar haben einige Pflegende bereits Erfahrungen in der Pflege älterer Menschen gesammelt, dennoch beruht das pflegerische Wissen in den meisten Fällen eher auf Alltagserfahrungen, die zudem in einer neuen Pflegesituation wieder vollkommen anders sein können. So fehlen häufig professionelle Kenntnisse über Techniken der Pflege, die zu einer Erleichterung führen und gerade den zeitlichen Umfang oder auch körperliche Anstrengungen mindern könnten. Außerdem muss berücksichtigt werden, dass die von uns befragten Pflegepersonen meist selbst schon älter sind und auch bei ihnen erste gesundheitliche Beeinträchtigungen auftreten. Das wird nicht zuletzt daran deutlich, dass einige der Befragten aufgrund einer Berufsunfähigkeit (früh-) verrentet wurden. Durch diese eigenen gesundheitlichen Probleme kann die Pflegetätigkeit zusätzlich erschwert werden.

Die in der Pflege entstehenden psychischen Belastungen wurden in vielen Interviews deutlich und zeigten sich in einigen Fällen sogar innerhalb der Gesprächssituation. So kam es vor, dass Pflegende während des Interviews gerade bei Fragen zur Lebenssituation in Tränen ausbrachen und ihre Verzweiflung auch auf diese Weise ausdrückten. Stress und nervliche Belastungen stellen die am häufigsten genannten gesundheitlichen Probleme dar, die sich in der allgemeinen psychischen Verfassung widerspiegeln. So müssen insbesondere demenzkranke Menschen ständig unter Beobachtung stehen, was für die Pflegenden zu dem Gefühl ständig wachsam sein zu müssen, führt. Infolgedessen können Schlafdefizite und innere Unruhe auftreten.

> *Frau Götz (70 Jahre):* „Einmal ist es so, dass ich mit einem Blutdruck über 200 lebe, trotz Tabletten täglich. Weil dass mich auch sehr aufreibt, diese ganze Nervensache und das ist nämlich Stress, wenn man solche Leute um sich hat. Und ich habe dann auch Probleme nachts zu schlafen, oder wenn man immer aus dem Schlaf geholt wird"

Daran wird deutlich, dass die zum Teil körperlich und emotional schwere Pflegetätigkeit bei den Pflegepersonen zusätzlich gesundheitliche Probleme verursachen kann. So erklärten einige Pflegepersonen, an Rückenschmerzen zu leiden, die vermutlich auf die Pflegetätigkeit zurückführbar sind. Andere gaben an, gegen die hohe Anspannung Beruhigungs- und Schlaftabletten einnehmen zu müssen.

Weiter wurde deutlich, dass die Machtlosigkeit gegenüber der Krankheit und das Erleben einer ständigen Verschlechterung des gesundheitlichen Zustandes des zu Pflegenden teilweise mit starken seelischen Belastungen einhergeht.

> *Frau Lang (68 Jahre):* „... das dann erst einmal wieder zu verkraften, ja einzusehen, ja es wird ja immer weniger. Und als ich es das erste Mal festgestellt habe, dass mein Mann verwirrt wird, ..., da war ich auch fix und fertig."

Gerade bei Personen, die an Demenz oder Alzheimer erkrankt sind, wird häufig ein Vergleich zur Betreuung von Kleinkindern gezogen. Das Wissen, dass sich diese Situation nicht wie bei Kleinkindern mit der Zeit verbessert, sondern eher noch verschlechtert, wird von diesen Pflegenden als enorm belastend wahrgenommen.

Verlust der Möglichkeit zur eigenen Lebensgestaltung

In den von uns interviewten Pflegehaushalten ist die pflegebedürftige Person in der Regel mehrmals täglich auf Hilfe bei der Verrichtung alltäglicher Aufgaben angewiesen. Das verlangt von den pflegenden Frauen eine Anpassung des Tagesablaufs an die Bedürfnisse der älteren Person. In diesem Zusammenhang schilderte eine Ehefrau, dass der pflegebedürftige Ehemann sie sehr vereinnahmt und auch sehr fordernd sein kann:

Frau Deich (60 Jahre): „Ein Kranker verändert sich, verändert sich auch im Charakter, die sind Besitz ergreifend."

Dadurch ist es für die Pflegende schwer, sich aus der Pflegesituation hinauszubegeben. Viele Befragte schilderten, dass sie stets präsent sein müssen und daher persönliche Freiräume und die Möglichkeiten der eigenen Lebensgestaltung teilweise sehr stark eingeschränkt sind.

Frau Lang (68 Jahre): "...wissen Sie, es nimmt kein Ende. Ich kann nicht sagen: jetzt habe ich Feierabend, das ich sage so, macht`s gut, jetzt reichst..."

Die räumliche Angebundenheit, die aus der häufig angesprochenen „Rund-um-die-Uhr" - Pflege resultiert, stellt eine der zentralen Probleme dar, die von den Pflegenden genannt werden. Dadurch werden nicht nur persönliche Freiräume eingeschränkt, häufig geht dies auch mit einem Rückgang sozialer Kontakte einher. So nehmen in vielen Fällen Treffen mit Freunden und Bekannten aufgrund der Pflegesituation ab, was teilweise sogar zur sozialen Isolation der Pflegenden führt. Da sich das Leben der Pflegenden in entscheidender Weise an den Bedürfnissen der zu pflegenden Person orientiert, werden Möglichkeiten der eigenen Lebensgestaltung und die Einbindung in andere Lebensbereiche verringert. So wird auch die Möglichkeit einer individuellen Freizeitgestaltung stark reduziert. Urlaubsreisen oder Wanderungen, Theater- und Schwimmbadbesuche sind dabei nur einige der genannten Aktivitäten die gar nicht mehr oder nur noch äußerst selten durchgeführt werden können. Das wurde insbesondere in den Interviews mit pflegenden Ehefrauen deutlich, die diese Freizeitaktivitäten früher in erster Linie mit ihrem Ehemann durchgeführt haben. Aufgrund der Pflegebedürftigkeit des Mannes werden gemeinsame Unternehmungen außerhalb der Wohnung seltener oder finden gar nicht mehr statt. Pflegende Ehefrauen finden zum einen häufig nicht mehr die Zeit oder die Energie für kulturelle, sportliche etc. Aktivitäten, zum anderen erklären sie, nicht allein weggehen zu wollen.

Die Außenkontakte haben sich bei einigen der von uns Befragten enorm reduziert und haben zu einer nahezu vollständigen Konzentration auf den pflegebedürftigen Ehemann geführt. Es wird deutlich, dass die Erbringung von sozialem Kapital, d.h. die Pflege älterer Angehöriger, zum Teil mit hohen sozialen Kosten für die Pflegenden einhergeht. Somit erschwert das Gefühl als Pflegende „eingekastelt"(Frau Huber) zu sein die Pflege in erheblichen Maß. Die Lebensqualität der Pflegenden wird gemindert, was teilweise mit einem Autonomie- und Identitätsverlust einhergeht, wie in dem folgenden Zitat deutlich wird:

Frau Daum (59 Jahre): „Ich sag mal, wenn man frei entscheiden kann über sein Leben, ist das doch eine ganz andere Lebensqualität."

Als ein wesentlicher Einschnitt in das Leben der Pflegepersonen kann auch die Aufgabe der Erwerbstätigkeit gesehen werden. Einige der interviewten Frauen haben die Erwerbstätigkeit zugunsten der Pflege beendet, was als ein Verlust des eigenen Lebensinhaltes wahrgenommen wird. Wie Frau Eberhardt in dem folgenden Interviewauszug schildert, ist es besonders in der ersten Zeit schwierig mit dieser Situation umzugehen:

> *Frau Eberhardt (65 Jahre):* „Oh, es war die Hölle die erste Zeit. Also ich habe bestimmt 3 Jahre gebraucht. Ich war mein ganzes Leben berufstätig. Nichts mehr gehört und nichts mehr gesehen. Nur noch das Fernsehen und auf so einen schweigsamen Mann angewiesen. Also das war die Hölle."

Durch das Wegfallen der Erwerbstätigkeit konzentriert sich die gesamte Aufmerksamkeit auf die zu pflegende Person. Die von berufstätigen Pflegepersonen geschilderte Möglichkeit im Beruf eine Auszeit von der Pflegetätigkeit zu bekommen und sich auf andere Personen einlassen zu können, ist dadurch nahezu ausgeschlossen. Darin liegt auch eine mögliche Erklärung, dass - wie in anderen Studien festgestellt wurde - das Belastungsempfinden pflegender Frauen die gleichzeitig berufstätig sind, geringer ist als bei nicht berufstätigen Frauen (vgl. Dallinger/Schmitt 2001). So besteht für viele Pflegende nicht die Möglichkeit, andere Eindrücke zu sammeln und sich aus der Pflegesituation hinaus zu begeben.

> *Frau Götz (70 Jahre):* „Wer nur Leute um sich hat, die nur bla, bla, bla, dann ist man selber nachher wie, so man ist wie ausgehöhlt. Man hat überhaupt kein Leben mehr an sich."

Soziale Kontakte nehmen ab, Aktivitäten außerhalb des Pflegehaushalts gehen zurück, eigene Interessen können nur bedingt verfolgt werden.

> *Frau Eberhardt (65 Jahre):* „... das eigene Leben ist eigentlich vollkommen überflüssig. Hintendran."

Aus diesem Grund stellen sich bei den älteren Frauen, die die Pflege übernommen haben Zukunftsängste ein, die mit der Frage nach der Zeit nach der Pflegetätigkeit einhergehen. Diese resultieren nicht nur aus dem Verlust einer sehr nahe stehenden Person, sondern werden auch mit dem Verlust des jahrelangen Lebensinhaltes in Zusammenhang gebracht. Zudem besteht eine wesentliche Gefahr, dass die pflegende Person im Alter selbst nur marginal in soziale Netzwerke eingebunden ist, die bei Bedarf Unterstützung gewährleisten können.

In der Diskussion über das Konzept des „sozialen Kapitals" wird, wie oben beschrieben wurde, zwischen der Rolle sozialen Kapitals, innerfamiliale Beziehungen zu verstärken („Bonding") einerseits, seiner Bedeutung für die extrafamiliale Vernetzung einzelner Familienmitglieder in der Zivilgesellschaft andererseits („Bridging") unterschieden. Während die Pflege also zur Stärkung des innerfamilialen sozialen Kapitals im Sinne des „Bonding" beiträgt, führt sie tendenziell eher zu einer Schwächung des extrafamilialen sozialen Kapitals für diejenigen, die die Pflege ausüben, und damit zu einer Schwächung der „Bridging" – Funktion des sozialen Kapitals.

3 Schlussfolgerungen

Ältere Menschen tragen, wie gezeigt wurde, in erheblichem Maß zur gesellschaftlichen Produktion von Wohlfahrt bei, da sie in erheblichem Umfang Aufgaben der familialen Pflege älterer Menschen, in der Regel ihrer Ehepartner/innen oder Eltern, übernehmen. Die familiale Pflege setzt dabei in besonders hohem Maß die Existenz enger sozialer Bindungen und von Vertrauen voraus, also ein hohes Maß an sozialem Kapital, das mit der Pflege noch gestärkt wird. Gerade diese Eigenschaft der Pflege durch Familienangehörige, dass sie auf einem relativ hohen Maß an sozialem Kapital beruht, wird von den Pflegebedürftigen und ihren Angehörigen oft mit einer hohen Qualität der Pflege assoziiert.

Seit der Einführung der Pflegeversicherung bietet sich die Möglichkeit, auf die im Rahmen der Pflegeversicherung finanzierte Pflege durch ambulante Pflegedienste zurückzugreifen und damit die Familienangehörigen von der Pflege zu entlasten. Dass die Motivation der Familienangehörigen dennoch hoch ist, die Pflege exklusiv selbst durchzuführen, lässt sich unserer Argumentation zufolge zu einem wesentlichen Anteil damit erklären, dass der familialen Pflege Qualitäten zugesprochen werden, die mit der Produktion sozialen Kapitals zusammenhängen und die von der ambulanten Pflege nicht erwartet werden. Tatsächlich werden Vertrauen und soziale Bindung im Rahmen der Pflege durch Pflegedienste nur schwer aufgebaut. Dies ist vor allem auch darin begründet, dass die ambulante Pflege durch das Pflegeversicherungsgesetz unter starke Zwänge der Ökonomisierung und betrieblichen Rationalisierung gesetzt wurde. Die ambulante Pflege durch Pflegedienste ist strukturell weit weniger als die familiale Pflege auf eine Einbettung in eine kontinuierliche, vertrauensvolle soziale Beziehung eingestellt.

Die Pflegenden nehmen dabei in erheblichem Umfang physische und psychische Belastungen und die Gefahr der sozialen Isolation in Kauf (vgl. hierzu auch den Beitrag von Wahrendorf/Siegrist in diesem Band). Es zeigte sich, dass sich viele der älteren Pflegenden, indem sie die Möglichkeit der Ergänzung der familialen Pflege durch ambulante Pflege ausschließen, in einer Situation „struktureller Überforderung" befinden. Während also das soziale Kapital in der Familie mit der Pflege gestärkt wird, scheint es so zu sein, dass das soziale Kapital in den außerfamilialen Beziehungen durch die Intensität der Pflegeanforderungen oft geschwächt wird. Um die sozialintegrativen Potentiale der Pflegearbeit älterer Menschen zu stärken, wäre die Gestaltung der Rahmenbedingungen der familialen Pflege in zweierlei Hinsicht stärker auf die Bedürfnisse der Pflegenden und der Pflegebedürftigen abzustimmen. Zum einen müsste die ambulante Pflege attraktiver werden, damit von den Pflegebedürftigen und ihren Angehörigen in einem höheren Umfang kombinierte Formen der Pflege gewählt werden, in denen die familiale Pflege mit professioneller, ambulanter Pflege verbunden wird. Das könnte die pflegenden Angehörigen von dem Risiko struktureller Überforderung entlasten und verhindern, dass sie sich zugunsten der Pflege sozial isolieren. Zudem würde die Autonomie der Pflegebedürftigen in der Pflegesituation gestärkt, und es ist zudem anzunehmen, dass die professionelle Pflege unter gesundheitlichen, körperbezogenen Aspekten eine höhere Qualität aufweist. Dies würde aber voraussetzen, dass in der ambulanten Pflege eine Abkehr von der ökonomischen Ausrichtung zugunsten einer besseren Qualität der Pflege vorgenommen wird. Zur Erhöhung der Attraktivität der ambulanten Pflege würde zum einen gehören, dass eine stärkere Kontinuität im Hinblick auf die Person der Pflegekraft hergestellt wird und dass die Pflegedienste zum anderen flexibler und umfassender auf die Bedürfnisse der Pflegebedürftigen eingehen können. Das hieße auch, dass das Verständnis der Pflege, die im Rahmen der Pflegeversicherung bezahlt wird, stärker auf haushaltsbezogene Dienstleistungen ausgedehnt werden müsste. Weiter wäre es sinnvoll und notwendig, dass auf der kommunalen Ebene die Vernetzung und Beratung pflegender Angehöriger systematisch gefördert werden.

Insgesamt wird deutlich, dass es erforderlich ist, dass sich die gesellschaftliche Konstruktion von „Alter" und einer „alternden Gesellschaft" an eine Realität anpasst, in der ältere Menschen längst zu einem erheblichen Anteil zentrale gesellschaftliche Aufgaben übernehmen und wesentlich zur gesellschaftlichen Wohlfahrtsproduktion beitragen. „Alter" darf nicht mehr zwangsläufig als eine inaktive Lebensphase gewertet werden, die zu Lasten der sozialen Sicherungssysteme geht. Vielmehr muss eine Sichtweise des „aktiven Alter(n)s" und der darin liegenden gesellschaftlichen Potentiale gestärkt werden. Darüber hinaus ist es aber notwendig, diejenigen älteren Menschen, die wesentliche soziale Aufgaben übernehmen, darin stärker zu unterstützen als bisher, sie vor Situationen der „strukturellen Überforderung" zu schützen und ihre Integration in außerfamiliale soziale Netzwerke zu fördern.

4 Literatur

Backes, G. (2005): Geschlecht, Alter(n) und Pflege – ein allseits (un-)bekanntes Thema? Oder: zur Begründung einer geschlechtersensiblen Altenpflege. In: Schroeter, K./Rosenthal, Th. (Hrsg.), Soziologie der Pflege. Grundlagen, Wissensbestände und Perspektiven. Weinheim und München: Juventa Verlag, 359-384.

Bergstermann, A./ Carell, A. (1998): Gewalt und Zwang in der familiären Pflege. In: de Vries, B./Telaar, K. (Hrsg.), Gewalt im höheren Lebensalter. Fachverlag Dr. Johannes Plümpe: Castrop-Rauxel.

Bundesministerium für Familie, Senioren, Frauen und Jugend [BMFSFJ] (2005): Fünfter Bericht zur Lage der älteren Generation in der Bundesrepublik Deutschland. Potentiale des Alters in Wirtschaft und Gesellschaft. Der Beitrag älterer Menschen zum Zusammenhalt der Generationen. Bericht der Sachverständigenkommission, Berlin.

Bourdieu, P. (1983): Ökonomisches Kapital, kulturelles Kapital, soziales Kapital. In: Kreckel, R. (Hrsg.), Soziale Ungleichheiten (Soziale Welt Sonderband 2), Göttingen, 183-198.

Bröscher, P./Naegele, G./Rohleder, C. (2000): Freie Zeit im Alter als gesellschaftliche Gestaltungsaufgabe? In: Aus Politik und Zeitgeschichte B 35-36.

Coleman, J. (1991): Grundlagen der Sozialtheorie. Band 1 Handlungen und Handlungssysteme. Opladen: München.

Coleman, J. (1988): Social Capital in the Creation of Human Capital. In: American Journal of Sociology 94, S95-S120.

Dallinger, U./Schmitt, Ch. (2001): Zusammenleben der Generationen und Perspektiven der Generationenarbeit. In: ifb-Materialien, Nr. 11, Bamberg.

Duncan, S.; Edwards, R. (1999): Lone Mothers, Paid Work and Gendered Moral Rationalities, Basingstoke: Macmillan.

Edwards, R. (2006): Social capital, families and care. Paper for the International Workshop "The hidden work regime. Informal work and social cohesion in Europe", University of Hamburg, May 27-28.

Eichler, M. (2005): Pflegeversicherung als Genderpolitik – Auswirkungen in Ost- und Westdeutschland. Abschlussbericht für das Forschungsprojekt.

Engstler, H (2005): Erwerbsbeteiligung in der zweiten Lebenshälfte und dem Übergang in den Ruhestand. In: Tesch-Römer, C. et al. (Hrsg.), Wandel und individuelle Entwicklung in der zweiten Lebenshälfte, Wiesbaden: VS Verlag, 85-154.

Fukuyama, F. (1995): Trust: The Social Virtues and the Creation of Prosperity. New York: Free Press.

Fukuyama, F. (1999): The Great Disruption: Human Nature and Reconstitution of Social Order, New York: Free Press.

Görgen, T./Kreuzer, A./Naegele, B. (2002): Gewalt gegen Ältere im persönlichen Nahraum: Wissenschaftliche Begleitung und Evaluation eines Modellprojekts. In: Bundesministerium für Familie, Senioren, Frauen und Jugend (Hrsg.), Schriftenreihe des Bundesministerium für Familie, Senioren, Frauen und Jugend, Band 217. Stuttgart u.a.: Kohlhammer.

Granovetter, M. (1973): The Strength of Weak Ties. In: Amercian Journal of Sociology 78, 1360-1380.

Halsig, N. (1998): Die psychische Situation pflegender Angehöriger: Möglichkeiten der Intervention. In.: Kruse, A. (Hrsg.), Psychosoziale Gerontologie. Band II: Intervention. Jahrbuch der medizinischen Psychologie, 15, Göttingen: Hogrefe, 211-231.

Haug, S. (1997): Soziales Kapital. Ein kritischer Überblick über den aktuellen Forschungsstand. Mannheimer Zentrum für Europäische Sozialforschung (MZES). Arbeitspapiere Arbeitsbereich II/Nr. 15, Mannheim.

Hoff, A. (2006): Intergenerationale Familienbeziehungen im Wandel. In: Tesch-Römer, C.; Engstler, H.; Wurm, S. (Hrsg.): Altwerden in Deutschland. Sozialer Wandel und individuelle Entwicklung in der zweiten Lebenshälfte, Wiesbaden: VS Verlag, 231-287.

Holz, P. (2000): Pflegende Angehörige. In: Wahl, H.W./Tesch-Römer, C. (Hrsg.), Angewandte Gerontologie in Schlüsselbegriffen. Stuttgart: Kohlhammer, 353-358.

Knijn, T./ Kremer, M. 1997 Gender and the Caring Dimension of Welfare States: Toward Inclusive Citizenship. In: Social Politics 5, 328-361.

Künemund, H. (2006): Tätigkeiten und Engagement im Ruhestand. In: Tesch-Römer, C./Engstler, H./Wurm, S. (Hrsg.), Altwerden in Deutschland. Sozialer Wandel und individuelle Entwicklung in der zweiten Lebenshälfte, Wiesbaden: VS Verlag, 289-328.

Künemund, H./Motel, A. (2000): Verbreitung, Motivation und Entwicklungsperspektiven intergenerationeller Hilfeleistungen und Transfers. In: Kohli, M., Szydlik, M. (Hrsg.), Generationen in Familie und Gesellschaft. Opladen: Leske + Budrich.

Maly-Lukas, N. (2003): „...aber ich hab'es gern getan." – Zur Pflegebereitschaft und Lebenssituation pflegender Töchter. In: Reichert, M./ Maly-Lukas, N./ Schönknecht, Ch. (Hrsg.), Älter werdende und ältere Frauen heute. Zur Vielfalt ihrer Lebenssituation, Wiesbaden: Westdeutscher Verlag, 97-121.

Oppen, M. (1995): Qualitätsmanagement: Grundverständnisse, Umsetzungsstrategien und ein Erfolgsbericht. Die Krankenkassen Berlin: edition sigma.

Perschke-Hartmann C (2002): Qualitätswahrnehmung aus Sicht der pflegebedürftigen Menschen. In: Igl, G./Schiemann, D./Gerste, B./Klose, J. (Hrsg.), Qualität in der Pflege, Stuttgart: Schattauer, 325-336.

Pfau-Effinger, B./Eichler, M. (2005): Pflegende Angehörige im Alter und Sozialkapital. Vortrag auf der internationalen Fachtagung „Betreuung älterer Menschen und soziale Integration. Ein europäischer Vergleich. 17.-18-Oktober 2005, Wissenschaftszentrum Berlin.

Portes, A. (1998): Social Capital: Its origins and applications in modern sociology. In: Annual Review of Sociology 24, 1-24.

Putnam, R., D. (1993): Making democracy work. Civic traditions in modern Italy, Princeton University Press, Princeton.

Putnam, R. D. (1995): Bowling alone: American's declining social capital. In: Journal of Democracy 6, 65-78.

Putnam, R. D. (2000): Bowling alone. The collapse and revival of Amercian community. New York u.a.: Simon & Schuster.

Ribbens McCarthy, J./Edwards, R. (2002): The individual in public and private: the significance of mothers and children. In: Carling, A./Duncan, S./Edwards, R. (Hrsg.), Analysing Families: Morality and Rationality in Policy and Practice, London: Routledge.
Rostocker Zentrum zur Erforschung des Demographischen Wandels (2005): Deutschland im Demographischen Wandel. Fakten und Trends 2005.
Runde P./Giese R./Stierle C. (2003): Einstellungen und Verhalten zur häuslichen Pflege und zur Pflegeversicherung unter den Bedingungen gesellschaftlichen Wandels. Rote Reihe Band 15, hrsg. von der Arbeitsstelle für Rehabilitations- und Präventionsforschung, Universität Hamburg.
Schmähl, W. (2002): Leben die „Alten" auf Kosten der „Jungen"? Anmerkungen zur Belastungsverteilung zwischen Generationen in einer alternden Bevölkerung aus ökonomischer Perspektive. In: Zeitschrift für Gerontologie und Geriatrie 35, 304-314.
Schneekloth, U./ Müller, U. (1999): Wirkungen der Pflegeversicherung. Schriftenreihe des Bundesministeriums für Gesundheit, Band 127. Baden-Baden:Nomos Verlagsgesellschaft.
Schneekloth, U./Leven, I. (2003): Hilfe- und Pflegebedürftige in Privathaushalten in Deutschland 2002.Schnellbericht. München.
Schneekloth, U. (2005): Leben mit Hilfe und Pflege zu Hause. – Möglichkeiten und Grenzen -. Zentrale Ergebnisse des Forschungsprojekts MuG III im Überblick. Vortrag zur Abschlusstagung des Forschungsverbundes am 16. Juni, Berlin.
Schneekloth, U. (2006): Entwicklungstrends und Perspektiven in der häuslichen Pflege. Zentrale Ergebnisse der Studie Möglichkeiten und Grenzen selbstständiger Lebensführung (MuG III). In: Zeitschrift für Gerontologie und Geriatrie, 39, 405-412.
Schulz, E./Leidl, R./Koenig, H.-H. (2001): Starker Anstieg der Pflegebedürftigkeit zu erwarten: Vorausschätzungen bis 2020 mit Ausblick auf 2050. In: DIW-Wochenbericht 5/01, Berlin.
Sixma H J./Campen van C/Kressens J J/Peters L (2000): Quality of care from the perspective of elderly people: the QUOTE-Elderly instrument: In: Age and Ageing 29/2000, 173-178.
Smart, C./Neale, B./Wade, A. (2001): The Changing Experience of Childhood: Families and Divorce, Cambridge: Polity Press.
Statistisches Bundesamt (2001): Kurzbericht: Pflegestatistik 1999. Pflege im Rahmen der Pflegeversicherung – Deutschlandergebnisse. Bonn.
Statistisches Bundesamt (2005): Kurzbericht: Pflegestatistik 2003. Pflege im Rahmen der Pflegeversicherung – Deutschlandergebnisse. Bonn.
Statistisches Bundesamt (2007): Kurzbericht: Pflegestatistik 2005. Pflege im Rahmen der Pflegeversicherung – Deutschlandergebnisse. Wiesbaden.
Stolle, D./Lewis, J. (2002): Social capital – an emerging concept. In: B. Hobson, J. Lewis, B. Siim (Hrsg.): Contested concepts in gender and social politics, Cheltenham, U.K., Northampton, MA, USA.

Teil III: Aktivierung des produktiven Potenzials Älterer in lokaler Perspektive

Potenziale bürgerschaftlichen Engagements für die Kommune
Das Modellprojekt „Selbstorganisation älterer Menschen"

Renate Breithecker

1 Einführung

Der demographische Wandel wirft seine Schatten auf den bundesdeutschen Alltag: Von der wachsenden Alterslast ist die Rede, von der „Rentnerschwemme", die die Sozialsysteme zu kippen droht und unausweichlich zum Pflegenotstand führt. Nicht zuletzt durch Bestseller wie „Das Methusalem-Komplott" (Schirrmacher 2004) und den TV-Dreiteiler „2030 – Aufstand der Alten" (ZDF, Januar 2007) wird ein Katastrophenszenario gezeichnet, werden Ängste vor Altersdiskriminierung und der Entwürdigung älterer Menschen, aber auch vor einem „Krieg der Generationen" geschürt.

Doch gegen dieses Bild und die (implizite) Schuldzuschreibung an „die Alten" regt sich Widerstand: „Nicht das Altern, sondern der absehbare und sich voraussichtlich beschleunigende Rückgang unserer Bevölkerung ist das zentrale demographische Problem" (Kaufmann 2005: 15). Negative Zuschreibungen werden zurück gewiesen: „Eine älter werdende Gesellschaft wird nur dann zum Problem, wenn man ein negatives Altersbild generalisiert" (Lehr 2007: 47). Zunehmend werden die positiven Seiten des Alterns betont und „Alter als Chance" (Seniorentag 2006) betrachtet: Für den Einzelnen bedeutet das einen deutlichen Zugewinn an Lebenszeit; für die Gesellschaft die Aufforderung, die „Potenziale des Alters" (BMFSFJ 2005) zu bergen und geeignete Rahmenbedingungen zu schaffen, damit sie sich entfalten können.

Werden also die „fitten Alten" zu den Rettern der Gesellschaft? Von „Vergreisung" keine Spur? Die öffentliche Diskussion pendelt zwischen den Extremen: Dem Pflegenotstand, der Diskriminierung älterer Menschen und ihrer beruflichen wie gesellschaftlichen Ausgrenzung werden die wiederentdeckte Wertschätzung des Erfahrungswissens und die besonderen Kompetenzen von Senior/innen gegenüber gestellt. Diese widersprüchlichen Bilder des Alters haben ihre Entsprechung in dessen Heterogenität. So stellt etwa Bähler (2007) fest, dass

Altern ein höchst differenzieller Prozess sei, der bei jedem anders verläuft: „Je älter die Menschen werden, umso größer werden die Unterschiede zwischen Gleichaltrigen" (Bähler 2007: 31). Insofern tragen die positiven Altersbilder, wie sie etwa im Konzept des „Active Ageing" befördert werden, zu einer Entdramatisierung der Diskussion bei, sie können aber keineswegs für alle Senior/innen gelten. Vielmehr kommt es mit der Verlängerung zu einer Ausdifferenzierung der Altersphase. Die „Formel .. alt = krank, gebrechlich, bedürftig" (Reuß 2007: 65) gilt nicht mehr uneingeschränkt, Alter kann heute keinesfalls mit Unterstützungs- und Pflegebedarf gleichgesetzt werden.

Derzeit entsteht zwischen dem Ende der Erwerbsarbeit und dem tatsächlichen Eintritt von Gebrechlichkeit ein neues „drittes Lebensalter": Menschen zwischen 60 und 80 Jahren, die beruflich qualifiziert, finanziell abgesichert, weitgehend gesund und sozial integriert sind. Sie suchen nach dem Ende der Berufstätigkeit neue Handlungsfelder und sinnvolle Betätigungen, in die sie ihr Erfahrungswissen und ihre Kompetenzen einbringen können. In den kommenden Jahren wird sich diese Lebensphase weiter verlängern und mit der Alterung der „Post-War-Baby-Boomer" (Lehr 2007: 46) werden ihr immer mehr „aktive Alte" angehören. Trotzdem ist sie bisher institutionell und kulturell kaum strukturiert (Kaufmann 2005: 112), es „fehlen kulturelle Leitbilder und spezifische Aufgaben" (Kaufmann 2005: 240) für Menschen, die nicht mehr arbeiten, aber keineswegs pflegebedürftig sind.

Solche neuen, „produktiven" Altersrollen erweisen sich aber als notwendig. Denn auch wenn weniger die vielen Alten als vielmehr die fehlenden Jungen zu gesellschaftlichen wie wirtschaftlichen Problemen führen können, so sind doch auch die Senior/innen aufgefordert, ihren Beitrag zu leisten, um den „erhöhten Anpassungs- und Umorientierungserfordernissen" (Kaufmann 2005: 17) infolge des demographischen Wandels zu begegnen. Zum Konzept des „produktiven Alterns" zählen zum einen die Verlängerung der Lebensarbeitszeit und zum anderen die Bereitschaft zu „nutzbringender ehrenamtlicher Tätigkeit", zu freiwilligem oder bürgerschaftlichem Engagement. Dieser Ansatz, die gesellschaftlichen Ressourcen älterer Menschen zu aktivieren und zu nutzen, findet breite Zustimmung – sie reicht von der Wissenschaft über die Verbände bis hin zur Politik (vgl. DV 2006: 20; Höpflinger 2007: 50; Naegele 2006: 16, Olk 2007: 6). Dabei wird den Möglichkeiten des bürgerschaftlichen Engagements besondere Bedeutung beigemessen, zugleich aber auf die bisher noch sehr begrenzte Übernahme entsprechender Tätigkeiten verwiesen. So stellt etwa Höpflinger fest: „Viele aktuelle Programmvorschläge zum produktiven Engagement im höheren Lebensalter erweisen sich als Projekte für eine Elite." (2007: 50; ähnlich Naegele 2006: 16)

Wie aber sind die neuen produktiven Altersrollen zu gestalten? Und wer sollte die Potenziale des Alters fördern? Hier sind vor allem die Kommunen gefragt: Zum einen haben ältere Menschen meist einen ausgeprägten Bezug zu ihrem Wohnort. Sie engagieren sich in vielfältigen Initiativen und Vereinen und tragen damit zur Lebensqualität vor Ort bei. Zum anderen sind gerade Kommunen vom demographischen Wandel in vielfältiger Weise betroffen (Naegele 2006: 10; Olk 2007: 5). Zugleich sind in erster Linie sie für die Daseinsvorsorge und damit auch für die Seniorenarbeit zuständig. Vor dem Hintergrund der angespannten finanziellen Situation vieler Kommunen steht aber zu befürchten, dass „das Versorgungsnetz öffentlicher Güter" (Olk 2007: 5) weiter zurück gefahren wird. Um dieser Gefahr entgegen zu wirken und die kommunalen Handlungsspielräume zu erhalten, kommt bürgerschaftlichem Engagement wachsende Bedeutung zu: Es kann einen wichtigen Beitrag dazu leisten, freiwillige kommunale Leistungen aufrecht zu erhalten, bestehende Angebote attraktiver zu gestalten und neue Dienstleistungen zu entwickeln, die den gewandelten Bedarfen entsprechen. Um die aktuellen Anforderungen erfolgreich zu bewältigen, sollten Kommunen daher neue Engagementformen älterer Bürger/innen gezielt unterstützen.

Nun besteht seitens der Senior/innen eine wachsende Bereitschaft, sich freiwillig zu engagieren, wie die Ergebnisse des Zweiten Freiwilligensurveys eindringlich belegen (Gensicke et al. 2006: 14; Gensicke in diesem Band). Allerdings fehlt es bei den Städten und Gemeinden noch häufig „an Bewusstsein für die bürgerschaftlichen Potenziale des Alters und an Strategien, sie für die Kommune zu erschließen" (Zeman 2007: 2). Um diese Situation zu verbessern und neue Ansätze zur Förderung des freiwilligen Engagements zu entwickeln, kann es hilfreich sein einen Blick darauf zu werfen, was Senior/innen schon heute in ihren Kommunen leisten. Die bereits bestehenden Aktivitäten und vorbildlichen Beispiele bürgerschaftlichen Engagements einer breiten Öffentlichkeit zugänglich zu machen und Kommunen für die Potenziale älterer Menschen zu sensibilisieren, sind die zentralen Ziele des Modellprojektes „Selbstorganisation älterer Menschen".

Das Modellprojekt des Bundesministeriums für Familie, Senioren, Frauen und Jugend (BMFSFJ)[1] wird vom Institut für Sozialarbeit und Sozialpädagogik (ISS-Frankfurt a.M.)[2] durchgeführt. Der Begriff Selbstorganisation verweist

---

1 Das Modellprojekt schließt damit an eine Reihe ähnlicher Modellprojekte des BMFSFJ an, in deren Mittelpunkt die Erschließung der Potenziale des Alters und die Förderung eines positiven Altersbildes in unserer Gesellschaft stehen. Dazu zählt beispielsweise das Projekt „Erfahrungswissen für Initiativen" (vgl. Bischoff/Brauers 2006; Brauers in diesem Band; kritisch hierzu: Aner/ Hammerschmidt in diesem Band).
2 Dem Projektteam im ISS-Frankfurt a.M. gehören Ludger Klein, Martina Hassel, Brigitte Rehling sowie die Verfasserin an.

darauf, dass hier neue Engagementformen erfasst werden sollen. Gemeint sind insbesondere von Bürger/innen neu geschaffene Organisationsformen unter Berücksichtigung eigener Zielsetzungen sowie eigenständig entwickelter und aufgebauter Angebote, die sich vom traditionellen Ehrenamt mit seinen vorgegebenen Aufgaben, festen Zuschreibungen und relativ geringen Gestaltungs- und Partizipationsmöglichkeiten unterscheiden.

2 Das Modellprojekt „Selbstorganisation älterer Menschen"

Um die demographischen Veränderungen zu meistern, sollten Kommunen bürgerschaftliches Engagement älterer Menschen stärker in den Blick nehmen und gezielt fördern. Dazu will das Modellprojekt einen Beitrag leisten. Es wendet sich daher gezielt an die lokale Verwaltung sowie die Politik vor Ort: Sie sollen für die Vorteile, aber auch für die notwendigen Rahmenbedingungen neuer Engagementformen sensibilisiert werden. Um dies zu erreichen, werden zwei Teilprojekte durchgeführt, deren Zielsetzungen und aktueller Stand im Folgenden vorgestellt werden.

2.1 „Modellhafte Erprobung"

Das Teilprojekt „Modellhafte Erprobung von Lösungsstrategien beim Übergang von freiwilligen kommunalen Angeboten in die Selbstorganisation älterer Menschen" widmet sich der Beratung und Begleitung von Vorhaben in bundesweit zwölf Kommunen. Hier sollen innovative Kooperations- und Kommunikationsformen zwischen kommunaler Verwaltung, engagierten (älteren) Bürger/innen, deren Interessenvertretungen sowie anderen Institutionen und Organisationen erprobt werden. Neben der praktischen Unterstützung steht dabei die Frage im Mittelpunkt, wie die Potenziale älterer Menschen aktiviert und für eine positive Entwicklung auf lokaler Ebene genutzt werden können, ohne dieses Engagement jedoch zu instrumentalisieren. Vielmehr sollen die Zielsetzungen, Wünsche und Ideen der Freiwilligen seitens „der kommunalen Politik bzw. Verwaltung" ernst genommen, soll „auf Augenhöhe mit kommunalen Bürgergruppen und –initiativen" (Olk 2007: 6) ausgehandelt werden, wie die Umsetzung gelingen kann. Zu den Aufgaben dieses Teilprojekts gehören:
- die Entwicklung und Erprobung von geeigneten Strategien und Rahmenbedingungen für die Aufrechterhaltung und/oder Ausweitung kommunaler Angebote durch die Einbeziehung engagierter älterer Menschen,
- die Beratung aller Akteure vor Ort,

- die Feststellung von Schulungsbedarfen, die Entwicklung und Durchführung entsprechender Angebote sowie
- die Moderation des Umsetzungsprozesses.

Die Erfahrungen und Ergebnisse in der Arbeit mit den Projektkommunen werden ausgewertet und sollen übertragbare Informationen für andere Kommunen liefern. Die teilnehmenden Kommunen mit ihren jeweiligen Vorhaben sind:
- Dreieich (Hessen): Quartiersbezogene Lebens- und Wohnkonzepte
- Frankfurt/O. (Brandenburg): Spieletreff Neuberesinchen
- Gelsenkirchen (Nordrhein-Westfalen): Zukunftswerkstatt 50+
- Gera (Thüringen): Stadtteilbibliothek Lusan
- Holzwickede (Nordrhein-Westfalen): Alltagshilfen für jüngere und ältere Menschen
- Horneburg (Niedersachsen): Ambulante Angebote für ältere Menschen
- Kanzem (Rheinland-Pfalz): Tauschnetz
- Kirchheim unter Teck (Baden-Württemberg): Stadtteilbegegnungsstätte
- Niederwerrn (Bayern): Begegnungsstätte – nicht nur für Senioren
- Salzwedel (Sachsen-Anhalt): Freibad
- Siegen (Nordrhein-Westfalen): „Älter werden in Siegen" – präventive Angebote
- Wilsdruff (Sachsen): Seniorenbegegnungsstätte

Damit wurde eine breite regionale Streuung erzielt, kleine Gemeinden und größere Städte konnten einbezogen werden. Die „Modellhafte Erprobung" wird erst Ende 2007 abgeschlossen, so dass hier nur erste Ergebnisse vorgestellt werden können.

2.2 „Dokumentation von Beispielen guter Praxis"

Im zweiten Teilprojekt geht es um die systematische Sammlung, Auswertung und Dokumentation von Praxisbeispielen der Einbindung bürgerschaftlichen Engagements älterer Menschen in die kommunale Angebotspalette. Mit diesem Teilprojekt sollen:
- das bürgerschaftliches Engagement älterer Menschen sichtbar und öffentlich bekannt gemacht,
- der Ideentransfer, der Erfahrungsaustausch und die Vernetzung zwischen den Projekten, den daran beteiligten Kommunen und Engagierten ermöglicht bzw. verbessert sowie
- Hinweise auf förderliche Rahmenbedingungen und Erfolg versprechende Strategien der Einbindung bürgerschaftlichen Engagements auf kommunaler Ebene heraus gearbeitet werden.

Darüber hinaus finden die Ergebnisse dieses Teilprojektes Eingang in die praktische Arbeit: Sie liefern uns wichtige Hinweise und geben innovative Impulse für die Beratung und Begleitung der Projektkommunen im Rahmen der „Modellhaften Erprobung". Die Resultate sollen aber auch eine möglichst weite Verbreitung in den Kommunen finden und allen Interessierten zur Verfügung gestellt werden. Dieses Teilprojekt wurde Ende 2006 abgeschlossen, es bildet den Kern der nachfolgenden Ausführungen.

Aus den genannten Zielsetzungen wurden zentrale Fragestellungen für die Sammlung guter Beispiele abgeleitet:
- Welche kommunalen Angebote und Leistungen gehen in die Selbstorganisation engagierter (älterer) Bürger/innen über oder werden in Selbstorganisation aufgebaut?
- Von wem ging die Initiative aus und welche weiteren Akteursgruppen sind beteiligt?
- Welche Effekte hat das bürgerschaftliche Engagement auf die Angebote und die Kommune?
- Wie kann die Nachhaltigkeit der Übergänge und damit die Aufrechterhaltung der Angebote gesichert werden?
- Welche kommunale Unterstützung erhalten die engagierten Bürger/innen?

Zur Beantwortung dieser Fragen dienten eine Vorrecherche sowie eine bundesweite Fragebogenerhebung.

2.2.1 Vorrecherche

Mit Hilfe der Vorrecherche sollte ein erster Überblick über das bürgerschaftliche Engagement älterer Menschen in Deutschland gewonnen werden. Dazu wurden verschiedene Datenbanken und Informationsmaterial von Dachorganisationen – etwa der *Bundesarbeitsgemeinschaft Seniorenbüros e.V.* – gesichtet und einschlägige Literatur ausgewertet.

Das zentrale Ergebnis der Vorrecherche besteht darin, dass es neben den Übergängen von freiwilligen kommunalen Leistungen in die Selbstorganisation, auf die das Projekt zunächst fokussierte, zahlreiche von Senior/innen entwickelte Angebote gibt, die als Ausweitungen der kommunalen Angebotspalette betrachtet werden können. Damit ist eine für das Modellprojekt grundlegende Unterscheidung zwischen zwei *Engagementkontexten* angesprochen: Zum einen bieten engagierte Bürger/innen in Selbstorganisation bedarfsgerechte Leistungen an, die das kommunale Angebotsspektrum ergänzen und die wir als *Ausweitungen* der kommunalen Angebotspalette bezeichnen. Zum anderen engagieren sich Bürger/innen auch in Bereichen, in denen Kommunen an ihre (finanziellen) Grenzen stoßen: Um freiwillige kommunale Angebote aufrecht zu erhalten, werden sie in die Selbstorganisation (älterer) Bürger/innen übergeben. Hier sprechen wir von *Übergängen* freiwilliger kommunaler Angebote in die Selbstorganisation. Daneben wurde deutlich, dass Übergänge nicht nur vollständig verwirklicht werden, sondern ebenso *Teilübergänge* stattfinden. So übernehmen bürgerschaftlich Engagierte z.B. einen bestimmten Aufgabenbereich eines kommunalen Angebots oder sichern durch ihre Mitarbeit die Aufrechterhaltung der Öffnungszeiten bspw. in Büchereien oder Museen.

Dieses Resultat fand direkt Eingang in das Teilprojekt „Modellhafte Erprobung". Standen zunächst Übergänge freiwilliger kommunaler Leistungen in die Selbstorganisation im Mittelpunkt, so bezog sich die Ausschreibung des Modellprojekts bereits auf beide Engagementkontexte, also auch auf Ausweitungen der kommunalen Angebotspalette durch ältere Engagierte.

2.2.2 Bundesweite Erhebung

Auf der Grundlage der Vorrecherche wurde ein Fragebogen entwickelt und über einen E-Mail-Verteiler an rd. 5.700 Kommunen versandt. Mit insgesamt 91 Beispielen aus 52 Kommunen lag der Rücklauf unter einem Prozent und damit sehr niedrig. Zwar gab es Rückmeldungen aus einigen Städten und Gemeinden, dass sie keine Beispiele nennen könnten. Für den geringen Rücklauf waren aber vermutlich die folgenden Faktoren verantwortlich: Die E-Mail blieb häufig im SPAM-Filter hängen. Kam sie durch, so traf sie nicht selten auf verwaltungsinterne Strukturen, die bürgerschaftliches Engagement (noch) nicht durchgehend im Blick haben. Zudem kennen insbesondere die Verwaltungen größerer Städte nicht alle Initiativen vor Ort. Schließlich war nach „Beispielen guter Praxis" gefragt, so dass auch die subjektive Einschätzung – „Handelt es sich in unserer Kommune um ein besonders gelungenes Beispiel?" – Einfluss auf das Antwortverhalten gehabt haben dürfte.

Aufgrund des geringen Rücklaufs müssen die Daten sehr vorsichtig interpretiert werden, die Ergebnisse können keineswegs als repräsentativ gelten. Dies hängt auch mit dem unterschiedlichen Antwortverhalten von kleinen, mittleren und großen Kommunen zusammen: So dominieren Kleinstädte (10.000 bis 50.000, 26 Kommunen) sowie Orte aus dem ländlichen Raum (23) und Ballungsrandzonen (19), während nur wenige Großstädte (8) antworteten. Es war auch nicht das vorrangige Ziel der Erhebung repräsentative Daten zu erhalten, vielmehr stand die Sammlung von Beispielen guter Praxis im Mittelpunkt.

	Kommunen	Beispiele
Rücklauf insgesamt	52	91
Darunter*:		
- (Teil-) Übergänge freiwilliger kommunaler Leistungen	19	28
- Ausweitungen der kommunalen Angebotspalette	40	63

* Mehrfachnennungen

Tabelle 1: Rücklauf aus den Kommunen
Quelle: Eigene Daten

Ähnlich betonen Enste/Koeppe (2006: 49), dass ihre Studie nicht auf Repräsentativität ausgelegt war, sondern „auf Beispiele für die vorbildliche Seniorenarbeit von Kommunen" abzielte. Auch wenn sich der Fokus beider Projekte unterscheidet, kommt es doch zu zwei Überschneidungen – Neumünster und Regensburg sind in beiden Stichproben enthalten. Dies spricht für die These, dass es nur wenige „Leuchttürme" bürgerschaftlichen Engagements Älterer und dessen Förderung durch Kommunen gibt, die über besondere „Strahlkraft" und einen starken Vorbildcharakter verfügen. Aufgrund der fehlenden Repräsentativität und der kleinen Stichprobe kann diese These nicht als bestätigt betrachtet werden.

3 Was ältere Menschen schon heute in ihren Kommunen leisten: Ergebnisse der bundesweiten Abfrage

Wenngleich die bundesweite Abfrage einen eher geringen Rücklauf erzielte, erbrachte sie doch einige interessante Ergebnisse. Im Folgenden werden ausgewählte Resultate entlang der oben genannten Fragestellungen behandelt und durch vier Beispiele illustriert.[3]

3.1 Die Engagementkontexte: Ausweitungen und Übergänge

Unter den vorliegenden Beispielen überwiegen die Ausweitungen der kommunalen Angebotspalette gegenüber den Übergängen von kommunalen Leistungen in

---

3 Zu den Ergebnissen dieses Projektteils insgesamt sowie zu detaillierten Daten und weiteren Beispielen vgl. BMFSFJ 2007.

die Selbstorganisation.[4] Noch deutlicher zeigt sich dieses Ungleichgewicht im Teilprojekt „Modellhafte Erprobung": Hier handelt es sich lediglich in zwei Fällen (Gera, Salzwedel) um Übergänge, bei den übrigen zehn um Ausweitungen. Ältere Menschen schaffen neue Angebote und bereichern durch ihr bürgerschaftliches Engagement das Gemeindeleben. Damit nehmen sie die in der Einführung angesprochenen notwendigen Veränderungen der kommunalen Infrastruktur infolge der gesellschaftlichen Alterung selbst in die Hand: Sie entwickeln eigene Angebote und Dienstleistungen, die ihren Bedürfnissen entsprechen und die sie eigenständig und gemäß ihren Vorstellungen in Selbstorganisation realisieren.

Für beide Engagementkontexte gilt, dass sich die älteren Bürger/innen zu einer kontinuierlichen Mitarbeit verpflichten: Der Aufbau eines neuen Seniorentreffs oder der Übergang eines Schwimmbads in die Selbstorganisation (Beispiel 3) – um zwei typische Beispiele zu nennen – sind mit einem hohen Maß an Verbindlichkeit und Verlässlichkeit des Engagements verbunden. Dass gerade Senior/innen sich zunehmend regelmäßig engagieren, zeigen auch Daten des Sozioökonomischen Panels (z.B. Erlinghagen et al. 2006: 123f.). Dieses Ergebnis widerspricht der u.a. von Enste/Koeppe (2006) vertretenen Einschätzung, dass ältere Menschen sich heute vor allem „projektbezogen" und damit nur für einen kurzen, überschaubaren Zeitraum engagieren: „Es gibt demnach immer weniger Senior/innen, die sich langfristig für eine Aufgabe zur Verfügung stellen. ... Menschen engagieren sich für eine kurze Zeit ..., sind aber nicht bereit, sich dauerhaft zu binden" (Enste/Koeppe 2006: 38; vgl. hierzu auch Künemund/Schupp in diesem Band). Übereinstimmung mit den Befunden von Enste/Koeppe herrscht jedoch in einem anderen Punkt: Die große Zahl von Ausweitungen im Vergleich zu den Übergängen macht deutlich, dass Selbstbestimmung, Selbstverwirklichung und der Wunsch nach Mitgestaltung des Gemeinwesens zentrale Merkmale bzw. Motive neuer Engagementformen sind (vgl. Enste/Koeppe 2006: 40).

3.2 Bunte Vielfalt selbstorganisierter Angebote und Leistungen

Bezüglich der Frage, welche kommunalen Angebote und Leistungen in die Selbstorganisation engagierter (älterer) Bürger/innen übergehen bzw. von ihnen in Selbstorganisation aufgebaut werden, zeigt die Auswertung ein breites Spekt-

---

4 Bei 22 der 28 Übergänge handelt es sich um vollständige Übergänge, in sechs Fällen um Teilübergänge. Aufgrund der geringen Fallzahl wurden die Teilübergänge nicht gesondert ausgewertet, sondern den Übergängen zugerechnet.

rum an Aktivitäten.[5] Darüber hinaus wird deutlich, dass zahlreiche Initiativen bzw. Vereine auf mehreren Feldern tätig sind.

Bereiche*	Übergänge freiwilliger kommunaler Leistungen (N=28)	Ausweitungen der kommunalen Angebotspalette (N=63)
Kultur und Bildung	10	13
Freizeitangebote und -einrichtungen	9	10
Treffs und Zentren	6	12
Nachbarschaftshilfe	2	11
Beratung und Information	2	10
Angebote für Kinder	-	9
Unterstützung und Hilfe im Krankheits- oder Pflegefall	-	5
Wohnen	1	4
Andere	4	9
Insgesamt	34	83

* Mehrfachnennungen möglich

Tabelle 2: Engagementbereiche der Kommunen
Quelle: Eigene Daten

Bei den Engagementkontexten bestehen unterschiedliche Schwerpunkte: Übergänge konzentrieren sich auf kulturelle Angebote, Freizeitaktivitäten sowie Bürger- oder Seniorentreffs[6] (Beispiele 2 und 4g). Unter den vorliegenden Beispielen finden sich auch die „Klassiker" wieder: drei Schwimmbäder (Beispiel 3), drei Büchereien, zwei Museen und ein Archiv, die von Freiwilligen weitergeführt bzw. mitgetragen werden. Unter den Ausweitungen der kommunalen Angebotspalette besteht eine breitere Streuung: So finden sich zahlreiche Beispiele für Nachbarschaftshilfe (Beispiel 1), Beratung und Information sowie Angebote für Kinder (Beispiel 4a). Ein ähnliches Bild zeigt sich auch im Teilprojekt „Modellhafte Erprobung": In den begleiteten Projektkommunen dominieren vor allem „Treffs und Zentren" sowie „Nachbarschaftshilfe", aber auch die übrigen Bereiche sind vertreten (vgl. 2.1).

5　Ähnlich vielfältig gestaltet sich die Arbeit von seniorTrainern und seniorKompetenzteams, vgl. Bischoff/Brauers 2006: 158.
6　Da Bürgertreffs und Seniorenzentren sowohl kulturelle als auch Freizeitangebote unterbreiten können, teilweise auch Beratungs- und Informationsaufgaben übernehmen, wurden sie gesondert erfasst.

> *Beispiel 1:* Das Seniorenbüro „Nothelfer", Bamberg
> Dass von Senior/innen selbst initiierte Angebote dauerhaft arbeiten können, zeigt das Seniorenbüro „Nothelfer" in Bamberg. Dessen Gründung erfolgte vor dem Hintergrund zweier Beobachtungen: Mit zunehmendem Alter fallen alltägliche Dinge, die man früher spielend alleine erledigen konnte, oft schwer. Umgekehrt gilt, dass Senior/innen noch vieles leisten können und anderen gerne helfen möchten. An dieser Stelle setzt das Seniorenbüro an: Es eröffnet älteren Bamberger/innen die Möglichkeit, aktiv zu bleiben und ihre Fähigkeiten sinnvoll einzusetzen. Zugleich sichert es Senior/innen die notwendige Hilfe und Unterstützung zu, die sie zur Alltagsbewältigung brauchen. Dabei ist das Angebot des „Nothelfers" breit gefächert: Es reicht von der Begleitung zum Arzt oder bei Behördengängen über einen Fahrdienst bis hin zu Hilfen in Haushalt und Garten. Menschen, die Unterstützung benötigen, wenden sich an das Seniorenbüro, das einen geeigneten „Nothelfer" vermittelt.
>
> Die Initiative zur Gründung des Seniorenbüros ging von der Arbeitsgemeinschaft der älteren Bürger Bambergs aus, die eine eigene Konzeption entwickelte. Mit dem Bayerischen Roten Kreuz wurde ein Mitträger gefunden, der keine konfessionelle oder politische Bindung aufweist. Dies galt als wichtige Voraussetzung, um möglichst alle Bürger/innen zu erreichen. Nach neunmonatiger Vorbereitung startete der „Nothelfer" im Feb. 1997. Unterstützt wurde und wird er durch private Spender, Sponsoren aus der Wirtschaft und die Stadt Bamberg. Daneben werden für die Vermittlung von Hilfen eine einmalige Gebühr und für die Dienstleistung selbst ein fester, wenngleich niedriger Stundensatz erhoben.
>
> Das Angebot des Seniorenbüros findet nicht nur regen Zuspruch, erfreulicherweise hat sich in den vergangenen 10 Jahren auch die Zahl der aktiven „Nothelfer" kontinuierlich erhöht. Derzeit engagieren sich rd. 80 ältere Bamberger/innen, darunter eine wachsende Zahl älterer Männer.

Damit gestaltet sich das Engagement älterer Bürger/innen vielfältig und bunt. Es bezieht sich häufig auf die eigene Altersgruppe, hat aber durchaus auch das Gemeinwesen im Blick und verfolgt mitunter einen generationenübergreifenden Ansatz. So, wie der demographische Wandel ganz unterschiedliche Aufgabenbereiche betrifft und zu einem kommunalpolitischen Querschnittsthema wird oder doch werden sollte (Naegele 2006: 10), verstehen Senior/innen ihr Engagement als Querschnittsaufgabe, das sich nicht ausschließlich an den eigenen Bedürfnissen orientiert. Gleichwohl liegt ein deutlicher Schwerpunkt der Ausweitungen auf „Beratung und Hilfe", die Ältere vor Ort eigenständig organisieren. Damit werden insbesondere die Ausweitungen zu einem Ausgangspunkt für die Entwicklung innovativer, auf Hilfe zur Selbsthilfe beruhender Seniorenarbeit in den

Kommunen. Mit anderen Worten: Senior/innen schaffen sich die Angebote, die sie brauchen, selbst. Und es liegt an der Kommune, diese Aktivitäten zu unterstützen und damit ein bedarfsgerechtes Angebot sicher zu stellen.

Die große Bedeutung des Engagements und dessen Förderung wird im Bereich der Nachbarschaftshilfe deutlich (Beispiel 1): Durch die wachsende Zahl kinderlos gebliebener Menschen dünnen die Verwandtschaftsnetze aus. Dieser Trend wird verstärkt durch den Wegzug der Kinder. Hinzu kommt, dass aufgrund der beruflichen Mobilität gewachsene nachbarschaftliche Kontakte seltener werden. Der daraus resultierenden „Vereinzelung im Alter" (Kaufmann 2005: 112) wirken informelle und formal organisierte soziale Netze entgegen. Damit wird ein zentraler individueller Nutzen bürgerschaftlichen Engagements deutlich: Es verhindert soziale Isolation und sichert die Teilhabe am öffentlichen Leben (EFILWC 2006: 6).

3.3 Initiator/innen und beteiligte Akteursgruppen

In den uns vorliegenden Beispielen übernehmen die Kommunen, die Bürger/innen sowie seniorenspezifische Einrichtungen die zentrale Rolle als Initiator/innen, wobei dies oft auch in Kombination mehrerer Akteure geschieht. Bezüglich der beiden Engagementkontexte zeigt sich folgendes Bild:

- Die Initiative zum Übergang einer freiwilligen Leistung in die Selbstorganisation geht in der Hälfte der Fälle von den Kommunen aus (Beispiele 2 und 4g). Dies ist wenig überraschend, besteht doch seitens der Städte und Gemeinden ein besonderer Bedarf bzw. Handlungsdruck. Eine zentrale Rolle spielen daneben Seniorenbüros und Seniorenvertretungen (32,1%). Und schließlich werden die (älteren) Bürger/innen (28,6 %) selbst aktiv und treffen damit nicht immer auf Begeisterung, sondern auch auf Skepsis und Ablehnung (Beispiel 3).
- Geht es um die Ausweitung der kommunalen Angebotspalette, ergreifen vor allem die (älteren) Bürger/innen die Initiative (Beispiel 1): In etwa der Hälfte der Beispiele (47,6%) tragen sie durch ihr Engagement dazu bei, dass das kommunale Angebotsspektrum entsprechend den Bedürfnissen und Wünschen der Menschen vor Ort ausgebaut wird. Die Kommune wird in einem Drittel der Fälle aktiv, daneben spielen bei diesem Engagementkontext Vereine und Träger (19,1%) eine etwas stärkere Rolle.

Die Beispiele unterstreichen das große Engagementpotenzial älterer Bürger/innen. Zugleich fordern sie Kommunen dazu auf, selbst aktiv zu werden und Initiativen vor Ort zu stärken, die Ideen der Senior/innen aufzugreifen und ihre

Aktivitäten zu unterstützen, um damit das lokale Angebotsspektrum aufrecht zu erhalten und auszuweiten.

> *Beispiel 2:* Seniorentreff Glauchau
> In Glauchau beschloss der Stadtrat 1991 die Schließung einer Seniorenbegegnungsstätte. In der Folge suchte die Kommune aktiv nach einer Möglichkeit, diesen Treff aufrecht zu erhalten und in Eigenregie durch Senior/innen weiterzuführen. Innerhalb kurzer Zeit konnte eine Gruppe Älterer gefunden werden, die einen eigenständigen Verein gründete. Der Übergang wurde gemeinsam von Kommune und Senior/innen vorbereitet (Vertragsänderungen, Beschlüsse von Ausschuss und Stadtrat, Erarbeitung einer Konzeption). Während der zwölfmonatigen Vorbereitungszeit wurden die Freiwilligen finanziell und personell durch die Kommune unterstützt, im Anschluss an den Übergang erhielten sie weiterhin personelle Unterstützung sowie Sachmittel und Räume. Aktuell hat der „Seniorenclub Glauchau e.V." 106 Mitglieder, davon sind ca. 80 % im Seniorentreff aktiv. Als Partner unterstützen Politik und Unternehmen den Club.
>
> Das kommunale Engagement erklärt sich aus der recht hohen Zahl älterer Menschen in Glauchau: Bedingt durch den Strukturwandel nach der Wende und die damit verbundene hohe Abwanderung junger Menschen liegt der Anteil der über 60-Jährigen Einwohner/innen bei 31 %. Zugleich ist die Arbeitslosigkeit überdurchschnittlich hoch. Dies schränkt die kommunalen Handlungsspielräume deutlich ein. Die Förderung des freiwilligen Engagements älterer Menschen lohnte sich für die Stadt in zweifacher Hinsicht: Es führte einerseits zu finanziellen Einsparungen, andererseits war der Übergang in die Selbstorganisation auch mit einer Erweiterung des Angebots und längeren Öffnungszeiten verbunden. Wohl auch aus diesen Gründen unterstützt die Kommune das Engagement nach dem Übergang weiter. Positiv wirkt sich aus, dass es in der Verwaltung eine feste Ansprechpartnerin gibt.

Da nach dem Engagement von Senior/innen gefragt war, gehören in unseren Beispielen immer auch Ältere zu den Akteuren. Aber immerhin ein Viertel der Übergänge und knapp die Hälfte der Ausweitungen werden von altersgemischten Gruppen getragen. Bürgerschaftliches Engagement kann demnach, vor allem in kommunaler Rahmung, zu einem Miteinander der Generationen führen und den Kontakt zwischen ihnen stärken. Eine breitere Streuung in der Zusammensetzung der Gruppen kann zudem die Nachhaltigkeit der Angebote positiv beeinflussen. Auffallend ist bei unseren Beispielen allerdings, dass Übergänge oft ausschließlich von älteren Bürger/innen getragen werden. Um die Weiterführung dieser Angebote zu sichern, ist auf die Gewinnung von „Nachwuchs" besonders zu achten. Die Übergänge bewerkstelligen die Freiwilligen nur in ganz wenigen Fällen alleine: Meist haben sie einen, häufiger zwei und mehr Partner, die ihre Arbeit fördern oder mittragen. Dabei spielen zielgruppenspezifische Ansprechpartner wie Seniorenbüros und -beiräte, seniorKompetenzteams und Freiwilligenagenturen eine herausragende Rolle. In den vorliegenden Beispielen gab es darüber hinaus häufig Unterstützung von politischer Seite, aber auch Vereine und Wohlfahrtsverbände treten als Partner in Erscheinung. Deutlich geringere Bedeutung kommt dagegen der Wirtschaft vor Ort zu, die lediglich in fünf Fällen das Engagement der Senior/innen fördert (Beispiel 3).

Ein etwas anderes Bild ergibt sich für die Ausweitungen der kommunalen Angebotspalette. Zum einen erhalten die Freiwilligen beim Aufbau der Angebote generell seltener Unterstützung, in gut einem Drittel der Beispiele werden keine weiteren Partner genannt. Zum anderen spielen hier Unternehmen als Förderer (17,5 %) sowie Stiftungen und private Spenden (14,3 %) eine vergleichsweise große Rolle (Beispiele 1, 4b und c). Und schließlich werden in unseren Beispielen zielgruppenspezifische Ansprechpartner nur selten genannt, sie treten allerdings häufiger als Träger von Ausweitungen auf.

Zusammenfassend kann man festhalten, dass vor allem Organisationen des Dritten Sektors die Engagierten und ihre Vorhaben unterstützen, während die Wirtschaft seltener Partnerschaften eingeht. Ein trisektoraler Ansatz, wie er in der Förderung bürgerschaftlichen Engagements allgemein angestrebt wird, bildet unter den vorliegenden Beispielen eher die Ausnahme.

3.4 Effekte bürgerschaftlichen Engagements

Welche Auswirkungen hat das Engagement älterer Bürger/innen auf die Gestaltung der Angebote und die Kommune insgesamt?[7] Bleiben die Leistungen in ihrer bisherigen Form erhalten oder verändern sie sich durch den Übergang in die Selbstorganisation? Diese Fragen interessieren gerade im Hinblick auf den Nutzen kommunaler Förderung bürgerschaftlichen Engagements.

Durch den Übergang in die Selbstorganisation erfuhren die meisten Angebote (19 von 28 Bsp.) eine Veränderung, die mehrheitlich in einer Ergänzung (14 Fälle) bestand: So wurden das Leistungsspektrum erweitert, die Öffnungszeiten

---

7 Da die Kommunen im Mittelpunkt des Projekts stehen, wurde der individuelle Nutzen für die Freiwilligen nicht abgefragt, wenngleich dieser entscheidend für die Aktivierung und Verstetigung von bürgerschaftlichem Engagement ist. Zu den Motiven und Gewinnen auf individueller Ebene vgl. Gensicke et al. 2006 und EFILWC 2006.

ausgedehnt, neue Zielgruppen angesprochen und die Gestaltung der Angebote stärker am Bedarf und den Wünschen der Nutzer/innen ausgerichtet (Beispiele 2, 3 und 4g). Lediglich in drei Fällen führte der Übergang zu einer Einschränkung des Angebots, in zwei Beispielen wurden die „Veränderungen" nicht näher erläutert.

Diese Veränderungen der vormals freiwilligen kommunalen Leistungen haben auch Auswirkungen auf die Nachfrage: Nach Einschätzung der Freiwilligen kommt es in keinem Fall zu einem Rückgang der Nutzung. In etwa der Hälfte der Fälle und hier insbesondere, wenn eine Ergänzung des Angebots vorgenommen wurde, wächst der Zuspruch. In den übrigen Beispielen verändert sich die Nachfrage entweder nicht oder es sind keine Angaben möglich, weil Vergleichsdaten fehlen. Die tendenziell gestiegene Nachfrage kann auf das neu gestaltete Angebot und die Gewinnung neuer Zielgruppen, aber auch auf die größere Identifikation der Bürger/innen mit dem Angebot zurückgeführt werden. Um Aussagen darüber zu treffen, worin genau die Ursachen liegen, müssten einzelne Übergänge genauer untersucht und bspw. Nutzer/innen befragt werden.

Die Ergebnisse unterstreichen die Eigenständigkeit und auch Eigensinnigkeit der Engagierten: Sie entwickeln neue Angebote und Dienstleistungen, bringen bei Übergängen eigene Vorstellungen ein und erreichen dadurch u.a. neue Zielgruppen. Die ausgewerteten Beispiele zeigen zudem, dass Senior/innen auch gegen anfängliche Skepsis Aufgaben übernehmen und damit durchaus erfolgreich sein können, wie das nachfolgende Beispiel zeigt. Dies entkräftet die oft geäußerte „Instrumentalisierungsthese", wonach Ältere als „Ausfallbürge für öffentliche Leistungen missbraucht" (Zeman 2007: 3) werden.

Vor diesem Hintergrund ist von besonderem Interesse, ob die in Selbstorganisation fortgeführten oder neu geschaffenen Angebote auch dauerhaft aufrechterhalten werden oder nach anfänglicher Euphorie schnell wieder „einschlafen" bzw. an die Kommune zurückgegeben werden. Als Indikator für die Nachhaltigkeit der Übergänge und Ausweitungen haben wir deren Verstetigung herangezogen. Folgt man den vorliegenden Daten, so scheint es gerade in den vergangenen fünf bis zehn Jahren zu einem Anstieg des bürgerschaftlichen Engagements älterer Menschen gekommen zu sein. Dies entspricht auch den Ergebnissen des 2. Freiwilligensurveys (vgl. Gensicke et al. 2006; Gensicke in diesem Band). Andererseits ist zu berücksichtigen, dass Kommunen eher aktuelle Beispiele als „alte Hüte" an uns weitergegeben haben dürften. Insofern ist es bemerkenswert, dass nicht nur neue Vorhaben als Beispiele genannt wurden, sondern die Hälfte der Übergänge bereits vor dem Jahr 2000 stattfand (Beispiele 2, 3 und 4g). Dies gilt auch für Übergänge größerer Einrichtungen wie Schwimmbäder und Seniorentreffs sowie für (Teil-)Übergänge im kulturellen Bereich. Als ein wichtiges Ergebnis lässt sich daher festhalten, dass Übergänge und Ausweitungen durchaus über einen längeren Zeitraum erfolgreich funktionieren können. Aufgrund der geringen Fallzahl sowie der Tatsache, dass für die jüngeren Übergänge naturgemäß keine Aussagen über deren Verstetigung möglich sind, sollten die Daten aber vorsichtig interpretiert und als erster Trend betrachtet werden. Für eine empirisch fundierte Beantwortung der Frage nach Bedingungen von Nachhaltigkeit wäre zudem ein Vergleich zwischen erfolgreichen und gescheiterten Übergängen notwendig. Dies ist auf der Grundlage der vorliegenden Daten, die sich ausschließlich auf „gute Beispiele" beziehen, nicht möglich.

Beispiel 3: Das Elsebad in Schwerte
Die Geschichte des Elsebades zeigt, dass sich eine von Bürger/innen getragene Initiative auch gegen die anfänglich ablehnende Haltung der Kommune durchsetzen und zu einer Erfolgsgeschichte werden kann: Vor und nach der Schließung des Elsebades durch die Stadt Schwerte (NRW) im Jahr 1993 regte sich starker Widerstand in der Bevölkerung, der im November 1994 in ein Bürgerbegehren mündete. Aufgrund des starken bürgerschaftlichen Engagements zog der Rat der Stadt im Januar 1995 eine Wiedereröffnung des Elsebads in Erwägung – jedoch nur, wenn das Freibad vollständig und auf Dauer übernommen und privat saniert würde.

Vor diesem Hintergrund gründete sich Anfang 1995 der „Förderverein Bürgerbad Elsetal e.V.", der bereits nach einen halben Jahr mehr als 500 Mitglieder hatte. Der Verein, dessen Ziel der Wiederaufbau und die Wiedereröffnung des Freibads war, legte eine Kosten- und Finanzierungsplanung vor. Zu den weiteren Vorarbeiten gehörten die Gründung der gemeinnützigen Badbetriebsgesellschaft mbH, das Einwerben von Fördermitteln des Landes, die Gewinnung von Freiwilligen, Förderern und Sponsoren sowie die Durchführung der Architekten- und Ingenieursleistungen zur notwendigen Sanierung. Aufgrund der Vorarbeiten und der Einwerbung finanzieller Mittel traf der Rat die notwendigen Beschlüsse zum Übergang des Elsebades in die Selbstorganisation. Der Verein erhält einen jährlichen Betriebskostenzuschuss.

Nach fünf Jahren Schließung konnte das Elsebad im Mai 1998 wieder eröffnet werden. Mit dem Wechsel der Trägerschaft kam es zu weiteren Änderungen: Das Angebot erfuhr eine deutliche Erweiterung, es finden zahlreiche kulturelle und sportliche Veranstaltungen statt, so dass eine wachsende Zahl von Bürger/innen das Bad besucht. Neben dem Förderverein engagierten sich weitere Vereine, Kindergärten, Schulen und Einzelpersonen für den Erhalt und die Fortführung des Elsebads.

Den Ausgangspunkt für den Übergang einer freiwilligen Leistung in die Selbstorganisation bilden häufig finanzielle Probleme der Kommune, die diese zur

Schließung eines Schwimmbads oder eines Treffs (Beispiele 2 und 3) veranlassen. Daher stellt sich die Frage, ob durch Übergänge tatsächlich Einsparungen erzielt werden können. Dies wird durch die ausgewerteten Beispiele eindeutig belegt: Bei jeweils 17 Übergängen kommt es zu finanziellen oder zu personellen Einsparungen, in 11 Beispielen profitiert die Kommune in beiden Bereichen. Lediglich in drei Beispielen ergeben sich keine Einsparungen, zwei Fragebögen enthalten keine Angaben.

Bürgerschaftliches Engagement älterer Menschen trägt also nicht nur zur Aufrechterhaltung freiwilliger kommunaler Leistungen bei. Die Angebote werden zudem häufig verbessert, damit für die Bürger/innen attraktiver gestaltet und erfahren in der Folge einen größeren Zuspruch. Die in Selbstorganisation weitergeführten oder neu entwickelten Angebote stellen keineswegs „Eintagsfliegen" dar, sondern werden auch längerfristig vom Engagement älterer Menschen getragen. Damit sind sie nicht nur mit einer Entlastung des kommunalen Haushalts verbunden, sondern tragen zugleich zu einem lebendigen Gemeindeleben bei, sorgen für einen starken Zusammenhalt und werden auf diese Weise zu einem Grundstein der „Bürgerkommune".

3.5 Kommunale Förderung bürgerschaftlichen Engagements

Die Förderung bürgerschaftlichen Engagement lohnt sich – für die Kommune und für die Bürger/innen. Die oben dargestellten positiven Effekte sind aber nicht zum „Nulltarif" zu haben (vgl. auch Kaufmann 2005: 17). Vielmehr spielen Förderung und Unterstützung gerade durch die Kommune eine entscheidende Rolle. Deutlich wurde bereits, dass Städte und Gemeinden als Initiatoren und als Partner der Freiwilligen auftreten und deren Engagement mittragen, welche weitere Unterstützung sie gewähren, zeigt Tabelle 3.

Städte und Gemeinden unterstützen bürgerschaftliches Engagement in vielfältiger Weise, vor allem Übergänge erhalten erhebliche Förderung. In beiden Engagementkontexten stehen Sachmittel an erster Stelle gefolgt von finanzieller und personeller Unterstützung. Übergangsprozesse werden zudem oftmals moderiert. Seltener sind, vor allem mit Blick auf die Ausweitungen, Angebote zur Weiterbildung, Qualifizierung oder Schulung der Freiwilligen. Häufig erhalten die Engagierten mehrere Unterstützungsleistungen und lediglich in sechs Beispielen werden sie in keiner Weise durch die Kommune gefördert.

Art der Unterstützung*	Übergänge freiwilliger kommunaler Leistungen (N=28)	Ausweitungen der kommunalen Angebotspalette (N=63)
Sachmittel	22	46
Finanziell	19	25
Personell	16	29
Qualifizierung	13	14
Moderation des Übergangs**	17	-
Andere Unterstützung	-	11
Ohne kommunale Unterstützung	1	5

* Mehrfachnennungen möglich
** Bezüglich der Ausweitungen wurde nicht nach der Moderation durch die Kommunen gefragt, da es hier zu keinem Übergang kommt.

Tabelle 3: Unterstützung des Engagements durch Kommunen
Quelle: Eigene Daten

Beispiel 4: Bürgerschaftliches Engagement in Ahlen
Sieben Beispiele für bürgerschaftliches Engagement wurden uns von der in Nordrhein-Westfalen gelegenen Kleinstadt (gut 55.000 Einwohner/innen) genannt, darunter vier Ausweitungen und drei Übergänge, die hier nur sehr kurz vorgestellt werden können:
- „Vorlese-Omas": Seniorinnen lesen regelmäßig in städtischen Kindergärten und in einer Grundschule vor. Dieses generationenübergreifende Projekt wurde von der Leitstelle „Älter werden in Ahlen" entwickelt und umgesetzt. Nach einer ersten Testphase wurde eine Projektkonzeption entwickelt, die für alle Beteiligten (Stadt, Freiwillige, Kindergärten und Stadtbücherei) verbindlich ist. Die Seniorinnen nahmen darüber hinaus an einem Vorlese-Seminar teil.
- Freiwilligen Agentur Ahlen e.V. (FWA): Die FWA wird ehrenamtlich geleitet und berät, vermittelt und unterstützt Freiwillige. Sie informiert im Freiwilligen-Informations-Zentrum Bürger/innen über das bestehende Freizeitangebot in Ahlen. Daneben betreibt sie eine Computerwerkstatt, in der defekte Geräte repariert und an PC-Einsteiger/innen ausgeliehen werden. Die FWA erhielt als Modellprojekt in der Aufbauphase Unterstützung durch das Land NRW. Zudem bekam sie Sachspenden von Firmen und wird von der Sparkasse finanziell unterstützt. Die Leitstelle fungiert als

Ansprechpartnerin für die Agentur bei der Stadt und unterstützt diese punktuell.
- LernNet: Der Projektverbund von neun Senioren-Internetcafés schafft einen altersgemäßen Zugang zu PC und Internet. Er wurde 1999 von der Leitstelle ins Leben gerufen und durch Moderation, Organisationsentwicklung und Mittelakquise unterstützt. Ausstattung und Finanzierung werden wesentlich durch Unternehmen und die Sparkasse, aber auch über Preisgelder und Fördermittel des Landes NRW gedeckt.
- Oldie Computer Club Ahlen: Der 2001 von Mitgliedern des LernNets gegründete Club bietet Informationen und Geselligkeit rund um den PC. Aufgrund der hohen Mitgliederzahl können ganz unterschiedliche Angebote entsprechend den jeweiligen Interessen und Neigungen unterbreitet und selbstorganisiert angeboten werden.
- www.senioren-ahlen.de: Das lokale Senioren-Internetportal stellt eine Mitmachplattform für Information, Kommunikation und Dienstleistungen dar. Die Website wurde von der Leitstelle konzipiert, mit Hilfe von Landesmitteln technisch umgesetzt und zunächst von einer Projektmitarbeiterin betreut. Anfang 2004 konnte indes ein Redaktionsteam gewonnen werden, das von einer Honorarkraft begleitet, selbstständig und eigenverantwortlich die Seite weiter gestaltet und ständig aktualisiert. Die Ehrenamtlichen unterzeichnen zu Beginn einen Vertrag, in dem sie sich zur verbindlichen Mitarbeit verpflichten. Im Gegenzug erhalten sie einen Redaktionszugang sowie Schulungen.
- SINN-aktiv Gruppen: Im Januar 2005 wurden in Ahlen sechs Gruppen gegründet, die selbstorganisiert Freizeitangebote für Menschen ab 50 Jahren entwickeln und organisieren. Jede Gruppe ist in einem Seniorentreffpunkt angesiedelt und bereichert dessen Programm durch eigenständige Angebote. Zunehmend entsteht aus den Gruppen heraus soziales Engagement. Seitens der Stadt bzw. der Seniorentreffpunkte erfolgt eine Begleitung durch Hauptamtliche.
- Mittrops Spieker: Der selbstverwalteter Treffpunkt für Jung und Alt wird überwiegend von Senior/innen genutzt. Die seit 1998 bestehende Einrichtung befindet sich in kommunaler Trägerschaft, ihre Organisation und die Regelung aller den Spieker betreffenden Fragen liegt beim „Hausrat", der durch die Leitstelle unterstützt und begleitet wird. Grundlage der Selbstorganisation bildet eine gemeinsam von Stadt und Freiwilligen erarbeitete Hausordnung, in der auch die Selbstverwaltung geregelt ist. Durch den Übergang in die Selbstorganisation konnte nicht nur das Angebot deutlich ausgeweitet werden, auch die Öffnungszeiten wurden verlängert und auf diese Weise neue Zielgruppen erreicht.

> Das Beispiel Ahlen macht die besondere Rolle der Kommunen für die Förderung des bürgerschaftlichen Engagements deutlich. Seitens der Stadt wurde frühzeitig die Leitstelle „Älter werden in Ahlen" eingerichtet, die erheblich zur Ausweitung des bürgerschaftlichen Engagements älterer Menschen beiträgt: In fünf der vorgestellten Beispiele ging die Initiative direkt von der Leitstelle aus. Sie begleitet aber auch alle anderen genannten Projekte und stellt eine feste Ansprechpartnerin zur Verfügung. Dieses Engagement lohnt sich: Für die Kommune ergaben sich bei allen Übergängen finanzielle Einsparungen. Zugleich konnte das bestehende Angebot nicht nur aufrechterhalten werden, vielmehr kam es nach dem Übergang in die Selbstorganisation zu Ergänzungen bzw. Erweiterungen, so dass die Nachfrage in allen Fällen stieg.

Die ausgewerteten Beispiele unterstreichen damit, dass bürgerschaftliches Engagement für Kommunen nicht umsonst zu haben ist, sondern Förderung, Unterstützung und den Aufbau entsprechender Strukturen voraussetzt. Ähnlich zeigen auch die von der Bertelsmann Stiftung (2006b) untersuchten Beispiele, dass der Schaffung angemessener kommunaler Rahmenbedingungen große Bedeutung zukommt. Dazu zählen kommunale Anlaufstellen und feste Ansprechpartner/innen, die kontinuierlich mit den Engagierten zusammenarbeiten, bei Fragen und Problemen zur Verfügung stehen, einzelne Projekte begleiten und insgesamt zur Vernetzung auf lokaler Ebene beitragen. Stimmen diese Bedingungen, dann kann – so zeigt etwa das Beispiel Ahlen – eine ganze Palette selbstorganisierter Angebote entstehen. Darüber hinaus kommt der Anerkennung und Wertschätzung der Freiwilligen und ihrer Leistung, die in ganz unterschiedlicher Form zum Ausdruck gebracht werden kann, große Bedeutung zu.

Neben den Kommunen spielen auch die Unterstützungsstrukturen und Förderaktivitäten auf Landesebene eine wichtige Rolle: So erhielten wir die meisten Fragebögen von Kommunen aus Nordrhein-Westfalen (14 Kommunen, 24 Beispiele) und Baden-Württemberg (10 bzw. 21), die mit Landesprogrammen und dem Aufbau von Städtenetzwerken das bürgerschaftliche Engagement schon seit Jahren gezielt fördern.

Dennoch – so zeigen unsere Beispiele – stoßen gerade ältere Engagierte immer wieder auf Skepsis und Ablehnung, sie erhalten oftmals – zumindest zunächst – keine Förderung seitens der Kommune. Diesen Widerstand zu brechen und weiter an der Umsetzung der eigenen Ideen zu arbeiten, erfordert von den Freiwilligen ein hohes Durchhaltevermögen. Sollen die „gesellschaftlichen Ressourcen" der Älteren tatsächlich verstärkt für das Gemeinwesen nutzbar gemacht werden, wie es etwa der Deutsche Verein empfiehlt (DV 2006: 23), dann ist ein Mentalitätswechsel erforderlich: So wird es sehr stark darauf ankommen, den Freiwilligen Gestaltungs- und Partizipationsmöglichkeiten einzuräumen. Denn auch wenn aus Sicht der Kommunen Finanzierungsprobleme das Hauptmotiv für die Förderung bürgerschaftlichen Engagements darstellen (Enste/Koeppe 2006: 38), können ältere Bürger/innen nur dann für freiwilliges Engagement gewonnen werden, wenn sie ihre eigenen Vorstellungen und Ideen einbringen und die Angebote mitgestalten können.

4 Fazit und Ausblick

Bereits heute engagieren sich ältere Menschen in vielfältiger Weise in ihrer Kommune. Sie entwickeln neue, bedarfsgerechte Angebote, die sie eigenständig umsetzen, oder sie führen freiwillige Angebote und Dienstleistungen der Kommune in Selbstorganisation fort. Von diesem bürgerschaftlichen Engagement können Städte und Gemeinden profitieren: Es bereichert das kommunale Angebotsspektrum, trägt zur Aufrechterhaltung von Angeboten bei und steigert zudem deren Qualität. Ein lebendiges und attraktives Gemeindeleben sind die Folge. Damit sich dieses Engagement aber entfaltet, bedarf es der gezielten Unterstützung durch die Kommunen. Zu den förderlichen Rahmenbedingungen zählen Sachmittel, Räumlichkeiten, finanzielle und personelle Unterstützung sowie kommunale Anlaufstellen, die eine kontinuierliche Beratung der Freiwilligen gewährleisten und Übergangsprozesse begleiten. Daneben gilt es eine Anerkennungskultur aufzubauen, die das Engagement der (älteren) Bürger/innen würdigt. Wenn es der Verwaltung und der Politik vor Ort gelingt, entsprechende Strukturen zu schaffen und Gestaltungsspielräume zu öffnen, dann – so belegen unsere Beispiele – werden gute Voraussetzungen dafür geschaffen, die „Potenziale des Alters" zu bergen und den demographischen Wandel positiv zu gestalten.

Damit liefert die „Dokumentation von Beispielen guter Praxis" wichtige Hinweise für die Praxis. Sie zeigt aber auch weiteren Forschungsbedarf auf: So kann aufgrund der vorliegenden Daten nicht abschließend die Frage beantwortet werden, ob ältere Menschen auch weiterhin bereit sind, sich langfristig zu engagieren oder eher zu projektbezogenen Aktivitäten neigen. Nur erste Hinweise finden sich in den Beispielen für die Bedingungen von Nachhaltigkeit: Hier wäre eine empirische Studie wünschenswert, die Vorhaben über einen längeren Zeitraum begleitet und die Faktoren herausarbeitet, die zu einer Verstetigung beitragen bzw. diese verhindern. Zu den förderlichen Rahmenbedingungen, die Kommunen schaffen (oder eben verhindern) können, erhoffen wir uns fundierte Hinweise aus dem Teilprojekt „Modellhafte Erprobung". Daneben spielen aber personelle und finanzielle Aspekte, die Zusammensetzung der Freiwilligengruppe und das soziale Umfeld, um nur einige Faktoren zu nennen, eine wichtige Rolle. In diesem Zusammenhang könnte auch der Frage nachgegangen werden, ob und wenn ja warum mit dem Übergang in die Selbstorganisation die Nutzung der Angebote ansteigt. Schließlich steht eine repräsentative Erhebung des bürgerschaftlichen Engagements älterer Menschen und dessen Förderung durch die Kommunen aus, die Belege für oder gegen die häufig geäußerte „Leuchtturm-These" erbringen könnte.

5 Literatur

Bähler, Rudolf (2007): Multimorbid glücklich. Das Paradox des Wohlbefindens im Alter, In: du. Zeitschrift für Kultur, Heft 775, 30-32.
Bertelsmann Stiftung (Hrsg.) (2006a): Wegweiser demographischer Wandel 2020. Analysen und Handlungskonzepte für Städte und Gemeinden, Gütersloh: Verlag Bertelsmann Stiftung.
Bertelsmann Stiftung (Hrsg.) (2006b): Demographie konkret – Seniorenpolitik in den Kommunen, Gütersloh: Verlag Bertelsmann Stiftung.
Bertelsmann Stiftung (Hrsg.) (2006c): Älter werden - aktiv bleiben: Beschäftigung in Wirtschaft und Gesellschaft, Gütersloh: Verlag Bertelsmann Stiftung.
Bischoff, Stefan/Brauers, Silke (2006): SeniorTrainer – Das Erfahrungswissen älterer Menschen nutzen, In: Prager, J.U./Schleiter, A. (Hrsg.), Länger leben, arbeiten und sich engagieren. Chancen wertschaffender Beschäftigung bis ins Alter, Gütersloh: Verlag Bertelsmann Stiftung, 151-164.
Bundesministerium für Familie, Senioren, Frauen und Jugend (2005): Fünfter Bericht zur Lage der älteren Generation in der Bundesrepublik Deutschland. Der Beitrag älterer Menschen zum Zusammenhalt der Generationen. Bericht der Sachverständigenkommission, Berlin: BMFSFJ.
Bundesministerium für Familie, Senioren, Frauen und Jugend (Hrsg.) (2007): Selbstorganisation älterer Menschen: Beispiele guter Praxis, Berlin: BMFSFJ.
Deutscher Bundestag (Hrsg.) (2002): Bürgerschaftliches Engagement: Auf dem Weg in eine zukunftsfähige Bürgergesellschaft. Bericht der Enquete-Kommission „Zukunft des bürgerschaftlichen Engagements", Opladen: Leske+Budrich.
Deutscher Verein für öffentliche und private Fürsorge (2006): Empfehlungen zur Gestaltung der sozialen Infrastruktur in den Kommunen mit einer älter werdenden Bevölkerung, Berlin: DV.
Enste, Peter/Koeppe, Armin (2006): Schwerpunkte in den Kommunen, In: Bertelsmann Stiftung (Hrsg.), Demographie konkret – Seniorenpolitik in den Kommunen, Gütersloh: Verlag Bertelsmann Stiftung, 36-48.
Erlinghagen, Marcel/Hank, Karsten/Lemke, Anja/Stuck, Stephanie (2006): Produktives Potential jenseits der Erwerbsarbeit – Ehrenamtliches Engagement von Älteren in Deutschland und Europa, In: Bertelsmann Stiftung (Hrsg.), Älter werden - aktiv bleiben: Beschäftigung in Wirtschaft und Gesellschaft, Gütersloh: Verlag Bertelsmann Stiftung, 121-137.

European Foundation for the Improvement of Living and Working Conditions (2006): First European Quality of Life Survey: Participation in civil society, Luxembourg: EFILWC.

Gensicke, Thomas/Picot, Sibylle/Geiss, Sabine (2006): Freiwilliges Engagement in Deutschland 1999 – 2004, Wiesbaden: VS Verlag für Sozialwissenschaften.

Höpflinger, Francois (2007): Altersarbeit ohne Zwang, In: du. Zeitschrift für Kultur, Heft 775, 50-53.

Kaufmann, Franz-Xaver (2005): Schrumpfende Gesellschaft. Vom Bevölkerungsrückgang und seinen Folgen, Frankfurt am Main: Suhrkamp Verlag.

Lehr, Ursula (2007): Für einen neuen Generationenvertrag, In: du. Zeitschrift für Kultur, Heft 775, 44-47.

Naegele, Gerhard (2006): Aktuelle Herausforderungen vor Ort – ein Überblick, In: Bertelsmann Stiftung (Hrsg.), Demographie konkret – Seniorenpolitik in den Kommunen, Gütersloh: Verlag Bertelsmann Stiftung, 8-23.

Olk, Thomas (2007): Bürgergesellschaft und Engagement älterer Menschen – Plädoyer für einen Welfare-Mix in der kommunalen Daseinsvorsorge. In: informationsdienst altersfragen 34, 5-8.

Prager, Jens U. / Schleiter, André (Hrsg.) (2006): Länger leben, arbeiten und sich engagieren. Chancen wertschaffender Beschäftigung bis ins Alter, Gütersloh: Verlag Bertelsmann Stiftung.

Reuß, Monika (2007); „Älter werden ist eine Chance, kein Problem": Handlungsempfehlungen und Wege aus der Altersdiskriminierung. In: ProAlter 40, 64-68.

Schirrmacher, Frank (2004): Das Methusalem-Komplott, München: Blessing.

Zeman, Peter (2007): Bürgerschaftliche Beiträge Älterer zur Lebensqualität in alternden und schrumpfenden Kommunen. In: informationsdienst altersfragen 34, 2-4.

Potenziale der Älteren in Kommunen nutzen
Das Bundesmodellprogramm „Erfahrungswissen für Initiativen" im europäischen Kontext

Silke Brauers

1 Einführung

Der demografische Wandel stellt die Kommunen in Deutschland und Europa vor große Herausforderungen. Die Zahl älterer Menschen allein in Deutschland und ihr Anteil an der Gesamtbevölkerung wird besonders in den nächsten 15 Jahren deutlich zunehmen (Esche et al. 2006, Bertelsmann Stiftung 2006). Von der Alterung der Gesellschaft in Deutschland (und weltweit) werden sowohl Sozial-, Gesundheits- und Bildungssysteme betroffen sein wie auch die Arbeitswelt, private Beziehungen und soziale Netzwerke.

Während die gesellschaftliche Diskussion in der Vergangenheit die Defizite und die Belastungen der älteren Generationen für die Gesamtgesellschaft betonte, ist in den letzten Jahren immer häufiger eine chancenorientierte Sichtweise in das Blickfeld gerückt: Das Alter wird als Ressource von Zeit, Wissen, Erfahrung und Kompetenz begriffen, die es gilt, für die Gesellschaft zu erhalten und in gesellschaftliche Entwicklung einzubringen. Damit wird die undifferenzierte Beurteilung des demografischen Wandels mit Betonung negativer Altersbilder durch eine Sichtweise ersetzt, die die Potenziale der gesellschaftlichen Alterung als Chance und Herausforderung zugleich begreift (siehe auch Caro in diesem Band).

Zukünftig wird mehr als ein Drittel der Bevölkerung sich in einem Alter befinden, in dem nach heutigen Maßstäben der Lebensabschnitt der Erwerbstätigkeit verlassen wird und die erwerbsfreie Alterslebensphase beginnt (vgl. Esche et al. 2006: 15). Kommunen stehen vor der Herausforderung, diesen Pool an freiwerdenden Ressourcen – gebündelt in dem Wissen, den Erfahrungen, den Kompetenzen, die Ältere aus dem Berufs- und Familienleben mitbringen – zu nutzen (vgl. hierzu auch Breithecker in diesem Band).

2 Erfahrungswissen für Initiativen

Das *Modellprogramm „Erfahrungswissen für Initiativen (EFI)"*[1] wurde vom Bundesministerium für Familie, Senioren, Frauen und Jugend in den Jahren 2002 bis 2006 gefördert, um sich der Herausforderungen des demografischen Wandels zu stellen. In diesem Programm wurde eine Konzeption entwickelt und erprobt, mit der das Erfahrungswissen Älterer für Initiativen, Vereine und Einrichtungen in unterschiedlichen gesellschaftlichen Bereichen aktiviert und nutzbar gemacht werden kann. Die Koordination und Steuerung des Modellprogramms erfolgte durch das Institut für Sozialwissenschaftliche Analysen und Beratung (ISAB).

Auf der Grundlage eines Weiterbildungskonzeptes werden Ältere zu sogenannten seniorTrainerinnen und seniorTrainern qualifiziert. Als seniorTrainerinnen und seniorTrainer bzw. in örtlichen seniorKompetenzteams greifen sie mit ihrem bürgerschaftlichen Engagement vernachlässigte Bedarfslagen in Kommunen auf, entwickeln neue Projekte, starten erfolgreich Initiativen, fördern die Vernetzung und unterstützen bestehende Organisationen und Einrichtungen. Sie schaffen neue Alltagssolidaritäten, erschließen neue Wege der Partizipation und Mitgestaltung von Bürgerinnen und Bürgern und leisten somit einen wesentlichen Beitrag, um die Lebensqualität in den Kommunen zu verbessern.

Das Engagement der rund 1.000 seniorTrainerinnen und seniorTrainer, die bundesweit in vier Jahren über 4.000 Projekte initiiert und unterstützt haben, belegt eindrücklich, dass die im Modellprogramm erprobte Konzeption aktuelle gesellschaftliche Tendenzen aufgegriffen und innovativ in der Schaffung einer neuen Verantwortungsrolle für Ältere umgesetzt hat.

Das Modellprogramm „Erfahrungswissen für Initiativen" und die erprobte Konzeption zur Nutzung des Erfahrungswissens Älterer treffen in Europa auf sehr positive Resonanz. Das im internationalen Vergleich mit 1.000 seniorTrainerinnen und seniorTrainer sowie einem großen Projektverbund umfangreichste Modellprogramm hat den Aufbau ähnlicher Programme im europäischen Ausland inspiriert (vgl. Aner/Hammerschmidt, in diesem Band, für eine kritische Auseinandersetzung).

---

1 Die Projektwebsite *www.seniortrainer.de* bietet umfangreiche Informationen und Materialien zum Download. Weitere Informationen zur bundesweiten Implementierung und zum internationalen Transfer sind unter *www.isab-institut.de* verfügbar.

3 Neue Altersrollen als Antworten auf die Herausforderungen des demografischen Wandels

Die heutige Gesellschaft ist von Umbrüchen und dadurch entstehenden Unsicherheiten in der Rollenfindung bei allen Generationen geprägt. Dies betrifft insbesondere die Generation der Älteren, die sich – nach Beendigung der Familien- oder/und Erwerbsphase – mit der Situation einer „rollenlosen Rolle des Alters" (vgl. Knopf 2000, Burgess 1960) konfrontiert sieht.

Aus soziologischer Sicht schließt sich demnach die Frage an: Welche „Vergesellschaftungsoptionen" (vgl. Tesch-Römer et al. 2006: 24) können älter werdenden Menschen geboten werden? Für die Praxis übersetzt bedeutet dies: Wie können Städte und Gemeinden der Rollenlosigkeit des Alters alternative Rollenkonzepte gegenüberstellen? Welchen Stellenwert kann das bürgerschaftliche Engagement dabei einnehmen?

Bevor diese Frage beantwortet werden kann, lohnt sich ein Blick auf die heutigen Altengenerationen. In ihrer Vielschichtigkeit weisen sie große Unterschiede bzgl. des gesellschaftlichen Status, der körperlichen und psychischen Leistungsfähigkeit und des subjektiven Selbstverständnisses in der Gesellschaft auf. Und dennoch ist eines festzustellen: Innerhalb der älteren Generationen vollzieht sich ein sozialer Wandel. Die heutigen Generationen der ‚jungen Alten' sind im Gesamtbild gebildeter, gesünder, finanziell besser ausgestattet als jemals zuvor. Sie verfügen über Zeitressourcen, die sie sinnvoll in das Gemeinwesen einbringen können. Vor allem für die Nachkriegsgeneration, die sogenannten ‚babyboomers' (vgl. Wilson et al. 2006), ist der Ruhestand keine hinreichende Perspektive. Ältere haben heute ein starkes Bedürfnis, eigenverantwortlich aktiv zu sein, sich in kollektiven Zusammenhängen und Netzwerken zu bewegen und sich in ihrem lokalen Umfeld einzubringen. Für sie ist der „Ruhestand" keine hinreichende Perspektive. Sie wollen die gewonnene Zeit nach der Familien- und/oder Erwerbsphase sinnvoll nutzen. Sie sind zunehmend auch gefordert, ihre soziale Einbindung und gesellschaftliche Teilhabe selbst herzustellen und zu gestalten.

Konkret heißt das: Neue Altengenerationen wachsen heran mit anderen biografischen Erfahrungen (z.B. soziale Bewegungen der 60er und 70er Jahre) und daraus resultierenden anderen Einstellungen an die nachberufliche Lebensphase. Bezüglich ihrer Werteorientierung verinnerlichen die heutigen ‚jungen Alten' besonders die Werte der gesellschaftlichen und politischen Teilhabe sowie der sozialen Nonkonformität (vgl. Gensicke 2005: 7).

Die stille Revolution des Alter(n)s ist zudem durch eine veränderte subjektive Einstellung begründet: Das subjektive oder auch gefühlte Alter sinkt rapide. Die hohe Aktivitätsbereitschaft ist zudem Ausdruck eines gesellschaftlichen

Wertewandels, der seine Wurzeln bis hin in die 60er Jahre hat. Selbstentfaltung und Partizipation haben seitdem als Werte insgesamt in der Gesellschaft gewonnen. Dieser Wertewandel prägt auch die heutigen Altengenerationen, die sich nach der beruflichen und familiären Lebensphase neu orientieren und definieren wollen (vgl. Klages 2006).

Auf die Verunsicherungen des Alters und auf das Erleben von (biografischen) Brüchen reagieren immer mehr Ältere mit einem starken Bedrüfnis, eigenverantwortlich aktiv zu sein, sich in kollektiven Zusammenhängen und Netzwerken zu bewegen und sich in ihrem lokalenUmfeld einzubringen.

Die Ergebnisse des Freiwilligensurveys 2004 belegen, dass ältere Menschen ab 56 Jahren immer stärker öffentlich aktiv werden und sich freiwillig engagieren (vgl. Gensicke et al. 2006). Insbesondere die Altersgruppe der 56- bis 75-Jährigen ist im Freiwilligensektor die derzeit am stärksten anwachsende Gruppe: Im Vergleich zum Freiwilligensurvey 1999 ist ihr Engagement um sechs Prozent gestiegen. Trotz der erhöhten Motivation, etwas für die Gesellschaft beitragen zu wollen, liegen die wertvollen Ressourcen der Ältern in vielen Kommunen brach und werden zu wenig für das Gemeinwesen genutzt.

Die Diskussion um neue Altersrollen findet nicht nur in Deutschland statt, sondern in ganz Europa (vgl. Grünbuch der Europäischen Kommission 2005, Brauers 2005).Vor allem aber wird sie mehr und mehr in die Städte und Gemeinden geführt, wo einerseits die Konsequenzen des demografischen Wandels teilweise dramatisch zu spüren sind und andererseits die sozialräumliche Nähe zur Lebenswelt der älteren Menschen gegeben ist (vgl. Bundesministerium für Familie, Senioren, Frauen und Jugend 2005).

Doch welche Rollenoptionen werden den geänderten Wertevorstellungen und der zugleich gestiegenen Engagementbereitschaft der ‚neuen Alten' gerecht? Die Analyse von Engagementhemmnissen bei älteren Menschen gibt für die Beantwortung dieser Frage wichtige Hinweise: Drei Hemmungsfaktoren spielen eine Rolle: psychische Barrieren („Ich bin zu alt"), fehlende Zugänge („Es hat mich niemand gefragt") und Diskontinuität im Engagement (vgl. Klages 2006).

Die Herausforderung besteht demnach, neue Handlungsoptionen zu schaffen, die Älteren Selbstvertrauen und ein positives Selbstbild vermitteln, neue Zugangswege zu bürgerschaftlichem Engagement eröffnen und die Möglichkeit zur Diskontinuität und zum Wiedereinstieg in das Engagement geben.

Das Modellprogramm „Erfahrungswissen für Initiativen" hat eindrucksvoll belegt, wie bürgerschaftliches Engagement in neuen Verantwortungs- und Multiplikatorenrollen neue Formen der Partizipation ermöglicht. Im Schulterschluss von Politik, Verwaltung, Bürgerschaft, Vereinen, Verbänden, der Wirtschaft und sozialen Einrichtungen sind in selbst organisierten Projekten neue Handlungsfelder entwickelt worden, um den Bedingungen einer älter werdenden Bevölkerung Rechnung zu tragen.

4 Das Rollenmodell „seniorTrainerin" und „seniorTrainer"

Das Rollenmodell „seniorTrainer" stellt ein Angebot zur Rollenfindung für Ältere dar, die einen Platz in der Gesellschaft suchen und bereit sind, sich in der Öffentlichkeit und für das Gemeinwesen zu engagieren. Mit der Rollenbezeichnung bekommt das selbstbestimmte und selbstorganisierte Engagement Älterer eine Kontur: Sie kennzeichnet einen Status, der dadurch geprägt ist, das sich Ältere mit ihrem Erfahrungswissen als Multiplikatoren und Motoren für gesellschaftliche Entwicklung einbringen. Sie fungieren als „change agents" (vgl. Knopf 2000), die Veränderungsprozesse in Non-Profit-Organisationen zu bewältigen helfen. Ältere nehmen in ihrem Engagement als seniorTrainerin und seniorTrainer eine neue Verantwortungsrolle ein und ersetzen bzw. ergänzen damit private und gesellschaftliche Verantwortungsrollen, die während der Berufs- und Familienphase den Status und die positive Selbst- und Fremdwahrnehmung aufrecht erhalten hatten (vgl. Gensicke 2005: 5).

Die Rollenbezeichnung „seniorTrainer" verweist in Anlehnung an die im Angelsächsischen gebräuchlichen Positionsbezeichnung „senior" (höher gestellt, erfahren, leitend) auf die Verantwortlichkeit in der Rollenausübung auf Basis des vorhandenen Erfharungswissens. Zugleich soll in der Bezeichnung „Trainer" deutlich werden, dass die als seniorTrainer engagierten Älteren ihr Engagement auf einer Meta-Ebene einbringen: Ohne an eine Organisation angebunden zu sein, stärken sie als Multiplikatoren, Initiatoren, Projektentwickler, Netzwerker und Moderatoren die Zivilgesellschaft.

Wie vielfältig die spezifischen Leistungen des Engagements der seniorTrainerinnen und seniorTrainer für Kommunen sind, wird aus folgenden Beispielen deutlich:

- Ein seniorTrainer mit langjähriger Berufserfahrung bei großen Speditionen und Reedereien unterstützt kleinere gemeinnützige Vereine und Initiativen bei der Durchführung von internationalen Hilfstransporten. Er holt Angebote ein und verhandelt mit den Transportfirmen über Möglichkeiten von Sonderkonditionen, Sponsoring etc. Anschließend informiert er die Hilfsorganisationen über die Ergebnisse seiner Recherchen und Verhandlungen. Die Umsetzung des Transports erfolgt dann durch die jeweilige Organisation.
- Da dem Pflegepersonal häufig nur wenig Zeit bleibt, sich um die sozialen Bedürfnisse der Heimbewohner zu kümmern, hat eine seniorTrainerin eine

Gruppe aufgebaut, die sich dieser Aufgabe ehrenamtlich stellt. Sie organisiert die monatlichenTreffen der Gruppenmitglieder, führt neue Mitglieder ein und begleitet sie beim ersten Kennenlernen der Bewohner, gestaltet und organisiert Weiterbildungen und pflegt den Kontakt mit der Heimleitung und den Wohnbereichsleitern.

- Auf Initiative eines seniorTrainers werden im Bürgerhaus eines Stadtteils Bürgerschaftsrunden durchgeführt, z.b.Gesprächsrunden mit Lehrern, Polizei und Sozialpädagogen zu Problemen an Schulen. Der seniorTrainer gewinnt die Referenten bzw. Teilnehmer und organisiert die Veranstaltungen.
- Eine seniorTrainerin übernimmt die Funktion der Sprecherin und vertritt das seniorKompetenzteam bei Veranstaltungen, Gremien etc. Zudem moderiert sie in regelmäßigen Treffen und öffentlichen Foren des seniorKompetenzteams.

Mit dem Rollenbild der seniorTrainerin und des seniorTrainers setzt eine Trendwende innerhalb des Freiwilligensektors ein. Charakteristisch für das Engagement von seniorTrainerinnen und seniorTrainern ist, dass es auf die Unterstützung und die Weiterentwicklung von bestehenden bzw. den Aufbau neuer Initiativen und Projekte ausgerichtet ist. Sie leisten keine personenbezogene Einzelfallhilfe und Unterstützung, sondern übernehmen vor allem beratende und initiierende Aufgaben im Rahmen von Projekten, Gruppen, Vereinen, Einrichtungen und Organisationen. Dabei handelt es sich in der Regel um zeitlich befristete Unterstützungsleistungen und nicht um die Übernahme dauerhafter Positionen. Damit wird deutlich: Das Engagement der seniorTrainerinnen und seniorTrainer erfordert keine feste Anbindung an eine Institution. Charakteristisch ist vielmehr, dass seniorTrainerinnen und seniorTrainer begleitend unterstützt werden wollen. Die Unterstützung erfahren sie in selbstorganisierten seniorKompetenzteams, in denen sich die seniorTrainer und seniorTrainerinnen einer Kommune zusammengeschlossen haben, sowie in der Kooperation mit der örtlichen Anlaufstelle.

5 Ältere für neues Engagement begeistern: Kernelemente der Konzeption zur Nutzung des Erfahrungswissens der Älteren

Zentrales Ergebnis des Modellprogramms ist eine Handlungs- und Strukturkonzeption, mit der das Erfahrungswissen der Älteren für das freiwillige Engagement in Kommunen erschlossen wird (vgl. Bischoff et al. 2005, Bischoff et al. 2006, Braun et al. 2004, Bundesministerium für Familie, Senioren, Frauen und Jugend 2006). Die Konzeption ist die infrastrukturelle Voraussetzung für eine kontinuierliche Nutzung des Erfahrungswissens der Älteren in Kommunen und setzt an bestehender engagementunterstützender Infrastruktur an.

Kerngedanke ist die Erschließung des Erfahrungswissens der Älteren für Initiativen, Freiwilligenorganisationen und Einrichtungen durch die neue Verantwortungsrolle "seniorTrainerin" / "seniorTrainer" und durch seniorKompetenzteams, dem Zusammenschluss der seniorTrainer/innen in einer Kommune. Die zentrale Leistung der Konzeption besteht in der Gewinnung und Qualifizierung der Älteren, in ihrem Einsatz als seniorTrainerinnen und seniorTrainer und im Aufbau von seniorKompetenzteams.

Die erfolgreich erprobte Konzeption zur Nutzung des Erfahrungswissens Älterer besteht aus vier Kernelementen und wird in jeder Kommune mit verschiedenen Partnern in enger Kooperation umgesetzt. Hierzu gehören als Anlaufstelle eine örtliche Agentur für Bürgerengagement (Freiwilligenagentur, Seniorenbüro, Selbsthilfekontaktstelle etc.), eine Bildungseinrichtung, die seniorTrainerinnen und seniorTrainer sowie ein seniorKompetenzteam.

1. Die *Anlaufstelle für bürgerschaftliches Engagement* hat die Aufgabe, interessierte Ältere für ein Engagement als seniorTrainerin und seniorTrainer zu gewinnen und sie bei ihrem Engagement und beim Aufbau von seniorKompetenzteams zu unterstützen. Durch eine gezielte Öffentlichkeitsarbeit trägt sie dazu bei, dass das Erfahrungswissen der seniorTrainerinnen und senior-Trainer in der Kommune wahrgenommen und genutzt wird.
2. Die *Bildungseinrichtung* führt den Weiterbildungskurs für ein Engagement als seniorTrainerin/seniorTrainer durch. Angehende seniorTrainerinnen und seniorTrainer werden auf die Ausübung ihrer neuen Verantwortungsrollen vorbereitet. Hierfür steht der Bildungseinrichtung ein für die Weiterbildung von seniorTrainerinnen und seniorTrainern erprobtes Kurskonzept zur Verfügung, das von der Hochschule Neubrandenburg entwickelt wurde (vgl. Burmeister et al. 2005). Das Kurskonzept reicht über individuelle Lernarrangements und –prozesse hinaus und erlaubt die Koproduktion, Definition und Selbstorganisation der gesellschaftlichen Verantwortungsrolle „senior-Trainer". Die aus 14 Modulen bestehende Weiterbildung unterstützt die Teilnehmenden darin, ihre mitgebrachten Wissensbestände und Kompetenzen („Erfahrungswissen") sowie ihre Engagementmotive und –interessen für befristete Tätigkeiten im Freiwilligensektor aufzuschließen. Die Qualifizierung wird von lokalen oder überregionalen Bildungseinrichtungen in enger Zusammenarbeit mit den örtlichen Anlaufstellen durchgeführt. Im Rahmen des Modellprogramms erhielten die seniorTrainerinnen und seniorTrainer abschließend die Senioren-Ehrenamtskarte (Seneka). Sie dient als Identititäts- und Ausbildungsnachweis und gewährleistet einen Versicherungsschutz während der Ausübung der seniorTrainer-Tätigkeit (bestehend aus einer Unfallversicherung, einer Haftpflichtversicherung und einer Dienstreisekasko- und Rabattverlustversicherung).

Der überwiegende Anteil der seniorTrainerinnen und seniorTrainer bestätigt den hohen Nutzen des Weiterbildungskonzeptes: Fast alle Teilnehmenden fühlen sich durch den Kurs zur Tätigkeit als seniorTrainerin/seniorTrainer befähigt. Besonders hilfreich für die spätere Rolle als seniorTrainerin bzw. seniorTrainer sind die vermittelten Kenntnisse im Kontaktaufbau und Erfahrungsaustausch sowie Kenntnisse über Kommunikation, Gesprächsführung, Projektorganisation, Kooperation und Vernetzung.
3. Zur Unterstützung der Selbstorganisation der seniorTrainerinnen und seniorTrainer und zur gesellschaftlichen Fundierung der neuen Verantwortungsrolle hat sich die Organisationsform „*seniorKompetenzteam*" in Kommunen bewährt. SeniorKompetenzteams sind ein wichtiger Eckpfeiler zur Sicherung der Nachhaltigkeit des seniorTrainer-Engagements. In den Kommunen entsteht dadurch eine neue selbstorganisierte Unterstützungsstruktur für freiwilliges Engagement. Das örtliche seniorKompetenzteam fungiert als zentrale Koordinierungsstelle der seniorTrainerinnen und seniorTrainer. Dort tauschen sie Erfahrungen aus, unterstützen sich gegenseitig, gestalten gemeinsam Projekte und informieren die Öffentlichkeit über ihre Aktivitäten. Diese Form der Selbstorganisation ist elementarer Bestandteil der Konzeption. Durch seniorKompetenzteams werden der Aktionsradius und die Wirksamkeit von seniorTrainerinnen und seniorTrainern beträchtlich erweitert (vgl. Braun et al. 2005).
4. Die *seniorTrainerinnen* und *seniorTrainer* engagieren sich in einem weiten Spektrum von Freiwilligenorganisationen und Einrichtungen in unterschiedlichen Engagementbereichen (vgl. Braun et al. 2005). Sie bringen ihr Erfahrungswissen ein, indem sie bestehende Initiativen und Organisationen beraten und unterstützen, neue Projekte entwickeln und anstoßen, Netzwerke stärken und aufbauen sowie in seniorKompetenzteams organisatorische und moderierende Aufgaben übernehmen.

6 Rollenprofile der seniorTrainerinnen und seniorTrainer

Aus der Vielfalt des Engagements der seniorTrainerinnen und seniorTrainer sind vier Rollenprofile entstanden, in denen Ältere ihr Erfahrungswissen als seniorTrainerin und seniorTrainer einbringen können:

- *Unterstützerinnen und Unterstützer sowie Beraterinnen und Berater*
  SeniorTrainerinnen und seniorTrainer beraten und unterstützen bestehende Freiwilligenorganisationen und gemeinnützige Einrichtungen, Initiativen, Vereine und Selbsthilfegruppen z.B. bei der Lösung von Konflikten, bei der Gestaltung von Kommunikations- und Gruppenprozessen, bei Organisati-

ons- und Finanzierungsfragen oder bei der Gewinnung von freiwillig Engagierten. Die Betonung liegt bei diesem Rollenprofil darauf, bewusst an gewachsene Strukturen bürgerschaftlichen Engagements im Gemeinwesen anzuknüpfen, um diese Strukturen zu stabilisieren und weiter zu entwickeln.

- *Initiatorinnen und Initiatoren neuer Projekte*
 SeniorTrainerinnen und seniorTrainer entwickeln Projektideen und stoßen neue Projekte, Gruppen oder Initiativen an. Ausgehend von einer Bestandsaufnahme bestehender Strukturen und Angebote bürgerschaftlichen Engagements in den Kommunen, setzen sich seniorTrainerinnen und seniorTrainer damit auseinander, welche Leistungen fehlen bzw. bislang nicht hinreichend entwickelt sind.

- *Vernetzerinnen und Vernetzer im Gemeinwesen*
 SeniorTrainerinnen führen übergreifende Aktivitäten zur Förderung des freiwilligen Engagements in ihrer Kommune durch, z.B. die Organisation von Bürgerschaftsrunden, die Gründung von Seniorenbeiräten etc. In diesem Rollenprofil richtet sich der Blick der seniorTrainerinnen und seniorTrainer auf die Weiterentwicklung der Engagementkultur, der Engagementbedingungen und der gesellschaftlichen Mitwirkung aller Bevölkerungsgruppen in der Kommune.

- *Teamkoordinatorinnen und Teamkoordinatoren sowie Moderatorinnen und Moderatoren*
 SeniorTrainerinnen und seniorTrainer unterstützen die Selbstorganisation und übernehmen organisatorische, konzeptionelle und moderierende Aufgaben im seniorKompetenzteam. In diesem Rollenprofil kommt der Wille der seniorTrainerinnen und seniorTrainer zur selbstorganisierten und verantwortlichen Gestaltung zum Ausdruck. Sie verstehen Selbstorganisation als wertvolles Lernfeld für die Entwicklung und Profilierung der Verantwortungsrolle „seniorTrainer" und für neue Formen der Kooperation von Hauptamtlichen und freiwillig Engagierten.

Viele seniorTrainerinnen und seniorTrainer sind in einer oder mehreren Rollen gleichzeitig aktiv. Sie geben ihr Erfahrungswissen auf unterschiedliche Weise weiter, indem sie z.B. sowohl beratende Aufgaben bei einer bestehenden Organisation (etwa im Bereich der Öffentlichkeitsarbeit) wahrnehmen als auch den Aufbau einer neuen Initiative vorantreiben (z.B. durch die Gewinnung von Sponsoren oder aktiv Mitwirkenden). Die Evaluation zeigt, dass die vorherigen Erfahrungen mit bürgerschaftlichem Engagement sich auf die Wahl der Rollenprofile auswirken:

- Die seniorTrainerinnen und seniorTrainer mit langjähriger Engagementerfahrung werden vor allem in der Unterstützung etablierter Vereine und Or-

ganisationen tätig. Auch die Vernetzung bürgerschaftlichen Engagements in der Kommune leisten sie vergleichsweise stärker.
- Die seniorTrainerinnen und seniorTrainer mit geringerer Engagementerfahrung treten dagegen deutlich stärker als andere durch Initiierung neuer Projekte sowie als Dozentinnen und Dozenten, Trainerinnen und Trainer oder Zeitzeugen in Erscheinung.

Eine Übersicht aller seniorTrainerinnen und seniorTrainer zeigt, dass die Altersspanne von 55 bis 70 Jahren und älter reicht. Die ‚jungen Alten' zwischen 60 und 65 Jahren mit einem höheren Bildungsstatus fühlen sich von der Konzeption zur Nutzung des Erfahrungswissens Älterer besonders stark angesprochen. Besonders häufig vertreten sind Akademikerinnen und Akademiker, die beruflich meist in leitenden Positionen als höhere Angestellte, Beamte oder Selbständige tätig waren. An den Kursen nahmen bisher etwas mehr Frauen (56%) als Männer (46%) teil. Dies entspricht ihrem Anteil in der älteren Bevölkerung.

Die vom Institut für Sozialforschung und Gesellschaftspolitik (ISG) durchgeführten Befragungen belegen, dass die meisten seniorTrainerinnen und seniorTrainer im Anschluss an die Qualifizierung in Kooperation mit engagierten Organisationen des Freiwilligensektors aktiv werden und die im Kurs entwickelten Ideen und Projektvorhaben umsetzen.

Bei vier von fünf seniorTrainerinnen und seniorTrainern funktioniert der Übergang in die Praxis reibungslos: Im Anschluss an die Weiterbildung nehmen sie eine konkrete Tätigkeit als seniorTrainerin oder seniorTrainer auf. In ihrem Engagement sind sie durchschnittlich sieben Stunden pro Woche aktiv, und zwar vorrangig in sozialen Bereichen und in der Bildungsarbeit. Weitere Aktivitäten konzentrieren sich auf Freizeitgruppen, politisches Engagement, auf Engagements im Gesundheitsbereich sowie in der Kinder- und Jugendarbeit.

Durch das bürgerschaftliche Engagement der seniorTrainerinnen und seniorTrainer wird für die Kommunen ein hoher gesellschaftlicher Nutzen erzielt, der um ein Vielfaches über dem erforderlichen Mitteleinsatz für die Gewinnung, Qualifizierung und Begleitung der seniorTrainerinnen und seniorTrainer liegt. Die Steigerung des Sozialkapitals – verstanden als eine Zunahme sozialer Netzwerke und der darin gelebten Werte und Normen – sowie einer erhöhten individuellen Bereitschaft und Möglichkeit, in Kooperation mit anderen gesellschaftliche Probleme zu lösen (vgl. Sander et al. 2006:21-39) – ist im Bundesmodellprogramm „Erfahrungswissen für Initiativen" quantifizierbar. Der gesellschaftliche Nutzen des Engagements ergibt sich aus:
- dem Engagement-Aufwand der seniorTrainerinnen und seniorTrainer
- der Erschließung zusätzlicher Engagementpotenziale durch die seniorTrainerinnen und seniorTrainer, also der Gewinnung von freiwillig Engagierten und

- dem positiven Gemeinwohlnutzen von Initiativen, Vereinen und Einrichtungen, die durch die Beratung der seniorTrainerinnen und seniorTrainer bessere Leistungen erbringen.(vgl. Engels et al. 2007: 121 ff.)

Die begleitende Evaluation zum Modellprogramm hat belegt, dass senior-Trainerinnen und seniorTrainer ein zusätzliches Engagementpotenzial von rund 12.000 Menschen in 35 Kommunen mobilisiert und in die Realisierung ihrer Projekte und Vorhaben eingebunden haben. Eine Modellrechnung des ISAB-Institutes kommt zu dem Schluss, dass im Verlauf des Modellprogramms „Erfahrungswissen für Initiativen" in den Kommunen ein Nutzen geschaffen wurde, der mit 120 Mio. € veranschlagt werden kann (vgl. Engels et al. 2007). Dieser Sozialkapitalnutzen erhöht sich nach Abschluss des Modellprogramms in den Folgejahren durch die weiterhin erbrachten Leistungen vieler seniorKompetenzteams.

7 Bundesweite Implementierung

Rund 1.000 aktive seniorTrainerinnen und seniorTrainer in über 4.000 Projekten im gesamten Bundesgebiet haben Länderministerien, Kommunen, Freiwilligenagenturen, Seniorenbüros, Selbsthilfekontaktstellen und Bildungsträger überzeugt, dass das Konzept zur Nutzung des Erfahrungswissens Älterer vielfältige Chancen für eine innovative Beteiligung älterer Generationen bietet. Das Konzept, das im Bundesmodellprogramm „Erfahrungswissen für Initiativen" erfolgreich erprobt und umgesetzt wurde, wird auch nach Beendigung des Bundesmodellprogramms in den meisten Bundesländern aufgegriffen. Mehrere der an dem Modellprogramm beteiligten Bundesländer haben sich bereits dazu entschlossen, diese Struktur auf Dauer zu sichern und bauen nun mit eigenen Mitteln neue Standorte auf (u.a. NRW, Bayern, Rheinland-Pfalz, Schleswig-Holstein, Brandenburg). Darüberhinaus haben auch Bundesländer, die nicht am Modellprogramm beteiligt waren, ihr Interesse bekundet, das Konzept nun ebenfalls an ausgewählten Standorten einzuführen. Die Erfahrungen im Bundesmodellprogramm haben gezeigt, dass für die Kosten für die Unterstützung und Begleitung von seniorTrainerinnen und seniorTrainer sowie der Durchführung des Qualifizierungskurses minimal etwa 10.000 Euro pro Jahr eingeplant werden müssen. Derzeit basieren die Finanzierungskonzepte der Bundesländer und Kommunen häufig auf Mischfinanzierungen, mit jeweils unterschiedlichen Anteilen von Land und Kommune. Dies wird auch zukünftig zu beobachten sein.

Neben den im Modellprogramm involvierten 35 Standorten konnten in der Abschlussphase 20 weitere Standorte für den Aufbau von seniorKompetenzteams gewonnen werden. Ebenso wurden 20 weitere Bildungsreferenten für die Durchführung von Weiterbildungskursen qualifiziert. An fünf Standorten fanden kommunale Foren als Kick-off-Veranstaltungen für den Aufbau von seniorKompetenzteams statt. Als Grundlage für die bundesweite Implementierung der EFI-Konzeption wurden vom ISAB-Institut die Website www.seniortrainer.de entwickelt, zentrale Fachtagungen durchgeführt und Ergebnisse und Handlungshilfen innerhalb der ISAB-Schriftenreihe publiziert (vgl. Braun et al. 2005, Burmeister et al. 2005, Engels et al. 2007). Desweiteren stehen zwei Print-Newsletter für einen ersten Gesamtüberblick zur Verfügung: 1. Erfahrungswissen nutzen: Eine Antwort auf die Herausforderungen des demografischen Wandels (EFI-Newsletter Nr. 7, 2005), 2. Partizipation und Selbstorganisation Älterer in Kommunen: Neue Impulse durch seniorKompetenzteams (EFI-Newsletter Nr. 8, 2006). Alle Publikationen stehen auf der Website *www.seniorTrainer.de* oder unter *www.isab-institut.de* auch als Download zur Verfügung.

Mit der Förderung der Robert Bosch Stiftung wurde ab Beginn 2007 ein Folgeprojekt gestartet, in dem zwölf zusätzliche Standorte in den neuen Bundesländern die Konzeption aufgreifen und umsetzen. In dem Projekt „Den demografischen Wandel in Kommunen mitgestalten – Erfahrungswissen der Älteren nutzen" (2007-2009) werden Städte und Kreise, in denen die demografischen Veränderungen bereits heute deutlich zu spüren sind, dabei unterstützt, rund 300 seniorTrainerinnen und seniorTrainer auszubilden, seniorKompetenzteams aufzubauen und so das Erfahrungswissen und die Kompetenzen der Älteren für die Gestaltung des demografischen Wandels zu erschließen. Das ISAB-Institut ist mit der wissenschaftlichen Begleitung und Koordination des Projektes beauftragt.

Es kann davon ausgegangen werden, dass in den neuen Standorten zusammen jährlich etwa 400 seniorTrainerinnen und seniorTrainer ausgebildet und in ihrem Engagement begleitet werden. Bis Ende 2007 wird sich mit Unterstützung der Bundesländer die Zahl der seniorKompetenzteams mehr als verdoppelt und in ca. 80 Kommunen etabliert haben.

Durch eine breit angelegte Öffentlichkeitsarbeit ist es gelungen, das Bild der Älteren in den am Modellprogramm beteiligten Kommunen positiv zu beeinflussen. Dies zeigt u.a. die Resonanz auf eine bundesweite Informationskampagne, die das ISAB-Institut zur Bekanntmachung der Ergebnisse des Modellprogramms „Erfahrungswissen für Initiativen" durchführte. Viele Kommunen sehen in der Konzeption ein hilfreiches Instrument zur Bewältigung der Herausforderungen des demografischen Wandels.

Die Entwicklung neuer Kooperationskulturen bleibt dennoch eine Herausforderung: Die Bereitschaft, sich für neue Engagementformen Älterer zu öffnen, ist bei Organisationen, Einrichtungen und kommunalen Entscheidungsträgern keineswegs selbstverständlich. Begleitende Untersuchungen zum Bundesmodellprogramm zeigen, dass seniorTrainerinnen und seniorTrainer beim Aufbau von Kooperationsbeziehungen mit Organisationen im Freiwilligensektor und bei Einrichtungen nicht immer auf offene Türen stoßen, sondern auch Hindernisse zu überwinden haben. Unterstützend wirken hierbei die seniorKompetenzteams, die den Zugang zu Kooperationspartnern und Handlungsfeldern erleichtern. Die nachhaltige Verankerung positiver Altersbilder, einer neuen Altersrolle sowie die Bereitschaft, das große Potenzial an Erfahrungswissen und Kompetenz der Älteren zu nutzen, sind nur längerfristig erreichbar.

EFI Deutschland e.V.

Dass aus der zutage getrenenen „Beweglichkeit" der Älteren eine weitergreifende „Bewegung" der Älteren zu verstärkter Verantwortungsübernahme und Selbstorganisation entstehen kann, belegt eindrucksvoll die Gründung des bundesweit agierenden Vereins „*EFI Deutschland e.V.*" (vgl. www.efideutschland. de). Durch die vom ISAB-Institut begleitete Gründung von EFI Deutschland e.V., der Bundesarbeitsgemeinschaft der seniorTrainerinnen und seniorTrainer sowie der seniorKompetenzteams, wurde erreicht, dass neue seniorKompetenzteams und seniorTrainer ihre Leistungen im Erfahrungsaustausch längerfristig und nachhaltig weiterentwickeln können. Hauptanliegen des von seniorTrainerinnen und seniorTrainern initiierten Vereins ist es, nach Abschluss des Modellprogramms den Erfahrungsaustausch zwischen den seniorKompetenzteams aufrecht zu erhalten, die bereits in 2006 in weiteren Kommunen außerhalb des Modellprogramms entstehenden seniorKompetenzteams einzubeziehen sowie darüber hinaus den Aufbau weiterer seniorKompetenzteams zu fördern. Die Sicherung der Nachhaltigkeit des Bundesmodellprogramms "Erfahrungswissen für Initiativen" durch Vernetzung und Erfahrungsaustausch war daher Thema der 1. Fachtagung der Bundesarbeitsgemeinschaft EFI Deutschland e.V., die vom 28. Februar bis 1. März 2007 in Schwerin stattfand. Die Tagung wurde von der Bundesarbeitsgemeinschaft mit Unterstützung des ISAB-Instituts durchgeführt.

8 Ausblick: Ein Europa der Veränderung

Die Debatte um die Rolle der Älteren in Europa steht gerade erst am Anfang. Die Bevölkerungsgruppen, die die soziale und politische Partizipation derzeit besonders stark einfordern, sind die Älteren (oder auch „Neuen Alten" / babyboomers) – eine Zielgruppe, auf die die EU bereits in 2005 mit der Veröffentlichung des Grünbuches „Angesichts des demografischen Wandels – eine neue Solidarität zwischen den Generationen" ein besonderes Augenmerk gelegt hat. Die im Zuge des demografischen Wandels vielfach diskutierten gesellschaftlichen Auswirkungen eines alternden Europas und die Potenziale neuer Engagementmodelle für Ältere sind bislang jedoch nur in Ansätzen aufgegriffen worden. Die Datenlage ist bislang unsicher (für eine erste Einführung in Daten zum bürgerschaftlichen Engagement Älterer – basierend auf den SOEP- und SHARE-Daten vgl. Erlinghagen et al. 2006). Aus diesem Grund plädiert auch der Europäische Wirtschafts- und Sozialausschuss für eine Vorlage zur besonderen Förderung freiwilligen Engagements älterer Menschen (vgl. Europäischer Wirtschafts- und Sozialausschuss 2006:3). Auch das Europäische Freiwilligenzentrum (Centre Europeén du Volantariat, CEV), das europäische Netzwerk von derzeit 38 Freiwilligenverbänden, plädiert in seinem Manifest für die Anerkennung freiwilligen Engagements für eine Politik des „aktiven Alterns": „Angesichts einer alternden Gesellschaft und einem neuen Verhältnis zwischen den Generationen", so das Europäische Freiwilligenzentrum, „ist es äußerst wichtig, dass Instrumente für die Mitwirkung älterer Menschen in der Gesellschaft entwickelt und gefördert werden" (Centre Europeén du Volantariat 2006: 39).

Bereits jetzt zeigen Beispiele, wie die Erfahrungen und das Wissen der älteren Generationen kreativ in Veränderungsprozesse auf kommunaler, nationaler und internationaler Ebene eingebracht werden können. Sie zeigen jedoch auch: Beteiligungsprozesse erfordern eine neue Seniorenpolitik, in der gemeinsam mit Bürgerinnen und Bürgern Konzepte und Projekte entwickelt, gestaltet und realisiert werden.

Das Auseinanderklaffen von Theorie und Praxis – d.h. von politisch motivierten Debatten und der Umsetzung und Erprobung von Konzepten auf der Handlungsebene – erscheint insbesondere bzgl. der Partizipation älterer Menschen in Europa groß zu sein. Auf der (Pilot-) Projektebene werden derzeit Konzepte erprobt, die wichtige Impulse für die Weiterentwicklung Europas geben können. Bislang stehen die Erfahrungen aus den unterschiedlichen Projekten nicht gebündelt zur Verfügung – ein Transfer der Erkenntnisse in Politik und ihre Einbindung in nationale und lokale Strategieentwicklung steht noch aus. Auch der fünfte Bericht zur Lage der älteren Generation in der Bundesrepublik Deutschland spricht sich für neue Wege der Erprobung vorhandener Konzeptionen aus und plädiert für flächendeckende Lösungen, eine Bilanzierung und Auditierung vorhandener Ansätze und eine bessere Ausschöpfung vorhandener Datenquellen (vgl. Bundesministerium für Familie, Senioren, Frauen und Jugend 2005: 222).

Auf zahlreichen Konferenzen im In- und Ausland (u.a. Weltkongress der International Association of Gerontology in Brasilien) wurden das Bundesmodellprogramm und seine Ergebnisse vorgestellt. Daraus sind internationale Netzwerke und Kooperationen in Europa entstanden. Auch die internationalen Foren auf den Fachtagungen des Bundesmodellprogramms 2005 und 2006 mit jeweils 40 Teilnehmenden setzten ein Zeichen, in dem sie mit Interessierten aus den USA, Belgien, Österreich, Schweiz, den Niederlanden und Finnland den Austausch über neue Verantwortungsrollen für Ältere anregten. Aufgrund der positiven internationalen Rückmeldungen sind Kooperationsprojekte entstanden, die kreative Wege der Engagementförderung und der Partizipation der neuen Altengenerationen aufzeigen.

8.1 Lifelong Learning and Active Citizenship in Europe's Ageing Society (LACE)

Einen Blick über den Tellerrand gewährt beispielsweise das EU-Projekt „*Lifelong Learning and Active Citizenship in Europe's Ageing Society (LACE)*" (2005-2007), in dem das Bundesmodellprogramm und das darin erprobte Konzept zur Nutzung des Erfahrungswissens der Älteren den Ausgangspunkt für Pilotprojekte im Ausland bilden. Das über das Sokrates-Programm der EU und das Bundesministerium für Familie, Senioren, Frauen und Jugend finanzierte Projekt hat zum Ziel, das Potenzial für die Anwendung von drei bereits existierenden Konzepten in andere europäische Länder zu analysieren und wichtige Konzept-Bausteine herauszufiltern. Das Modellprogramm „Erfahrungswissen für Initiativen", vertreten durch das ISAB-Institut, ist neben dem Programm „Ausbildung zum Seniorenberater" aus Belgien sowie der SESAM Academie aus den Niederlanden Ausgangspunkt für vier Pilotprojekte, die derzeit in Slowenien, Irland, Spanien und Italien durchgeführt werden. Die Erfahrungen werden sowohl aus den existierenden wie auch aus den neuen Pilotprojekten in einer Praxishandreichung zur weiteren europäischen Übertragung dokumentiert.

Zu den angestreben Ergebnissen gehören zudem der Aufbau und die Stärkung von Netzwerken für Erwachsenenbildner und Vertreterinnen und Vertreter der Seniorenpolitik und des Freiwilligensektors in Europa. Die Verknüpfung von Ansätzen des lebenslangen Lernens mit einer Aktivierung zum bürgerschaftlichen Engagement ist in vielen aktuellen Projekten Kernbestandteil der Konzeption zur Förderung der Partizipation Älterer (vgl. hierzu auch das US-amerikanische Modell der „Legacy Leadership Institutes" (vgl. Wilson et al. 2006: 111 ff.) und aktuelle Trends in der europäischen Erwachsenen- bzw. Seniorenbildung (vgl. Mercken 2004)). Ein europäisches Netzwerk, bestehend aus den jeweiligen Programmkoordinatorinnen und –koordinatoren, Wissenschafterinnen und Wissenschaftlern, Bildungsexperten und europäischen Dachverbänden tauscht sich über die Good-Practice-Beispiele aus und bringt die Ergebnisse der Pilotprojekte auf EU-Ebene ein. Weitere Informationen sowie Kurzdarstellungen der Pilotprojekte stehen unter *www.lace-project.net* oder unter *www.isab-institut.de* aktuelle Projekte zur Verfügung.

8.2 Internationale Kooperationen im Bundesmodellprogramm

Neben der aktiven Beteiligung in diesem EU-Transfer-Projekt organisierte das ISAB-Institut in Kooperation mit einzelnen Standorten einen verstärkten internationalen Austausch, der insbesondere von seniorTrainerinnen und seniorTrainern, aber auch von Multiplikatorinnen und Multiplikatoren sehr positiv aufgenommen wurde.
Einige Beispiele:
- zweitägiger Austausch der seniorTrainerinnen und seniorTrainer des Freiwilligenzentrums Hannover mit „SESAM Coaches" und „SESAM Advisors" aus der niederländischen SESAM Academie
- Internationales Austauschforum mit älteren Engagierten aus den Niederlanden, Belgien und der USA im Rahmen der Fachtagung des Modellprogramms
- Study Visit in Bremen: Führungskräfte aus den Kommunalverwaltungen in Shanghai (China) informierten sich in Bremen über die lokale Umsetzung des seniorTrainer-Modells.
- Study Visit in Köln: Die spanische Stiftung „Foundation for Solidarity and Voluntary Work of the Valencian Community" informierten sich bei den Kölner seniorTrainerinnen und seniorTrainer über Tätigkeitsprofile und Herausforderungen im lokalen Projektverbund.
- Internationaler Workshop in Köln: Auf Anfrage der Kölner seniorTrainerinnen und seniorTrainer informiert das ISAB-Institut über die Förderung bürgerschaftlichen Engagements Älterer in Europa.

Kernbestandteile des Bundesmodellprogramms „Erfahrungswissen für Initiativen" wurden in Europa mittels Pilotprojekte bereits in die Praxis umgesetzt und übertragen: Jüngstes Beispiel für die steigende internationale Resonanz ist die Einführung des Pilotprojektes „Innovage" in der Schweiz und aktuelle Planungen zu einem Pilotprojekt in Österreich. In Finnland wurde bereits ein Weiterbildungskurs für angehende seniorTrainerinnen und seniorTrainer durchgeführt.

Neben der praktischen Umsetzung bietet die Konzeption zur Nutzung des Erfahrungswissens Älterer hervorragende Möglichkeiten für den internationalen Austausch im Wissenschaftssektor: Auf einem internationalen Research Meeting im Rahmen der Fachtagung 2005 tauschten sich Wissenschaftlerinnen und Wissenschaftler aus den USA, Belgien, den Niederlanden, Finnland und Deutschland über den aktuellen Stand der (Begleit-) Forschung zur Implementierung neuer Engagementmodelle für Ältere aus.

Aufgrund des hohen internationalen Interesses an der EFI-Konzeption und der Altersrolle der seniorTrainerinnen und seniorTrainer hat das Bundesministerium für Familie, Senioren, Frauen und Jugend in Kooperation mit dem ISAB-Institut eine 34-seitige-Broschüre in deutscher, englischer, französischer und spanischer Sprache herausgegeben, die die Ergebnisse und Kerngedanken der Konzeption zur Nutzung des Erfahrungswissens Älterer zusammenfasst.

8.3 Ausblick

Die im Modellprogramm gemachten Erfahrungen im internationalen Kontext machen eines deutlich: Die Konzeption zur Nutzung des Erfahrungswissens Älterer ist Teil einer Bewegung, die sich aus einer chancenorientierten Perspektive heraus den Herausforderungen des demografischen Wandels stellt. Das Engagement der bundesweit tätigen seniorTrainerinnen und seniorTrainer sowie die Rollenmodelle aus dem europäischen Ausland sind Ausdruck eines Umdenkens bei Entscheidungsträgern aus Politik und Wirtschaft, in Kommunen sowie in Non-Profit-Organisationen, die das Erfahrungswissen der Älteren zu schätzen wissen und konstruktiv in die Weiterentwicklung der Gesellschaft einbinden wollen.

Nicht zuletzt sind es aber auch die Älteren selbst, die sich für neue Formen der Partizipation interessieren. Es ist davon auszugehen, dass mit dem Nachrücken anders sozialisierter Geburtsjahrgänge sich das Altern und die Bereitschaft zum bürgerschaftlichen Engagement positiv verändern werden. Deutschland verfügt mit dem Ende 2006 abgeschlossenen Bundesmodellprogramm „Erfahrungswissen für Initiativen", in dem Ältere als Multiplikatoren für bürgerschaftliches Engagement aufgewertet werden, über für Europa beispielhafte Erfahrungen zur Aktivierung der Verantwortungsübernahme der Älteren. In den nächsten Jahren und Jahrzehnten werden Ältere mit ihren Erfahrungen, ihrem Know-How und ihren Kompetenzen eine wertvolle Ressource für die Begleitung anstehender Veränderungsprozesse in Europa sein.

9 Literatur

Bertelsmann Stiftung (Hrsg.) (2006): Älter werden – aktiv bleiben. Beschäftigung in Wirtschaft und Gesellschaft, Carl Bertelsmann-Preis 2006. Gütersloh: Verlag Bertelsmann Stiftung.

Bischoff, Stefan/Braun, Joachim/Olbermann, Elke (Hrsg.) (2005): Leitfaden zur Nutzung des Erfahrungswissens Älterer als seniorTrainerinnen und in seniorKompetenzteams. ISAB-Berichte Nr. 90. Köln: ISAB Verlag.

Bischoff, Stefan/Brauers, Silke (2006): SeniorTrainer – Das Erfahrungswissen älterer Menschen nutzen. In: Prager, J.U./Schleiter, A. (Hrsg.), Länger leben, arbeiten und sich engagieren. Chancen wertschaffender Beschäftigung bis ins Alter, Gütersloh: Verlag Bertelsmann Stiftung, 151-164.

Brauers, Silke (2005): Erfahrungswissen Älterer hoch im Kurs – ein internationaler Vergleich. In: Forschungsjournal Neue Soziale Bewegungen 2/2005, 105-110

Braun, Joachim/Burmeister, Joachim/Engels, Dietrich (Hrsg.) (2004): seniorTrainerin: Neue Verantwortungsrolle und Engagement in Kommunen. ISAB-Berichte Nr. 84. Köln: ISAB Verlag.

Braun, Joachim/Kubisch, Sonja/Zeman, Peter (Hrsg.) (2005): Erfahrungswissen und Verantwortung – zur Rolle von seniorTrainerinnen in ausgewählten Engagementbereichen. ISAB-Berichte Nr. 89. Köln: ISAB Verlag.

Bundesministerium für Familie, Senioren, Frauen und Jugend (2005): Fünfter Bericht zur Lage der älteren Generation in der Bundesrepublik Deutschland. Der Beitrag älterer Menschen zum Zusammenhalt der Generationen. Bericht der Sachverständigenkommission. Berlin.

Bundesministerium für Familie, Senioren, Frauen und Jugend (2006): Potenziale der Ältern in Kommunen nutzen – Ergebnisse des Bundesmodellprogramms „Erfahrungswissen für Initiativen". Berlin.

Burgess, Ernest Watson (1960): Aging in Western Culture. In: Burgess, E.W. (Hrsg.), Aging in Western Societies. Chicago, 3-28.

Burmeister, Joachim/Heller, Anne/Stehr, Ilona (2005): Weiterbildung älterer Menschen für bürgerschaftliches Engagement als seniorTrainerinnen. Ein Kurskonzept für lokale Netzwerke. ISAB-Berichte Nr. 91. Köln: ISAB Verlag.

Centre Européen du Voluntariat (CEV) (2006): Manifest für freiwilliges Engagement in Europa, Brüssel.

Engels, Dietrich/Braun, Joachim/Burmeister, Joachim (Hrsg.) (2007): SeniorTrainerinnen und seniorKompetenzteams: Erfahrungswissen und Engagement in einer neuen Verantwortungsrolle. Evaluationsbericht zum Bundesmodellprogramm „Erfahrungswissen für Initiativen" im Auftrag des Bundesministeriums für Familie, Senioren, Frauen und Jugend.

Enquete-Kommission „Zukunft des bürgerschaftlichen Engagements" (2002): Bürgerschaftliches Engagement – auf dem Weg in eine zukunftsfähige Bürgergesellschaft. Endbericht. Schriftenreihe: Enquete-Kommission „Zukunft des bürgerschaftlichen Engagements" des Deutschen Bundestages. Bd. 4. Opladen: Leske Budrich.

Erlinghagen, Marcel/Hank, Karsten/Lemke, Anja/Stuck, Stephanie (2006): Produktives Potenzial jenseits der Erwerbsarbeit – Ehrenamtliches Engagement von Älteren in Deutschland und Europa. In: Bertelsmann Stiftung (Hrsg.), Älter werden – aktiv bleiben. Beschäftigung in Wirtschaft und Gesellschaft, Carl Bertelsmann-Preis 2006. Gütersloh: Verlag Bertelsmann Stiftung, 121-137.

Esche, Andreas/Genz, Martin/ Rothen, Hans Jörg (2006): „Altenrepublik Deutschland?" – Ausmaß und Entwicklung der demographischen Alterung. In: Bertelsmann Stiftung

(Hrsg.), Älter werden – aktiv bleiben. Beschäftigung in Wirtschaft und Gesellschaft, Carl Bertelsmann-Preis 2006. Gütersloh: Verlag Bertelsmann Stiftung, 15-29.

Evangelische Arbeitsgemeinschaft für Altenarbeit in der EKD (Hrsg.) (2006): Platz für Potenziale? Partizipation im Alter zwischen alten Strukturen und neuen Erfordernissen. Referate, Statements und Beiträge des Symposiums am 07. Juni 2006, Hannover.

Europäische Kommission (2005): Angesichts des demografischen Wandels – eine neue Solidarität zwischen den Generationen, Grünbuch, Brüssel.

Europäischer Wirtschafts- und Sozialausschuss (2006): Freiwillige Aktivitäten, ihre Rolle in der europäischen Gesellschaft und ihre Auswirkungen. Stellungnahme der Fachgruppe Beschäftigung, Sozialfragen, Unionsbürgerschaft. SOC/243, Brüssel.

Gensicke, Thomas (2005): Generationen in Deutschland. Lebensorientierung und freiwilliges Engagement. Gutachten auf Basis der Freiwilligensurveys 1999 und 2004. München.

Gensicke, T./Picot, S. /Geiss, S. (Hrsg.) (2006): Freiwilliges Engagement in Deutschland 1999-2004. Ergebnisse der repräsentativen Trenderhebung zu Ehrenamt, Freiwilligenarbeit und bürgerschaftlichem Engagement. Wiesbaden: VS Verlag für Sozialwissenschaften.

Klages, Helmut (2006): Ehrenamtliches Engagement 50 plus. Redemanuskript anlässlich der Fachkonferenz des Deutschen Städte- und Gemeindebundes (DStGB) „Älter werden in Deutschland – Kommunen stellen sich der Herausforderung" am 14.9.06 in Bonn.

Knopf, Detlef (2000): Unterstützende Begleitung von Initiativen. Vortrag zum Expertentreffen zur Diskussion des Bundesmodellprogramms „Erfahrungswissen für Initiativen", Bonn, 1.12.2000.

Mercken, Christina (2004): Education in an ageing society. European trends in senior citizens' education. Amsterdam: Odyssee Publishers.

Rosenmayr, Leopold (2000): Eine neue gesellschaftliche Rolle für das Alter? Historisch-soziologische Befunde und Überlegungen für gesellschaftliche Gestaltungen der Zukunft. Einführungsvortrag zum Expertentreffen zur Diskussion des Bundesmodellprogramms „Erfahrungswissen für Initiativen", Bonn, 1.12.2000.

Sander, Thomas D./Putnam, Robert D. (2006): Social Capital and Civic Engagement of Individuals Over Age Fifty in the United States. In: Wilson, L.B./Simson, S.P. (Hrsg.), Civic Engagement and the Baby Boomer Generation. Research, Policy, and Practice Perspectives. New York: Haworth Press, 21-39.

Tesch-Römer, Clemens/Wurm, Susanne/Hoff, Andreas/Engstler, Heribert/Motel-Klingebiel, Andreas (2006): Der Alterssurvey: Beobachtung gesellschaftlichen Wandels und Analyse individueller Veränderungen. In: Tesch-Römer, Clemens/Engstler, Heribert/Wurm, Susanne (Hrsg.), Altwerden in Deutschland. Sozialer Wandel und individuelle Entwicklung in der zweiten Lebenshälfte. Wiesbaden: VS Verlag, 11-46.

Tesch-Römer, Clemens/Engstler, Heribert/Wurm, Susanne (Hrsg.) (2006): Altwerden in Deutschland. Sozialer Wandel und individuelle Entwicklung in der zweiten Lebenshälfte. Wiesbaden: VS Verlag.

Wilson, Laura B./Simson, Sharon P. (Hrsg.) (2006): Civic Engagement and the Baby Boomer Generation. Research, Policy, and Practice Perspectives. New York: Haworth Press.

Wilson, Laura B./Steele, Jack/Simson, Sharon P./Harlow-Rosentraub, Karen (2006): Legacy Leadership Institutes: Combining Lifelong Learning with Civic Engagement. In: Wilson, L.B./Simson, S.P. (Hrsg.), Civic Engagement and the Baby Boomer Generation. Research, Policy, and Practice Perspectives. New York: Haworth Press, 111-142.

Bürgerschaftliches Engagement in der Altenhilfe
Der Wert älterer Freiwilliger am Beispiel der Betreuung von Demenzkranken

Christian Fischbach & Tobias Veer

1 Ältere Freiwillige – ‚Rettungsanker' in der Altenpflege?

Neben der Betreuung durch Familienangehörige (vgl. Eichler/Pfau-Effinger in diesem Band) und professionelle Pflegedienste wird die Hilfe von freiwillig bzw. ehrenamtlich Engagierten als die „dritte Säule" in der Betreuung pflegebedürftiger alter Menschen bezeichnet (Bühring 2002: 406). Diese Hilfsleistungen sind unverzichtbar, wenn es um die Betreuung jener Zielgruppe von Hilfsbedürftigen und dort besonders von demenzkranken Menschen geht. Denn nach der Pflegestatistik 2005 waren zum Jahresende 2005 ca. 2,13 Millionen Bürger in Deutschland im Sinne des Pflegeversicherungsgesetzes (SGB XI) pflegebedürftig, davon waren 82 % bereits 65 Jahre und älter (Statistisches Bundesamt 2007: 4). Augenfällig ist, dass das Risiko der Pflegebedürftigkeit mit zunehmendem Alter steigt. Während bei den 70- bis 75-jährigen jeder Zwanzigste (5 %) pflegebedürftig war, liegt die Pflegequote bei der Altersgruppe 75 Jahre und mehr bei 21 %. Die höchste Pflegequote weist die Altersgruppe der 90- bis unter 95-jährigen mit 61 % auf (Statistisches Bundesamt 2007: 13, z.T. eigene Berechnungen).

Aufgrund des demografischen Wandels ist damit zu rechnen, dass diese Pflegequote für alte Menschen auch in der Zukunft stabil bleibt bzw. sich noch in einem erheblichen Maße ausweiten wird. Gerade die Daten des EU-Projekts FELICIE zeigen deutlich, dass das ‚Alter' der größte Risikofaktor für den Eintritt in die Pflegebedürftigkeit ist. Nach einem „konstanten Pflegeszenario" für die Prognose der Pflegebedürftigkeit bis zum Jahre 2030 wird für 75-jährige und ältere Personen mit einem Anstieg der Pflegebedürftigkeit von 39 % bei Frauen und 127 % bei Männern gerechnet (Doblhammer et al. 2006: 3).

Von Seiten der Politik wird gerade der Personengruppe der älteren Engagierten selbst eine große Mitverantwortung bei der Lösung der Probleme zugewiesen, die der Anstieg der Pflegebedürftigkeit aufgrund der demografischen Entwicklung mit sich bringt. Gegenüber 4 % der Altersgruppe 14-59 Jahre sind 26 % der über 60-jährigen Freiwilligen für pflegebedürftige Menschen verstärkt ehrenamtlich tätig (Gensicke et al. 2006: 292 f.). Nach den Erkenntnissen des zweiten Freiwilligensurveys des Bundesministeriums für Familie, Senioren, Frauen und Jugend aus dem Jahre 2004 ist es gerade die Gruppe der über 60-jährigen, die sich für hilfsbedürftige Senioren einsetzt. Exemplarisch für die großen Hoffnungen, die in die freiwilligen Aktivitäten älterer Engagierter gesetzt werden, kann an dieser Stelle der fünfte Altenbericht der Bundesregierung angeführt werden. Dessen Leitthema „Potenziale des Alters und für das Alter" (BMFSFJ 2005) stellt den Wunsch politisch Verantwortlicher nach dem „produktiven Altern" zum Wohle der Gesellschaft und speziell von pflegebedürftigen Senioren sehr prägnant dar. Ältere Engagierte sollen nach dem Willen der Bundesregierung nicht nur aufgrund von Zwängen zeitlich und finanziell begrenzter Ressourcen im Pflegemix familiärer, professioneller und freiwilliger Hilfe eine zentrale Funktion einnehmen. Ihre Integration in die Pflege soll vor allem auch die Vernetzung der zu Betreuenden fördern und deren Lebensqualität steigern (BMFSFJ 2005: 349).

Freiwilliges Engagement wird jedoch nicht als Allheilmittel angesehen. Skeptische Stimmen aus den Altenpflegeeinrichtungen und den Wohlfahrtsverbänden verweisen u.a. darauf, dass die Hilfe von freiwillig Engagierten oftmals allein als ein „Zauberwort zur Kostensenkung" herangezogen werde, um auch hauptamtliche Pflegekräfte durch freiwillige Laien zu ersetzen (Reyle/Lüders 1998). Weiterhin stehen der Arbeit von Freiwilligen Befürchtungen gegenüber, dass sie gerade bei demenziellen Erkrankungen dem Wohlbefinden des zu Betreuenden eher schaden als nutzen könnten. Gering oder unqualifizierte Laienhelfer seien diesen Herausforderungen kaum gewachsen und könnten die gewünschte Qualität der Pflege nach dieser Sichtweise nicht gewährleisten bzw. nicht die richtige Balance zwischen Nähe und Distanz zur Lebenssituation des Erkrankten finden (vgl. u.a. Jakobs/Denzel 2005: 4f.; Witterstätter 2005: 87).

Dieser Beitrag möchte die Umstände und die hohen Erwartungen, die an ältere Engagierte gerichtet werden, genauer untersuchen. Sowohl der Wert des freiwilligen Einsatzes dieser speziellen Gruppe von Engagierten in der Altenhilfe in Deutschland als auch das künftige Potenzial dieser Gruppe von Engagierten innerhalb der „dritten Säule" von Hilfsleistungen in der Pflege sollen näher ergründet werden.

Der Nutzen des Engagements älterer Engagierter in der Altenhilfe, prägende Motivbündel und das Lebensumfeld dieser Engagierten werden beispielhaft an Ergebnissen des Forschungsprojektes „Bürgerschaftliches Engagement und Altersdemenz" dargelegt. Dieses Forschungsprojekt analysierte in ausgewählten Einrichtungen das gesamte Spektrum freiwillig Engagierter im Bereich der Betreuung von dementen hochaltrigen Personen als spezielles Engagementfeld der Altenhilfe. Im folgenden Abschnitt dieses Kapitels wird näher auf die Hintergründe dieses Projektes eingegangen. Eine Auseinandersetzung mit dem wirtschaftlichen Nutzen für stationäre Einrichtungen und ambulante Dienste der Altenhilfe, den das Engagement für Altersdemenzkranke darstellt, bildet den ersten Schwerpunkt der Ausführungen auf der Basis von Erkenntnissen des vorgestellten Projektes. Gerade eine professionelle Organisation von freiwilligen Helfern, die deren Vorbereitung auf ihr Engagement und eine fachliche Begleitung während des Einsatzes gewährleistet, generiert positive Auswirkungen sowohl für die Anbieter von Unterstützungsangeboten für hilfsbedürftige ältere Menschen als auch für die Freiwilligen selbst.

Das aktuelle Potenzial von Engagierten im Bereich der Dementenbetreuung wird anhand einer Freiwilligentypologie dargestellt, die auf den Ergebnissen des Forschungsprojektes basiert. Auf dieser Grundlage sollen Aussagen getroffen werden, die die zukünftige Position älterer Engagierter in diesem speziellen Betätigungsfeld sowie in der Altenhilfe im Allgemeinen zu bestimmen verhelfen und zu deren weiteren Stärkung beitragen.

2 Das Forschungsprojekt „Bürgerschaftliches Engagement und Altersdemenz" als Bezugsrahmen

2.1 Das Projekt

Das Forschungsprojekt „Bürgerschaftliches Engagement und Altersdemenz" wurde von Juli 2005 bis Ende des Jahres 2006 am Institut für Soziologie der Universität Duisburg-Essen unter der Leitung von Hermann Strasser und Michael Stricker durchgeführt (zu näheren Ausführungen vgl. Strasser et al. 2007). Es zählte zu den Gewinnern des so genannten Exzellenzwettbewerbes des Landes Nordrhein-Westfalen.

Im Rahmen einer Primärerhebung von ausgewählten deutschen Betreuungsangeboten für Demenzkranke und deren Angehörige ist eine qualitativ-empirische Untersuchung durchgeführt worden. Die soziale Integration der Dementen, deren Angehörigen und der Freiwilligen, aber auch die wirtschaftlichen Auswirkungen und Zugangswege des freiwilligen Engagements wurden analysiert. Erhebungen dazu fanden in sieben Altenhilfeeinrichtungen in vier verschiedenen Bundesländern statt. Mit Hilfe teilstrukturierter Interviews und Dokumentenanalysen wurden Daten gewonnen, die sowohl Rückschlüsse auf die dort aktiven Freiwilligentypen und deren persönlichen Hintergründe als auch auf den ökonomischen Nutzen des Engagements zuließen.

Das Augenmerk dieser Untersuchung lag auf Demenzerkrankungen. Denn sie stellen eine gravierende Begleiterscheinung des demografischen Wandels dar, weil mit der stetig steigenden Lebenserwartung die Pflegebedürftigkeit wahrscheinlicher wird. In ihrer quantitativen Erscheinung prägen sie das gesellschaftliche Leben der alternden Gesellschaft, nicht zuletzt in ökonomischer Hinsicht, deutlich. Laut Schätzwerten des Robert Koch-Instituts und des Statistischen Bundesamtes sind in Deutschland bereits bei ca. 1,2 Millionen Menschen über 65 Jahren mittelschwere oder schwere Formen von Altersdemenz erkennbar (Weyerer 2005: 11). Darüber hinaus ist davon auszugehen, dass in einem derart sensiblen Bereich der Altenpflege die Bereitstellung von freiwilligen Betreuungsleistungen mit einem höheren organisatorischen Aufwand verbunden ist. Infolgedessen wird von einer besseren Übertragbarkeit der Ergebnisse auf andere Bereiche der Altenpflege ausgegangen.

2.2 Methodisches Vorgehen

Der Ausgangspunkt für die empirische Studie ist zunächst eine systematische Analyse der Rahmenparameter und der Organisationsprofile der zur Untersuchung vorgesehenen Einrichtungen gewesen. Diese Daten sind durch Sekundäranalysen bereits durchgeführter Forschungsarbeiten sowie Auswertung von amtlichen Statistiken und Organisationskulturen in biografischen Selbstdarstellungen der Organisationen, ergänzt durch Experteninterviews mit Vertretern der jeweiligen Organisation, ermittelt worden.

In den Einrichtungen wurden sodann Interviews mit haupt- und ehrenamtlich Tätigen geführt, um Motivlagen zum freiwilligen Engagement zu ergründen und Erkenntnisse zu den organisatorischen Abläufen innerhalb der Einrichtungen und zu den Aufgaben zu gewinnen, die Freiwillige, u.a. nach Alter und Geschlecht gestuft, übernehmen und übernehmen können. Zudem wurden die soziodemografischen Grundlagendaten von 47 Freiwilligen sowie zeitliche und inhaltliche Dimensionen des Leistungsspektrums mittels Fragebogen erhoben.

Abschließend wurde eine theoriegeleitete Gesamtinterpretation der Forschungsergebnisse vorgenommen. Daraus haben sich Empfehlungen für die Gestaltung von organisatorischen Rahmenbedingungen, die Aktivierung weiterer Bevölkerungskreise für bürgerschaftliches Engagement und die Gestaltung von Freiwilligenarbeit bei der Betreuung von Menschen mit Demenz ergeben.

2.3 Exkurs Demenz

Unter Demenz wird eine Hirnschädigung verstanden, die mit der Abnahme der intellektuellen Fähigkeiten einhergeht (BDA 1995: 7). Diese Erkrankungen treten als primäre und sekundäre Demenzformen auf, wobei primäre Formen am häufigsten vorkommen. Sie sind bei 90 % aller Krankheitsfälle der über 65-Jährigen ursächlich. Das Charakteristikum dieser Erscheinungsform ist das schleichende und schrittweise Nachlassen der Hirnfunktionen. Mit etwa 72 % aller Erkrankungen ist die Alzheimer-Krankheit sowohl die häufigste als auch die bekannteste Erscheinung der primären Formen von Demenz. Weitere 16 % der Betroffenen leiden unter vaskulären Demenzen, die durch kleinere Schlaganfälle hervorgerufen werden (Evangelisches Johanneswerk 2003: 4). Bei der sekundären Demenz ist der geistige Verfall des Erkrankten auf organische Ursachen, wie z.B. Hirnverletzungen, Herz-Kreislauf-Krankheiten, oder auf Arzneistoffe bzw. Gifte zurückzuführen.

Während es möglich ist, auf die sekundären Demenzen mit einer Behandlung der Grundkrankheiten positiv einzuwirken, gibt es bei den primären Erkrankungen nur „symptomatische Behandlungsmöglichkeiten" (BDA 1995: 10). Die an primären Demenzformen Erkrankten sind demnach die Hauptzielgruppe für die Pflegenden.

Die Symptome der Demenz sind u.a. die Beeinträchtigung der Merkfähigkeit, Sprachstörungen, der Rückzug aus Beziehungen, ein geringer werdendes Interesse an Hobbys, Beruf und Familie, bisher noch nicht aufgetretene Beziehungsschwankungen, das Abstreiten von Fehlern und Irrtümern sowie die Störungen des Neugedächtnisses. Diese Änderungen der Persönlichkeit, der Auffassungsgabe und der Denkfähigkeit sind keine Altersvergesslichkeit, denn bei dieser kehrt die Erinnerung häufig wieder zurück. Bei der Alzheimer-Krankheit verblasst zudem das Langzeitgedächtnis immer mehr (vgl. u.a. EAfA/DEVAP 2002: 21; Habs 2000: 11).

3 Der ökonomische Wert informeller Arbeit in der Altenhilfe

3.1 Kosten- und Nutzen-Analyse als Instrument der Wertbestimmung

McCurley und Lynch entwickelten in den USA ein Freiwilligen-Management-Konzept, das einen idealtypischen Verlauf der Planung und Koordination von Freiwilligen(arbeit) in Organisationen darstellt. Ziel des Konzepts ist die Ausrichtung der Organisation auf die nachhaltige Stärkung von freiwilligem Engagement (McCurley/Lynch 1998). Erst seit einigen Jahren wird dieser Gedanke professionellen Managements des freiwilligen Engagements auch in Deutschland diskutiert (zu weiteren Ausführungen vgl. Akademie für Ehrenamtlichkeit Deutschland 2004).

Die Notwendigkeit der Schaffung professioneller Freiwilligenstrukturen wird damit begründet, dass bürgerschaftliches Engagement eine gewinnbringende Tätigkeit darstellen müsse. Sowohl die Freiwilligen selbst als auch die Einrichtungen und nicht zuletzt die Gesellschaft – im Sinne positiver externer Effekte – sollten einen Nutzen aus dem Engagement ziehen können.

Eine derartige Nutzenverteilung kann allerdings nur erreicht werden, wenn die Institutionen, in denen Freiwilligenarbeit stattfindet, die durchaus legitime Frage nach dem individuellen Gewinn der freiwillig Engagierten als Gegenleistung für die unentgeltlich zur Verfügung gestellte Arbeitskraft in den Vordergrund stellen. Gerade vor dem Hintergrund „objektiver" Veränderungen des Arbeitsfeldes von Freiwilligen – seien es die Ökonomisierung oder die gesetzlichen Qualitätsvorgaben – sollte den gestiegenen Anforderungen, die an Freiwillige gestellt werden, Rechnung getragen werden. In diesem Sinne muss die „subjektive" Seite des Strukturwandels des Ehrenamtes begriffen und aufgegriffen werden (Beher et al. 2000). Werkzeuge der Personalentwicklung wie Fördergespräche, Qualifizierungsangebote und Supervision sind nur einige Wege, um dem Anspruch der neuen Ehrenamtlichen gerecht zu werden (Krimphove 2004: 44 ff.). Letztlich fallen nicht unerhebliche Kosten für derartige Aufgaben der Personalentwicklung an. Denn neben finanziellen müssen vor allem personelle Ressourcen bereitgestellt werden, um dem Anspruch einer qualifizierten Freiwilligenarbeit gerecht zu werden.

Im Folgenden wird die Effizienz der in den Einrichtungen der Altenhilfe vorgefundenen Organisationsstrukturen von Freiwilligenarbeit bewertet. Dazu sind die Kosten von Freiwilligenarbeit in Relation zu deren Wert zu setzen. Darüber hinaus werden Aussagen zum Nutzen gemacht, der durch Freiwilligenarbeit generiert wird. An dieser Stelle werden sowohl der Nutzen für die Freiwilligen als auch die Wirkung ihres Einsatzes auf die wirtschaftliche Situation der Trägereinrichtung evaluiert. Die Ergebnisse spiegeln insbesondere Nutzeneffekte wider, die von älteren Engagierten im Zuge des produktiven Alterns generiert werden konnten. Denn 25 der 47 befragten Freiwilligen, also ca. 53 %, waren 60 Jahre und älter.

3.2 Investitionen in ein professionelles Freiwilligenengagement der Altenhilfe rentieren sich: Exemplarische Ergebnisse aus der Untersuchung der Dementenbetreuung

Gaskin schlägt zur Bewertung der Effizienz von Freiwilligenarbeit das von ihr 1997 veröffentlichte und mittlerweile in mehreren europäischen Ländern etablierte Messinstrument „VIVA" (The Volunteer Investment and Value Audit) vor. Hierbei spiegelt die „VIVA Ratio" das Verhältnis der geleisteten Arbeit Freiwilliger zu den in die Freiwilligenarbeit getätigten Investitionen wider. Die Effizienz des Freiwilligen-Managements wird mit der sich daraus ergebenen Investitionsrate abgebildet (Gaskin 2000: 11 ff.).

In dieser Untersuchung wird die Arbeit Freiwilliger mit einem Äquivalenzlohn von zwölf Euro pro Stunde bewertet. Diese monetäre Bewertung der Arbeitszeit entspricht dem Arbeitslohn von bezahlten Kräften, falls diese die Arbeit von Freiwilligen ausführen würden.[1]

Die Ergebnisse der Untersuchung lassen darauf schließen, dass diejenige Einrichtung die höchste Effizienz bzw. Investitionsrate aufweisen kann, deren operative Freiwilligenstrukturen, vor allem aber auch deren strategische Ausrichtung, am ehesten dem Idealbild eines professionellen Freiwilligenmanagements entsprechen. Mit anderen Worten, je mehr Ressourcen in die Freiwilligenarbeit fließen und je mehr den strategischen Entwicklungsaufgaben entsprochen wird, umso effizienter wird die Arbeit mit Freiwilligen. So kann die Einrichtung mit der höchsten Investitionsrate für jeden in die Freiwilligenarbeit investierten Euro 14,15 Euro an unbezahlter Freiwilligenarbeit verbuchen.[2]

Neben dieser Effizienzbetrachtung vorhandener Organisationsstrukturen rückt die Frage in den Mittelpunkt, welcher konkrete Nutzen sich aus einer professionell organisierten Freiwilligenarbeit ziehen lässt, um ein ganzheitliches Bild der Wertschöpfung von Freiwilligenarbeit zu erhalten. Im Folgenden wird der Nutzen aus der Anreicherung von ökonomischem, sozialem und Humankapital untersucht und zwischen den Nutzebenen der Freiwilligen und der Einrichtungen unterschieden.

---

1   Das Lohnniveau von zwölf Euro wurde innerhalb einer Kosten-Nutzen-Analyse des Ehrenamtes am Beispiel der Freiwilligenagentur Regensburg ermittelt. In dieser wurden 15 Organisationen nach dem Preisniveau für Altenbetreuung (keine Pflege, sondern einkaufen, vorlesen, ...) befragt (Feslmeier et al. 2004: 27-31).
2   Die Effizienzbetrachtung der Freiwilligenstrukturen macht keine Aussagen zur Qualität der angebotenen Dienstleistungen von Freiwilligen, sondern lässt lediglich Schlussfolgerungen über den quantitativen Wert der Freiwilligenarbeit zu.

3.2.1 Ebene der Freiwilligen

Nach den Ergebnissen des Forschungsprojektes ist seitens der Freiwilligen der Zugewinn an *Humankapital* ein besonders stark ausgeprägter Nutzeneffekt in Einrichtungen, die eine hohe Investitionsrate aufweisen. Humankapital wird definiert als „Wissen, Fähigkeiten, Kompetenzen und sonstige Eigenschaften von Individuen, die für das persönliche, soziale und wirtschaftliche Wohlergehen relevant sind" (Healy/Côte 2004: 20). Darunter zählt die ‚allgemeine Entwicklung von Fähigkeiten und Kenntnissen' wie soziale und kommunikative Kompetenzen, Geduld und Einfühlungsvermögen oder das Vermögen, besser mit dem (eigenen) Altern umzugehen.

Die Forschungsergebnisse deuten darauf hin, dass diese Form der Humankapitalakkumulation relativ losgelöst vom Bildungsangebot der Einrichtungen ist und eher im Miteinander entsteht. Einrichtungen nehmen aber durchaus Einfluss auf die Humankapitalbildung. Durch gezielte Aus- und Weiterbildungskurse wird auf die ‚spezifische Entwicklung von Fertigkeiten und Kenntnissen' eingewirkt. Derartige Angebote sind auf das Krankheitsbild der zu betreuenden Personen, i.d.F. Demenz, ausgerichtet. Sie werden von den Freiwilligen als interessant empfunden und weisen vor allem eine entsprechende Qualität auf. Im Untersuchungsfeld werden Betreuungskonzepte wie ‚Biografiearbeit', der ‚Personenzentrierte Ansatz' oder die ‚Integrative Validation' vermittelt. Derartige Maßnahmen der Personalentwicklung stellen sich als sehr sinnvoll heraus. Denn nahezu alle Einrichtungen sehen Probleme, Freiwillige mit den ‚richtigen Fertigkeiten und Erfahrungen' zu gewinnen. Zudem können Freiwillige existierende Hemmschwellen überwinden, falls sie sich für die Arbeit nicht qualifiziert genug einschätzen. Überdies steigert die Möglichkeit der Weiterqualifizierung die Attraktivität der Einrichtung, so dass die Rekrutierung interessierter Freiwilliger erleichtert wird.

Einen Nutzen erlangen die Freiwilligen auch durch *ökonomisches Kapital*, und dies verstärkt in Einrichtungen mit einer gut organisierten Freiwilligenarbeit. Beim ökonomischen Kapital handelt es sich um Einkommen, Vermögen, Besitz an Produktionsmitteln, Grund und Boden etc., also um materiellen Reichtum. Es ist nach Pierre Bourdieu unmittelbar und direkt in Geld umtauschbar und durch das Eigentumsrecht institutionalisierbar (Bourdieu 1983: 184 f.).

Ökonomisches Kapital häufen die Freiwilligen in Form von ‚Aufwandsentschädigungen' an, sofern diese über den tatsächlich entstandenen Kosten liegen und damit Einkommen darstellen. Im Untersuchungsfeld zahlen beispielsweise alle ambulanten Einrichtungen ihren Freiwilligen eine Aufwandsentschädigung. Bei einem Betrag von ca. 7,50 Euro pro Stunde, der den Freiwilligen in der Regel zurückerstattet wird, ist davon auszugehen, dass die Rückerstattungen die tatsächlich monetären Aufwendungen der Freiwilligen übersteigen.[3] Nach § 3 Nr. 26 EStG sind derartige Einnahmen aus nebenberuflicher Pflege im Auftrag einer gemeinnützigen Einrichtung bis zur Höhe von insgesamt 2.100 Euro im Jahr steuerfrei.

Neben der Erlangung von ökonomischem Kapital und Humankapital reichern Freiwillige ihre persönlichen Ressourcen durch *Sozialkapital* an. Sozialkapital wird als „Netzwerkbeziehungen zusammen mit gemeinsamen Normen, Wertmaßstäben und Überzeugungen, die die Zusammenarbeit in oder zwischen den Gruppen erleichtern" (Healy/Côte 2004: 49), definiert.

Sozialkapital tritt im Untersuchungsfeld in unterschiedlichen Formen auf, wobei diese am deutlichsten in der Einrichtung mit den meisten Freiwilligen und der zugleich höchsten Effizienz in Erscheinung treten. Zum einen kommt es in ‚Gruppen und Netzwerken' zum Vorschein. So geben viele Freiwillige an, dass zu ihrem Freundes- und Bekanntenkreis auch Personen aus dem Umfeld der Einrichtung gehören. In der bereits angeführten Einrichtung, die am effizientesten mit Freiwilligen arbeitet, hat sich ein so genannter Vorstand der Ehrenamtlichen konstituiert, in dem die Interessen der Freiwilligen gebündelt und vertreten werden. Sozialkapital in Form von ‚Vertrauen und Solidarität' weist selbige Einrichtung ebenfalls auf. Denn hier schenken ca. 71 % der Freiwilligen allen Personen im Umfeld der Einrichtung Vertrauen, während es im gesamten Untersuchungsfeld nur etwa 55 % sind. Aber auch das Gefühl zu haben, Hilfe angeboten zu bekommen, wenn sie gebraucht wird, wurde öfters als im Gesamtdurchschnitt geäußert. Sozialkapital wird außerdem durch ‚gemeinschaftliche Aktivitäten' gebildet, seien es Freiwilligentreffen, Feste oder gemeinsame Ausflüge, auf denen neue Kontakte geknüpft werden. Derartige Gemeinschaftsaktivitäten werden in allen untersuchten Einrichtungen durchgeführt. Schließlich ist ‚sozialer Zusammenhalt und Inklusion' ein Indikator für Sozialkapital. So fühlen sich nahezu alle Freiwilligen in ihrer jeweiligen Einrichtung gut integriert, interagieren miteinander und erzeugen somit Sozialkapital, das die Zusammenarbeit untereinander und auch mit der Umwelt erleichtert. Die Anhäufung von Sozialkapital ist gerade für ältere Engagierte von Interesse, um weiterhin in der Gesellschaft integriert zu bleiben und eine aktive Rolle im Gemeinwesen einzunehmen.

---

3 Keine Berücksichtigung finden hier Opportunitätskosten, also der Nutzenentgang, den Freiwillige durch die Entscheidung für oder gegen eine alternative Verwendung der ihnen zur Verfügung stehenden Zeit erleiden.

3.2.2 Einrichtungsebene

In erster Linie generieren Einrichtungen *ökonomisches Kapital*, die eine effiziente Freiwilligenorganisation nachweisen. Zum einen erhöhen sie mit Hilfe der Freiwilligen die ‚Quantität ihres Outputs'. So werden Leistungen angeboten, die sonst nicht bzw. nicht in dem Umfang hätten angeboten werden können, sei es aus Zeitmangel des Personals oder aus Kostengründen. Beispielsweise kann die Einrichtung mit der höchsten Investitionsrate einen Kapazitätszuwachs um bis zu sieben Ehrenamtsbereiche mit verschiedenen Tätigkeitsprofilen nachweisen, in denen über 150 Ehrenamtliche tätig sind. Zum anderen tragen Freiwillige zur ‚Qualität des Service' bei. Denn freiwillig Tätige bringen meist ohne Umschweife Beschwerden vor, so dass die Leistungsanbieter den Umgang des Personals mit den Patienten besser evaluieren und geeignete Maßnahmen zur Leistungsverbesserung treffen können. Das Betreuungsangebot Freiwilliger stellt darüber hinaus eine Komplementärleistung zur Pflege dar, so dass die ganzheitliche Fürsorge ebenfalls eine Qualitätsverbesserung der Dienstleistungen darstellt, gerade auch deshalb, weil hauptamtliche Pflegekräfte entlastet werden und sich verstärkt auf die eigentliche Pflege konzentrieren können. Denn Freiwillige verfügen häufig über mehr Zeit und lassen auch mehr Nähe zu den Patienten zu, da sie meist nur eine bzw. wenige Personen betreuen. Folglich können die Einrichtungen, die effiziente Freiwilligenarbeit ermöglichen, von vermehrten und verbesserten Angeboten von Betreuungsleistungen profitieren, die zu höherer Lebensqualität und größerem Wohlbefinden bei den Betreuten führen, vor allem auch Angehörige entlasten. Das Anbieten von in der Regel kostenlosen Betreuungsangeboten neben professionellen Pflegeleistungen führt aufgrund des damit verbundenen Imagegewinns zur Abgrenzung von Mitbewerbern und verschafft den Einrichtungen einen wirtschaftlichen Vorteil. Gerade die Freiwilligen dienen hier als Repräsentanten der Organisation und deren Angebot und machen die Qualität der Arbeit im Ort bekannt. Letztlich begünstigt die positive Außenwirkung der Freiwilligenarbeit auch die Einnahmen der Organisation in Form von Spenden und Fördergeldern. Förderstrukturen nach § 45 SGB XI werden jedoch nur selten in Anspruch genommen. Grund hierfür sind die beanstandeten aufwändigen Antragstellungsverfahren, die nicht im Verhältnis zu den in Aussicht gestellten Fördermitteln stehen.

3.3 Fazit und Handlungsempfehlungen

Für die Einrichtungen bedingt professionelle Arbeit mit Freiwilligen hohe Vorlaufkosten und verursacht auch in einem etablierten System laufende Kosten.

Dennoch lassen sich eine hohe Wertschöpfung und eine Verbesserung der angebotenen Dienstleistungen in quantitativer wie auch in qualitativer Hinsicht erzielen. Die Initiierung professioneller Freiwilligenarbeit mag die Einrichtungen aufgrund des dazu notwendigen Ressourceneinsatzes anfangs abschrecken. Mittel- bis langfristig werden Organisationen allerdings wirtschaftliche Vorteile aus ihr schöpfen können, die insbesondere zur Abgrenzung von Mitbewerbern führen werden.

Aus der Perspektive der Freiwilligen stellt ehrenamtliches Engagement eine ebenso sinnvolle wie auch produktive Tätigkeit dar. Vielen mag ihre Betreuungsleistung in erster Linie Freude am Umgang mit alten Menschen bereiten. Wenn auch die Mehrheit der Freiwilligen die mannigfachen Nutzeneffekte ihrer Arbeit nicht direkt wahrnimmt, so werden die potenziellen Vorteile künftig vermehrt eingefordert, wie der folgende Abschnitt darlegt. In Zukunft ist davon auszugehen, dass in Anbetracht der sozialintegrativen Funktion Freiwilligenarbeit gerade bei Älteren einen hohen Stellenwert einnehmen wird.

Freiwillige dürfen sich aber keineswegs als ‚billige' Arbeitskräfte missbraucht fühlen, die allein zur Kostenersparnis eingesetzt werden. Dementsprechend ist es unabdingbar, die Arbeit in einem organisierten Rahmen durchzuführen. Die Forschungsergebnisse haben gezeigt, dass die Nutzeneffekte von Freiwilligenarbeit gerade innerhalb gut organisierter Strukturen äußerst ausgeprägt sind. Und je höher die Investitionen in die operativen und strategischen Strukturen dieser Arbeit sind, desto höher ist die Wertschöpfung.

4 Der Einsatz älterer Engagierter in der Altenhilfe: Freiwilliges Engagement bei der Betreuung von Demenzkranken

Wer sind die Freiwilligen, die sich entlastend in die Betreuung von Demenzkranken einbringen? Dieser Fragestellung widmen sich die folgenden Ausführungen auf der Grundlage von ermittelten Freiwilligentypen aus dem bereits vorgestellten Forschungsprojekt. Wichtige Kriterien der Typenbildung stellen u.a. die Motivationen der Freiwilligen, ihre Einstellung zum Einsatz für die Dementen sowie zur Aus- und Weiterbildung für diesen freiwilligen Einsatz dar.

4.1 Wer sind die ‚typischen Engagierten' in der Dementenbetreuung? Sozio-demografische Hintergründe der Freiwilligen

Im Regelfall dominieren Männer mittleren Alters, wenn Aufgaben durch bürgerschaftlich Engagierte erledigt werden (BMFSFJ 2001; Klenner et al. 2001). In den eher unscheinbaren, helfenden sozialen und kirchlich-religiösen Tätigkeitsfeldern – wie dem Bereich der Dementenbetreuung – sind jedoch hauptsächlich ältere Frauen engagiert. Ältere Männer hingegen ziehen diesem Einsatz vor allem Aufgaben mit Prestige in politischen Ehrenämtern vor (vgl. u.a. BMFSFJ 2005: 368; Stricker 2006: 187ff.).

Auch innerhalb der Grundgesamtheit der befragten Engagierten des Projektes „Bürgerschaftliches Engagement und Altersdemenz" ist diese Tendenz deutlich ersichtlich, denn nur vier männliche Engagierte zählen zu den Interviewten. Die Engagierten der mittleren und gerade auch der späten Lebensphase, der sich die Ausführungen in diesem Artikel widmen, bilden die dominante Gruppe der Aktiven im Feld der Betreuung von Dementen. Die typische Freiwillige dieser Untersuchung ist in der späten Lebensphase, verheiratet und zählt sich überwiegend der mittleren bzw. der oberen Mittelschicht zu. Weiterhin ist eine starke Kontinuität bezüglich der familiären Lebensstrukturen erkennbar. So sind 70,2 % der Engagierten verheiratet und 12,8 % der Befragten nach einer langen Ehedauer verwitwet. 89,4 % der Freiwilligen haben ein Kind bzw. mehrere Kinder.

Aufgrund der Dominanz älterer Engagierter ist der Anteil der Erwerbstätigen unter diesen sehr gering. Besonders auffällig sind dabei Freiwillige, die nie einer Erwerbstätigkeit nachgegangen sind. Gemeint sind damit Frauen, die in jungen Jahren geheiratet und Familienarbeit geleistet haben und sich heute in einer späten Lebensphase befinden. Gemeinsam ist allen aktuell nicht erwerbstätigen Freiwilligen, unabhängig davon, ob sie früher erwerbstätig waren oder nicht, dass sie sich ein Leben gleichzeitig mit Erwerbsarbeit und Freiwilligenarbeit nicht vorstellen könnten. Würden sie heute arbeiten, wären sie nicht freiwillig engagiert.

4.2 Die Engagementtypen und ihre Charakteristika

Die Ergebnisse des Projektes „Bürgerschaftliches Engagement und Altersdemenz" zeigen, dass freiwilliges Engagement in Betreuungsangeboten für Demente hauptsächlich durch die enge Bindung der Engagierten an die Angebotsträger bzw. an ein kirchliches Umfeld geprägt ist. Ein starker Bezug zum Krankheitsbild demenzieller Erkrankungen ist weiterhin ein zentrales Merkmal, welches die Engagiertentypen stark prägt.

Die Aktiven in diesem engen Engagementkontext werden als „*interne Typen*" bezeichnet, diejenigen außerhalb dieses Kontextes gelten als „*externe Typen*". Drei „interne" sowie zwei „externe Typen" sind so hervorgegangen. Hierbei dominieren ältere Engagierte den vorherrschenden „internen Typus".[4] Dessen Dominanz, aber auch das zukünftige Potenzial älterer Engagierter im Pflegesektor, wird im Folgenden kurz, u.a. anhand von Ergebnissen des Freiwilligensurveys 2004, erörtert.[5]

4.2.1 Die „internen Freiwilligentypen"

Die ‚*dankbaren früheren Angehörigen*' engagieren sich aus Verbundenheit mit der Einrichtung aufgrund früherer Pflege dementer Angehöriger und der Begleitung der eigenen Person. Dieser Typus ist einer von zwei wesentlichen Typen, denen die Personengruppe älterer Engagierter überwiegend zuzurechnen ist.

79,9 % der Engagierten dieses Typus gehören der Gruppe der über 60-jährigen an. Bedingt durch die Pflege von Verwandten, hauptsächlich eines ihrer Elternteile, ist dieser Anteil nicht überraschend. Dem vierten Altenbericht der Bundesregierung zufolge, der sich speziell der Situation demenziell Erkrankter widmet, pflegen immer häufiger gerade ältere Töchter ihre alternden Eltern. Parallel zur Steigerung der Lebenserwartung steigt auch die Wahrscheinlichkeit, dass Töchter die Pflege der Eltern im Alter übernehmen (müssen) (BMFSFJ 2002: 207). In der Altersgruppe der 60- bis 70-jährigen pflegen zwischen 37 % und 48 % der Töchter hilfsbedürftige Elternteile, stellte Christine Himes schon Mitte der 1990er Jahre fest (Himes 1994).

Aber warum ist gerade dieser Typus von Freiwilligen so dominant? Hintergründe aus dem Freiwilligensurvey 2004 können u.a. eine Antwort darauf geben. Eine soziale Verpflichtung ist bei diesen Engagierten stärker als bei den jüngeren Altersgruppen erkennbar. Dementsprechend stimmen 53 % der Freiwilligen ab 60 Jahren der Aussage „Mein Engagement ist eine Aufgabe, die gemacht werden muss und für die sich schwer jemand findet" „voll und ganz" zu. Bei den Engagierten zwischen 14 und 59 Jahren geben nur 41 % der Befragten ihre Zustimmung (Gensicke et al. 2006: 287). Gerade weil die ‚dankbaren früheren Angehö-

---

4 Die Sichtweise „interner" und „externer" Typen lehnt sich an die Wortwahl des Freiwilligensurveys der Bundesregierung an. Hier wird die Begrifflichkeit „intern" für das Potenzial gebraucht, in dem Freiwillige schon in ein Engagement integriert sind und dies noch ausdehnen können. Das „externe" Potenzial umfasst somit den Personenkreis, der noch außerhalb des Engagements steht, sich aber freiwillig einbringen würde (Gensicke et al. 2006: 68). Die Engagierten des „internen" Potenzials dieser Studie sind parallel zu denen des Surveys bereits in ein Engagementumfeld mit „Demenzbezug" eingebunden, wobei das „externe" Potenzial, das sich durch Interesse, aber bislang geringen „Demenzbezug" charakterisieren lässt, noch stärker integriert werden kann.
5 Zur Illustration und Vertiefung der Typen der qualitativ-empirischen Erhebung des Projektes „Bürgerschaftliche Engagement und Altersdemenz" werden diese durch Erkenntnisse zu Fragen über sozio-ökonomische Aspekte und zur Sozialkapitalbildung ergänzt.

rigen' die Situation der Betreuung von Demenzkranken und die Wichtigkeit der Entlastung der Pflegenden aus eigener Erfahrung erlebt haben, wissen sie nicht nur um die Schwierigkeit der Aufgabe, sondern auch um die Mühe, jemanden zu finden, der diese ausfüllt. Pflichtgefühl und Selbsterfahrung vermischen sich so in einem Motivationsbündel.

Die in Abschnitt 3.2 erwähnten Effekte des Sozialkapitals spielen in Bezug auf die ‚Verpflichtung' der ‚dankbaren früheren Angehörigen' zu ihrer freiwilligen Betreuungstätigkeit auch eine wesentliche Rolle. In den Aussagen der interviewten Engagierten spiegelt sich ein enger Bezug zur Pflegeeinrichtung und zu einzelnen Bezugspersonen im Pflegepersonal wider. Dieser Freiwilligentypus ist der einzige der fünf Typen, der auch Freundschaften zu Mitarbeitern der untersuchten Einrichtungen hervorhebt. ‚Vertrauen' und ‚Solidarität', die während der Pflege und Betreuung der früheren pflegebedürftigen Angehörigen an die heutigen Freiwilligen vermittelt wurden, werden nun im nachgelagerten Austauschprozess als Sozialkapital an die Einrichtung und ihre Bediensteten in Gestalt freiwilliger Betreuungsleistung zurückgegeben. Die Partizipation in Besuchs- und Betreuungsdiensten für Demente und die Organisation von freizeitgestaltenden Elementen im Alltag der Hilfsbedürftigen sind beispielsweise zentrale Aufgabenbereiche. Die ‚dankbaren früheren Angehörigen' beschreiben ihr Engagement zwar als Tätigkeit, in die sie unbeabsichtigt ‚hineingerutscht' sind, die aber dennoch eine nahe liegende Wahl aufgrund ihrer besonderen Beziehung zu den Organisatoren der Betreuungsleistungen darstellt. Im Regelfall knüpfen die Engagierten kurz nach dem Tod des zu pflegenden Familienangehörigen an die Beziehung zur Einrichtung an. Sie füllen damit die Lücke im eigenen Leben, die durch den Wegfall der alltäglichen Pflegetätigkeit entstanden ist.

Als prägende Elemente des Sozialkapitals, die bei diesen Engagierten erkennbar sind, können überdies eine meist lebenslange Wohnzeit am Ort, wo der Pflegeanbieter tätig ist, sowie bei den meisten Befragten auch ein kirchlicher Hintergrund analysiert werden. Auch diese Aspekte tragen bei den Engagierten durch Netzwerke und Wertebildung zu einer starken Bindung an die Angebotsträger bei.

Der zweite Typus, der hauptsächlich ältere Engagierte der „internen Freiwilligentypen" aufweist, ist der des ‚ehrenamtlichen Fortsetzers'. Bei diesen Freiwilligen steht die ‚selbstverständliche Tat für die Allgemeinheit' in der Kontinuität bisheriger Ehrenämter in kirchlichen Gemeinde- und Wohlfahrtsverbandsstrukturen im Vordergrund. Auch die Integration in eine Dorf- bzw. Vereinsgemeinschaft prägt diesen Typus, der jedoch in den Einrichtungen in seiner reinen Form nicht so stark vertreten ist. Der ‚ehrenamtliche Fortsetzer' sieht sein Engagement als Bestandteil in einem Mosaik zahlreicher gemeinnütziger Betätigungen. Der Einsatz für die Dementen stellt für ihn eine sinnvolle Ergänzung zu den anderen Einsatzfeldern dar, die aber auch jederzeit beendet werden kann. 85,7 % der ‚ehrenamtlichen Fortsetzer' gehören der Altersgruppe der über 60-jährigen an. Bei diesem Typus ist jedoch der Personenkreis der über 70-jährigen mit 57,2 % dominierend. Bezogen auf die Erwerbstätigkeit sind daher auch 57,1 % der Freiwilligen bereits Rentner und Pensionäre bzw. Vorruheständler gegenüber 28,6 % und 14,3 % derjenigen, die als Hausfrau bzw. Teilzeitkräfte tätig sind. Prägnant ist bei diesem Typus, wie auch bei den ‚dankbaren früheren Angehörigen', dass die beruflichen Hintergründe der ‚ehrenamtlichen Fortsetzer' sowohl bei einer früheren als auch bei einer aktuell noch ausgeübten Tätigkeit vor allem mit Tätigkeitsprofilen verbunden sind, die auf starke direkte Kontakte zu anderen Menschen verweisen. Die Ausübung von Berufen als Lehrer, Erzieherin oder Sekretärin zeugt von diesem Umfeld.

In Bezug auf die Ergründung des starken Auftretens von älteren Engagierten innerhalb der *ehrenamtlichen Fortsetzer* sind die Erwartungshaltungen dieser Altersgruppe aus den Ergebnissen des Freiwilligensurveys hilfreich. Auch wenn für diese Engagierten, wie schon erwähnt, die Wertorientierungen und das Pflichtgefühl eine zentrale, leitende Funktion einnehmen, so ist es auch für diese Gruppe wichtig, den eigenen Horizont zu erweitern und vor allem Spaß an der ausgeübten Tätigkeit zu haben. Sowohl die 14- bis 59-jährigen Engagierten als auch diejenigen über 60 Jahren führen den Faktor, dass die freiwillige Tätigkeit Spaß machen muss, zu 44 % an (Gensicke et al. 2006: 289). Signifikant ist bei den Motiven zum Engagement der älteren Freiwilligen jedoch auch, dass die über 60-jährigen der Aussage „Ich will durch mein Engagement vor allem mit anderen Menschen zusammen kommen" zu 65 % „voll und ganz" zustimmen. Bei der Altersgruppe bis 59 Jahre stimmen nur 58 % der Aussage zu (Gensicke et. al 2006: 288).

In den Untersuchungsergebnissen des Projektes „Bürgerschaftliches Engagement und Altersdemenz" ist die Tendenz nach einer Kontaktsuche gut wiederzufinden, denn 71,4 % der Befragten, die dem Typus des ‚ehrenamtlichen Fortsetzers' zuzurechnen sind, merken an, dass sie innerhalb der Pflegeeinrichtung bzw. des Betreuungsdienstes Freundschaften zu anderen Freiwilligen geschlossen haben. Auch bei diesem Typus ist die Verwurzelung durch eine langjährige Ortsansässigkeit charakteristisch. Als kürzeste Wohndauer wurden 28 Jahre angegeben. Das Engagement als ‚selbstverständliche Leistung' wird oftmals durch christliche Motive gestützt.

Einen großen Anteil am „internen Engagementpotenzial" nehmen die Engagierten des dritten Typus ein: die *professionellen Fortsetzer'*. Er umfasst Ehrenamtliche, die gleichzeitig auch hauptamtlich in der Einrichtung aktiv sind, aber auch ehemalige Pflegekräfte, die früher in der Altenpflege berufstätig waren.

Diese Engagierten wollen durch ihre Tätigkeit das Angebot des Trägers, bei dem sie momentan arbeiten oder früher gearbeitet haben, verbessern. Die Verbundenheit zum Träger, der vornehmlich im ambulanten Bereich angesiedelt ist, steht im Mittelpunkt. Diese Identifikation mit dem Angebotsträger ist zwar gerade bei nicht mehr Berufstätigen ein wichtiger Faktor ihres Engagements, jedoch dominiert diese Gruppe der Aktiven nicht den Typus der ‚professionellen Fortsetzer'. Engagierte aus dieser Gruppe umfassen vor allen Dingen die Altersgruppe der 40- bis 60-jährigen. Nur 10 % der älteren Engagierten gehören in dieser Untersuchung den ‚professionellen Fortsetzern' an. Die Steigerung des Wohlbefindens des Dementen durch das Engagement einerseits sowie die eigene Initiierung einer Atmosphäre der Geselligkeit jenseits der Zeitzwänge andererseits, formt die Sichtweise dieses Typus, der seinen Einsatz stets innerhalb seiner ‚Berufung zur Pflege' sieht.

Gerade die ersten beiden Typen ‚dankbare frühere Angehörige' und ‚ehrenamtliche Fortsetzer', denen hauptsächlich ältere Freiwillige zuzurechnen sind, schreiben der Aus- und Fortbildung keine besondere Bedeutung zu. Sie sehen ‚Güte' und ‚gesunden Menschenverstand' als Basis für den Umgang mit Dementen an. In Bezug auf den Bildungsstatus der „internen Engagementtypen" kann vermerkt werden, dass tendenziell eher niedrige Bildungsabschlüsse wie Volks- und Hauptschule, Mittlere Reife bzw. Realschulabschlüsse als höchster Bildungsabschluss vorherrschend sind. Alle Freiwilligentypen geben schließlich die Größe des Bekanntenkreises als mittelgroß bzw. sehr groß an.

4.2.2 Die „externen Freiwilligentypen"

Auch wenn ältere Engagierte bei den „externen Freiwilligentypen" noch nicht so dominant sind, so sollen diese Typen kurz vorgestellt werden. Denn bei diesen sind auch Elemente des „internen Engagementpotenzials" zu finden, die in den nächsten Jahren wahrscheinlich noch intensivere Ausprägungen annehmen werden.

Unter den „externen Typen" steigen die ‚Neuorientierer', u.a. nach Umbrüchen im Leben wie dem Ende der Berufstätigkeit oder Veränderungen im privaten Umfeld, bewusst in diese freiwilligen Tätigkeiten ein. Diese Freiwilligen hatten vor der Aufnahme eines Engagements kaum Kontakt zu Demenzkranken im persönlichen Umfeld. Meistens ist ihr Engagement das erste im Lebenslauf bzw. das erste nach einer langen Phase der Berufstätigkeit. Im Gegensatz zu den ersten beiden Typen sind in dieser Kategorie auch Männer engagiert. Fortbildungskurse zum Umgang mit Demenz und den Dementen sowie Berichte in den Medien über Betreuungsangebote sind weitere wesentliche Zugangswege. Bei den ‚Neuorientierern' sind die älteren Engagierten zwar eine relevante Gruppierung – 44,4 % der Engagierten dieses Typus sind über 60 Jahre –, jedoch ist hier die Altersgruppe der 40- bis 59-jährigen Freiwilligen vorherrschend.

Der ‚*Einzelkämpfer*' stellt den fünften Typus dar. Er setzt sich mit der Pflege im Allgemeinen und der Demenz im Besonderen im Familienumfeld auseinander. Sein Engagement sieht er als begleitende Reflektion der häuslichen Pflegesituation. Dieser Typus vereint in sich Elemente der bereits genannten Typen wie das Angehörigendasein und die Suche nach Neuorientierung. Den Engagierten dieses Typus ist es wichtig, in einer Aufgabe mit Hilfe eigener Kenntnisse tätig zu werden. Sie fühlen sich in der häuslichen Umgebung allein gelassen und betonen deshalb den eigenen Impuls, die für sie unbefriedigende Situation ändern zu wollen. Die eigene Gestaltung des Engagements und die Selbsterfahrung im praktischen Umgang mit dem Betreuten lassen bei ihm den theoretischen Wissenskontext durch Aus- und Weiterbildung in den Hintergrund treten. Auch der ‚Einzelkämpfertypus' weist mit 33,4 % nur eine geringe Quote älterer Engagierter auf.

Tendenziell weisen die „externen Freiwilligentypen" höhere Bildungsabschlüsse auf. Als höchste Bildungsabschlüsse wurden meistens Abitur bzw. Hochschulreife oder ein abgeschlossenes Studium genannt. Das Bild des ‚einsamen, hilfsbedürftigen Alten' steht bei den beiden „externen Typen" im Mittelpunkt ihrer Sichtweise. Sie sehen das Engagement als eine ‚intime' Hilfeleistung an, die für ihr eigenes Leben von Relevanz ist. In ihrem Freundes- und Bekanntenkreis, der i.d.R. mittelgroß bis sehr groß ist, soll das Engagement für die Dementen nicht thematisiert werden. Daher findet Anwerbung neuer Freiwilliger kaum im persönlichen Umfeld statt. So führen die Selbstentfaltung und die eigene Sichtweise auf den Umgang mit dem Betreuten als Herausforderung oftmals eher zu einem Distanz- als zu einem Näheverhältnis.

4.3 Konsequenzen aus dem aktuellen Engagementpotenzial

Wie bereits geschildert, herrscht momentan noch ein „internes Engagementpotenzial" vor, in dem die Freiwilligen selbst schon wesentliche Erfahrungen im Umgang mit Demenzkranken gemacht haben und bei dem Pflichtbewusstsein noch ein leitendes Motiv zur Aufnahme der freiwilligen Betreuungstätigkeit ist. Will man dieses Potenzial weiterhin nutzen und sogar noch ausbauen, so sollten folgende Überlegungen in Betracht gezogen werden:

Die persönlichen Erfahrungen, die frühere Angehörige in ihrer Pflege- und Betreuungstätigkeit gesammelt haben, müssen als eine wichtige Quelle für potenzielles Engagement in zweifacher Sichtweise noch effektiver genutzt werden.

Einerseits müssen ‚Einzelkämpfer', die aktuell in einer Pflegesituation involviert sind, noch mehr Hilfe erfahren. ‚Dankbare frühere Angehörige', die selber in dieser Situation waren, können so durch „Lernallianzen" als Mittler von Wissen auftreten (vgl. u.a. Pankoke 2002: 36 f.). Frühzeitige Hilfestellungen können die Isolation von pflegenden Angehörigen vermeiden und potenzielle Engagierte in Sozialkapital generierende Verbünde freiwilligen Engagements einbinden. Ein wesentlicher Schritt in diese Richtung wäre gerade im familiären Umfeld eine Etablierung von Netzwerken für pflegende Angehörige, wie dies in zahlreichen europäischen Ländern schon der Fall ist (Kohler/Döhner 2007). Neue Helferprofile, wie die von Katharina Gröning vorgeschlagene Co-Madre-Beziehung, in der eine gleichgeschlechtliche Person sich speziell um die zu Pflegenden kümmert, könnten hier außerdem weiterführende Ansätze sein (Gröning 2005: 20 f.).

Andererseits muss gerade für diese „Maklerfunktion" in „Lernallianzen" die Schulung von Freiwilligen vorangetrieben werden. Die Schilderungen zum Nutzen des freiwilligen Engagements in Abschnitt 3.2 haben gezeigt, welche Vielfalt an Zugewinnen der einzelne Engagierte für sein eigenes Leben erhalten kann. Dem Helfen aus Pflichtbewusstsein der aktuell aktiven Freiwilligen kann eine neue Perspektive auf das eigene ‚erfolgreiche Altern' aufgezeigt werden. Bei einer nachvollziehbaren Vermittlung der Kompetenzerweiterung kann sowohl das „interne Engagementpotenzial" gestärkt als auch auch der Bedarf eines wachsenden „externen Potenzials" befriedigt werden. Damit wird den Wünschen nach Selbsterfahrung und Weiterqualifizierung potenzieller Freiwilliger von morgen entsprochen. Denn gerade das Engagement im Dementenbereich verlangt von allen Engagierten eine ausreichende Qualifikation. Das klassische Helferpotenzial, speziell von Frauen in der späten Lebensphase, muss mit entsprechenden Konzepten noch zielgenauer angesprochen und eine Vermittlung der Notwendigkeit von Schulungen noch spezifischer ausgebaut werden (Reyle 1995: 418).

5 Schlussfolgerungen

Wenn in Deutschland aktuell über die Folgen des demografischen Wandels diskutiert wird, sieht man die Zunahme demenzieller Erkrankungen gewöhnlich als Gefahr, auf die die Zivilgesellschaft noch in einem unzureichenden Maße reagiert. Als Zukunftsszenario wird u.a. eine „Alzheimer-Gesellschaft" entworfen, in der das gemeinschaftliche Zusammenleben durch die steigende Pflegebedürftigkeit alter Menschen gelähmt werde (Gronemeyer 2004: 18). Gesellschaftlich verantwortlichen Kräften wird jedoch auch vorgeworfen, noch zu defensiv auf die Herausforderungen der alternden Gesellschaft einzugehen. Diskussionen um

Wirtschaftsstandorte, Entvölkerung von Landstrichen oder deren Überalterung überdecken oftmals noch einen offensiven Umgang mit Demenzerkrankungen im Kontext gesellschaftlicher Entwicklungsprozesse (Gröning 2005: 16). Die Debatte um Demenz ist tendenziell noch immer mit einer Monopolstellung der medizinischen Wissenschaft verbunden. Eine neue Ethik im Umgang mit diesen Erkrankungen, die den Betroffenen wieder stärker in das soziale Zusammenleben integriert, steckt noch in den Anfängen (vgl. Wetzstein 2005).

Freiwilliges Engagement ist zu einer wichtigen Stütze der deutschen Altenhilfe geworden. Ältere Engagierte nehmen dort, und speziell in der Betreuung pflegebedürftiger Senioren, eine zentrale Rolle ein. Die Ergebnisse der Studie „Bürgerschaftliches Engagement und Altersdemenz" haben gezeigt, dass ein ‚ideales Freiwilligenmanagement' sowohl den Betreuten, den Helfern als auch den Einrichtungen selbst einen signifikanten Nutzen bringt. Gerade gegenüber staatlichen wie zivilgesellschaftlichen Förderorganisationen wird dieser Nutzen eine wesentliche Argumentationsgrundlage für die Implementierung freiwilligen Engagements in künftigen Diskussionen um die alternde Gesellschaft darstellen.

Eine starker Bezug zu Alterskrankheitsbildern im eigenen Umfeld und eine Integration in kirchlich-religiöse und wohlfahrtsstaatliche, aber auch traditionelle familiäre Kontexte, sind grundlegende Faktoren, die freiwilliges Engagement in der vorgestellten Studie bedingen. „Soziale Integration" ist laut dem Freiwilligensurvey 2004 gerade auch für ältere Engagierte eine bestimmende Variable, die zu hoher Wahrscheinlichkeit zur Engagementaufnahme führt (Gensicke et al. 2006: 286).

Will man das aktuelle Freiwilligenpotenzial, welches im Wesentlichen auf Frauen der Mittelschicht in der Nacherwerbs- oder Nachfamilienphase mit traditionellen Ehrenamtsvorstellungen beschränkt ist, ausbauen, so muss die Wichtigkeit der Qualifizierung von Freiwilligen noch intensiver kommuniziert werden (vgl. hierzu auch Brauers in diesem Band). Nur durch den Hinzugewinn von Kompetenz können die Bedürfnisse der zu betreuenden Pflegebedürftigen der jeweiligen Betreuungssituation entsprechend ausgeführt und gleichzeitig Schritte hin zu einer langfristigen Bindung von „internen" und von „externen" Engagementpotenzialen gewagt werden.

Wenn es gelingt, das bestehende ‚klassische' Potenzial an Freiwilligen zu nutzen und darüber hinaus neue Gruppen für das bürgerschaftliche Engagement zu gewinnen, könnten Ansätze einer neuen Pflegekultur jenseits von ‚satt und sauber' entstehen: mit genügend Zeit für die Dementen, mit persönlichen Beziehungen zwischen den Beteiligten sowie mit Raum für Kommunikation und Emotionen, mit anderen Worten, für eine ‚ganzheitliche' Pflege und Betreuung, die man im Moment oft noch vergebens sucht.

6 Literatur

Akademie für Ehrenamtlichkeit Deutschland (Hrsg.) (2004): Lehrbuch Strategisches Freiwilligen-Management, Berlin.

BDA (1995): Bundesverband der Allgemeinärzte Deutschlands – Hausärzte-Verband e.V.: Kein Therapieverzicht bei Hirnleistungsstörungen. Ergebnisse der BDA-Expertenkommission „Der Stellenwert der Therapie von Hirnleistungsstörungen in der Praxis des Haus- und Familienarztes", 25. Januar 1995, Hannover.

Beher, Karin/Liebig, Reinhard/Rauschenbach, Thomas (2000): Strukturwandel des Ehrenamts: Gemeinwohlorientierung im Modernisierungsprozeß, Weinheim/München.

Biedermann, Christiane (2000): Was heißt Freiwillige managen? Grundzüge des Freiwilligen-Engagements. In: Nährlich, S./Zimmer, A. (Hrsg.). Management in Nonprofit-Organisationen. Eine praxisorientierte Einführung, Opladen, 107-128.

Bourdieu, Pierre (1983): Ökonomisches Kapital, kulturelles Kapital, soziales Kapital. In: Kreckel, Reinhard (Hrsg.): Soziale Ungleichheiten, Göttingen, 183-198.

Bühring, Petra (2002): Große Bereitschaft zur freiwilligen Hilfe. Ehrenamtliche Hilfe wird als „dritte Säule" in der Betreuung Demenzkranker unverzichtbar. Die Freiwilligen müssen sinnvoll eingebunden und qualifiziert werden. In: Deutsches Ärzteblatt 33, 406-407.

Bundesministerium für Familie, Senioren, Frauen und Jugend (BMFSFJ) (2001): Freiwilliges Engagement in Deutschland. Ergebnisse der Repräsentativerhebung zu Ehrenamt, Freiwilligenarbeit und bürgerschaftlichem Engagement. Band 1 – Gesamtbericht, Stuttgart u.a.

Bundesministerium für Familie, Senioren, Frauen und Jugend (BMFSFJ) (2002): Vierter Bericht zur Lage der älteren Generation: Risiken, Lebensqualität und Versorgung Hochaltriger – unter besonderer Berücksichtigung demenzieller Erkrankungen, Berlin.

Bundesministerium für Familie, Senioren, Frauen und Jugend (BMFSFJ) (2005): Fünfter Bericht zur Lage der älteren Generationen in der Bundesrepublik Deutschland. Potenziale des Alters in Wirtschaft und Gesellschaft. Der Betrag der älteren Menschen zum Zusammenhalt der Generationen, Berlin.

Doblhammer, Gabriele/Westphal, Christina/Ziegler, Uta (2006): Pflegende Angehörige brauchen mehr Unterstützung. Bedarfsprognosen zeigen Anstieg häuslichen Pflegepotenzials in Deutschland bis 2030. In: Demografische Forschung - Aus erster Hand 3, 3.

Evangelische Arbeitsgemeinschaft für Altenarbeit in der EKD/Deutscher Evangelischer Verband für Altenarbeit und ambulante pflegerische Dienste e.V. (2002): Herausforderung Demenz. Menschen mit Demenz und ihre Angehörigen in der Kirchengemeinde. Eine Entscheidungs- und Planungshilfe, Hannover/Stuttgart.

Evangelisches Johanneswerk e.V. (2003): Thema Demenz. Wenn das Vergessen zur Krankheit wird, Bielefeld.

Feslmeier, Gerald/Massouh, Markus/Schmid, Christian (2004): Kosten-Nutzen-Analyse des Ehrenamtes am Beispiel der Freiwilligenagentur Regensburg (FA-Rgbg), unveröffentlichtes Manuskript, Honors-Projektarbeit der Universität Regensburg.

Gaskin, Katherine (2000): An Evaluation Of The Application Of The Volunteer Investment And Value Audit (VIVA) In Three European Countries, Institute for Volunteering Research, London.

Gensicke, T./Picot, S. /Geiss, S. (Hrsg.) (2006): Freiwilliges Engagement in Deutschland 1999-2004. Ergebnisse der repräsentativen Trenderhebung zu Ehrenamt, Freiwilligenarbeit und bürgerschaftlichem Engagement, Wiesbaden.

Gronemeyer, Reimer (2004): Kampf der Generationen, München.

Gröning, Katharina (2005): In guten wie in schlechten Tagen. Zum Verhältnis von professioneller und ehrenamtlicher Arbeit in der Pflege demenziell Erkrankter. In: Nightingale – Beiträge aus der Pflegeforschung für die Pflegepraxis 2, 16-21

Habs, Michael (2000): Demenz. In: Arbeitskreis "Case-Management Demenz" im Auftrag vom und in Zusammenarbeit mit dem BDA - Berufsverband der Allgemeinärzte Deutschlands - Hausärzteverband (Hrsg.), Case-Management Manual Demenz, Emsdetten.

Healy, Tom/Côte, Sylvain (2004): Vom Wohlergehen der Nationen: Die Rolle von Human- und Sozialkapital, Paris.

Himes, Christine L. (1994): Parental Caregiving by Adult Woman. In: Research on Aging 16, 191-211

Jakobs, Nicole/Denzel, Berthold (2005): Ehrenamt – Ausweg aus der Personalmisere? Viel Fingerspitzengefühl beim Einsatz freiwilliger Helfer gefordert. In: durchblick. Das Magazin des Verbandes Deutscher Alten- und Behindertenhilfe e.V., 2/2005, 4-5

Klenner, Christina/Pfahl, Svenja/Seifert, Hartmut (2001): Ehrenamt und Erwerbsarbeit – Zeitbalance oder Zeitkonkurrenz?, Düsseldorf.

Kohler, Susanne/Döhner, Hanneli (2007): Netzwerke für pflegende Angehörige. Pflegebedürftige und familiale Pflege in Europa. In: Dr. med. Mabuse – Zeitschrift für alle Gesundheitsberufe, Nr. 167, 35-37.

Krimphove, Petra (2004): Bürgerschaftliches Engagement und Sozialstaat: ein Vergleich zwischen Deutschland und den USA, unveröffentlichtes Manuskript, Europäische Journalisten-Fellows der Freien Universität Berlin Jahrgang 2004/2005.

McCurley, Steve/Lynch, Rick (1998): Essential Volunteer Management (2. Auflage), London.

Pankoke, Eckart (2002): Engagement fordern – Kompetenz fördern. Wert- und Wissensmanagement für freie Kräfte im Dritten Sektor. In: Geisen, R./Mühlbauer, B.H. (Hrsg): Die Ehrenamtlichen. Sozialkultur, Recht und Praxis der Freiwilligenkultur. Management und Humanität im Gesundheitswesen, Band 3, Münster, 30-41.

Reyle, Ulla (1995): „Gleichgewicht zwischen Geben und Nehmen". Bürgerschaftliches Engagement älterer Frauen in Einrichtungen der stationären Altenhilfe. In: Altenpflege 3/1995, 415-419.

Reyle, Ulla/Lüders, Inge (1998): Ein Gewinn für die Pflege? Argumente für und wider den Einsatz ehrenamtlicher MitarbeiterInnen in der Altenpflege. In: Altenpflege 3/1998, 41.

Statistisches Bundesamt (2007): Pflegestatistik 2005. Pflege im Rahmen der Pflegeversicherung, Deutschlandergebnisse, Wiesbaden.

Strasser, Hermann/Stricker, Michael/Leibold, Stefan/Epgert, Alexandra/Fischbach, Christian/Veer, Tobias (2007): Bürgerschaftliches Engagement und Altersdemenz: Auf dem Weg zu einer neuen „Pflegekultur"? Eine vergleichende Analyse. Duisburger Beiträge zur soziologischen Forschung 3.

Stricker, Michael (2006): Ehrenamt als soziales Kapital: Partizipation und Professionalität in der Bürgergesellschaft, Duisburg.

Wetzstein, Verena (2005): Diagnose Alzheimer. Grundlagen einer Ethik der Demenz (Reihe „Kultur der Medizin. Geschichte – Theorie – Ethik", Bd. 16, hrsg. von Andreas Frewer), Frankfurt/New York.

Weyerer, Siegfried (2005): Altersdemenz. In: Robert Koch-Institut / Statistisches Bundesamt (Hrsg.), Gesundheitsberichterstattung des Bundes 28, Berlin.

Witterstätter, Kurt (2005): Soziologie in der Pflege (2. erw. Auflage), Freiburg.

Teil IV: Grenzen des Potenzials informeller Arbeit im Alter

Zivilgesellschaftlich produktiv altern
Eine kritische Analyse ausgewählter Modellprogramme

Kirsten Aner & Peter Hammerschmidt

1 Einführung

Seniorenpolitik ist eine boomende policy, die traditionelle Aufgaben der Altenhilfe mit neuen Anliegen der Gestaltung von Lebensbedingungen älterer Menschen verknüpft. Sie ist dadurch gekennzeichnet, dass sie in Teilen über den verpflichtenden gesetzlichen Rahmen hinausgeht (vgl. Wallraven/Gennerich 2002, Hammerschmidt 2008). Dazu gehören seit den 1980er Jahren auch Modellprogramme von Bund und Ländern, die die Förderung zivilgesellschaftlich „produktiven Alterns" zum Ziel haben. Der folgende Beitrag zeigt, dass diese Programme sowohl auf den gerontologischen Produktivitätsdiskurs als auch auf Konzepte einer modernen sozialpädagogischen Begleitung des jungen Alters zurückgreifen können (2). Anhand ausgewählter Förderprogramme wird anschließend verdeutlicht, welche staatlichen Vorstellungen über die jeweiligen Verantwortlichkeiten von Staat und BürgerInnen hierin ihren Niederschlag fanden und finden. Im Einzelnen geht es um Programme mit Menschen im so genannten dritten Lebensalter als Adressaten, die im Kontext der Transformation des deutschen Sozialstaates zum „aktivierenden Staat" aufgelegt werden (3 und 4). Abschließend diskutieren wir die Grenzen der Wirksamkeit normativer, sich am Leitbild des aktivierenden Staates orientierender sozialpolitischer Zielvorgaben in diesen Modellprogrammen (5).

2 Der Diskurs über die „Produktivität des Alters" als Fundus sozialpolitisch motivierter Förderprogramme

Gerontologische Diskurse drehen sich um gesellschaftliche Funktionen des Alters, seit diese Lebensphase als eine von den Zwängen des Erwerbslebens freigesetzte institutionalisiert wurde. Gleichwohl gilt es, zwischen den älteren und neueren gerontologischen Ansätzen zu differenzieren. Die älteren (Disengagement im Alter, Aktivitätstheorie und Kontinuitätsthese) sind in ihrer Entstehung zwar durch die Institutionalisierung einer Lebensphase Alter angeregt, jedoch eher auf die subjektive Bewältigung dieses Lebensabschnitts bezogen und psychologisch ausformuliert. Ihre Bedeutung für eine Politik der Gestaltung der nachberuflichen Lebensphase blieb deshalb eher gering. Spätere psychogerontologisch fundierte Ansätze, die sich unter dem Begriff „Kompetenztheorie" subsumieren lassen und zwischen Kompetenz, Potenzial und Performanz unterscheiden, waren eher geeignet, an gesamtgesellschaftliche Fragen angebunden zu werden. Sind doch Potenziale ungenutzte Kompetenzen, die durch Variation des Kontextes, also gesellschaftlich bedingter und gestaltbarer Einflussfaktoren, in beobachtbares Verhalten münden können (vgl. Kruse 1990, Karl 1996). Ähnlich der Ressourcenansatz (Riley/Riley 1994), der auf die Optimierung der Leistungsfähigkeit Einzelner und die Verantwortung der Gesellschaft für die Nutzung des Potenzials älterer Menschen abhebt (Riley/Riley 1994: 442).

Doch erst mit dem Konzept der „Produktivität des Alters" kam der gesellschaftliche Kontext systematisch in den Blick. Indem der Ansatz auf die Wechselwirkungen zwischen Altern und Umwelt Bezug nimmt, kritisiert er die aus der Aktivitätstheorie abzuleitenden Normen und füllt zugleich einen Teil der Lücken auf, die das Kompetenzmodell aus soziologischer Perspektive aufweist. Denn deutlicher als die Kompetenztheorie bietet der Produktivitätsansatz Anknüpfungen an das Lebenslagekonzept, indem von „Handlungsräumen" (Knopf 1989: 229) für die Entfaltung bisher unausgeschöpfter Potenziale in der nachberuflichen Lebensphase die Rede ist. Der Produktivitätsdiskurs bezog zudem von Anbeginn die lebensgeschichtliche Entstehung von Kompetenzen ein und war prospektiv ausgerichtet. Dabei wurde auf die verschiedenen gesellschaftlichen Interessen am Gebrauch der Kompetenzen verwiesen. Denn es bedeutet einen Unterschied,

> „ob dem Leben nach der Erwerbsphase die Aufgabe der 'Ruhestandsgestaltung' auferlegt ist (die gleichsam den Schrei nach sinnerfüllter Freizeitaktivität in sich birgt), oder ob hierunter die (Nicht-Erwerbs-)Arbeit verstanden wird, eine durch das Erwerbssystem nachhaltig geprägte Lebenswelt zu transferieren in eine personal und situativ möglichst angemessene neue, ohne nunmehr die standardisierbaren Vorgaben des Arbeitslebens im Sinne 'außengeleiteter Hilfskrücken' verwenden zu können" (Schmidt 1989: 5f.).

Ein solch umfassendes Verständnis von Produktivität schließt allerdings die Herstellung individueller Kontinuität ebenso ein wie alle Tätigkeiten, die zumindest potenziell produktiv wirken wie z.B. die Teilnahme an altersspezifischen Angeboten. Damit wird selbst die Abgrenzung gegenüber konsumtiven Tätigkeiten schwierig. Ende der 1990er Jahre konkretisierte der Alterssurvey (Kohli/Künemund 2000) den Ansatz in kritischer Auseinandersetzung mit dem bisherigen Diskurs und seinen verwirrenden und insbesondere empirisch problematischen Begrifflichkeiten und bezeichnet nur solche Tätigkeiten als produktiv, „die (im Prinzip auch ökonomisch fassbare) Werte für andere schaffen" (Künemund 2000: 280). Im Alterssurvey wird zwischen Erwerbstätigkeit, ehrenamtlichem Engagement, instrumentellen Unterstützungsleistungen und Hausarbeit, die allerdings wegen ihres unbestimmbaren Anteils des Wertes für andere und ihrer geringen Selektivität empirisch nicht berücksichtigt wird, unterschieden. Dank dieser Operationalisierung eignet sich das Konzept der „Produktivität im Alter", um eine ausschließlich defizitorientierte Perspektive auf ältere Menschen zu überwinden (vgl. Künemund 2006, BMFSFJ 2006). Aus dem Blick geraten dabei aber allzu leicht die mit diesem Diskurs zunächst verbundenen Abgrenzungen von gesellschaftlichen Leistungserwartungen, denn

> „wird der Begriff ['produktiv', d.A.] zu eng gefasst, besteht die Gefahr einer Privilegierung einzelner Tätigkeiten bei der gesellschaftlichen Bewertung eines erfolgreichen Alterns bzw. umgekehrt: einer Stigmatisierung großer Teile der Bevölkerung als 'unproduktiv'. Wird der Begriff hingegen zu weit gefasst, so verbleibt nur ein kleiner Prozentsatz 'unproduktiver' Menschen, deren 'Unproduktivität' oftmals nicht freiwillig gewählt sein dürfte" (Künemund 2000: 279),

womit der Begriff unbrauchbar weit, wenn nicht gar nichtssagend wäre. In den Anfängen des Diskurses wurde soziale Produktivität zwar im Sinne einer umweltbezogenen Leistung thematisiert, doch bestand z.B. Knopf (1989: 230) auf einem „selbstverantworteten Ausbalancieren ... zwischen Polen wie Kompetenz und akzeptierter Inkompetenz". Darüber hinaus gestand man den älteren Menschen als Adressaten die Entscheidung zu, ob er sich seiner sozialen Umwelt als kompetent ... präsentieren möchte oder nicht" (Knopf 1989: 231, vgl. auch Schäffter 1989, Karl 1993, Barkholdt 1999).

An diese Position sind auch sozialpädagogische Konzepte der so genannten offenen Altenarbeit anschlussfähig. (Sozial-)pädagogische Fachlichkeit hat auch in diesem Arbeitsfeld längst Abschied genommen vom Leitbild des „betreuten Alters", von der Orientierung an einer anforderungsfreien Fürsorglichkeit und an der puren Vermittlung von Abwechslung und Lebensfreude. Im Kontext veränderter Bedürfnisse nachfolgender, materiell und mit Bildung besser als je zuvor ausgestatteter, Kohorten älterer Menschen wandelten sich die Leitbilder auch in diesem Handlungsfeld. Waren anfangs noch „aktive Senioren" das Ziel, die ein positives Altersbild für sich übernommen hatten und gesellschaftliche Teilhabe durch sinnvolle Freizeitgestaltung in überwiegend altershomogenen Gruppen realisierten, hat sich spätestens in den 1990er Jahren eine Zielvorstellung durchgesetzt, die sich als Leitbild „gestaltetes Leben im Alter" fassen lässt. Innovativ werden Brücken geschlagen zwischen Beratung, Bildung, Selbsthilfeförderung, Interessenvertretung und bürgerschaftlichem Engagement Älterer (vgl. Karl

1990, Schweppe 2002, 2005). Alter(n) wird in den Kontext von Lebenslauf und Lebensgeschichte gestellt, so dass biografie- und bildungstheoretische Konstrukte anschließen können. Moderne Ansätze offener Altenarbeit verwenden die Begriffe „Erfahrungswissen", „lebenslanges Lernen", „Generation" und „Lebensbewältigung". Statuspassagen und kritische Lebensereignisse im höheren Erwachsenenalter werden dabei als Lern- und Bildungsanlässe wahrgenommen. Mit dem fachlichen Anspruch, eine Lebensphase zu begleiten, deren produktive Gestaltung möglich, wenn nicht gar geboten ist, geriet der sozialpädagogische Altersdiskurs zugleich in das Spannungsfeld zwischen einer disziplinären Orientierung an der mündigen BürgerIn und sozialpolitisch intendierten Bemühungen, ältere Menschen gezielt in die Erbringung sozialer Dienstleistungen einzubinden, mithin ihre „Produktivität" für die Herstellung „des Sozialen" zu nutzen (vgl. Aner et al. 2007). Insofern verwundert es nicht, wenn bei der Begründung und Konzeption von Modellprogrammen zur Förderung produktiven Alterns neben gerontologischen auch sozialpädagogische Konzepte bemüht und SozialpädagogInnen in die Ausgestaltung eingebunden waren und sind.

3 „Produktivität des Alters" als persönliche Ressource – oder: produktives Altern im „alten" Sozialstaat

Das Modellprogramm „Erfahrungswissen Älterer gewinnen und nutzen" kann als Vorläufer aller anderen auf die Nutzung der produktiven Potenziale gerichteten Förderprogramme angesehen werden. Es kann zugleich als Beispiel für die Suche von Sozialwissenschaftlern, professionell Sozialarbeitenden und nicht zuletzt älteren Menschen, die sich im Rahmen dieses Projekts engagierten, nach einer angemessenen Definition von Produktivität im Alter dienen. Dabei war die Überschrift „Erfahrungswissen Älterer gewinnen und nutzen" auch der Titel im Haushaltsplan des Landes Berlin im Jahre 1986. Mit den bereitgestellten Mitteln – in den ersten Jahren rund eine Millionen DM und drei hauptamtliche ProjektmitarbeiterInnen – sollten Projekte initiiert werden, die zur Neubestimmung der gesellschaftlichen Funktion dieser Lebensphase beitragen, wobei das Erfahrungswissen Älterer für andere, insbesondere für jüngere Menschen, nutzbar gemacht werden sollte. Hier fanden sich anfangs Freizeitprojekte gleichberechtigt neben Bildungsmaßnahmen und Nachbarschaftshilfen. Erst mit fortschreitender Laufzeit wurden mehrere Projekte tätig, die den programmatischen Ansprüchen zumindest formal näher kamen und Wissen aus den Bereichen Beruf und Existenzgründung, Handwerk und Hauswirtschaft, im Spätstudium erworbene Kenntnisse aber auch musisch-künstlerische und Hobby-Erfahrungen weitertrugen (vgl. Perbandt-Brun 1989: 23ff.; Perbandt-Brun 1999; Knopf 1989:

223ff.; Knopf 1998). Diese bunte Mischung von Projektinhalten heißt nicht mehr und nicht weniger, als dass die älteren Menschen sich die Definitionsmacht über das, was nützlich und produktiv ist, nicht nehmen ließen, mithin Produktivität eben nicht an ökonomischen Standards gemessen wurde. In der empirischen Bilanz wurde deutlich, dass alle Projekte durch eine deutliche Abkehr vom Bild des passiven, betreuungsbedürftigen Alters gekennzeichnet waren. Die meisten Akteure orientierten sich am Leitbild des aktiven Seniors. Aber sie betrachteten ihre Programmteilnahme – von wenigen Ausnahmen abgesehen – nicht, wie programmatisch gewollt, als Nutzbarmachung von Erfahrungswissen und als Beitrag zu einem „gestalteten Alter" mit Bezug auf das Gemeinwohl (Knopf 1989: 223). Dies allein darauf zurückzuführen, dass diese jungen Alten überwiegend ihre utilitaristisch aktiven Verhaltensweisen des Arbeitslebens fortführten, griffe wohl zu kurz. Vielmehr kann diese Bilanz auch als eigensinnige Nutzungsrealität verstanden werden. Schließlich handelte es sich bei den Älteren in diesen Projekten um Menschen, die (früh-)verrentet gerade die Erfahrung gemacht hatten, zumindest als Erwerbstätige nicht mehr gebraucht zu werden, und die, indem sie sich den administrativen Vorstellungen von Nützlichkeit verweigerten, vielleicht gerade vermeiden wollte, dies erneut zu erfahren.

Fast scheint es, als wäre dem in einem anderen Förderprogramm Rechnung getragen worden, auf das im Folgenden verwiesen wird. Das Programm „Zwischen Arbeit und Ruhestand" (ZWAR) des Landes Nordrhein-Westfalen wurde angesichts massenhafter politisch motivierter Frühverrentungen 1979 an der Universität Dortmund konzipiert und sollte denjenigen, die vergleichsweise jung an Jahren aus dem Erwerbsleben ausgegliedert wurden oder werden sollten, sinnvolle Betätigungsfelder in Gemeinschaften jenseits von Betrieb und Familie nahe legen und ermöglichen – und dies, ohne dass eine Verwertung der Tätigkeiten für Dritte Bestandteil des Konzepts gewesen wäre. „Unfreiwillige Freizeit" im höheren Lebensalter wurde als „gesellschaftliches Verteilungsproblem ersten Ranges" angesehen, dem mit „Freizeitpolitik" zu begegnen ist (MSWV NRW 1987: 3). ZWAR wollte „selbstorganisierte Initiativen unterstützen, die in eigener Regie und nach eigenen Interessen die Probleme bewältigen" (MSWV NRW 1987: 5). Bereits Ende der 1980er Jahre gab es über 100 Gruppen unterschiedlicher Größe. Zum einen handelt es sich dabei um stadtteilbezogene Gruppen, die in der Regel in Kooperation mit einem Betrieb, einer Fachgewerkschaft und je nach lokalen Gegebenheiten in Zusammenarbeit mit einem soziokulturellem Zentrum, einer Kirchengemeinde oder VHS gegründet wurden. Daneben gab und gibt es themenbezogene und Frauengruppen, die ebenfalls mit bestehenden Einrichtungen zusammenarbeiten. Seit 1984 gewährt das zuständige Landesministerium den entsprechenden Selbsthilfegruppen als einmalige Anschubfinanzierung Zuschüsse bis zu 90 % der anfallenden Personal- und Sachkosten. Die kooperierenden Einrichtungen werden nach der Gründungsphase Träger der materiellen Infrastruktur und Betreuer der Gruppen. Unterstützt wird die Tätigkeit der örtlichen Initiativen durch die in Dortmund angesiedelte ZWAR-Zentralstelle, die über eine Regelfinanzierung verfügt. Deren MitarbeiterInnen moderieren und begleiten interessierte Personen und sich konstituierende Gruppen auch schon im Vorfeld der Gründung von Initiativen. Produktivität im höheren Lebensalter kann in im ZWAR-Konzept auch heißen, diesen Lebensabschnitt zwar gemeinsam mit anderen aber doch letztlich einzig für sich selbst produktiv zu gestalten, z.B. in Theatergruppen, Malgruppen, Segelgruppen etc. Angesprochen fühlten sich von diesem Konzept überwiegend Industrie-, v.a. Schichtarbeiter und ihre Ehe- bzw. Lebenspartnerinnen. Unter den Männern waren 1987 43% Facharbeiter und 29% einfache und mittlere Angestellte, unter den Frauen 47% einfache und mittlere Angestellte (Eilhoff et al. 1987).

> „Auch wenn die Aktivierung und Stabilisierung von Hilfeleistungen im sozialen Nahraum, von Helferkreisen und organisierten Nachbarschaften sowie von Selbsthilfegruppen im ZWAR-Konzept einzuordnen ist, so beabsichtigt ZWAR nicht, im Rahmen sozialpolitischer Programme erbrachte Leistungen auf kleine Lebensgemeinschaften wie Familie und Verwandtschaft zurückzuverlagern und von Fachkräften getragene Dienste abzubauen zugunsten von ehrenamtlich arbeitenden Einrichtungen." (Eilhoff et al. 1987: 17)

Mithin entspricht die Programmatik von „ZWAR" der des sorgenden Staates, der mit dem Ziel sozialpolitischer Regulierung in befriedender Absicht subsidiär die Folgen der kapitalistischen Produktionsweise auffängt. Dieser Ansatz einer Hilfe zur Selbsthilfe (Aner/Hammerschmidt 2007a) bei der Gestaltung der nachberuflichen Lebensphase ist für das damalige Verständnis von Sozialstaatlichkeit typisch, das inzwischen als „überkommen" gilt.

4 „Produktivität des Alters" als sozialpolitische Norm oder: produktives Altern im aktivierenden Sozialstaat

Das Bundesmodellprogramm „Seniorenbüros" wurde 1992 vom damaligen Bundesministerium für Familie und Senioren ins Leben gerufen. Mit diesem Programm sollte die Kluft zwischen dem Potenzial der SeniorInnen und dem tatsächlichen Umfang ihres freiwilligen Engagements verringert werden und zugleich der angesichts einer rasch gewachsenen Anzahl pflegebedürftiger alter Menschen gestiegene Bedarf an Wohlfahrtsproduktion gedeckt werden (vgl. Klages 1999). Das Programm basiert auf der normativen Annahme einer allgemeinen Sinnsuche im Ruhestand, die durch die Integration der Ruheständler in eine Infrastruktur freiwilliger Wohlfahrtsproduktion, möglichst sogar in den Bereich der Pflege Hochaltriger zu beantworten wäre. Erstmals wurde vom fördernden Bundesministerium explizit der Anspruch formuliert, „älteren Menschen eine aktive Rolle im Gemeinwesen zuzuweisen" (Braun/Becker 1998: 22) und gemeinwesenorientiertes Handeln als „sozial erwünschte Verhaltensweise" (Braun/Becker 1998: 19) zu stärken. Seniorenbüros, besetzt von den SeniorInnen selbst, sollten als kleine Informations- und Beratungsstellen zur Aktivierung Älterer beitragen. Sie sollten sowohl die Ressourcen Älterer aufgreifen als auch auf solche Personen zugehen, bei denen ein Mangel an Ressourcen zu vermuten ist. Zunächst wurden 44 Modellstandorte gefördert, sieben Jahre später existierten in 100 Städten und Kreisen Seniorenbüros. Individuelle Problemanalysen, Lebensberatung und Vermittlung in Aktivitäten, welche die gesellschaftliche Teilhabe fördern, gehören zu den Leistungen der Büros. Als Aktivisten gewannen die Seniorenbüros erwartungsgemäß überwiegend Ältere mit gehobenen Bildungsabschlüssen. Sie erreichten aber auch mehr als nach früheren Erfahrungen vermutet werden durfte, alleinlebende „junge Alte", ältere Menschen mit mittleren Bildungsabschlüssen sowie selbst Ältere mit niedrigem Einkommen zumindest als Nutzer dieser Büros.

Dennoch blieb die Reichweite und Wirkung dieses Modells begrenzt, weil das Programm in den Regionen, bei Kommunen und Wohlfahrtsverbänden institutionell nur ungenügend verankert werden konnte (Braun/Bischoff 1999). Wie viele Ältere heute in Seniorenbüros aktiv sind oder deren Leistungen in Anspruch nehmen, ist nicht genau zu beziffern. Zu vielfältig sind die Engagementfelder, die zudem – legt man die Items von Freiwilligen- und Altersurvey zugrunde – sowohl in den Bereich „Interessenvertretung" als auch in den Bereich „Soziales" fallen könnten. Doch existieren Anhaltspunkte für die Einschätzung, dass die Intention fehlgeschlagen ist, so genannte junge Alte mit diesem Modell gerade in die Wohlfahrtsproduktion für alte Menschen einzubinden. So ergab die erste Welle des Freiwilligensurveys, dass nur 3% der über 50-jährigen Engagierten durch Informations- und Kontaktstellen Zugang zum Ehrenamt fanden (vgl. Brendgens/Braun 2001: 263). Daneben kommt der Altersurvey zum Ergebnis, dass altershomogene Gruppen und Tätigkeiten eher nicht den Vorstellungen der engagierten Älteren entgegenkommen (vgl. Künemund 2006: 300).

Wie das eben angesprochene Modellprogramm zielte auch das Bundesmodellprogramm „Erfahrungswissen für Initiativen" (EFI; vgl. hierzu ausführlich Brauers in diesem Band) darauf ab, die Produktivität Älterer in den Dienst der Allgemeinheit zu stellen. Zwei zentrale Merkmale unterscheiden es von allen vorangegangenen Förderkonzepten. Erstens sollten die freiwillig Engagierten Aufgaben als MultiplikatorInnen und StrukturbildnerInnen bürgerschaftlichen Engagements übernehmen, programmatisch ein deutlicher Bruch gegenüber den klassischen Tätigkeiten. Sie sollten ehrenamtliche Initiativgruppen und Netzwerkbildungen initiieren und/oder begleiten, nicht aber selbst dauerhaft darin tätig sein. Im EFI-Programm ist deshalb von „SeniortrainerInnen" die Rede. Zweitens wurde dem eigentlichen Engagement eine Phase der Vorbereitung vorgeschaltet. Überörtliche Bildungsträger boten Kurse für diese zukünftigen SeniortrainerInnen an. Das Modulsystem der in der Modellphase kostenlosen Kurse (insgesamt neun Tage für alle 200 pro Jahr der Projektlaufzeit rekrutierten Senioren) wurde so konzipiert, dass es sich den unterschiedlichen Vorkenntnissen der zukünftigen Multiplikatoren anpasste. Diese Notwendigkeit ergab sich daraus, dass das Programm erfahrene Ehrenamtliche ebenso ansprechen wollte wie Fachleute, die spezifische Erfahrungen aus ihrem früheren Beruf mitbringen, für welche die Kurse mithin eher eine Zusatzqualifikation sein sollten. Das Rahmencurriculum wurde während der Laufzeit des Programms in Abstimmung mit den Bildungsträgern wie auch den Kursteilnehmern weiterentwickelt. Unberührt von dieser Weiterentwicklung blieb die zentrale Idee des „role making" durch dieses Bildungsangebot. Hier wurde „ein qualitativer Sprung vollzogen, wie Altenbildung verstanden wird: Zentral sind nun die Aspekte des Selbstmanagements, der *Selbstorganisation* [Hervorhebung i. O.] und Selbstformierung" (Karl 2006: 313). Das Programm arbeitete mit Anlaufstellen für die SeniortrainerInnen in 33 Kommunen in zehn Bundesländern zusammen. Als Anlaufstellen für die Bewerbung der SeniorInnen und die spätere Unterstützung konnten sich bereits bestehende Einrichtungen wie Freiwilligenagenturen und Seniorenbüros mit einem entsprechenden Konzept bewerben. Programmziel war allerdings, diese professionelle Unterstützung durch die Selbstorganisation von SeniortrainerInnen in so genannten Seniortrainerkompetenzteams so schnell wie möglich überflüssig zu machen. Eine umfangreiche wissenschaftliche Begleitung ergänzte das Programm.

Ein analytischer Blick auf Ziel und Konstruktion des EFI-Programms kann sich derzeit auf erste Zwischenberichte der Begleitforschung stützen. Hier zeichnet sich ein deutliches Bild des interessierten Personenkreises ab. Über die Hälfte verfügte über einen Universitäts- oder gleichwertigen Abschluss, womit das Bildungsniveau weit über dem Durchschnitt der etwa gleichaltrigen Bevölkerung liegt. Etwa 70% hatten während ihrer Erwerbstätigkeit eine Leitungsposition inne oder waren gar als „Führungskraft" eingesetzt (ISAB 2002). Während 85% in ihrer Berufslaufbahn überwiegend als Angestellte oder Beamte tätig waren, finden sich kaum ehemalige Arbeiter unter den Interessierten (Braun et al. 2004). Bei Projektbeginn sahen die TrainerInnen ihre künftige Aufgabe bei örtlichen Freiwilligeninitiativen idealerweise in „Vortrags-, Lehr- und Supervisions- oder Tutorentätigkeiten" (Braun et al. 2004: 24). Diese Vorstellungen differenzierten und konkretisierten sich im Projektverlauf. Aus den von den SeniortrainerInnen selbst verfassten Rollenbeschreibungen, den Rückmeldungen der Anlaufstellen und den Einschätzungen des wissenschaftlichen Beirats wurden fünf so genannte Verantwortungsrollen der SeniortrainerInnen entwickelt: „Berater und Unterstützer", „Initiator von Projekten", „Anreger und Vernetzer bürgerschaftlichen Engagements", „Wissensvermittler" und „Moderator des seniorTrainerinnen-Kompetenzteams" (Braun et al. 2004: 35). Bei den Kooperationspartnern handelt es sich weit überwiegend um soziale Einrichtungen. Hiervon konnten 55 bisher zu ihrer Zusammenarbeit mit den ausgebildeten SeniortrainerInnen befragt werden. Diese Befragung ergab ein grundsätzlich positives Bild, legte jedoch auch einige Schwierigkeiten offen (vgl. Engels 2004), die sich nicht auf allseits bekannte Probleme der Zusammenarbeit von Haupt- und Ehrenamtlichen beschränken (vgl. Aner 2004). Ein Überblick über die detaillierten Analysen der wissenschaftlichen Begleitforschung zeigt, dass die am Programm beteiligten „neuen Alten" durchaus über umfangreiche Kompetenzen verfügen, deren zivilgesellschaftliche Produktivität herzustellen, ist jedoch voraussetzungsreich.

Der Versuch, qua Programm neue Formen sozialer Beziehungen im Rahmen freiwilligen Engagements zu implementieren, stößt einerseits auf Begeisterung bei den „neuen Alten", die Zahl der BewerberInnen für die Kurse überstieg die Zahl der Plätze deutlich (Braun et al. 2004: 174f.). In den dadurch notwendigen Auswahlverfahren spielten Kriterien wie bereits vorhandene Managementund Organisationskompetenzen eine Rolle (Braun et al. 2004: 152f.). Anzunehmen ist, dass diese Art der Auswahl bei gleichzeitiger Betonung der neuen und besonderen Verantwortungsrolle in den vorbereitenden Bildungsmaßnahmen die Erwartungshaltung der Teilnehmer an Inhalte und Rahmenbedingungen ihrer Tätigkeiten eher bestärkt haben dürfte (vgl. Braun et al. 2004: 11f.). Tatsächlich sind die Anforderungen an die SeniortrainerInnen hoch. So erwarteten die Kooperationspartner, die an sich an der Evaluation der ersten Programmphase beteiligten, zu über 60% neue Ideen und zu über 40% fachliche Unterstützung von diesen kompetenten Älteren (Engels 2004: 36). Zugleich sieht das Programm etwas vor, das bisher ohne Vorbild ist: SeniortrainerInnen sollen ohne Anbindung an eine Institution Aufgaben der Strukturbildung ehrenamtlichen Engagements übernehmen. Aus dieser Konstellation ergibt sich ein Spannungsfeld zwischen dem Wunsch und der Programmatik, selbstbestimmt und eigeninitiativ tätig zu werden, und der zumindest punktuell notwendigen Einbindung in die Organi-sations- und Kommunikationsstrukturen der Kooperationspartner, deren spezifi-sche Handlungsbedingungen den SeniortrainerInnen aber nur selten bekannt sind. Diese Situation ist grundsätzlich geeignet, Unsicherheiten, die durch den Verlust des beruflichen Status vielfach ohnehin auftreten, zu verstärken. Die VertreterInnen von Agenturen und kooperationsbereiten oder kooperierenden Institutionen arbeiten allerdings oft an der Grenze ihrer Belastungsfähigkeit.

Zusätzliche personellen Ressourcen für die Implementierung und Begleitung der neuen Engagementform stehen ihnen in der Regel nicht zur Verfügung. Im Fall struktureller Überforderung liegen Konflikte beim Aufbau von neuartigen Kooperationen und der Rückzug Ehrenamtlicher auf gewohnte berufliche Handlungsmuster und die Beschränkung der potenziellen Einsatzfelder auf vertraute Milieus nahe (vgl. Braun et al.: 132, 215). Die programmatisch vorgesehene Selbstorganisation in so genannten Seniortrainer-Kompetenzteams vermochte offensichtlich nicht, die fehlende institutionelle Verortung zu ersetzen. Immerhin 52% der KursteilnehmerInnen sind nach der Weiterbildung in derselben Einrichtung tätig wie zuvor und 54% sehen keinen Unterschied zu anderen Engagementformen (Braun et al.: 202). Probleme gibt es nicht zuletzt mit der Verbindlichkeit der Engagierten, was insofern erwartbar war, als es sich doch bei den ProgrammteilnehmerInnen überwiegend um ältere Menschen mit besonders großen Handlungsspielräumen handelt, die frei sind, sich den auftretenden Schwierigkeiten zu stellen oder gänzlich andere Rollen im Ruhestand zu suchen (vgl. Engels/Machalowski 2004).

Orientierte sich das Bundesmodellprogramm „Seniorenbüros" noch stark an kommunitaristischen Vorstellungen einer Wohlfahrtsgesellschaft, nach denen Einzelne verpflichtet sind, in kleinen Einheiten Verantwortung für das Gemeinwesen übernehmen, so ist das EFI-Programm weit stärker verbunden mit der Idee eines aktivierenden Staates (Evers/Olk 1996, Schröder/Blair 1999), in der diese Vorstellungen einer moralischen Verpflichtung mit liberalen Ideen der Wahlfreiheit eine Liaison eingehen. Programmatisch betont wird der persönliche Nutzen der Weitergabe von Erfahrungswissen und angenommen wird eine Art natürlicher Übereinstimmung von individuellen Interessen mit denen des Gemeinwesens, wobei an das Ideal lebenslangen Lernens als wesentliches Kennzeichen der flexiblen und aktiven BürgerInnen angeknüpft wird. Damit einher geht eine neuartige „Sozialpädagogisierung" des Programms. Der späteren (vorübergehenden) Begleitung durch professionelle Soziale Arbeit sind mit den vorbereitenden Kursen Elemente der Erwachsenenbildung vorangestellt, die auf die Anerkennungswünsche der potenziell engagierten Älteren ebenso reagieren und der verbreiteten sozialpolitischen Vorstellung entsprechen, eine Erziehung zur „guten Bürgerin" sei notwendig und selbst noch im so genannten dritten Lebensalter möglich. Nicht zuletzt geht auch die programmatische Idee schnell und dauerhaft gelingender Selbstorganisation der Engagierten mit dem Leitbild des aktivierenden Staates konform, nach dem dem Staat nur mehr eine moderierende, ermöglichende, aber keine durchgreifend steuernde Rolle zukommt.

Die Analyse der Umsetzung des Bundesmodellprogramms „EFI" durch die wissenschaftliche Begleitung verweist jedoch auf die Schwierigkeiten, wenn nicht auf die Unmöglichkeit, nennenswerte Teile der Produktion von Wohlfahrt den BürgerInnen zu überantworten. Allein durch Beispielprogramme und Appelle an soziale Dienste und Einrichtungen sowie Kommunen, sich neuen Formen von Bürgerengagement zu öffnen, wird es nicht gelingen, Menschen jenseits des Erwerbslebens produktiv im Interesse des Sozialen in das Gemeinwesens einzubinden. Selbst oder gerade die Zusammenarbeit mit und Unterstützung der Netzwerkbildung von privilegierten Älteren erfordert eher zusätzliche personelle Ressourcen (vgl. dazu auch Dahme/Wohlfahrt 2000, Bettmer 2007). Die aktuellen Personaleinsparungen im öffentlichen und Dritten Sektor widersprechen der Tatsache, dass Zivilgesellschaft ein anspruchs- und voraussetzungsvolles Projekt ist, wie ein Blick in die Geschichte zeigt (vgl. Aner/Hammerschmidt 2007b). Die institutionellen Rahmenbedingungen für ein „produktives Altern" durch zivilgesellschaftliche Tätigkeiten sollen hier jedoch nicht Gegenstand der Betrachtung sein. Vielmehr ist abschließend zu fragen, mit welchen Angeboten aber auch Anforderungen ältere Menschen in Förderprogrammen, die das Ideal des aktivierenden Staates operationalisieren, konfrontiert werden und welche Formen des Umgangs damit zu erwarten sind.

5 Schlussfolgerungen

Wen erreichen solche Konzepte? Die Analyse des EFI-Programms zeigt, dass noch immer gilt, was die Enquete-Kommission „Demografischer Wandel" zur Gestaltung einer verlängerten nachberuflichen Lebensphase feststellte: „Die bisher gefundenen Angebote erreichen nur verschwindend geringe Prozentsätze der Betroffenen und dabei mehrheitlich solche mit ohnehin schon vergleichsweise hohem sozio-ökonomischem Status und/oder Bildungsgrad, die solcher professioneller Hilfen wohl am wenigsten bedürfen." (Enquete-Kommission 1994: 399). Förderprogramme, deren Konzepte auf ein „creaming the 'new' old people" zielen, sind nicht geeignet, die erst jüngst im 5. Altenbericht wieder festgestellte soziale Ungleichheit beim Zugang zu bürgerschaftlichen Aktivitäten auszugleichen (vgl. BMFSFJ 2006: 213ff.).

Und welche Konsequenzen hat die anerkannt große Bedeutung des Tauschgedankens? Lothar Böhnisch und Wolfgang Schröer (2003: 39) befürchten, dass die zahlreichen „passungsfähigen" Beispiele für eine gelungene Vereinbarung von persönlichen und/oder ökonomischen und gemeinschaftlichen Interessen verbergen, dass „Gemeinschaft" auf diese Weise zur Ware wird und die Tätigkeiten den Mustern privaten Konsumverhaltens folgen. Zumindest eine Ambivalenz scheinen bisherige Wirkungsanalysen der explizit auf den Gemeinschaftsnutzen zielenden Förderprogramme zu bestätigen: Dass die angebotenen „Produktivitätsmöglichkeiten" insgesamt nur von wenigen genutzt, ja von vielen

Älteren – selbst von solchen, die zunächst interessiert sind – als „Wiederverpflichtung" abgelehnt wird. Es erscheint ihnen als Widerspruch, wenn nicht gar als Zumutung, im Erwerbsarbeitssektor schon sehr früh nicht mehr gebraucht zu werden, dafür aber im privat-sozialen Sektor arbeiten zu sollen – unentgeltlich. Aufhebbar wäre dieser Widerspruch allenfalls durch ein gesellschaftliches Klima der Anerkennung diverser Formen von Leben und Arbeit in allen Lebensphasen. Die derzeitige politisch lancierte und massenmedial verbreitete Meinung, die die Lebensführung der nicht erfolgreich Integrierten und Ausgeschlossenen für illegitim erklärt, weist in eine andere Richtung. Längst nicht alle älteren Menschen, die Zielgruppe von sozialpolitisch motivierten Aktivierungsversuchen sind, stehen wirklich freiwillig außerhalb des Erwerbslebens. Vielmehr nimmt ein Großteil älterer ArbeitnehmerInnen Möglichkeiten zum vorzeitigen Ruhestand mangels adäquater Arbeitsbedingungen oder als Alternative zur Erwerbslosigkeit in Anspruch (vgl. Deutscher Bundestag 1994, Rothkirch 2000, Büttner/Knuth 2004). Vorzeitige berufliche Entpflichtungen und eine stark ausgeweitete nachberufliche Lebensphase bergen aber insbesondere für diejenigen Älteren Risiken, bei denen die Freisetzung mit einer Gefährdung ihrer Lebenslagen einhergeht. Sowohl die schrittweise Heraufsetzung der Altersgrenze für den Zugang zur abschlagsfreien Altersrente als auch die wieder zunehmende soziale Ungleichheit im Alter durch die aktuellen Reformen anderer sozialer Sicherungssysteme werden die Handlungsmöglichkeiten großer Teile der älteren Bevölkerung in Zukunft im Vergleich zu heutigen Ruhestandskohorten einschränken. Obwohl internationale Vergleiche deutlich zeigen, dass die zivilgesellschaftlichen Potenziale älterer Menschen Ergebnis eines lebenslangen multidimensionalen Prozesses sind (vgl. Erlinghagen/Hank 2006), werden in Deutschland Modelle der Integration der unter weniger guten Bedingungen Alternden bisher kaum wahrgenommen. Eine Vielzahl von Altenselbsthilfeprojekten der weniger spektakulären Art wird von der öffentlichen Förderung kaum erfasst. Übersehen werden angesichts der „Leuchtturmprojekte" gesteuerter Altersproduktivität auch allzu leicht die Leistungen gesellschaftlichen Ausgleichs, die von älteren Menschen jenseits des Erwerbslebens, insbesondere Frauen, in privaten informellen Netzwerken bereits heute in so großem Umfang erbracht werden. Gerade die Pflegeleistungen, welche die jüngeren Alten ihren hochbetagten Eltern zukommen lassen, versperren in der Regel Freiräume für darüber hinaus gehendes Engagement. Die Teile der Altenbevölkerung, deren Lebenslagen von größeren Belastungen gekennzeichnet sind, sehen sich nun konfrontiert mit dem Vorbild des aktiven, unternehmerischen Seniors, für den „bürgerschaftliches Engagement ... Teil einer zeitgemäßen Lebensweise" (Repnik, zit. nach Ueltzhöffer 2000: 5) ist und mit einer „Stilisierung bürgerschaftlichen Engagements zur Tugend" (vgl. Nadai 2005: 72).

Über diese Kontraste hinaus bleibt gerade für die mit ausreichend materiellen wie immateriellen Ressourcen Ausgestatteten anzumerken, dass die heute enge und hoch signifikante Korrelation zwischen Bildung und Engagement der Älteren nur solange Bestand haben kann, wie sich andere zentrale Bedingungen nicht wesentlich ändern. Dabei ist davon auszugehen, dass der „long arm of the job" (Wilson/Musick 1997) – vermittelt über dort erworbene und verfestigte Deutungs- und Handlungsmuster – auch für außerberufliche Handlungen unter anderen Vorzeichen und mit anderen Inhalten bedeutsam bleiben wird (vgl. Aner 2007). Zwischen Entfaltung der Persönlichkeit, progressiver Ausbeutung und Unterdrückung liegen im Erwerbsleben Chancen und Hindernisse der Entstehung zivilgesellschaftlicher Handlungsressourcen dicht beieinander. Auch wenn im Rahmen der betrieblichen Anpassungsmaßnahmen an neue Marktanforderungen in Deutschland noch betriebsinterne Flexibilisierungsstrategien dominieren und der kurzfristige Austausch von Arbeitskräften moderat genutzt wird (Erlinghagen 2005), werden für wachsende Teile der Bevölkerung die Partizipationsbedingungen des Berufslebens tendenziell schlechter (vgl. Dörre 2004, Kraemer/Speidel 2005). In absehbarer Zeit könnte sich deshalb die Gruppe derjenigen stark reduzieren, auf deren Bereitschaft und Engagement im Alter man heute noch mit einiger Selbstverständlichkeit zählen kann. Noch so raffinierte sozialtechnische Zugriffe auf die Produktivität Älterer in sozialpädagogisch aufgefüllten Modellprogrammen, seien sie stärker an einer Strategie der Ermöglichung oder erzieherisch ausgerichtet, scheinen nicht geeignet, diese gesellschaftlichen Widersprüche zu lösen. Eine Gesellschaft und Arbeitswelt, die Ellenbogenmentalität fördern, Partizipation und Selbstbestimmung unterbinden oder strikt kanalisieren, formen keine Menschen, die nach einer Befreiung aus den Zwängen der Erwerbsarbeit im sogenannten Ruhestand schlagartig ihr Denken und Handeln auf ein – staatlich vordefiniertes – Gemeinwohl hin orientieren. Seniorenpolitik kann die Ergebnisse der übrigen Politikbereiche nicht ungeschehen machen. Plakativ: Seniorenpolitik fängt spätestens im Kindergarten an.

6 Literatur

Aner, Kirsten (2004): Gewinnung und Öffnung von Institutionen für das freiwillige Engagement von seniorTrainerinnen. In: ISAB (Hrsg.), Halbzeitbilanz und Perspektiven des Modellprogramms „Erfahrungswissen für Initiativen". ISAB-Berichte aus Forschung und Praxis Nr. 87. Köln, 115-120.

Aner, Kirsten (2005): „Ich will, dass etwas geschieht" Wie zivilgesellschaftliches Engagement entsteht – oder auch nicht, Berlin: edition sigma.

Aner, Kirsten (2007): Prekariat und Ehrenamt. In: Aner, K./Karl, F./Rosenmayr, L. (Hrsg.), Die neuen Alten – Retter des Sozialen? Wiesbaden: VS Verlag für Sozialwissenschaften, 185-199.

Aner, Kirsten/Hammerschmidt, Peter (2007a): Hilfe zur Selbsthilfe. In: Krüger et al. (Hrsg.), Wörterbuch der Erziehungswissenschaften, Bd. 4, Sozialpädagogik, im Druck.

Aner, Kirsten/Hammerschmidt, Peter (2007b): Zivilgesellschaftliches Engagement des Bürgertums vom Anfang des 19. Jahrhunderts bis zur Weimarer Republik. In: Olk, Thomas/Klein, Ansgar/Hartnuß, Birger (Hrsg.), Engagementpolitik. Die Entwicklung der Zivilgesellschaft als politische Aufgabe. Wiesbaden: VS Verlag für Sozialwissenschaften, im Druck.

Aner, Kirsten/Karl, Fred/Rosenmayr, Leopold (2007): Die neuen Alten – Retter des Sozialen? Anlass und Wandel gesellschaftlicher und gerontologischer Diskurse. In: Aner, K./Karl, F./Rosenmayr, L. (Hrsg.), Die neuen Alten – Retter des Sozialen? Wiesbaden: VS Verlag für Sozialwissenschaften, 13-35.

Aner, Kirsten/Karl, Fred/Rosenmayr, Leopold (Hrsg.) (2007): Die neuen Alten – Retter des Sozialen? Wiesbaden: VS Verlag für Sozialwissenschaften.

Aner, Kirsten/Karl, Ute (Hrsg.) (2008): Lebensalter und Soziale Arbeit: Ältere und alte Menschen. Reihe: Basiswissen Soziale Arbeit (hrsg. von Hans-Günter Homfeldt und Jörgen Schulze-Krüdener) Band 5. Hohengehren: Schneider, im Druck.

Baltes, Paul B./Mittelstrass, Jürgen/Staudinger, Ursula (Hrsg.) (1994): Alter und Altern. Ein interdisziplinärer Studientext zur Gerontologie, Berlin: Akademie-Verlag.

Barkholdt, Corinna (1999): Muss Alter produktiv sein? – Wiederverpflichtung der Alten als Legitimation für ihre überproportionale Existenz? In: Theorie und Praxis der Sozialen Arbeit 1/99. 251-254.

Bergold, Ralph/Knopf, Detlef/Mörchen, Annette (Hrsg.) (1999): Altersbildung an der Schwelle des neuen Jahrhunderts. Würzburg: Echter.

Bettmer, Franz (2007): Anerkennung, Macht, Gemeinsinn – Voraussetzungen eines neuen Altersbildes. In: Aner, K./Karl, F./Rosenmayr, L. (Hrsg.), Die neuen Alten – Retter des Sozialen? Wiesbaden: VS Verlag für Sozialwissenschaften, 111-126.

BMFSFJ (Bundesministerium für Familie, Senioren Frauen und Jugend) (2006): 5. Bericht zur Lage der älteren Generation. Potenziale des Alters in Wirtschaft und Gesellschaft – Der Beitrag älterer Menschen zum Zusammenhalt der Generationen. Berlin.

Böhnisch, Lothar/Schröer, Wolfgang (2003): Über die Schwierigkeit, bürgerschaftliches Engagement angesichts der Entgrenzungstendenzen im digitalen Kapitalismus zu thematisieren – ein sozialpolitischer Zugang. In: Munsch, C. (Hrsg.), Sozial Benachteiligte engagieren sich doch. Weinheim/München: Juventa, 29-44.

Braun, Joachim/Burmeister, Joachim/Engels, Dietrich (2004): seniorTrainerin: Neue Verantwortungsrolle und Engagement in Kommunen. Bundesmodellprogramm „Erfahrungswissen für Initiativen". Bericht zur ersten Programmphase. ISAB-Berichte aus Forschung und Praxis Nr. 84. Köln.

Braun, Joachim/Becker, Ingo (1998): Engagementförderung als neuer Weg der kommunalen Altenpolitik. Dokumentation der Tagung in Bonn vom 22./23. September 1997. Schriftenreihe des BMFSFJ, Bd.160. Stuttgart u.a.

Braun, Joachim/Bischoff, Stefan (Hrsg.) (1999): Bürgerschaftliches Engagement älterer Menschen: Motive und Aktivitäten, Schriftenreihe des BMFSFJ, Bd.184. Stuttgart u.a.

Brendgens, Ulrich/Braun, Joachim (2001): Freiwilliges Engagement der Senioren und Seniorinnen. In: Picot, Sybille (Hrsg.), Freiwilliges Engagement in Deutschland – Freiwilligensurvey 1999. Band 3: Frauen und Männer, Jugend, Senioren, Sport, Schriftenreihe des BMFSFJ Bd. 194.3. Stuttgart u.a., 156-166

Büttner, Renate/Knuth, Matthias (2004): Spätere Zugänge in Frührenten – Regelaltersrente auf dem Vormarsch. Altersübergangsreport 2004 – 1. Düsseldorf.

Dahme, Heinz-Jürgen/Wohlfahrt, Norbert (Hrsg.): Netzwerkökonomie im Wohlfahrtsstaat. Wettbewerb und Kooperation im Sozial- und Gesundheitssektor. Berlin: edition sigma.

Deutscher Bundestag (Hrsg.) (1994): Erster Zwischenbericht der Enquete- Kommission „Demografischer Wandel – Herausforderungen an den Einzelnen und an die Politik". Bonn.

Dörre, Klaus/Kramer, Klaus/Speidel, Frederic (2004): Prekäre Arbeit. Ursachen, soziale Auswirkungen und subjektive Verarbeitungsformen unsicherer Beschäftigungsverhältnisse. In: Das Argument 256/2004, 378-397.

Eilhoff, Rudi/Stragies, Helmuth/Drunkemöller, Artur (Hrsg.) (1987): Die ZWAR-Geschichte. Dortmund: Eigenverlag.

Engels, Dietrich (2004): Aufgaben und Leistungen der seniorTrainerinnen aus Sicht der Evaluation. In: ISAB (Hrsg.), Halbzeitbilanz und Perspektiven des Modellprogramms „Erfahrungswissen für Initiativen". ISAB-Berichte aus Forschung und Praxis Nr. 87. Köln, 28-37.

Engels, Dietrich/Machalowski, Gerhard (2004): Ergebnisse schriftlicher Befragungen des Instituts für Sozialforschung und Gesellschaftspolitik zwischen September 2003 und März 2004. Köln.

Enquete-Kommission „Zukunft des bürgerschaftlichen Engagements" (2002): Bericht. Bürgerschaftliches Engagement: auf dem Weg in eine zukunftsfähige Bürgergesellschaft. Opladen, zugl. Bundestagsdrucksache 14/8900.

Erlinghagen, Marcel (2005): Die mobile Arbeitsgesellschaft und ihre Grenzen. Zum Zusammenhang von Arbeitsmarktflexibilisierung, Regulierung und sozialer Sicherung. In: Kronauer, M./Linne, G. (Hrsg.) (2005), Flexicurity. Die Suche nach Sicherheit in der Felxibilität. Berlin: edition sigma, 31-52.

Erlinghagen, Marcel/Hank, Karsten (2006): The Particiaption of Older Europeans in Volunteer Work. In: Aging & Society 26, 567-584

Evers, Adalbert, Olk, Thomas (1996): Wohlfahrtspluralismus – Analytische und normativ-politische Dimensionen eines Leitbegriffs, in: Evers, A./Olk, T. (Hrsg.): Wohlfahrtspluralismus. Vom Wohlfahrtsstaat zur Wohlfahrtsgesellschaft, Opladen: Leske + Budrich.

Friedrich-Ebert-Stiftung (1997): Wachstumsmotor Alter(n): Lebensstile – Kaufkraft – Konsum. Bonn.

Hammerschmidt, Peter (2008): Sozialpolitik, Sozialrecht und Soziale Altenarbeit. In: Aner, Kirsten/Karl, Ute (Hrsg.), Lebensalter und Soziale Arbeit: Ältere und alte

Menschen. Reihe: Basiswissen Soziale Arbeit (hrsg. von Hans-Günter Homfeldt und Jörgen Schulze-Krüdener) Band 5. Hohengehren: Schneider, im Druck.

Heitmeyer, Wilhelm/Imbusch, Peter (Hrsg.) (2005): Integrationspotenziale einer modernen Gesellschaft. Wiesbaden: VS Verlag für Sozialwissenschaften.

ISAB (Institut für sozialwissenschaftliche Analysen und Beratung) (2002): Informations- und Arbeitsmaterialien für die Anlaufstellen für Freiwilliges Engagement und die Bildungsträger im EFI-Programm. Köln.

ISAB (Institut für sozialwissenschaftliche Analysen und Beratung) (Hrsg.) (2004): Halbzeitbilanz und Perspektiven des Modellprogramms „Erfahrungswissen für Initiativen". ISAB-Berichte aus Forschung und Praxis Nr. 87. Köln.

Karl, Fred (1990): Neue Wege in der sozialen Altenarbeit. Freiburg: Lambertus.

Karl, Fred (1993): Strukturwandel des Alters und Handlungspotentiale. In: Naegele, G./Tews, H.-P. (Hrsg.), Lebenslagen im Strukturwandel des Alters. Opladen: Leske + Budrich, 259-272.

Karl, Fred (1996): Performanz im Kontext, Band 20 der Kasseler gerontologischen Schriften. Kassel.

Karl, Ute (2006): Soziale Altenarbeit und Altenbildungsarbeit – vom aktiven zum profilierten, unternehmerischen Selbst? In: Weber, S./Maurer, S. (Hrsg.), Gouvernementalität und Erziehungswissenschaft. Wissen – Macht – Transformation. Wiesbaden: VS Verlag für Sozialwissenschaften, 301-320.

Klages, Helmut (1999): Rückblick und Perspektiven der Engagementförderung. In: Braun, J./Bischoff, S. (Hrsg.), Bürgerschaftliches Engagement älterer Menschen: Motive und Aktivitäten, Schriftenreihe des BMFSFJ, Bd.184. Stuttgart u.a., 13-18.

Knopf, Detlef (1989): „Erfahrungswissen älterer Menschen nutzen" – Gerontologische Implikationen einer sozialpolitischen Programmatik. In: Knopf, D./Schäffter, O./Schmidt, R. (Hrsg.), Produktivität des Alters. Berlin: DZA, 223-231.

Knopf, Detlef (1998): Über das Altern in innovativer Projekte. Perspektiven des Berliner Programms Erfahrungswissen in der Bestandskrise. In: Schmidt, R./Braun, H./Giercke, K.I./Klie, T./Kohnert, M. (Hrsg.), Neue Steuerungen in Pflege und Sozialer Altenarbeit. Regensburg: Transfer, 371-382.

Knopf, Detlef/Schäffter, Ottfried/Schmidt, Roland (Hrsg.) (1989): Produktivität des Alters. Berlin: DZA.

Kohli, Martin/Künemund, Harald (Hrsg.) (2000): Die zweite Lebenshälfte. Gesellschaft, Lebenslagen und Partizipation im Spiegel des Alterssurvey. Opladen: Leske + Budrich.

Kraemer, Klaus/Speidel, Frederic (2005): Prekarisierung von Erwerbsarbeit. Zur Transformation des arbeitsweltlichen Integrationsmodus. In: Heitmeyer, W./Imbusch, P. (Hrsg.), Integrationspotenziale einer modernen Gesellschaft. Wiesbaden: VS Verlag für Sozialwissenschaften, 367-390

Kronauer, Martin/Linne, Gudrun (Hrsg.) (2005): Flexicurity. Die Suche nach Sicherheit in der Felxibilität. Berlin: edition sigma,

Krüger, Heinz-Hermann et al. (Hrsg.) (2007), Wörterbuch der Erziehungswissenschaften. Bd. 4, Sozialpädagogik, in Vorbereitung.

Kruse, Andreas (1990): Potenziale im Alter. In: Zeitschrift für Gerontologie 23, 235-245.

Künemund, Harald (2000): Produktive Tätigkeiten. In: Kohli, M./Künemund, H. (Hrsg.), Die zweite Lebenshälfte. Gesellschaft, Lebenslagen und Partizipation im Spiegel des Alterssurvey. Opladen: Leske + Budrich, 277-317

Künemund, Harald (2006): Produktive Tätigkeiten. In: Tesch-Römer, C./Engstler, H./Wurm, S. (Hrsg.), Altwerden in Deutschland. Sozialer Wandel und Entwicklung in der zweiten Lebenshälfte. Wiesbaden: VS Verlag für Sozialwissenschaften, 289-238

Lessenich, Stefan/Otto, Ulrich (2005): Das Alter in der Aktivgesellschaft – ein Skizze und offene Fragen zur Gestalt eines „Programms" und seinen Widersprüchen. In: Otto, U. (Hrsg.), Partizipation und Inklusion im Alter. Aktuelle Herausforderungen. Jena: edition Paideia, 5-18.

Munsch, Chantal (Hrsg.) (2003): Sozial Benachteiligte engagieren sich doch. Weinheim/München: Juventa.

MSWV NRW (Minister für Stadtentwicklung, Wohnen und Verkehr des Landes Nordrhein-Westfalen) (1987): Bericht über die Förderung von Freizeitinitiativen „Zwischen Arbeit und Ruhestand (ZWAR)". o.O.

Nadai, Eva/Sommerfeld, Peter/Bühlmann, Felix/Krattiger, Barbara (2005): Fürsorgliche Verstrickung. Soziale Arbeit zwischen Profession und Freiwilligenarbeit. Wiesbaden: VS Verlag für Sozialwissenschaften.

Naegele, Gerhard/Tews, Hans-Peter (Hrsg.) (1993): Lebenslagen im Strukturwandel des Alters. Opladen: Leske + Budrich.

Otto, Ulrich (Hrsg.) (2005): Partizipation und Inklusion im Alter. Aktuelle Herausforderungen. Jena: edition Paideia.

Perbandt-Brun, Hanna (1989): Erfahrungswissen älterer Menschen nutzen. Erste Ergebnisse über den Einsatz von Erfahrungswissen in Projekten. In: Evangelische Impulse 10, 23-26

Perbandt-Brun, Hanna (1999): Prozessorientierte Begleitung beim Lernen durch Handeln in Projekten am Beispiel des Modellprogramms „Erfahrungswissen älterer Menschen nutzen". In: Bergold, R./Knopf, D./Mörchen, A. (Hrsg.), Altersbildung an der Schwelle des neuen Jahrhunderts. Würzburg: Echter, 75-81

Picot, Sybille (Hrsg.) (2001): Freiwilliges Engagement in Deutschland – Freiwilligensurvey 1999. Band 3: Frauen und Männer, Jugend, Senioren, Sport, Schriftenreihe des BMFSFJ Bd. 194.3. Stuttgart u.a.

Riley-White, Mathilda/ Riley, John W. (1994): Individuelles und gesellschaftliches Potential des Alterns. In: Baltes, P.B./Mittelstrass, J./Staudinger, U. (Hrsg.), Alter und Altern. Ein interdisziplinärer Studientext zur Gerontologie, Berlin: Akademie-Verlag, 437-460.

Rothkirch, Christoph von (Hrsg.) (2000): Altern und Arbeit. Herausforderungen für Wirtschaft und Gesellschaft. Berlin: edition sigma.

Schäffter, Ottfried (1989): Produktivität des Alters – Perspektiven und Leitfragen. In: Knopf et al. (Hrsg.) (1989): 20-25

Schmidt, Roland (1989): Die Wiedereinbindung des Alters: Kontexte, Selektionen, Widerborstigkeiten. Über aktuelle Versuche, gesellschaftliche Funktionen des Alters neu zu fassen. In: Knopf, D./Schäffter, O./Schmidt, R. (Hrsg.) (1989): Produktivität des Alters. Berlin: DZA, 1-18

Schmidt, Roland/Braun, Helmuth/Giercke, Klaus Ingo/Klie, Thomas/Kohnert, Monika (Hrsg.) (1998): Neue Steuerungen in Pflege und Sozialer Altenarbeit. Regensburg: Transfer.

Schröder, Gerhard; Blair, Anthony (1999): Der Weg nach vorn für Europas Sozialdemokraten. In: Blätter für deutsche und internationale Politik 7/1999, 887-896.

Schweppe, Cornelia (Hrsg.) (2002): Generation und Sozialpädagogik. Weinheim/München: Juventa.

Schweppe, Cornelia (Hrsg.) (2005): Alter und Soziale Arbeit. Theoretische Zusammenhänge, Aufgaben- und Arbeitsfelder, Baltmannsweiler: Schneider Verlag Hohengehren.

Tesch-Römer, Clemens/Engstler, Heribert/Wurm, Susanne (Hrsg.) (2006): Altwerden in Deutschland. Sozialer Wandel und Entwicklung in der zweiten Lebenshälfte. Wiesbaden: VS Verlag für Sozialwissenschaften.

Ueltzhöffer, Jörg; Sozialwissenschaftliches Institut für Gegenwartsfragen Mannheim (SIGMA) (2000): Lebenswelt und Bürgerschaftliches Engagement. Soziale Milieus in der Bürgergesellschaft, hrsg. vom Sozialministerium Baden-Württemberg. Stuttgart.

Wallraven, Klaus Peter/Gennerich, Carsten (2000): Seniorenpolitik aus der Akteursperspektive. Eine empirische Untersuchung von Abgeordneten und Verwaltungsangehörigen. Opladen: Leske + Budrich.

Weber, Susanne/Maurer, Susanne (Hrsg.) (2006): Gouvernementalität und Erziehungswissenschaft. Wissen – Macht – Transformation. Wiesbaden: VS Verlag für Sozialwissenschaften.

Wilson, John/Musick, Marc (1997): Work and Volunteering: The Long Arm of the Job. In: Social Forces 76, 251-272.

Überlegungen zur Bedeutung ehrenamtlichen Engagements im Alter

Gertrud M. Backes & Jacqueline Höltge

1 Einführung

Die demografischen Entwicklungen stellen Deutschland seit mehreren Jahren vor diverse Herausforderungen. Besonders die steigende Lebenserwartung und die damit einhergehende relative und absolute Zunahme der älteren und alten Menschen sorgen dabei für intensive Debatten. Neben viel diskutierten Chancen des demografischen Umbruchs, dürfen die ebenfalls aufkommenden Risiken nicht außer Acht gelassen werden. So bedeutet die Zunahme älterer und alter Menschen einerseits eine Zunahme der Ressourcen zur Gestaltung der Gesellschaft. Andererseits steigen dadurch auch die Risiken, die sich beispielsweise in vermehrten Umbrüchen im Lebenslauf niederschlagen können. Nicht zuletzt führt der Anstieg der Lebenserwartung dazu, dass zunehmend mehr Zeit nach dem Erwerbsleben zur Verfügung steht. Da die Jahre nach der Erwerbsarbeit meist in guter Gesundheit und materieller Absicherung verbracht werden, kann diese Phase ganz neu gestaltet werden. Die verlängerte Altersphase, die heute bis zu einem Drittel der gesamten Lebenszeit beträgt, kann daher nicht mehr als Restzeit angesehen werden. Sie ist heute eine eigenständige in sich gegliederte Lebensphase (vgl. Backes/Clemens 2003) mit einem neuen Verhältnis von Arbeit und Freizeit. Durch den Wegfall beruflicher und/oder familiärer Pflichten steht ein erweitertes Zeitbudget zur Verfügung, das mit neuen Sinninhalten und Tätigkeitsformen gefüllt werden kann. Wurde die Zeitverwendung in der mittleren Lebensphase noch vom starren Gegensatz zwischen Berufs- oder Familienarbeit und Freizeit geprägt, gibt es in der nachberuflichen Phase Möglichkeiten, beide Aspekte miteinander zu verbinden. In dieser Phase gibt es auch viel Raum für freiwilliges Engagement.

Das freiwillige Engagement bzw. Ehrenamt galt dabei lange Zeit als antiquiert. In jüngster Zeit stellt sich jedoch die Frage nach dem freiwilligen Engagement neu. Diese Entwicklung hat längst auch die Bundesebene erfasst, was die Einrichtung der Enquete-Kommission „Zukunft des bürgerschaftlichen Engagements" (vgl. Enquête-Kommission 2002) eindrücklich zeigt. Auch der fünfte Altenbericht der Bundesregierung 2006 beweist mit einem eigenem Kapitel zum

Thema „Engagement und Teilhabe älterer Menschen" (5. Altenbericht 2006: 199 ff.), dass freiwilliges Engagement längst zum Thema der politischen Agenda avanciert ist. Das Ehrenamt gewinnt jedoch nicht nur in der Öffentlichkeit an Bedeutung, sondern auch zunehmend in den Sozialwissenschaften. Die Diskussion in Öffentlichkeit und Wissenschaft driftet dabei jedoch auseinander. In der Öffentlichkeit steht stehen stärker Möglichkeiten und Grenzen des Aufschließens der Potenziale und Ressourcen im Vordergrund, die oft sozialpolitisch und arbeitsmarktstrategisch begründet wird. Auffällig dabei ist, dass das Thema besonders durch Alltäglichkeit des Wissens geprägt ist, während die tiefer liegenden Strukturen und Bedeutungsgehalte meist verdeckt bleiben (vgl. Backes 2006). In der Wissenschaft finden sich dagegen vermehrt kritischere Anmerkungen. So wird beispielsweise weniger die individuelle Leistungs- und Lernfähigkeit älterer Menschen hervorgehoben, als die gesellschaftlichen Machtverhältnisse, die auch hinsichtlich der Entfaltungsspielräume im freiwilligen Engagement eher marginalisieren. Sichtbar werden Möglichkeiten aber auch Illusionen der Beschäftigung mit dem freiwilligen Engagement, besonders wenn es als „Arbeit nach der Arbeit" thematisiert wird. Das Ehrenamt scheint somit widersprüchlicher und vielschichtiger zu sein als es die vordergründige Diskussion nahe legt (vgl. Backes 1987, 2006).

Im Folgenden wird es daher darum gehen, das freiwillige Engagement der älteren und alten Menschen genauer zu betrachten. Die unterschiedlichen Positionen in den Diskussionen und die dort verwendeten Begriffe sind Gegenstand des zweiten Kapitels. Das freiwillige Engagement hat sich in den letzten Jahren stark gewandelt. Einige Tendenzen dieses Wandels werden im dritten Kapitel näher erläutert, um die im vierten Kapitel folgenden empirischen Ergebnisse besser in den gesellschaftlichen Kontext einordnen zu können. Das fünfte Kapitel gibt schließlich einen Überblick sowohl über die bis dahin diskutierten, als auch über weitere Ambivalenzen des freiwilligen Engagements. Abschließend bleibt zu klären, welche Konsequenzen sich daraus für den Umgang mit dem freiwilligen Engagement ergeben.

2 Positionen und Begriffe

Wie bereits angedeutet, sind die öffentlichen und die wissenschaftlichen Diskussionen und Einschätzungen durchaus unterschiedlich. So gibt es im Zusammenhang mit Alter(n) allgemein zwei Perspektiven der Diskussion, die weder der Öffentlichkeit noch der Wissenschaft eindeutig zuzuordnen sind. In der ersten Perspektive wird freiwilliges Engagement als öffentlich-gesellschaftlich zu nutzende Ressource gesehen (z.B. im Bereich der Pflege als Kompensation unzureichender Betreuungsmöglichkeiten). Dagegen hebt die zweite Perspektive hervor, dass freiwilliges Engagement als sinnvolle Handlungsperspektive für ältere Menschen erlebt werden kann (z.b. als sinnvoll erlebte Möglichkeit der Beschäftigung und sozialen Integration) (vgl. Backes 2006; siehe auch Caro in diesem Band).

Welche Bedeutung das Ehrenamt in der zukünftigen gesellschaftlichen Entwicklung spielt, ist ein weiterer Punkt innerhalb der Diskussion. Einerseits wird argumentiert, dass Selbsthilfe und kompensierende Unterstützungsleistungen sich im Rahmen eines ehrenamtlichen Engagements als Chance zur Bewältigung der zukünftigen gesellschaftlichen Probleme darstellen können. Andererseits halten kritische Autoren dies aufgrund der rückläufigen „Engagementquoten" für weniger wahrscheinlich (vgl. Putnam 1995). In Deutschland dominiert eine überwiegend positive Meinung über die Entwicklung des Engagements (vgl. Gabriel et al. 2004). Dem Verlust von traditionellen Formen des Engagements (wie Mitwirkung in Vereinen, Kirchengemeinden, sozialen Organisationen) stehen neue Formen des freiwilligen Engagements gegenüber.

Das freiwillige Engagement älterer Menschen besitzt demnach mindestens eine doppelte Funktion: eine individuelle und eine gesellschaftliche. Auf der individuellen Ebene kann die Ausübung eines Ehrenamts eine Gelegenheit sein, die demografischen Veränderungen für sich „sinnvoll" zu nutzen (längere Lebenserwartung, längere Ruhestandsphase, „mehr Zeit für sich haben"). Gesellschaftlich ist es eine Möglichkeit, den Sozialstaat zu unterstützen und Schwächen zu kompensieren. Damit besteht allerdings auch die Gefahr einer Instrumentalisierung des freiwilligen Engagements, wenn keine hinreichenden Qualitätskontrollen stattfinden (vgl. Backes 2006). Allzu oft wird dabei die gesellschaftliche Funktion auf die nutzbaren Potenziale älterer Menschen verkürzt. Beide Argumente – Selbsthilfe und gesellschaftliche Ressource – müssen jedoch in den sozialen Wandel eingebettet und zudem als Form der Anpassung an sich ändernde Strukturen verstanden werden. Darüber hinaus können diese Strukturen aktiv mitgestaltet werden. Die scheinbar konkrete Abgrenzung der beiden Funktionen soll nicht darüber hinweg täuschen, dass die Grenzen zwischen ihnen fließend sind und verschwimmen können. Der österreichische Gerontologe und Soziologe Franz Kolland fasst dies treffend zusammen, wenn er schreibt, dass einerseits auf makrosozialer Ebene „ehrenamtliche Tätigkeit als Ressource [gilt], die einen wesentlichen gesellschaftlichen und volkswirtschaftlichen Beitrag leistet", dass aber andererseits „Alter zum Teil reduziert wird auf eine unentgeltliche, instrumentalisierbare Nützlichkeit" (Kolland 2002: 79).

In der bisher skizzierten Diskussion tauchten mehrere Begriffe auf, die vorgeblich die gleiche Sache zu meinen scheinen. Das schmälert nicht die Popularität von Begriffen, wie Bürgerengagement, ehrenamtliches Engagement und

Freiwilligenarbeit, die nach wie vor häufig und synonymhaft verwendet werden (vgl. Gabriel et al. 2004). Der Begriff Ehrenamt unterliegt dabei förmlich einer ganzen Reihe von Modeerscheinungen und Wortneuschöpfungen im Dienst der politischen Korrektheit. Ist „Ehrenamt" gleich „freiwilliges Engagement" oder auch „bürgerschaftliches Engagement"? Nein, denn die Begriffe sind in den jeweiligen sozialpolitischen und historischen Kontext einzuordnen. Der Begriff Ehrenamt ist danach der historisch ‚älteste' oder auch ‚traditionellste', während die Bezeichnung „bürgerschaftliches Engagement" zusammen mit der Diskussion um die Bürger- und Zivilgesellschaft vergleichsweise jung ist. Der Begriff „Bürgerschaftliches Engagement" hat erst mit der Enquete-Kommission 2002 eine allgemeine Verbreitung gefunden und wird mittlerweile fast inflationär gebraucht. Auch in der Literatur herrscht allenfalls eine Einigkeit über die Vielfalt des Begriffes und dass es „das" Ehrenamt nicht gäbe (Rauschenbach 1991: 4, zit. nach Gabriel 2004). Mittlerweile gibt es aber durchaus Begriffe, die für Untersuchungen geeignet sind und das breite Spektrum an Tätigkeiten von Älteren angemessen erfassen können. Dabei erlangen vor allem zwei Fragen eine große Bedeutung. Erstens: Nach welchen Kriterien kann Ehrenamt von anderen Tätigkeiten abgegrenzt werden? Und zweitens: Welche Motive zur Ausübung liegen bei älteren Menschen vor? (Vgl. hierzu auch Hank/Stuck in diesem Band.)

Zu erstens: Die Art der Tätigkeit stellt ein wesentliches Abgrenzungskriterium dar, welchem sich an dieser Stelle etwas ausführlicher gewidmet werden soll. Ehrenamt kann zunächst als ein „Arbeitsverhältnis zwischen Haus- und Erwerbsarbeit" gesehen werden (Backes 1987), denn es enthält Merkmale beider Verhältnisse und leistet das, was aus den Bereichen Haus- und Erwerbsarbeit heraus fällt bzw. dort keinen Platz findet, dort noch nicht oder nicht mehr bearbeitet wird. Ein freiwilliges Engagement ist somit nicht professionell, nicht finanziell entlohnt, nicht sozial gesichert, und es setzt keine formalen Qualifikationen voraus. Im Vergleich zu einer „klassischen" Erwerbstätigkeit beruht die Ausübung eines Ehrenamts auf Absprache, nicht auf einem Vertrag mit entsprechenden Rechten und Pflichten. Im Idealfall wäre freiwilliges bzw. ehrenamtliches Engagement die von Zwängen und Notwendigkeit der Sorge für den eigenen Lebensunterhalt freie Beteiligung an der Gestaltung von Gemeinwesen und Gesellschaft (vgl. Backes 1987, 2006; vgl. auch Hank/Erlinghagen in diesem Band).

Weiterhin kann grob zwischen formalen und eher informellen Tätigkeiten unterschieden werden, man spricht auch von „alter" oder „neuer" Ehrenamtlichkeit. Tabelle 1 gibt einen Überblick über die wesentlichen Merkmale des ‚alten' bzw. des ‚neuen' Ehrenamts, die hier verschiedenen Dimensionen zugeordnet wurden.

Merkmale/ Dimensionen	Altes Ehrenamt	Neues Ehrenamt
Institutionelle Dimension	Formell und hierarchisch in traditionelle Organisationen eingebunden: Kirche, Sport- und Kulturvereine, politisch, gewerkschaftlich, Wohlfahrtsorganisationen	Nicht dauerhaft und nicht ausschließlich an eine Organisation gebunden, eher informelle Sozialnetzwerke. Wichtig: Entscheidungsfreiheit (Nachbarschaftshilfe, Betreuung von älteren Menschen usw.)
Zeitliche Dimensionen	Dauerhaft, „man ist an das Ehrenamt gebunden"	Zeitlich begrenzt („Projektcharakter")
Sozialstrukturelle Dimension	Enge Verknüpfung mit Sozialmilieus	Unabhängig vom sozialen Milieu, unterschiedlich starker Einfluss von sozialstrukturellen Merkmalen (z.B. Bildung)
Moralisch-normative Dimension	Verpflichtungsethik sowie Wertvorstellungen wie Nächstenliebe oder Klassensolidarität	Hohe Erwartung an Inhalt, Vielfalt und Abwechslungsreichtum der Tätigkeit, Wunsch Fähigkeiten für ein „Selbstbestimmtes Alter" zu erwerben
Finanzielle Dimension	Häufig Aufwandsentschädigung / Versicherungsleistungen	Leistungen werden kaum monetär abgegolten

Tabelle 1: Übersicht über wesentliche Merkmale die Formen des Ehrenamts
Quelle: abgewandelte Darstellung nach Martina Wolfinger 2004, ursprünglich nach Franz Kolland 2002

Franz Kolland beschreibt das „alte Ehrenamt" als „öffentlich, unentgeltlich ausgeübtes Amt in Verbänden oder Selbstverwaltungskörperschaften", dem „an sich kein monetärer Gegenfluss gegenübersteht und deren Ergebnis Konsumenten/innen außerhalb des eigenen Haushalts zufließt." Es besitzt erwerbsähnlichen Charakter, und es ist daher „weit verbreitet, dass Aufwandsentschädigungen bezahlt werden [...]" (2002: 79ff.). Dagegen will der Begriff „neues Ehrenamt" oder auch Freiwilligenarbeit „ein modernes, schwach institutionalisiertes, kaum wertgebundenes und eher milieuunabhängiges Engagement individualisierter, freier, spontaner Menschen zum Ausdruck bringen" (Kolland 2002: 79ff.). Kolland betont weiter, dass es meistens einen informellen Charakter (z.b. Nachbarschaft, Freundeskreis) besitzt, aber auch in organisierter Form (z.B. Selbsthilfegruppen) stattfinden kann. „Die Freiwilligenarbeit entspricht ihrem Charakter nach eher der Hausarbeit, Leistungen werden kaum monetär abgegolten" (Kolland 2002: 79ff.).

Freiwilliges Engagement und unbezahlte Arbeit im Alter haben besonders in den letzten Jahren an Bedeutung für die gesellschaftliche Partizipation älterer Menschen gewonnen (vgl. Schmitz-Scherzer et al. 1994: 64ff.). Wurden noch bis in die 1980er Jahre Menschen über 65 Jahre in weiten Bereichen – vor allem des sozialen Engagements – reserviert behandelt, so hat in der Zwischenzeit ein umfängliches Werben um die zeitlichen und fachlichen Ressourcen Älterer eingesetzt. Es wurde bereits erwähnt, dass mit dem Bericht der Enquete-Kommission 2002 ein weiterer Begriff aufgetaucht ist, der die Diskussionen nachhaltig geprägt hat und sich auch im fünften Altenbericht wiederfindet: der Begriff des „bürgerschaftlichen Engagements". Er fungiert als eine Art Sammelbegriff für das breite Spektrum an möglichen Formen der freiwilligen und gemeinwohlorientierten Aktivitäten im Rahmen einer Zivil- bzw. Bürgergesellschaft. Die politische Einbettung ist damit unverkennbar. Begriffe wie Ehrenamt und Freiwilligenarbeit können sich im „bürgerschaftlichen Engagement" wieder finden (vgl. Heinze & Olk 2001, 5. Altenbericht 2006), sind aber keine Synonyme desselben.

Bürgerschaftliches Engagement wird von der Enquete-Kommission charakterisiert als: freiwillig, nicht auf materiellen Gewinn ausgerichtet, gemeinwohlorientiert, öffentlich bzw. im öffentlichen Raum stattfindend und wird in der Regel gemeinschaftlich/kooperativ ausgeübt. Nicht zuletzt ist ein Engagement dann spezifisch „bürgerlich", wenn die Agierenden in ihrer Eigenschaft als Bürgerinnen und Bürger handeln (vgl. 5. Altenbericht: 206). Um der Begriffsvielfalt entgegenzuwirken wurden bisher und werden auch im Folgenden die allgemeinen Bezeichnungen des freiwilligen Engagements bzw. des Ehrenamts benutzt, weil diese Begriffe – entgegen aller wissenschaftlichen bzw. öffentlichen Mode – einen Oberbegriff für alle Formen des freiwilligen, gemeinwohlorientierten und unbezahlten Engagements darstellen. Darüber hinaus „signalisiert der Begriff des „freiwilligen Engagements" das Bemühen, die Vielfalt „alter" und „neuer" Formen des Engagements ohne Anklang an traditionell eingeführte oder einseitige semantische Konnotationen auf einen einheitlichen Begriff zu bringen" (Olk 2004: 29).

Zu zweitens, der Frage nach den Motiven, die bei älteren Menschen zur Ausübung eines Ehrenamts vorliegen: Neben der Art der Tätigkeit stellt die finanzielle Belohnung somit ein weiteres Kriterium für die Abgrenzung dar. Die Übernahme eines bürgerschaftlichen Engagements erfolgt auf freiwilliger Basis unentgeltlich oder gegen eine geringfügige Aufwandsentschädigung. Was aber sollte Menschen nach dem Ausscheiden aus dem Erwerbsleben dazu bringen, sich ehrenamtlich zu engagieren? Für die Übernahme eines Engagements müssen Menschen neben der Motivation, über ausreichende Ressourcen verfügen und in sozialen Netzwerken eingebunden sein (vgl. Gabriel et al. 2004; Hank/Erlinghagen in diesem Band; Verba et al. 1995). Wie Gabriel et al. (2004: 341) darüber hinaus betonen, ist für ein freiwilliges Engagement bedeutsam, dass die sozioökonomischen Ressourcen in intellektuelle bzw. kognitive Ressourcen umgesetzt werden können. Ein weiteres, wesentliches Motiv ist die verfügbare Zeit. Die Übernahme eines Ehrenamts findet fast ausschließlich in der Freizeit statt und konkurriert mit anderen möglichen Freizeitaktivitäten. Folgt man dieser Argumentation, müssten gerade ältere und alte Menschen sich in besonderem Maße ehrenamtlich engagieren, da sie keinen arbeitsmarktbedingten Zeitzwängen mehr unterliegen. Mit viel Zeit besitzt man jedoch nicht automatisch auch die entsprechenden Ressourcen, die für ein solches Engagement notwendig sind.

In der Literatur finden sich verschiedene empirische Ergebnisse, welche über die Motivationen Aufschluss geben, die zur Ausübung eines Ehrenamts führen können (vgl. 3. Altenbericht 2001; Backes 1992). Nach dem dritten Altenbericht ist die Motivation für ein Engagement nicht mehr nur Resultat aus altruistischen oder karitativen Motiven. Denn der Wunsch nach einem Gewinn für das eigene Leben gewinnt zunehmend an Bedeutung (vgl. auch Wahrendorf/Siegrist in diesem Band). In den Studien waren die häufigsten Antworten auf die Frage nach den Erwartungen an ein Ehrenamt unter anderem: „Anderen Menschen zu helfen", „So akzeptiert zu werden, wie man ist", „das Gefühl bekommen, gebraucht zu werden" und „seine Fähigkeiten einzubringen". Das zeigt die große Vielfalt an Motiven. Motive können sich im Zeitverlauf ändern. Eine zentrale Aussage des dritten Altenberichts lautet daher auch, dass es einen „Motivationswandel" im Ehrenamt gibt (3. Altenbericht 2001: 236). Letztlich setzt jedes Engagement unterschiedliche Ressourcen, Zeitaufwand und soziale Kontakte voraus und wird von vielfältigen Motiven getragen (vgl. Gabriel et al. 2004). Was dann zur Ausübung eines freiwilligen Engagements führt, ist ein Produkt aus verschiedenen Faktoren, die sich je nach Alter, Geschlecht, biografischer Situation und sozialer Lage unterscheiden können.

3 Entwicklungstrends und sozialer Wandel des ehrenamtlichen Engagements

Der Prozess der Modernisierung umfasst alle Bereiche der Gesellschaft. Einige Entwicklungen des Ehrenamts betreffen auch das Engagement von und für Menschen im Alter. Im fünften Altenbericht der Bundesregierung wurden drei wesentliche Trends zusammengefasst: Pluralisierung, Individualisierung und ein Wandel der Motive (vgl. 5. Altenbericht 2006: 201f.).

Pluralisierung

Wie bereits angesprochen, werden klassische Formen des Ehrenamts durch neue Formen eines Engagements ersetzt. Mit klassischen Formen des Engagements sind beispielsweise die Aktivitäten in Vereinen und Verbänden usw. gemeint. Die selbstorganisierte Hilfe unter Nachbarn wäre dagegen eine neue Form freiwilligen Engagements. Die klassischen Formen sind also noch stärker organisationsgebunden und werden daher auch als formelle Engagements bezeichnet, während sich mit den neuen Formen zunehmend informelle Engagements ausbilden, die organisatorisch wenig gebunden sind.

Individualisierung

Mit der Pluralisierung geht auch eine Individualisierung einher. Der Begriff der Individualisierung hat seine Wurzeln zwar in der sozial- und familienpolitischen Debatte um die Krise der Familie (vgl. Beck 1986), kann aber ohne weiteres auf das Ehrenamt übertragen werden. Denn auch hier finden sich Loslösungstendenzen von traditionellen Bindungen. Das sogenannte ‚neue Ehrenamt' wird eher in Form eines Projektmanagements gestaltet, es ist also zeitlich begrenzter und nicht mehr auf ‚Lebenszeit' angelegt. Zudem besitzen geschlechtsspezifische und familiäre Rollen „eine geringere Bedeutung und Bindungskraft für die Auswahl der Organisationsformen und Bereiche" (5. Altenbericht 2006: 201).

Motivwandel

Wie bereits erwähnt, wurde in verschiedenen Studien festgestellt, dass bezüglich der Übernahme eines Ehrenamts ein Wandel der Motive feststellbar ist. Danach findet generell ein Wandel von altruistischen Motiven hin zu selbstverwirklichungs-, spaß- und ereignisbezogenen Motiven statt. Die Übernahme eines Ehrenamts ist zunehmend auch von der „biographischen Passung" abhängig, d.h. Motiv, Lebenssituation und Engagementgelegenheiten müssen ‚biografisch passen' (vgl. Kampmann-Grünewald 2006). Ein Ehrenamt kann auch aus egoistischen Motiven heraus ausgeübt werden, z.B. um den eigenen Nutzen im Sinn einer Reputation zu erhöhen. Neu daran ist jedoch, dass solche Motive keinem gesellschaftlichen Tabu mehr unterliegen. Dazu wird kritisch angemerkt: „Empirisch (...) dürften sowohl diese Differenzierung zwischen altruistischen bzw. Verpflichtungsmotiven und egoistischen bzw. Selbstentfaltungsmotiven als auch deren konkrete Mischungsverhältnisse kaum bestimmbar sein" (Künemund 1999: 59). Die heutige Thematisierung der stärker selbstbezogenen Motive in Untersuchungen, hängt u. a. mit einem entsprechenden kulturellen Wertewandel zusammen. Selbstbezogene Motive (wie Selbstfindung, Selbsthilfe, Selbstverwirklichung u. ä.) gelten heute als legitime und durchaus darstellbare Beweggründe, aktiv zu sein. Mit der Legitimation gehen aber auch Erwartungen einher, sich weniger aus Altruismus, denn aus gesunder Selbstbezogenheit und Selbsthilfe heraus zu engagieren.

Ergänzend zu den obigen Ausführungen über die eher positiven Entwicklungen des Engagements, lassen sich auch einige kritischere Entwicklungen skizzieren (vgl. Beher et al.. 1999; Müller/Rauschenbach 1988; Backes 1987, 2006):

- Freiwillige Engagements werden (zunehmend) geringfügig bezahlt, wodurch die Gefahr einer ungeschützten, schlecht bezahlten Form von Erwerbsarbeit entsteht.
- Oftmals gibt es finanzielle Anreize an Freie Träger für den Einsatz Ehrenamtlicher. Damit wird jedoch die eigentliche Idee des Ehrenamts unterlaufen.
- Es ist eine Entwicklung des freiwilligen Engagements zum Ersatz-Arbeitsverhältnis für Erwerbslose, für vorzeitig in den Ruhestand Versetzte sowie im Alter nach Beschäftigungsalternativen suchende Personengruppen zu beobachten.
- Das Engagement driftet in seiner Bedeutung auseinander: Einerseits in seiner symbolischen Bedeutung als freiwillige, freigestaltbare, ganzheitliche, unbezahlte, spontane und zweckfreie Hilfe von Mensch zu Mensch und andererseits in seiner Erfahrung als ‚Arbeitsverhältnis dazwischen' mit Ersatz- und Pufferfunktionen.

- Damit einhergehend wächst die Gefahr, dass zwischen dem sogenannten zweiten Arbeitsmarkt[1] und den neuen Formen freiwilligen Engagements eine Konkurrenzsituation entsteht. In beiden Fällen fehlen den Arbeitskräften Alternativen.
- Eine gesellschaftliche Verknappung und sozial ungleiche Verteilung von sinnvollen Beschäftigungs- und Verdienstmöglichkeiten trägt dazu bei, dass den diesbezüglich relativ Benachteiligten die Probleme der Schnittstelle zwischen geringfügigen Beschäftigungsverhältnissen und freiwilligem Engagement zugeschoben werden.

Zusammenfassend lässt sich festhalten, dass der gesellschaftliche Wandel das Ehrenamt wesentlich beeinflusst hat und den älteren Menschen mehr Spielraum bietet, in dem ein freiwilliges Engagement eben nicht mehr die Übernahme eines Ehrenamtes auf Lebenszeit bedeutet. Darüber hinaus sind selbstbezogene Motive vermehrt gesellschaftlich legitimiert, was dem allgemeinen Trend der Individualisierung entgegen kommt und dadurch Anreize schafft, sich stärker freiwillig zu engagieren. Es wurde allerdings auch gezeigt, dass das freiwillige Engagement nicht nur positiven, sondern auch negativen Entwicklungen unterworfen ist und ganz besonders Gefahr läuft ökonomisch instrumentalisiert zu werden. Das Ehrenamt verliert seine Symbolkraft durch halbprofessionelle Tendenzen und kann sich zu einer der Erwerbsarbeit ähnlichen Form entwickeln. Nichtsdestotrotz erfreut es sich einer großen Anerkennungskultur in nahezu allen Bereichen der Gesellschaft. Dies findet nicht nur in zahlreichen Stiftungen, sondern auch auf bundespolitischer Ebene (z.B. Bundesnetzwerk Bürgerschaftliches Engagement, Enquete-Kommission, Einrichtung eines Unterausschusses „Bürgerschaftliches Engagement" usw.) seinen Niederschlag.

4 Empirische Befunde

Die Chancen eines Engagements werden zumeist mit empirischen Daten unterlegt, um auf vorhandenes Potenzial hinzuweisen. Mit diesen Zahlen lassen sich aber auch die Widersprüche und eben auch Grenzen des Ehrenamts aufzeigen. Einige ausgewählte empirischen Ergebnisse sollen an dieser Stelle – in Anlehnung an den fünften Altenbericht – vorgestellt und mit Blick auf die Chancen und Gefahren kritisch beleuchtet werden. Dazu werden der Freiwilligensurvey von 1999 und 2004 (vgl. Gensicke in diesem Band) sowie der Alterssurvey von 1996 und 2002 herangezogen. Diese beiden Erhebungen sind geeignet, um Ten-

---

1 Der zweite Arbeitsmarkt impliziert schlecht bezahlte, ungesicherte und weitgehend ungeschützte Arbeitsverhältnisse, die vor allem für Frauen, BerufsanfängerInnen und gering Qualifizierte offen stehen.

denzen des freiwilligen Engagements aufzuzeigen. Methodisch ist kurz anzumerken, dass sich die Fragestellungen in den beiden Erhebungen unterscheiden, was bei der Diskussion der Ergebnisse zu beachten ist. Das Verständnis von Engagement ist im Alterssurvey begrenzt auf ehrenamtliche Tätigkeiten in Vereinen und Verbänden, spiegelt somit stärker die traditionellen Formen des Engagements wider, während im Freiwilligensurvey schon eine aktive Beteiligung in einem Verein, einer Initiative oder Projekt als Engagement zählt (vgl. ausführlich dazu: Brendgens/Braun 2001; Künemund 2004; Künemund/Schupp in diesem Band).

4.1 Beteiligung

Allgemein ist ein Anstieg des Engagements in den verschiedenen Altersgruppen zu verzeichnen. Sowohl der Freiwilligensurvey als auch der Alterssurvey weisen einen Anstieg der Engagementquoten zwischen ihrer ersten und zweiten Befragung aus. Bemerkenswert ist, dass in nahezu allen Altersgruppen eine Zunahme der Beteiligung zu verzeichnen ist und erst im hohen Alter deutlich abnimmt. Dabei gleichen sich im Zeitverlauf die sogenannten ‚jungen Alten' (Altersgruppe 55 bis 65/69 Jahre) den mittleren Altersgruppen (40/45 bis 54 Jahre) deutlich an.

Der Anstieg der Beteiligung ist geschlechterspezifisch unterschiedlich stark. Im Vergleich zu den Männern, sind bei den Frauen vor allem in der Altersgruppe zwischen 55 und 64/69 Jahren die Engagementquoten stark angestiegen: Im Freiwilligensurvey um 8 Prozentpunkte, im Alterssurvey um 9 Prozentpunkte. Die Männer verzeichnen dagegen die höchsten Zuwächse in der Altersgruppe der 65- bis 74-Jährigen des Freiwilligensurveys.

Die Zahlen sagen jedoch nicht nur etwas über Zu- und Abnahmen aus, sondern auch über die Höhe der Beteiligung allgemein. Unterscheidet man wiederum nach Geschlecht, so fällt auf, dass Männer generell stärker beteiligt sind als Frauen. Einzige Ausnahme bildet die Altersgruppe der 40-54-Jährigen im Alterssurvey. Dort sind die Beteiligungen nahezu gleich hoch. Dieses Ergebnis ist umso erstaunlicher, als im Alterssurvey nach traditionellen Formen des Engagements gefragt wurde. Es ist somit zu vermuten, dass sich ältere Frauen 2002 stärker in organisationsgebundenen Formen engagieren, als dies noch 1996 der Fall war. Diese Form des Engagements nimmt dann in den älteren Altersgruppen geschlechterspezifisch ab und findet ihren stärksten Gegensatz in der höchsten Altersgruppe, in der die Beteiligung der 70-85-Jährigen Männer mit 15 Prozent dreimal so hoch ist wie die der 70-85-Jährigen Frauen.

4.2 Mitgliedschaften und Formen des Engagements

Mitgliedschaften sind wesentlich für die Betrachtung des freiwilligen Engagements, weil hier der Wandel oder die Stetigkeit des Ehrenamts deutlich wird. Im Alterssurvey wurde sowohl nach formellen (Mitgliedschaften) als auch nach informellen Engagements (organisationsungebundenen Formen) gefragt. Die Ergebnisse zeigen, dass etwa die Hälfte der 40- bis 85-Jährigen Mitglied in einem Verein ist, sich also „formell" engagiert. Männer übernehmen dabei häufiger formale Aufgaben als Frauen. Der Anteil von 40- bis 85-Jährigen, die im Rahmen von „informellen" Engagements wie Stammtisch, Kaffeeklatsch, Skatabende usw. tätig sind, lag 1999 bei etwa 40 Prozent und hat sich 2002 nicht wesentlich geändert. Mit dem Alter nimmt diese Form der Aktivität aber stärker ab. Allerdings ist besonders bei den Frauen der Altersgruppe 55-59 ein deutlicher Anstieg zu verzeichnen (vgl. Künemund 2004). Die Zunahme eines solchen Engagements von Frauen gibt noch keinen Hinweis darauf wie Frauen in solchen Engagements aktiv sind und welche Funktionen sie übernehmen. 2004 hatten Frauen, die sich im Rahmen von Vereinen, Initiativen etc. freiwillig engagieren, lediglich 26,2 Prozent eine leitende Funktion, bei den Männern waren es 42,6 Prozent (Cornelißen 2005: 399).

Männer und Frauen sind nicht nur unterschiedlich häufig durch Mitgliedschaft an eine Organisation gebunden, sondern auch die Bereiche, in denen sie sich überwiegend engagieren weisen eine geschlechtsspezifische Färbung auf. Es wird dabei meist zwischen „politischem" und „sozialem" Ehrenamt (Backes 1987) unterschieden. Mit politischem Engagement ist ehre eine erwerbsähnliche Tätigkeit in kulturellen, politischen oder wissenschaftlichen Gremien mit Beteiligung an Planungs-, Organisations-, Beratungs- und Entscheidungfunktionen gemeint. Diese Form des Engagements wird bevorzugt von Männern geleistet und ist meist mit Ehre, Status, Macht und Einfluss verbunden. Die Zahlen aus Tabelle 3 unterstreichen diese Aussage.

So organisieren 61 Prozent der 50-59-jährigen Männer bzw. 57 Prozent der über 60-Jährigen im Rahmen ihrer freiwilligen Tätigkeit Veranstaltungen, dies tun aber lediglich 39 bzw. 42 Prozent der Frauen in den entsprechenden Altersgruppen (siehe Tabelle 2). Ein deutlich höheres Engagement der Frauen tritt lediglich im Bereich „persönliche Hilfen" zutage. Generell sind bei allen organisierenden, repräsentativen, beratenden und sonstigen ‚Managementaufgaben' Männer deutlich häufiger vertreten als Frauen. Aus diesem Grund gilt das „soziale Ehrenamt" (Backes 1987) vornehmlich als ein typisches Frauenengagement. Es umfasst eher hausabreitsnahe Tätigkeiten, sowohl bezüglich der Aufgabeninhalte als auch bezüglich der erforderlichen Qualifikationen, der Arbeitsweise und Rahmenbedingungen. Darüber hinaus hängt es eng mit der Sorge um andere Menschen zusammen und ist mit weniger Gratifikationen verbunden als das „politische Ehrenamt" (Backes 1987). Das „soziale Ehrenamt" ist dem „politischen Ehrenamt" hierarchisch untergeordnet und mit einer zwiespältigen Anerkennung verbunden (vgl. Backes 1987, 2006). Männer sind – bezogen auf erfasste Engagementformen – generell engagierter und dies besonders in „politischen" Tätigkeiten, weshalb sie auch die entsprechenden gesellschaftlichen Bereiche dominieren. Männer sind vor allem in den Bereichen „Sport und Bewegung", „Kultur und Musik" und „Freizeit und Geselligkeit" aktiv, während Frauen mit ihren „sozialen" Tätigkeiten vorwiegend im „kirchlich-religiösen Bereich" und im „sozialen Bereich" tätig sind (vgl. Brendgens & Braun 2001, zit. nach 5. Altenbericht 2006: 210).

Leistungen / Tätigkeiten	Alter	Männer	Frauen
Organisation von Veranstaltungen	50-59 Jahre	61 %	39 %
	60 Jahre und älter	57 %	43 %
Persönliche Hilfe	50-59 Jahre	42 %	58 %
	60 Jahre und älter	43 %	57 %
Interessenvertretung	50-59 Jahre	63 %	37 %
	60 Jahre und älter	66 %	34 %

Tabelle 2: Ausgewählte Leistungen/Tätigkeiten des freiwilligen Engagements nach Geschlechterproportionen, 2004
Quelle: Freiwilligensurvey 2004, in 5. Altenbericht 2006: 215

4.3 Soziale Ungleichheit

Soziale Ungleichheit als ein gesamtgesellschaftliches Problem spiegelt sich auch im Ehrenamt wider. So folgt freiwilliges Engagement in vielen Bereichen einem Muster der sozialen Ungleichheit (vgl. 5. Altenbericht 2006: 213ff.). Tabelle 3 zeigt anhand ausgewählter soziodemografischer Merkmale, wie wahrscheinlich der Zugang zu einem freiwilligen Engagement in den verschiedenen Gruppen ist. Es wurde bereits deutlich, dass das Engagement mit dem Alter zurückgeht. Dementsprechend verringert sich auch die Wahrscheinlichkeit von 40 Prozent bei den 45- bis 54-Jährigen auf 29 Prozent bei den 65- bis 74-Jährigen. Ebenfalls gezeigt wurde, dass sich Männer häufiger engagieren als Frauen. Zu vermuten ist aber, dass freiwillig ausgeübte Tätigkeiten von Frauen häufig nicht als solche gesehen werden und somit in Befragungen auch nicht angegeben und erfasst werden. Neben dem Geschlecht spielen aber auch Faktoren wie die Haushaltsgröße, der Erwerbsstatus und die Bildung eine große Rolle. Je größer der Haushalt und je höher der Bildungsabschluss, desto wahrscheinlicher ist die Teilnahme an einem freiwilligen Engagement. In der ältesten Altersgruppe dagegen verschwindet der Einfluss der Haushaltsgröße

Soziodemografische Merkmale		Altersgruppe		
		45 bis 54 Jahre	55 bis 64 Jahre	65 bis 74 Jahre
Insgesamt		40 %	37 %	29 %
Geschlecht	Männer	44 %	41 %	35 %
	Frauen	36 %	33 %	24 %
Haushaltsgröße	1 Person	33 %	31 %	24 %
	2 Personen	32 %	37 %	31 %
	mehr als 2 Personen	45 %	41 %	31 %
Erwerbsstatus	Erwerbstätig	42 %	41 %	42 %
	nicht erwerbstätig	34 %	34 %	29 %
Bildung	Kein Abschluss Hauptschule	36 %	33 %	24 %
		34 %	29 %	21 %
	mittlere Reife / FHS	40 %	39 %	37 %
	Abitur / Hochschule	47 %	49 %	38 %

Tabelle 3: Soziale Ungleichheit des freiwilligen Engagements: Anteile der freiwillig engagierten nach soziodemografischen Merkmalen 2004
Quelle: Gensicke 2004 (Freiwilligensurvey); Künemund 2004 (Alterssurvey) im 5. Altenbericht 2006: 214

Auffällig ist, dass nicht erwerbstätige Personen in allen Altersgruppen eine geringere Wahrscheinlichkeit besitzen an einem Ehrenamt teilzunehmen. Nach dem Wegfall der Zwänge von Erwerbsarbeit müsste genügend Zeit zur Verfügung stehen (vgl. hierzu ausführlich Erlinghagen in diesem Band). Doch angesichts der unterschiedlichen Motivlage, Ressourcenausstattung, Konkurrenzsituation mit anderen Freizeitaktivitäten etc. ist es nicht sonderlich irritierend, dass nicht erwerbstätige Personen aller Altersgruppen niedrigere Wahrscheinlichkeiten aufweisen. Auf die Verknüpfung von Ressourcen und Ehrenamt wurde schon verwiesen. Letztlich müssen die eigene Existenz gesichert und Ressourcen vorhanden sein, um sich freiwillig engagieren zu können. Beides ist mit Hilfe einer Erwerbsarbeit eher möglich als ohne. Die Bedeutung der Erwerbstätigkeit für die Wahrscheinlichkeit ehrenamtlicher Teilnahme schwächt sich auch im hohen Alter nicht ab, der Einfluss einer Nicht-Erwerbstätigkeit dagegen schon. Mit zunehmenden Alter und fehlender Erwerbstätigkeit sinkt die Häufigkeit freiwilligen Engagements.

Die Zusammenhänge zwischen Bildung und Häufigkeit des freiwilligen Engagements scheinen zunächst logisch und selbstverständlich. Doch muss Bildung nicht vertikal (über die Abschlüsse und Altersgruppen hinweg), sondern auch horizontal (über Geschlecht) betrachtet werden. Der Bildungsfrage kommt geschlechterspezifisch eine besondere Rolle hinsichtlich einer Zugangsbarriere für angemessene Engagementformen zu, denn „[h]eute ältere und alte Frauen benötigen häufig spezifische Qualifikationsangebote und Motivationshilfen, um sich die Engagementformen zuzutrauen, die bislang eher von Männern wahrgenommen werden (politisches Ehrenamt). Und umgekehrt: Um Männer stärker für soziale Ehrenämter zu qualifizieren und zu motivieren, bedarf es ebenfalls gezielter Angebote" (5. Altenbericht 2006: 216).

Die Chancen der Teilnahme sind sozial ungleich verteilt: „Je gehobener der bildungsbezogene, berufliche und ökonomische Status einer Person ist, desto eher wird diese ehrenamtlich tätig" (5. Altenbericht 2006: 215). Damit haben längst nicht alle älteren und alten Menschen, für die eine solche Beschäftigung sinnvoll und wichtig wäre, Zugang zu einem (qualitativ zufrieden stellenden) sozialen oder gar politischen freiwilligen Engagement. Es bleibt festzuhalten, dass die sozialstrukturelle Zusammensetzung des freiwilligen Engagements auch 2004 wenig verändert hat und immer noch ungenügende Beachtung in der Diskussion findet.

5 Ambivalenzen und Widersprüche

Die empirischen Ergebnisse zeigen, dass sich ältere Menschen in erheblichem Umfang freiwillig engagieren. Gleichwohl bleiben sie trotz ansteigender Engagementquoten in der Minderheit. Die heute älteren und alten Menschen weisen eine spezifische soziodemografische Struktur auf. Die über 60-jährigen Frauen hatten nicht in gleichem Maß Zugang zu Bildung wie die jüngeren Frauen. Das legt die Frage nah, wie sich das „Engagementpotenzial" zukünftig entwickeln wird. Nachfolgende Generationen werden besser gebildet, gesünder und mehr individuelle Ressourcen zur Verfügung haben. Die Zahl der freiwillig Engagierten – vor allem im Alter – könnte dadurch zunehmen. Andererseits steigen zukünftig auch die Risiken und nicht alle ältere Menschen können sich eine solche Produktivität leisten (vgl. 5. Altenbericht 2006: 216). In Frage gestellt ist auch zunehmend eine Form des Sozialstaats, die für die hinlängliche Bereitstellung von Ressourcen unerlässlich ist. Folglich wird das Ehrenamt auch weiterhin sehr ambivalent sein. Ältere Menschen werden nach wie vor sowohl Ausübende als auch Zielgruppe der ehrenamtlich Aktiven sein. Die Diskussionen um Ehrenamt sind oft einseitig interessengeleitet, mit Gefahr der Instrumentalisierung. Erkennbar wird das nicht nur in der öffentlichen Diskussion, sondern auch innerhalb der wissenschaftlichen Literatur finden sich – vorwiegend aus der Ökonomie – entlehnte Begriffe wie „Produktivität", „Humanressourcen" oder gar „Humankapital" (vgl. 5. Altenbericht 2006). Dabei werden die Selbstachtung und die Selbstbestimmung älterer Menschen übergangen.

Im Folgenden werden verschiedene positive und negative Argumente vorgestellt, um die Ambivalenz und Widersprüchlichkeit des Ehrenamts in seinen vielseitigen Facetten zu beleuchten. Ein freiwilliges Engagement im Alter kann eine Form der Veränderung und Selbsthilfe, des Herausfindens aus Isolation und Einsamkeit und Beschäftigungslosigkeit sein und Belastungen, wie beispielsweise im familiären Bereich, kompensieren helfen (vgl. Backes 2006). In diesem Zusammenhang bietet ein Ehrenamt die Möglichkeit, die eigenen Kompetenzen zu erweitern. Generell wird es von vielen Ausübenden als Ergänzung und Alternative zu bisherigen Arbeitserfahrungen erlebt. Alter kann so teilweise den Charakter des „Nichtmehrgebrauchtwerdens" verlieren. Mit Ausdehnung der Phase des Ruhestands als Lebensabschnitt ohne Erwerbsverpflichtungen (Tews 1990,) sind die Chancen zu einer selbstgestalteten Nutzung dieser (Lebens-)Zeit gewachsen. Gerade unter solchen Umständen kann die Übernahme eines Ehrenamts einen Beitrag zur Verbesserung der Lebenslage leisten, indem sie Menschen ermutigt, sich auch anderen Aufgaben zu stellen und Altern nicht nur als Verlust und Rückzug, sondern auch mit Perspektiven zu (er-)leben (vgl. Backes/Clemens 2003).

Die erhöhte politische Aufmerksamkeit dieses Themas führt zu neuen Diskursen über das Alter(n) in der Gesellschaft. Die Bundespolitik verschließt sich nicht mehr vor den jüngsten Entwicklungen, sondern unterstützt Initiativen – wie z.B. Seniorenbüros, SeniortrainerIn und Seniorengenossenschaften – die wiederum zur Erweiterung bedürfnisbezogener sozialer Netzwerke und von Lebenswelten älterer Menschen beitragen und die gesellschaftliche Partizipation und Integration im Alter fördern. Freiwilliges Engagement leistet nicht nur auf der individuellen Ebene, sondern auch auf der gesellschaftlichen Ebene einen unschätzbaren Beitrag. Ungeachtet der Instrumentalisierungsgefahr werden mit freiwilligen Engagement Verhaltensformen trainiert und vorgelebt, die für ein „Zusammenleben förderlich sind (etwa Fähigkeiten wie Initiative, Kritikfähigkeit, Vertrauen und Organisationsfähigkeit) [...]" (5. Altenbericht 2006: 218). Es kann mitunter also ein Weg sein, sich als gestaltende Gesellschaftsmitglieder zu begreifen und zu einem anderen (Selbst-)Bild beizutragen. Das gilt für Männer und Frauen im gleichen Maß. Denn obwohl Frauen im politischen Ehrenamt geringer engagiert sind als Männer, konnte mit dem Freiwilligensurvey 2004 gezeigt werden, dass die Anteile der älteren Frauen in solchen Formen des Engagements stärker gestiegen sind als die der Männer.

Die Widersprüche des Ehrenamts leiten sich vor allem aus der Sozialstruktur in diesen Tätigkeitsformen ab. Die Rolle bestimmter soziodemografischer Merkmale wurde hinsichtlich des Einflusses auf den Zugang zu freiwilligen Tätigkeiten diskutiert. Es wurde ein Wandel konstatiert, der sich vom alten – an das soziale Milieu gebundenen – Ehrenamt hin zum neuen Ehrenamt entwickelt. Dabei wird offensichtlich übersehen, dass diese neuen Formen mindestens genauso stark an sozialstrukturelle Merkmale geknüpft sind wie das alte „soziale" und „politische" Ehrenamt (Backes 1987) an soziale Milieus. In den empirischen Studien wurde deutlich, dass sich die Beteiligung an freiwilligem Engagement erhöht hat. Daran wird die Erwartung eines weiter steigenden „Engagementpotenzials" geknüpft. Olk (2004) betont jedoch, dass dies keineswegs ein „riesiges schlafendes Engagementpotenzial" bedeute, weil bei den über 65-Jährigen „die Prozentsätze derjenigen, die an einem Engagement definitiv nicht interessiert sind, wesentlich höher ausfallen, als bei allen anderen Altersgruppen" (Olk 2004: 35).

Der Aussage, dass ein freiwilliges Engagement der Demokratie, der politischen Partizipation und vor allem der Gesellschaft insgesamt förderlich ist, muss skeptisch begegnet werden. Erstens sind nicht alle gesellschaftlich aktiven älteren und alten Menschen gleichermaßen gut für Engagement in Gesellschaft, Politik und Sozialem geeignet (vgl. Backes 2006). Es wird zu wenig nach Typen des Engagements und nach individuellen, institutionellen und gesellschaftlichen Möglichkeiten differenziert (vgl. Backes 1993, 1987). Häufig wird vergessen, dass sich nicht alle älteren und alten Frauen und Männer ein Ehrenamt leisten können, da die eigene Existenzsicherheit nicht gewährleistet ist. Zweitens ist die Übernahme eines Engagements mit Kosten verbunden (Fahrten mit öffentlichen Verkehrsmitteln, Telefonkosten etc.). Wird freiwillige Arbeit finanziell aufgewertet (z.T. bezahlt), geht damit die Gefahr einer, dass die positiven Funktionen der freiwilligen Arbeit verloren gehen und eine Grauzone zwischen Ehrenamt und ungeschützten Beschäftigungsverhältnissen mit negativen Folgeerscheinungen entsteht (vgl. Backes 2006).

Der Partizipationsthese steht überdies die „ ‚Wiederverpflichtung' einer weitgehend „entpflichteten" älteren Generation gegenüber" (Olk 2004: 26). Häufig wird die „Forderung formuliert, ältere Menschen sollten ihre vermehrte frei-disponible Zeit sowie ihre verbesserten Fähigkeiten und Fertigkeiten für die Übernahme freiwilliger sozialer Leistungen einsetzen, um dem überforderten Staat beizuspringen und einen zusätzlichen Beitrag zur Bewältigung der Lasten aus dem Generationenvertrag zu leisten" (Olk 2004: 26).

Auch die vermeintliche Selbsthilfe kann zum „Vulkan des Verzichts" werden, wenn z.b. alte Frauen nicht einmal in der freiwilligen Arbeit aus den vorgeformten Bahnen weiblicher Tätigkeit entkommen, obgleich sie dies als erstrebenswert ansehen und in diesem Engagement suchen (vgl. Backes 2006). Andererseits kann der Einsatz von Ehrenamtlichen eben auch zum sogenannten „Lohndumping" führen, wenn Hauptamtliche durch Ehrenamtliche ersetzt werden oder ein geringeres Entgelt erhalten als angemessen wäre, weil Ehrenamtliche hauptamtliche Arbeiten übernehmen (vgl. Backes 2006; Kampmann-Grünewald 2006; 5. Altenbericht 2006). In den bisherigen Ausführungen wurde deutlich, dass eine differenziertere Sicht nötig ist, um nicht nur die positiven, sondern vor allem auch die negativen Seiten des Ehrenamts aufzudecken. Nur so können Schwachstellen in der Engagementförderung entdeckt und Konsequenzen für ein im Sinne der es Ausübenden und der davon Betroffenen gelingendes Ehrenamt abgeleitet werden.

6 Fazit und Konsequenzen

An dieser Stelle sollen zunächst die bisher aufgezeigten Chancen und Risiken eines freiwilligen Engagements zusammengefasst und im Überblick aufgezeigt werden. Im Anschluss daran werden sich daraus ableitende Konsequenzen vorgestellt.

Chancen (vgl. Backes 2006):
- Ehrenamt oder freiwilliges Engagement kann jeweils eine spezifische Form der *Selbsthilfe im Umgang mit den Veränderungen,* insbesondere Beschäftigungs- und Integrationsproblemen, im Verlaufe des Alterns sein.
- Ehrenamtliche oder freiwillige Arbeit kann ein *Sprungbrett in neue Bereiche* sein, zu Befreiung von festgefahrenen Alltagsstrukturen beitragen und psychosoziale Entwicklungsmöglichkeiten im Alter fördern. Sie kann ein Weg sein, sich als gestaltende Gesellschaftsmitglieder zu begreifen und zu einem anderen (Selbst-)Bild beitragen. Sie kann einer sukzessiven Entdeckung neuer Bewegungsspielräume gleichkommen, die im Idealfall auch Freiheits- und Gestaltungsmöglichkeiten offen lassen.

- Alles zusammen kann *Zuwachs an Selbstbestätigung, Selbstvertrauen, Zufriedenheit und Gesundheit* bedeuten. Diese Arbeit kann ermutigen, sich auch anderen Aufgaben zu stellen und Altern nicht nur als Verlust und Rückzug, sondern auch mit Perspektiven zu (er-)leben.
- Es wird meist dann attraktiv, wenn es darum geht, zumindest *zeitweilig das Fehlen anderer sinnvoller oder hinreichender Beschäftigung auszugleichen.*
- Auch die *Formen* des Ehrenamts haben sich verändert. Sie sind *vielfältiger* geworden und mit ihnen auch die Möglichkeiten sich ehrenamtlich zu engagieren.
- Dem entspricht die *veränderte Bedürfnispalette* älterer und alter Menschen, z.b. nach sinnvoller *Beschäftigung und Vernetzung auch außerhalb der eigenen Familie* (vor allem bei Frauen) oder als Alternative bzw. (Teil-)Ersatz der bisherigen beruflichen Tätigkeit und Einbindung (vor allem bei Männern, aber auch bei Frauen nach dem Ausstieg aus ihrer Erwerbsarbeit).
- Die *physischen und psychischen Energien,* das Interesse an Neuem, sind gleichzeitig bei vielen so ausgeprägt, dass Handlungsalternativen – auch zur ggf. (noch) ausgeübten Erwerbsarbeit und weiter bestehenden familialen Aufgaben – erwogen und entwickelt werden. Das vorgezogene weibliche Altern, die Entlastung von der ‚typischen Frauenrolle', kann ebenso eine Chance zur *Entwicklung neuer Perspektiven* sein wie das vorgezogene männliche Altern, die frühzeitige Entlastung von beruflichen Aufgaben (vgl. Backes 2002, 2004, 2006; Clemens 1997).

Risiken (vgl. Backes 2006):
- *Die Chancen der Teilnahme sind sozial ungleich verteilt.* Längst nicht alle älteren und alten Menschen, für die eine solche Beschäftigung sinnvoll und wichtig wäre, haben Zugang zu einer (qualitativ zufriedenstellenden) sozialen oder gar politischen freiwilligen Arbeit oder einem Ehrenamt.
- Damit verknüpft sind vor allem eine *geschlechterspezifische Beteiligung und soziale Ungleichheit.* Frauen sind oft in weniger sichtbaren und prestigeträchtigen Bereichen freiwillig engagiert, da sie stärker in das familiäre Umfeld eingebunden sind und deswegen nicht ‚frei' sind für ein Ehrenamt. Sie erfahren somit gesellschaftlich weniger Aufmerksamkeit.
- Fehlen die materiellen Voraussetzungen, besteht die *Gefahr, dass freiwilliges Engagement zur schlecht bezahlten, ungeschützten Fast-Erwerbsarbeit* wird. Fehlen die immateriellen Voraussetzungen, kann es zum *Ersatz statt zur Alternative* einer freiwillig gewählten Beschäftigungsform werden.
- In der *heute (noch) häufig üblichen Form bietet soziales freiwilliges Engagement oft nur wenig Grundlage für Selbsthilfe.* Es ist eher einseitig an den Interessen der Organisationen und Klienten ausgerichtet.

- Die *Beteiligung - insbesondere von Frauen - an der Gestaltung des freiwilligen Engagements ist relativ gering*. Voraussetzungen hierfür werden noch zu wenig entwickelt und genutzt.
- *Ausbeutung* droht dann, wenn bei der Auswahl und Gestaltung der Arbeit bzw. des Engagements die Interessen und Voraussetzungen auf Seiten der freiwillig Tätigen nicht hinreichend Berücksichtigung finden.
- Die in der Diskussion erwähnten *Handlungsspielräume für freiwillig Engagierte* müssen von diesen oft erst erkämpft werden, da neben einer „biografischen Passung" das entsprechende Ehrenamt auch „institutionell passen" muss. Traditionelle Institutionen sind immer noch zu wenig auf die gewandelten Bedürfnisse der potenziell Ehrenamtlichen eingestellt. Das führt zu einer stark *einseitigen Angebotskultur* und vernachlässigt damit die Nachfrage nach Ehrenamt (z.B. die Erwartungen und Wünsche potenzieller Engagierter) (vgl. auch Olk 2004).
- In vielen Fällen führen *starre Strukturen und ökonomische Kalküle zu Konkurrenzbeziehungen* zwischen Haupt- und Ehrenamtlichen und können schließlich Formen der „Ausbeutung" bzw. der Instrumentalisierung annehmen.

Unter welchen Bedingungen, Chancen und Risiken lassen sich also die Ressourcen älterer und alter Menschen nutzen? Da Ehrenamt keine Sinn- und Beschäftigungsperspektive für alle Frauen und Männer jenseits der Erwerbs- und/oder Familienarbeit ist, müssen lebensphasen- und lebenslageadäquate Entwicklungs- und Gestaltungsspielräume angemessen gefördert werden (vgl. Backes 2006). Um Ehrenamt bereits in vorangehenden Lebensphasen zum Bestandteil des Alltags werden zu lassen, muss sich die Arbeitsteilung im Lebensverlauf und zwischen den Geschlechtern ändern. Die gesellschaftlichen Rahmenbedingungen sollten entsprechend angepasst werden und Optionen eröffnen, ein Ehrenamt entsprechend der jeweiligen individuellen Bedürfnisse und Möglichkeiten ausüben zu können. Um freiwilliges Engagement im Sinn von Selbsthilfe zu nutzen, müssen Aufgaben, Inhalte, Organisationsformen, Gratifikationsmöglichkeiten, Fortbildung und Begleitung nicht nur primär am Gegenstand der Arbeit ausgerichtet sein, sondern auch an den Interessen und der Lebenslage der dort Tätigen bzw. daran Interessierten. Insgesamt sind folgende Voraussetzungen wichtig (Backes 2006):
- Eine materielle Existenzgrundlage, die unbezahltes Arbeiten ermöglicht.
- „Freiwillige" müssen tatsächlich frei zur Übernahme dieser Arbeit sein und nicht nur von anderen Arbeitsverhältnissen, Beschäftigungsformen und Sinnfindungsmöglichkeiten freigesetzt sein.

- Rahmenbedingungen für die Gestaltung und den Einfluss der Freiwilligen auf Ziele, Inhalte und formale Gestaltung der Arbeit freiwillig Engagierter.
- Rahmenbedingungen für die Entwicklung des Selbsthilfecharakters. Selbsthilfe als Motiv ist zu fördern, nicht zu tabuisieren, z.b. durch Arbeit in Gruppen und an Themen, die Freiwilligen selbst wählen.
- Keine Trennung von „politischem" und „sozialem Ehrenamt" (Backes 1987).

Der fünfte Altenbericht gibt am Ende des Kapitels zu Engagement und Teilhabe Älterer Handlungsempfehlungen, mit denen das Ehrenamt zukünftig besser gestaltet werden kann und Risiken minimiert werden sollen (5. Altenbericht 2006: 223 ff.). Danach gilt es Freiwillige zu motivieren und einen intensiven Kontakt und Betreuung zu pflegen. Das potenziell konfliktträchtige Verhältnis zwischen Haupt- und Ehrenamtlichen sollte durch klare Aufgabenteilung aufgelockert werden. Die traditionellen ehrenamtlichen Angebote sind meist zeitlich langfristig angelegt. Der Altenbericht empfiehlt daher, die Engagementangebote flexibler zu gestalten (z.B. in Form von „Schnupperkursen") und kürzer befristete Aufgaben anzubieten. Dabei ist besonders wichtig, dass geschlechter- und schichtenspezifische Motive und Vorerfahrungen berücksichtigt werden. Entwicklungs- und Gestaltungsspielräume werden zu wenig den entsprechenden Lebenslagen und Lebensphasen der sich engagierenden Menschen angepasst (Backes 2006). Schließlich unterstreicht der Altenbericht die Notwendigkeit, dass soziale Exklusionsprozesse und Altersdiskriminierung bekämpft werden müssen und der Zugang durch milieu- und gruppenspezifische Engagementangebote für bildungsferne und sozial schwache Bevölkerungsgruppen erleichtert werden soll. Mit Handlungsempfehlungen sind längst noch keine Handlungsanleitungen gegeben. Mit der zunehmenden Heterogenität der Gruppe der Engagierten und der sich weiter pluralisierenden Engagementsformen werden die Ambivalenzen bestehen bleiben und/oder neue hinzu kommen. Dessen ungeachtet ist das Ehrenamt eingebettet in gesellschaftliche, wirtschaftliche und kulturelle Strukturen, die wesentlich durch die Individuen mit gestaltet werden und auf diese zurückwirken. Es ist daher zu erwarten, dass sich ändernde Ansprüche, Erwartungen und Voraussetzung der (potenziell) freiwillig Engagierten zukünftig stärker die entsprechenden Strukturen prägen werden. Damit werden sicherlich neue Chancen und Potenziale freigesetzt, aber eben auch die damit einhergehenden Ambivalenzen und Widersprüchlichkeiten.

7 Literatur

3. Altenbericht (2001): (2001): Dritter Bericht zur Lage der älteren Generation. Herausgegeben vom Bundesministerium für Familie, Senioren, Frauen und Jugend, Berlin: MuK. Medien- und Kommunikations GmbH.
5. Altenbericht (2006): Potenziale des Alters in Wirtschaft und Gesellschaft. Der Beitrag älterer Menschen zum Zusammenhalt der Generationen. Herausgegeben vom Bundesministerium für Familie, Senioren, Frauen und Jugend, Berlin.
Backes, Gertrud M. (1983): Frauen im Alter. Bielefeld: AJZ (1. Auflage 1981).
Backes, Gertrud M. (1987): Frauen und soziales Ehrenamt. Augsburg: Maro.
Backes, Gertrud M. (1992): Soziales Ehrenamt. Handlungsperspektive für Frauen im Alter. In: Karl, Fred; Tokarski, Walter (Hrsg): Bildung und Freizeit im Alter, Bern: Hans Huber: 93–110.
Backes, Gertrud M. (2000): Ehrenamtliches Engagement. In: Wahl, Hans-Werner; Tesch-Römer, Clemens (Hrsg.): Angewandte Gerontologie in Schlüsselbegriffen. Stuttgart: Kohlhammer: 195-202.
Backes, Gertrud M. (2004): Alter(n): Ein kaum entdecktes Arbeitsfeld der Frauen- und Geschlechterforschung In: Handbuch Frauen- und Geschlechterforschung. Wiesbaden: VS Verlag: 395-401.
Backes, Gertrud M. (2006): Widersprüche und Ambivalenzen ehrenamtlicher und freiwilliger Arbeit im Alter. In: Klaus R. Schroeter; Peter Zängl (Hrsg): Altern und bürgerschaftliches Engagement. Aspekte der Vergemeinschaftung und Vergesellschaftung in der Lebensphase Alter, Reihe Altern und Gesellschaft, Wiesbaden: VS Verlag: 63-95.
Backes, Gertrud M.; Clemens, Wolfgang (2002): Zukunft der Soziologie des Alter(n)s, Reihe Alter(n) und Gesellschaft Band 8. Opladen: Leske +Budrich.
Backes, Gertrud M.; Clemens, Wolfgang (2003): Lebensphase Alter. Eine Einführung in die sozialwissenschaftliche Alternsforschung. 2. überarbeitete Auflage, Weinheim und München: Juventa.
Beck, Ulrich (1986): Risikogesellschaft. Auf dem Weg in eine andere Moderne. Frankfurt a.M.: Suhrkamp.
Behrer, Karl; Liebig, R; Rauschenbach, Thomas (1999): Strukturwandel des Ehrenamts. Gemeinwohlorientierung im Modernisierungsprozeß. Weinheim u. Basel: Juventa.
Brendgens, Ulrich; Braun, Joachim (2001): Freiwilliges Engagement der Senioren und Seniorinnen. In: BMFSFJ (Hrsg): Ergebnisse der Repräsentativerhebung 1999 zu Ehrenamt, Freiwilligenarbeit und bürgerschaftliches Engagement: Freiwilliges Engagement in Deutschland: Gesamtbericht (Bd.1). Stuttgart, Berlin, Köln: Kohlhammer: 156-166.
Clemens, Wolfgang (1997): Frauen zwischen Arbeit und Rente. Lebenslagen in später Erwerbstätigkeit und frühem Ruhestand. Opladen: Westdeutscher Verlag.
Cornelißen, Waltraud (2005): Gender-Datenreport.1. Datenreport zur Gleichstellung von Frauen und Männern in der Bundesrepublik Deutschland, im Auftrag des Bundesministeriums für Familie, Senioren, Frauen und Jugend, München.

Enquête-Kommission „Zukunft des Bürgerschaftlichen Engagements" des Deutschen Bundestages (2002): Bericht Bürgerschaftliches Engagement: auf dem Weg in eine zukunftsfähige Bürgergesellschaft. Opladen: Leske + Budrich.

Gabriel, Oscar W.; Trüdinger, Eva-Maria; Völkl, Kerstin (2004): Bürgerengagement in Form von ehrenamtlicher Tätigkeit und sozialen Hilfsleistungen. In: Statistisches Bundesamt: Alltag in Deutschland. Analysen zur Zeitverwendung. Forum der Bundesstatistik, Band 43, Wiesbaden: 337-357.

Heinze, Rolf G.; Olk, Thomas (2001): Bürgerengagement in Deutschland. Opladen.

Kampmann-Grünewald, Andreas (2006): Bedrohung oder Chance? Der Strukturwandel freiwilligen Engagements in Kirchengemeinden. Online-Dokument, URL: http://www.lebendige-seelsge.de/bwo/dcms/sites/bistum/extern/echter/lebendige _seelsorge/ pdfs/2006_03_01.pdf (Zugriff Juli 2007).

Kolland, Franz (2002): Ehrenamtliche Tätigkeit der jungen Alten. In: Karl, Fred; Zank, Susanne (Hrsg.): Zum Profil der Gerontologie. Kasseler Gerontologische Schriften Band 30: 79-87.

Künemund, Harald (1999): Gesellschaftliche Partizipation und Engagement in der zweiten Lebenshälfte. Empirische Befunde zu Tätigkeitsformen im Alter und Prognosen ihrerkünftigen Entwicklung. FU Berlin: Dissertationsschrift.

Künemund, Harald (2004): Partizipation und Engagement älterer Menschen. Unveröff. Man., Berlin.

Menning, Sonja (2004): Die Zeitverwendung älterer Menschen und die Nutzung von Zeitpotenzialen für informelle Hilfeleistungen und bürgerschaftliches Engagement. Expertise im Auftrag der Sachverständigenkommission "5. Altenbericht der Bundesregierung" Berlin.

Müller, Siegfried; Rauschenbach, Thomas (Hrsg.) (1988): Das soziale Ehrenamt. Nützliche Arbeit zum Nulltarif. Weinheim und München: Juventa.

Olk, Thomas (2004): Modernisierung des Engagements im Alter – Vom Ehrenamt zum bürgerschaftlichen Engagement? Online-Dokument, URL: http://www.inbas-sozialforschung.de/download/bas-band13-th_olk.pdf (Zugriff Juli 2007).

Putnam, Robert D. (1995): Bowling alone. America's Declining Social Capital. In: Journal of Democracy, 6, 1: 65-78.

Schmitz-Scherzer, Reinhard; Backes, Gertrud M.; Friedrich, Ingrid; Karl, Fred; Kruse, Andreas (1994): Ressourcen älterer und alter Menschen. Stuttgart: Kohlhammer.

Tews, Hans Peter (1990): Neue und alte Aspekte des Strukturwandels des Alters. In: WSI Mitteilungen, 43: 478-491.

Tews, Hans Peter (1995): Altersbilder. Über Wandel und Beeinflussung von Vorstellungen vom und Einstellungen zum Alter. 2. Auflage. Köln: KDA.

Verba, Sidney; Schlozman, Kay Lehman; Brady, Henry (1995): Voice and Equality Civic Voluntarism in American Politics, Cambridge, Mass.: Harvard University Press.

Wolfinger, Martina (2004): Lernen für ein Ehrenamt. Unveröffentlichtes Manuskript, Kassel.

Verzeichnis der Autorinnen und Autoren

Kirsten Aner, Dr. rer.pol., wiss. Assistentin im Institut für Sozialpädagogik und Soziologie der Lebensalter an der Universität Kassel, Fachbereich Sozialwesen, Arnold-Bode-Str. 10, D-34109 Kassel (aner@uni-kassel.de).

Gertrud M. Backes, Dr. phil., Professorin für Altern und Gesellschaft am Institut für Gerontologie im ZAG und Direktorin des Zentrums Altern und Gesellschaft (ZAG) der Hochschule Vechta – Universität, Driverstr. 23, D-49377 Vechta (gertrud.backes@uni-vechta.de).

Silke Brauers, Dipl.-Soziologin, Gesellschafterin im Institut für Sozialwissenschaftliche Analysen und Beratung (ISAB), Overstolzenstr. 15, D-50677 Köln (silke.brauers@isab-institut.de).

Renate Breithecker, Dr. phil., Wissenschaftliche Mitarbeiterin am Institut für Sozialarbeit und Sozialpädagogik e.V. – ISS, Zeilweg 42, D-60439 Frankfurt a.M. (renate.breithecker@iss-ffm.de).

Francis G. Caro, Ph.D., Professor für Gerontologie an der University of Massachusetts at Boston. – UMB, Gerontology Department, Boston, MA 02125, USA (frank.caro@umb.edu).

Melanie Eichler, M.A.; wissenschaftliche Mitarbeiterin am Centrum für Globalisierung und Governance der Universität Hamburg, Projektmitarbeiterin in dem von der DFG finanzierten Projekt: „Die lokale Restrukturierung der Altenpflege – kulturelle Grundlagen, Akteure und Handlungsbedingungen", Universität Hamburg, CGG, Allende-Platz 1, 20146 Hamburg (melanie.eichler@uni-hamburg.de).

Marcel Erlinghagen, Dr. sc. pol., Wissenschaftlicher Mitarbeiter an der Ruhr-Universität Bochum sowie am Institut Arbeit und Qualifikation (IAQ) der Universität Duisburg/Essen; außerdem Research Affiliate des DIW Berlin, für das er in der LeoTech AG „Chancen und Probleme einer alternden Gesellschaft" mitarbeitet. – Ruhr-Universität Bochum, Lehrstuhl für Sozialpolitik und Öffentliche Wirtschaft, D-44780 Bochum (marcel.erlinghagen@uni-due.de).

Christian Fischbach, M.A., Wissenschaftlicher Mitarbeiter in der „Forschungsgruppe Sozialkapital" an der Universität Duisburg-Essen, Doktorand am Institut für Soziologie der Universität Duisburg-Essen, Campus Duisburg, Lotharstr. 65, 47057 Duisburg (christian-fischbach@t-online.de).

Thomas Gensicke, Dr. rer. pol., Bereichsleiter „Staat und Bürger" bei TNS Infratest Sozialforschung, Landsberger Straße 338, 80687 München (thomas.gensicke@tns-infratest.com).

Peter Hammerschmidt, Dr. phil. habil., Professor für Grundlagen der Sozialen Arbeit an der FH München, Fakultät für Angewandte Sozialwissenschaften, Am Stadtpark 20, D-81243 München (Peter.Hammerschmidt@fhm.edu).

Karsten Hank, Dr. rer. pol., Privatdozent an der Fakultät für Sozialwissenschaft der Universität Mannheim, Forschungsbereichsleiter am Mannheimer Forschungsinstitut Ökonomie und demografischer Wandel (MEA) sowie Research Affiliate des DIW Berlin. – MEA, Universität Mannheim, L13, 17, D-68131 Mannheim (hank@mea.uni-mannheim.de).

Jacqueline Höltge, Dipl.-Soz., Wissenschaftliche Mitarbeiterin am Institut für Gerontologie im Zentrum Altern und Gesellschaft (ZAG) der Hochschule Vechta – Universität, Driverstr. 23, D-49377 Vechta (jacqueline.hoeltge@uni-vechta.de).

Harald Künemund, Professor für Alternsforschung und Forschungsmethoden am Institut für Gerontologie der Hochschule Vechta (harald.kuenemund@uni-vechta.de).

Birgit Pfau-Effinger, Professorin für Sozialstrukturanalyse am Institut für Soziologie der Universität Hamburg, Co-Direktorin des Centrums für Globalisierung und Governance, und stellvertretende geschäftsführende Direktorin des Instituts für Soziologie, Allende-Platz 1, 20146 Hamburg (Pfau-Effinger@sozialwiss.uni-hamburg.de).

Jürgen Schupp, Dr. rer. soc., Honorarprofessor für Soziologie an der Freien Universität Berlin und stellvertretender Leiter der Abteilung „Längsschnittstudie Sozio-oekonomisches Panel" am DIW Berlin (jschupp@diw.de).

Johannes Siegrist, Professor für Medizinische Soziologie an der Medizinischen Fakultät der Heinrich Heine-Universität Düsseldorf und Leiter des postgradualen Studiengangs 'Public Health' (siegrist@uni-duesseldorf).

Stephanie Stuck, M.A., Wissenschaftliche Mitarbeiterin am Mannheimer Forschungsinstitut Ökonomie und demografischer Wandel (MEA). – MEA, Universität Mannheim, L13, 17, D-68131 Mannheim (hank@mea.uni-mannheim.de).

Tobias Veer, Dipl.-Kfm., Wissenschaftlicher Mitarbeiter in der „Forschungsgruppe Sozialkapital" an der Universität Duisburg-Essen, Doktorand am Institut für Soziologie der Universität Duisburg-Essen, Campus Duisburg, Lotharstr. 65, 47057 Duisburg (tobias.veer@t-online.de).

Morten Wahrendorf, M.Sc. (Universität Montreal, Kanada), wissenschaftlicher Mitarbeiter am Institut für Medizinische Soziologie, Universität Düsseldorf (wahrendorf@uni-duesseldorf.de).

Lehrbücher

Heinz Abels
Einführung in die Soziologie
Band 1: Der Blick auf die Gesellschaft
3. Aufl. 2007. 402 S. Br. EUR 24,90
ISBN 978-3-531-43610-4

Band 2: Die Individuen in ihrer Gesellschaft
3. Aufl. 2007. 434 S. Br. EUR 24,90
ISBN 978-3-531-43611-1

Andrea Belliger / David J. Krieger (Hrsg.)
Ritualtheorien
Ein einführendes Handbuch
3. Aufl. 2006. 483 S. Br. EUR 34,90
ISBN 978-3-531-43238-0

Nicole Burzan
Soziale Ungleichheit
Eine Einführung in die zentralen Theorien
2. Aufl. 2005. 210 S. Br. EUR 17,90
ISBN 978-3-531-34145-3

Paul B. Hill / Johannes Kopp
Familiensoziologie
Grundlagen und theoretische Perspektiven
4., überarb. Aufl. 2006. 372 S.
Br. EUR 28,90
ISBN 978-3-531-53734-4

Wieland Jäger / Uwe Schimank (Hrsg.)
Organisationsgesellschaft
Facetten und Perspektiven
2005. 591 S. Br. EUR 26,90
ISBN 978-3-531-14336-1

Hermann Korte
Einführung in die Geschichte der Soziologie
8., überarb. Aufl. 2006. 235 S.
Br. EUR 16,90
ISBN 978-3-531-14774-1

Stefan Moebius / Dirk Quadflieg (Hrsg.)
Kultur. Theorien der Gegenwart
2006. 590 S. Br. EUR 26,90
ISBN 978-3-531-14519-8

Bernhard Schäfers / Johannes Kopp (Hrsg.)
Grundbegriffe der Soziologie
9., grundl. überarb. und akt. Aufl. 2006.
373 S. Br. EUR 16,90
ISBN 978-3-531-14686-7

Erhältlich im Buchhandel oder beim Verlag.
Änderungen vorbehalten. Stand: Juli 2007.

www.vs-verlag.de

VS VERLAG FÜR SOZIALWISSENSCHAFTEN

Abraham-Lincoln-Straße 46
65189 Wiesbaden
Tel. 0611.7878-722
Fax 0611.7878-400

PGMO 08/24/2018